走遍全球
TRAVEL GUIDEBOOK

美国南部

日本大宝石出版社 编著

中国旅游出版社

美国南部

州界
时区边界线
州际公路
铁路
有国际航线的机场
有国内航线的机场

100miles
200km

艾奥瓦州
IOWA

内布拉斯加州
NEBRASKA

伊利诺伊州
ILLINOIS

中部时区 东部时区
(CST) (EST)

印第安纳利
Champaign

Indianapo

Decatur
Terre Haute

Springfield

St Louis
圣路易斯

Mount Vernon

Evansville
Elizabethtown

Owensboro

路易斯维尔

俄亥俄河
Ohio River

霍金斯

Cape Girardeau

密苏里州
MISSOURI

Springfield

Branson

Eureka Springs

堪萨斯州
KANSAS

Tulsa

俄克拉荷马州
OKLAHOMA

Fort Smith

阿肯色州
ARKANSAS

Hot Springs

钻石坑州立公园

小石城

Stovall

Texarkana

格林维尔
Lake Village

Paducah

Poplar Bluff

Bowling Green

猛玛洞国家公园

印第安纳州
INDIANA

Vincennes

纳什维尔

田纳西州 TENNESSE

孟菲斯

图尼卡

牛津

弗洛伦斯

迪凯特

享茨维尔

克拉克斯代尔

图珀洛

Columbus

Gadsden

伯明翰

Tuscaloosa

亚拉巴马州
ALABAMA

塞尔玛

蒙哥马利

格林伍德

Berclair

Yazoo City

Bentonia

密西西比州
MISSISSIPPI

纳奇兹小道公路

Meridian

Monroe

维克斯堡国家军事公园

杰克逊

路易斯安那州
LOUISIANA

纳奇兹

Shreveport

Tyler

得克萨斯州
TEXAS

Alexandria

Laurel

Hattiesburg

莫比尔

比洛克西

彭萨科拉

Beaumont

Lake Charles

拉斐特

New Iberia

Baton Rouge

新奥尔良

Houston
休斯敦

Galveston

Morgan City

Houma

墨西哥湾
Gulf of Mexico

p.13

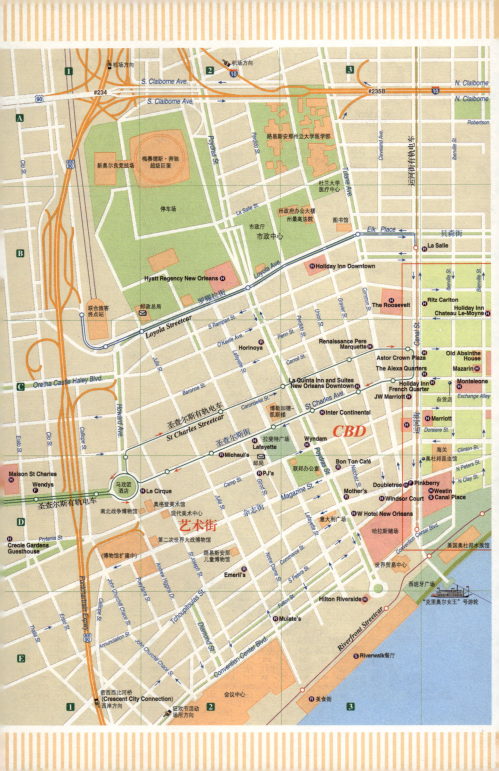

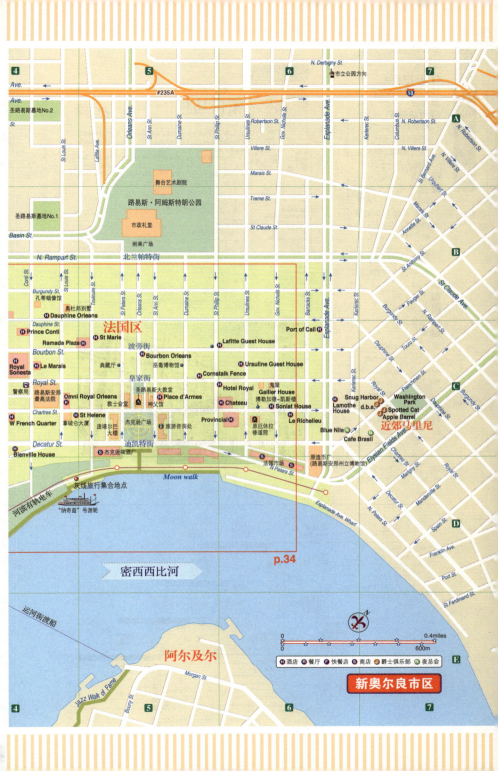

新奥尔良市区

本书中使用的符号和缩略语

❶ 旅游咨询处

Map 地图上的位置

住 地址

☎ 电话号码（如果拨打市内电话，可省略前3位，但是亚特兰大必须拨前3位，详细内容→p.261）

FAX 传真

Free 免费电话（是以1800、1888、1877、1866、1855开头的免费电话，在美国国内拨打这些电话时，由被叫方支付费用；从中国拨打这些电话时，由主叫方支付费用）

URL 网址

开 开放时间

营 营业时间

休 休息日

费 费用

St.	Street
Ave.	Avenue
Blvd.	Boulevard
Rd.	Road
Dr.	Drive
Hwy.	Highway
Pkwy.	Parkway
E.	East
W.	West
S.	South
N.	North
Wi-Fi	无线网络

DEEP SOUTH AND ARKANSAS

人口	约20.6万人
消费税	10%
酒店税	12.5%+$1/晚
时区	中部时区

亚拉巴马州

蒙哥马利 *Montgomery*

蒙哥马利是亚拉巴马州的首府，拥有20.6万人，在南北战争时曾是南部同盟最初的首府，也是民权运动中抵制巴士运动的舞台，这都极大地影响了美国的近现代史。

现在南部最保守、经济最落后的亚拉巴马州进驻了很多企业，蒙哥马利也设立了许多文化设施，大力发展旅游事业，景点比较多。去看一看杰弗逊·戴维斯、马丁·路德·金、汉克·威廉斯在这里留下的足迹吧！

蒙哥马利机场
Montgomery Regional Airport (MGM)
住 4445 Selma Hwy.
☎ (334) 281-5040
URL iflymontgomery.com

灰狗巴士
Greyhound
Map p.149 地图外
住 950 W.South Blvd.
☎ (334) 286-0658
营 24 小时

前往方法 Access

飞机

蒙哥马利机场位于市区西南约11公里处，达美航空每天9个航班从亚特兰大直飞蒙哥马利（约需1小时），美国航空每天3个航班从达拉斯直飞蒙哥马利（需1小时40分钟）。没有机场到市区的巴士，一般乘坐出租车或者租车。如果乘坐出租车的话，到达市中心约需15分钟（约$20）。

长途巴士

灰狗巴士车站在郊外，从亚特兰大到蒙哥马利每天4班（需3~4小时），从新奥尔良到蒙哥马利每天1班（约需6小时），从纳什维尔到蒙哥马利每天5班（需6~7小时）。

曾经的火车站变成了旅游咨询处

148

夜总会

夜总会
夜总会
Night Spot

Palm Court Jazz Cafe
Map p.35 C6
住 1204 Decatur St.

◆菜品和演唱

这是一家...
法国区内，但是...
心。这里也经常...

购物

购物
Shopping

Mf.（Mignon Faget）
Map p.34 D1
住 333 Canal St.（Canal Place）

◆鳄鱼首饰怎...

这是一家...
题，而且设计...
银质的挂件头...

餐厅

餐厅
Restaurant

Rib Room
烤肉店
Map p.34 B3
住 621 St.Louis St.

◆如果想吃上...

这家餐厅...
家庭雅致又时...
格为$30~60。
享用午餐，价...

酒店

酒店
Hotel

Grand Boutique Hotel
Map p.33 C~D3
住 2001 St Charles Ave., New Orleans, LA 70130
☎ (504) 558-9966
Free 1800-976-1755
FAX (504) 571-6464
card A D M V
URL www.grandboutiquehotel.com

◆充满艺术格调的时尚酒店

这是一家具有艺术格调的时尚酒店，位于有轨电车行驶的圣查尔斯街上，在这条宁静的街道上，酒店外观格外显眼。

全部是套间，内部装饰充满艺术感，也提供了冰箱等设施。酒店前面就是有轨电车的车站，去法国区或者花园区很方便。共有44个房间，含早餐旺季时 ⑤①①$130~250，淡季时 ⑤①①$75~150，也有的含晚餐的费用。停车费$18，Wi-Fi免费。

表示城市的特点

 音乐

 建国史

 民权运动

 高楼林立

 赌场

 大自然

 纯种马

地图

- ℍ 酒店
- ℝ 餐厅
- ℂ 咖啡店
- Ⓐ 古董店
- Ⓖ 画廊
- Ⓢ 其他商店
- Ⓙ 爵士俱乐部
- Ⓑ 酒吧
- Ⓧ 茶馆
- Ⓝ 其他夜总会
- ⓘ 旅游咨询处
- Ⓟ 停车场

 读者来信

信用卡

- Ⓐ 美国运通卡（Express）
- Ⓓ 大莱卡
- Ⓙ JCB
- Ⓜ 万事达卡（Master）
- Ⓥ 维萨卡（VISA）

酒店的房间

- Ⓢ 单人间（1人1床）
- Ⓓ 双人间（2人1张大床）
- Ⓣ 两张单人床的双人间
  （1人1张床）

■本书的特点

为了使每位前往美国南部旅行的游客能够在当地享受各种各样的旅行方式，本书不仅登载了南部各个城市的基本情况及酒店等信息，还登载了能品尝到美国南部特色食物的餐厅信息和旅行前想了解的该地的文化和该地所发生的事件信息以及能轻松愉悦地欣赏爵士、灵歌、乡村音乐等的现场演奏厅的信息等，内容丰富多彩。可以方便您在旅行过程中充分地灵活运用。

■使用本书之前

编辑部尽可能地刊登最新、最准确的信息资料，但由于当地的规则或手续等经常发生变更，或对某些条款的具体解释有认识上的分歧，因此，若非本社出现的重大过失，因使用本书而产生的损失或不便，本社将不承担责任，敬请谅解。另外，使用本书之前，对于书中所刊登的信息或建议是否符合自身的情况或立场，请读者根据自身情况做出正确的判断。

■现场取材和调查时间

本书是以 2012 年的调查数据为基础编写而成的。随着时间的推移，数据有可能会发生变化，尤其是酒店和餐厅等的费用，大都会在旅游旺季发生变化。因此，本书的数据仅作为基准供游客参考。请尽量掌握当地的最新信息。

■读者来信

 有些读者来信虽有点主观，但是我们仍然尽量忠于原文，同时对于一些数据，编辑部进行了跟踪调查。请使用本书最后一页的来稿用纸进行投稿。

■酒店费用的表示

酒店费用表示每个房间的费用。在支付费用时，需要加上各城市的酒店税，税率登载在各城市的信息栏中。

"带早餐"包括面包、炸面圈、咖啡等简单食物，"带全套早餐"包括华夫饼干、培根、鸡蛋、水果等（各酒店内容有所不同）。

走遍全球 第1版
美国南部
Contents

务必在旅行前仔细阅读!
旅行中的纠纷和安全信息
p.29、p.30、p.39、p.41、p.56、p.172、
p.261、p.360、p.336

特 辑 Gravure

新奥尔良
NEW ORLEANS　　　　31

Column

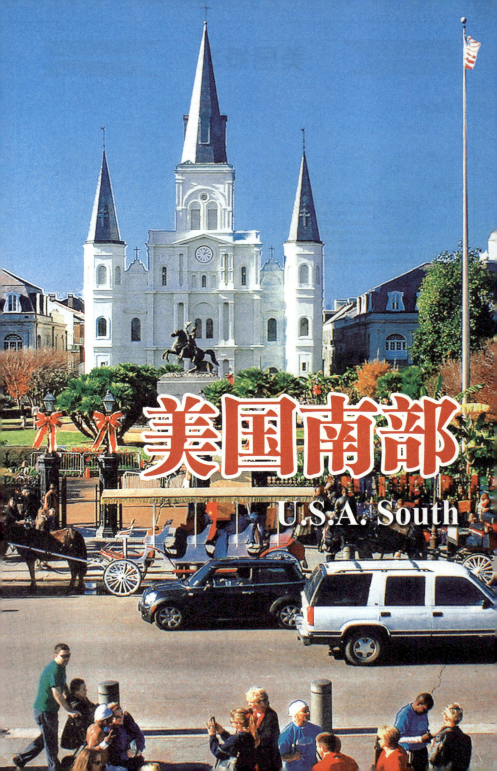

美国南部

U.S.A. South

美国概况

正式国名

美利坚合众国（United States of America）

"美国"这个名字来源于确认美国大陆的意大利探险家阿美利哥·韦斯普奇。

国旗

Stars and Stripes　13 条红白相间条纹代表 1776 年建国时的 13 个州，50 颗小星星代表美国现在的 50 个州。

国歌

《星条旗永不落》

面积

美国的国土面积约为 937.2614 万平方公里。

人口

美国约有 3.1 亿人，其中新奥尔良市约有 34.4 万人，亚特兰大约有 42 万人。

首都

华盛顿哥伦比亚特区（Washington D.C.），是联邦政府直辖的行政区域，不属于全美 50 个州中的任意一个州，约有 60 万人。

国家元首

贝拉克·侯赛因·奥巴马（Barack H. Obama）

国家政体

总统制　联邦制（50 个州）

宗教

基督教。主流宗派是新教和天主教，在各城市中分布不同。还有少数人信仰犹太教和伊斯兰教等。

语言

主要使用英语，但法律上没有明文规定，很多区域使用西班牙语。

▶ 美国南部 10 州的基本情况→ p.14~17

货币和汇率

货币单位是美元（$）和美分（￠）。$1≈6.218 元人民币。纸币有 $1、$5、$10、$20、$50 和 $100。请注意，在小型商店里面 $50 和 $100 有可能无法找零。硬币有 ￠1、￠5、￠10、￠25、￠50 和 ￠100（=$1），共 6 种，其中 ￠50 和 ￠100 的硬币不怎么流通。

▶ 旅行支票和信用卡→ p.349

$1

$5

$10

$20

25￠　　10￠

5￠

1￠

电话的拨打方法

从中国往美国拨打电话的方法

| 国际电话识别号码 00 | + | 美国的国家代码 1 | + | 地区号码（去掉前面第一个0）×× | + | 对方的电话号码 ×××××× |

从美国往中国拨打电话的方法

| 国际电话识别号码 011 | + | 中国的国家代码 86 | + | 地区号码（去掉前面第一个0）×× | + | 对方的电话号码 ×××××× |

▶ 电话→ p.364

节日（联邦政府的节日）

请注意各州节日的时间不同（※符号）。即使是"全年无休"的店铺等，在元旦、感恩节和圣诞节这三天大多数也休息。在从阵亡将士纪念日到劳动节的暑假期间，大部分店铺的营业时间都会发生变化。

时　间		节 日 名 称
1 月	1/1	元旦 New Year's Day
	第三个周一	马丁·路德·金的诞辰 Martin Luther King.Jr.'s birthday
2 月	第三个周一	总统日 Presidents'Day
3 月	3/17	圣帕特里克节 ※ St.Patrick's Day
4 月	第三个周一	爱国者纪念日 ※ Patriots'Day
5 月	最后一个周一	阵亡将士纪念日 Memorial Day
7 月	7/4	独立纪念日 Independence Day
9 月	第一个周一	劳动节 Labor Day
10 月	第二个周一	哥伦布纪念日 ※ Columbus Day
11 月	11/11	退伍军人节 Veterans Day
	第四个周四	感恩节 Thanksgiving Day
12 月	12/25	圣诞节 Christmas Day

营业时间

以下是一般的营业时间。根据行业不同，当地情况可能会有些差异。在郊区，超市一般是24小时营业，而在市区19:00左右闭店的超市都很少。

【银行】
周一～周五 9:00~17:00

【百货公司和商店】
周一～周五 10:00~19:00、周六 10:00~18:00、周日 12:00~17:00

【餐厅】
对于从早晨就开始营业的餐厅，与其说是餐厅，不如说是咖啡店。早餐 7:00~10:00、午餐 11:00~14:00、晚餐 17:30~22:00。酒吧一般营业到深夜。

电压和插头

电压是120伏。三孔插头。中国的电器产品不能直接使用，需要使用变压器和插头转换器。

视频制式

与中国的制式不同，是NTSC制式，在美国买的DVD在中国不能播放。

小费

在接受餐厅、出租车和酒店住宿（拿行李和整理房间）等服务时支付小费已成为一种习

惯，数额因工作性质和满意程度而不同，以下是一般价格，可以作为参考。

【餐厅】

支付额度为消费总额的 15%~20%。如果消费金额已经包含小费，一般是将零钱放到餐桌上或者托盘里后离开。

【出租车】

服务小费为运费的 15%~20%。

【酒店住宿】

根据行李的大小和个数来支付小费，一般支付 $1~2，如果行李比较多，支付的费用就更高。

整理房间一般需要支付 $1~2，可以放在枕边等地方。

▶ 小费和礼仪→ p.363

饮用水

虽然自来水可以直接饮用，但是大多数人还会购买矿泉水。超市、便利店和杂货店等都有矿泉水出售。

邮政

【邮费】

寄往中国的航空信件、明信片都是 $1.05。有指定金额的信封和箱子，放进去就可以邮寄了。

各城市邮局的营业时间略有不同，一般来说是平日 8:30~16:00，很多大城市的邮局周六也营业。

▶ 邮政→ p.365

气候

从北部的弗吉尼亚州到南部的路易斯安那州，虽然南北气候有差异，但总体来说，夏季高温多雨。亚特兰大所在的佐治亚州周边的气候同中国相似，四季分明，冬季也十分寒冷。

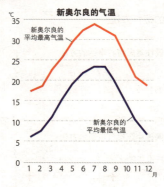

新奥尔良的气温

新奥尔良的平均最高气温

新奥尔良的平均最低气温

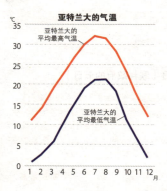

亚特兰大的气温

亚特兰大的平均最高气温

亚特兰大的平均最低气温

墨西哥湾和大西洋沿岸的各州在 6~10 月经常出现飓风，请注意气候变化。

▶ 旅行的季节→ p.347

出入境

【护照签证】

中国公民赴美旅游，应申办 B2（旅游探亲）签证。申办时，护照的有效期须至少比预定在美停留期限多出六个月以上，并通过签证中心向美驻华使馆或有关总领馆办理。预约签证面谈或咨询有关签证的问题，可拨打签证话务中心电话：4008-872-333。

税金

购买物品时，要缴纳消费税（Sales Tax）；在酒店住宿时，要缴纳酒店税（Hotel Tax）。各州和各城市的税率不同。在餐厅就餐时，要缴纳和消费税相同金额的税金，有时还需要缴纳加上消费税后的税金。

在路易斯安那州，对来自国外的游客实行

消费税返还制度。
▶ **路易斯安那州的消费税返还制度→ p.111**

安全和纠纷

　　游客容易遭遇的犯罪事件是偷盗和抢劫等，罪犯往往是由几个人组成的团伙，乘一个人引开目标注意力的机会，团伙里的另一个人偷钱包或者抢手提包。用中文套近乎并利用花言巧语骗取钱财的情况也很多。一旦出了国门，随时保持"这里不是中国"的意识，这一点十分重要。

警察・急救车・消防署 911
▶ **旅行中的麻烦和安全对策→ p.366**

度量衡

　　距离、长度、面积、容量、速度、重量和温度等的大部分单位不同于中国的度量衡。

年龄限制

　　虽然各州的规定有所不同，但合法的饮酒年龄几乎都限定为 21 岁。有些地方买酒需要出示身份证明，就连夜总会等供应酒水的地方也需要出示。

　　因为在美国年轻人发生交通事故的概率很大，所以除一些特殊情况以外，大型汽车租赁

公司只将汽车租赁给 25 岁以上的人，如果是 21 岁以上未满 25 岁的年轻人租车，就需要加价。

时差和夏令时

　　美国本土内有 4 个时区。太平洋时间（洛杉矶等）比中国时间晚 16 小时，山地时区（丹佛等）晚 15 小时，中部时区（新奥尔良等）晚 14 小时，东部时区（亚特兰大等）晚 13 小时。夏季采用夏令时，大部分州要把表调快 1 小时。夏令时的时间和中国的时差缩短 1 小时。但是亚利桑那州和夏威夷州尚未采用夏令时。

　　夏令时的实施时间是从每年 3 月的第二个周日到 11 月的第一个周日。在转换为冬令时那天，一定注意时间安排。

时差表

中国时间	0	1	2	3	4	5	6	7	8	9	10	11	12	13	14	15	16	17	18	19	20	21	22	23
东部时区	11	12	13	14	15	16	17	18	19	20	21	22	23	0	1	2	3	4	5	6	7	8	9	10
中部时区	10	11	12	13	14	15	16	17	18	19	20	21	22	23	0	1	2	3	4	5	6	7	8	9
山地时区	9	10	11	12	13	14	15	16	17	18	19	20	21	22	23	0	1	2	3	4	5	6	7	8
太平洋时区	8	9	10	11	12	13	14	15	16	17	18	19	20	21	22	23	0	1	2	3	4	5	6	7

※在从每年 3 月的第二个周日到 11 月的第一个周日实行夏令时。实行夏令时时表要调快 1 小时。红色部分表示中国时间的前一天，美国南部有些城市采用中部时区，有些采用东部时区，各州的情况不同。

美国南部之行
Themed Trips to the South

VOL. 1　爵士和蓝调故乡之旅

JAZZ BAND

　　美国大部分的音乐类型都发源于南部。
　　让我们回到密西西比河先看看爵士的故乡新奥尔良、蓝调的发源地密西西比河三角洲以及蓝调被发展成摇滚乐的城市孟菲斯吧！而乡村音乐圣地纳什维尔也一定不能错过。

密西西比河三角洲的中心——
克拉克斯代尔（→p.187）

从密西西比州到孟菲斯的每一个与蓝调有关的地方都立着这样的标记牌。如果想去这些地方游玩，请登录 ❖ www.msbluestrail.org 查找具体位置。

克拉克斯代尔有名的现场演奏厅"Groud Zero"

不论白天还是晚上，法国区的街角都会出现街头音乐家的身影

蓝调起源于密西西比河的泛滥区

2012年，87岁的蓝调泰斗B.B.King还在忙于世界巡演，如果走运的话，也许会在他经营的俱乐部里（→p.181）见到他

因广播节目而闻名的大奥普里剧院（→p.210）

埃尔维斯·普雷斯利居住的豪宅和墓地位于孟菲斯市郊区（→p.177）

埃尔维斯·普雷斯利成名的工作室（→p.179）

标准行程 9 天

新奥尔良（住2晚）	孕育初期爵士的波旁街当然应该在建有高级爵士大厅的城市。
克拉克斯代尔（住1晚）	三角洲蓝调起源于密西西比河的泛滥区。去看一下与传说中的蓝调人有关的店铺吧！
图珀洛（住1晚）	图珀洛是普雷斯利的故乡。这里有几个值得一看的地方，粉丝们千万不要错过！
孟菲斯（住2晚）	孟菲斯是蓝调城和灵歌城。比尔街上的现场音乐厅一家挨着一家，直到深夜还人流不断。
纳什维尔（住2晚）	纳什维尔是美国的另一种音乐——乡村音乐的起源地，在这里能轻松愉悦地欣赏到著名音乐家的表演。

美国南部之行
Themed Trips to the South

VOL. 2

安装着花式栏杆阳台的是美丽的法国区

南部特色风情之旅

南部具有美国其他城市所没有的独特风情。门前的布朗库河里划着小船的老人、广阔的棉花田、精心装饰的阳台、鲜花和喷泉点缀的中庭、水鸟成群的湿地、被高大的橡树包围着的种植园豪宅——就连周围的空气都充满了旅情。

传递着大种植园时代繁荣的橡树庄园
（→ p.95）

很多人来塔巴斯科的工厂参观，而周边的湿地也充满了南部风情

南部湿地中被水淹没的落羽杉林随处可见

能在幽雅的餐厅里品尝克里奥尔菜肴卡津菜肴

左／乔治・华盛顿做礼拜的地方——圣迈克尔圣公会教堂
（→ p.325） 右／圣菲利浦圣公会教堂（→ p.324）

南部有很多漂亮的教堂，而最壮观的当数萨凡纳的大教堂（→ p.315）

密西西比河、亚拉巴马州和佐治亚州广阔的棉花田

萨凡纳历史区有22处正方形的广场

一定要乘坐速汽笛声都十分可爱的蒸汽菜叶游轮

标准行程 **8**天

新奥尔良
（住 2 晚）

建议住在法国区的B&B酒店，这里的中庭特别漂亮。如果想在广阔的湿地上奔跑，那就去拉斐特吧！

↓

纳奇兹
（住 1 晚）

纳奇兹保留着南北战争前的种植园。从这里沿纳奇兹小道公路行驶可到达杰克逊机场，沿棉花田广阔的亚拉巴马州行驶可到达伯明翰机场。

↓

萨凡纳
（住 2 晚）

萨凡纳是美国最美丽的城市之一。建议去历史区看一看，那里有很多建筑被联合国教科文组织提名为世界遗产。

↓

查尔斯顿
（住 2 晚）

据说美国人度蜜月最想去的城市就是查尔斯顿。夫妇俩乘着马车走在浪漫的街道上，真让人羡慕。

VOL.3 探寻美国历史之旅

我们的旅行将从保留着美国建国时建筑的地方——威廉斯堡开始，寻找美国历史上最大的内战——南北战争和奴隶制度的足迹，然后去想要通过非暴力方式解决奴隶被解放后接踵而来的种族问题而进行民权运动的地方。

马丁·路德·金的墓地、出生地及相关的教堂等都在国家历史区（→p.277）

也有保留着奴隶小屋的种植园（→p.327）

萨姆特堡是很受美国游客青睐的旅游景点

充分展示南北战争的亚特兰大历史中心（→p.286）

马丁·路德·金呼吁"抵制巴士"运动的教堂（→p.150）

广阔的维克斯堡国家军事公园，参观需要半天时间（→p.137）

关注人权的伯明翰民权协会（→p.159）

演绎出美国殖民地时期的氛围（→p.337）

矗立在伯明翰英格拉姆公园的纪念碑（→p.160）

美国历史中另一个不能忘记的人——罗莎·帕克斯（→p.152）

位于孟菲斯市区的国家民权博物馆（→p.175）

标准行程12天

威廉斯堡（住2晚）	这里就是一个天然的博物馆，主要是一些美国殖民地时期的建筑。
↓ 查尔斯顿（住2晚）	查尔斯顿是奴隶贸易地点，可以去打响南北战争第一枪的萨姆特堡参观。
↓ 亚特兰大（住2晚）	民权运动的领导者马丁·路德·金出生在这里。这里有很多值得一去的地方，例如以南北战争为舞台的电影《乱世佳人》中出现的景点和历史博物馆等。
↓ 伯明翰（住1晚）	伯明翰是民权运动的中心城市，一定要去充分展示民权运动的伯明翰民权协会看一看。
↓ 蒙哥马利（住1晚）	蒙哥马利以很多电影中出现的“抵制巴士”运动而知名，一定要去郊区的塞尔马。
↓ 维克斯堡（住1晚）	维克斯堡是南北战争最激烈的地方，可以去维克斯堡国家军事公园和国家墓地看看。
↓ 孟菲斯（住2晚）	马丁·路德·金中弹身亡的地方，现在变为国家民权博物馆。

美国南部之行
Themed Trips to the South

Vol.4

发源于蓝草草原的音乐抚慰了农民劳累的心

寻找蓝草和
纯种马之旅

位于南部北端的肯塔基的气候和风景不同于南部的其他城市。遍布于绵延起伏的山丘之中的广阔的草原是赛马放牧场，世界首屈一指的纯种马就是吃绿油油的蓝草长大的。

肯塔基四季分明，建议在新绿和红叶时期来这里

在波旁威士忌酿造厂周边转转也很有趣（→p.226）

来世界最长的地下溶窟探险吧（→p.216）

列克星敦周边有很多这样的牧场

如果 4 月或者 10 月来这里，可以参加赛马
（→ p.231）

肯塔基德比的举办地丘吉尔马
场在路易斯维尔（→ p.237）

列克星敦的纯种马
公园（→ p.230）

赛马迷不能错过
的肯塔基德比博
物馆（→ p.238）

沿此标志牌游览牧场，或利用半天时间开车悠闲地兜兜风

标准行程 **8** 天

纳什维尔 （住 1 晚）	我们的旅途从蓝草音乐开始。
↓	
猛犸洞国家公 园（住 1 晚）	草原下面是世界最大的钟乳洞。
↓	
波士顿 （住 1 晚）	波士顿是波旁威士忌的故乡。福斯特 创作《我的肯塔故乡》时居住的小屋 也很受欢迎。
↓	
列克星敦 （住 2 晚）	列克星敦是个赛马城，有 450 多个纯 种马牧场。
↓	
路易斯维尔 （住 2 晚）	众所周知，路易斯维尔是肯塔基德比 赛马比赛的举办地，一定要参观旁边 的博物馆。

美国南部 **10** 州的基本情况
Fast Facts about U.S.A. South

对于美国南部的划分方法有很多。在本书中，以南北战争中南军所在的州为基准，除去适于度假的佛罗里达以及接近西部的得克萨斯，将其余肯塔基等 10 州视为南部并划分成 3 个区域。

第一个区域包括以新奥尔良为中心的路易斯安那州、密西西比和亚拉巴马州等各州。在称为南部腹地的地区仍保留着具有南部特色的建筑，例如蓝调故乡田纳西州的孟菲斯以及密西西比河以西广阔的区域。

第二个区域是田纳西东部、肯塔基、北卡罗来纳州等沿阿巴拉契亚山脉纵伸的广阔的"阿巴拉契亚各州"。有很多像纳什维尔、路易斯维尔、阿什维尔等个性十足的城市。

第三个区域是以"亚特兰大"为代表的佐治亚州以及大西洋沿岸的南卡罗来纳州和弗吉尼亚州在内的"大西洋海岸地区"，包括萨凡纳、查尔斯顿、里士满等古老的城市。

这里首先介绍各州的基本情况，希望能帮助大家了解各州的地域特性。

出发前请仔细了解美国南部的基本信息！

密西西比河流域各州共同经营的旅行社的网站上介绍了各州的情况，请登录查询。

密西西比河观光

URL www.experiencemississippiriver.com

各州的名称	人　口	面积（km²）	人口密度	白人	黑人	高校毕业率	低收入者
路易斯安那州	453.3372 万	11.19 万 km²（全美 31 位）	41 人 /km²	62.60%	32.00%	81.50%	18.10%
密西西比州	296.7297 万	12.15 万 km²（全美 32 位）	24 人 /km²	59.10%	37.00%	79.60%	21.20%
亚拉巴马州	477.9736 万	13.12 万 km²（全美 30 位）	36 人 /km²	68.50%	26.20%	81.40%	17.10%
阿肯色州	291.5918 万	13.48 万 km²（全美 29 位）	22 人 /km²	77.00%	15.40%	81.90%	18%
田纳西州	634.6105 万	10.68 万 km²（全美 36 位）	59 人 /km²	77.60%	16.70%	82.50%	16.50%
肯塔基州	433.9367 万	10.23 万 km²（全美 37 位）	42 人 /km²	87.80%	7.80%	81.00%	17.70%
佐治亚州	968.7653 万	14.90 万 km²（全美 24 位）	65 人 /km²	59.70%	30.50%	83.50%	15.70%
南卡罗来纳州	462.5364 万	7.786 万 km²（全美 40 位）	59 人 /km²	66.20%	27.90%	83.00%	16.40%
北卡罗来纳州	953.5483 万	12.59 万 km²（全美 28 位）	76 人 /km²	68.50%	21.50%	83.60%	15.50%
弗吉尼亚州	800.1024 万	10.23 万 km²（全美 35 位）	78 人 /km²	68.60%	19.40%	86.10%	10.30%
全美	约 3.0875 亿	914.8 万 km²	34 人 /km²	72.40%	12.60%	85.0%	13.8%

※以上数据来源于 2010 年国情普查数据，低收入者人数作为"最低收入基准线以下的人口"由人口统计局进行统计。

路易斯安那州　　　　　　　　　　　　　　Louisiana

首　　　　　府：	巴吞鲁日（Baton Rouge）
最大的城市及其人口：	新奥尔良（New Orleans），约 34.4 万人
别　　　　　名：	鹈鹕（塘鹅）之州（Pelican State）
出生于该州的名人：	路易斯·阿姆斯特朗（爵士演奏家）、布兰妮（歌手）

密西西比河流入墨西哥湾的河口位于路易斯安那州。处于该河口偏内陆位置的新奥尔良也就理所当然成为美国最具风情的城市。建筑、音乐、菜品等独特的风貌吸引着世界各地的游客。路易斯安那州的民众特别喜欢节日，每年 2 月左右举行的狂欢节的狂热程度绝不亚于里约热内卢的狂欢节。

夜色中的新奥尔良杰克逊广场和圣路易斯大教堂

密西西比州 **Mississippi**

首　　　府：杰克逊（Jackson）

最大的城市及其人口：杰克逊（Jackson），约17.35万人

别　　　名：木兰花州（Magnolia State，木兰花是木兰等花的总称，是象征南部的花）

出生于该州的名人：田纳西·威廉姆斯（剧作家）、埃尔维斯·普里斯利、B.B.King(歌手)

　　美国的大动脉密西西比河是西部的州边界。蓝调的发祥地密西西比河三角洲、普雷斯利的故乡图珀洛、散落地分布着大豪宅的纳奇兹等，呈现出一片南部腹地的风景。

南北战争最激烈的地方——维克斯堡

亚拉巴马州 **Alabama**

首　　　府：蒙哥马利 Montgomery

最大的城市及其人口：伯明翰（Birmingham），约21.22万人

别　　　名：金翼啄木鸟州（Yellowhammer State，金翼啄木鸟也称为黄鹂）

出生于该州的名人：汉克·阿伦（职业棒球手）、耐特·金·科尔（歌手）、海伦·凯勒

　　亚拉巴马州到处是富有个性的城市，例如因民权运动而知名的州首府蒙哥马利、宇宙基地亨茨维尔、"蓝调之父"汉迪的出生地——弗洛伦斯、保留古老的南部模样的莫比尔等，很多人都认为只有来到亚拉巴马州，才能深刻地感受到南部人民的热情。

伯明翰民权博物馆里正在学习历史的孩子们

阿肯色州 **Arkansas**

首　　　府：小石城（Little Rock）

最大的城市及其人口：小石城（Little Rock），约19.35万人

别　　　名：自然之州（Natural State）

出生于该州的名人：比尔·克林顿（第42任总统）、道格拉斯·麦克阿瑟（军人）

　　小石城的知名度因第42任总统克林顿而起，克林顿在担任州知事时居住在这里。旁边是富含矿物质的美式温泉。无论在南部，还是在几个自然景观丰富的州，都有这样的温泉。阿肯色州西部的钻石坑国家公园是美国唯一允许入园者自由寻找钻石的公园。

小石城的环保建筑——国际小母牛总部

15

田纳西州 Tennessee

首　　　　府：	纳什维尔（Nashville）
最大的城市及其人口：	孟菲斯（Memphis），约 66.29 万人
别　　　　名：	志愿者之州（Volunteer State）
出生于该州的名人：	艾瑞莎·富兰克林（灵歌歌手）、 摩根·弗里曼（演员）

　　田纳西州是全美屈指可数的"音乐之都"，蓝调和摇滚乐圣地孟菲斯以及乡村音乐的故乡纳什维尔等都属于田纳西州。一定要去具有得天独厚的自然环境的大雾山国家公园、查塔努加郊外的洞窟以及自然形成的景观——岩石庭园。

纳什维尔历史悠久的百老汇

肯塔基州 Kentucky

首　　　　府：	法兰克福（Frankfort）
最大的城市及其人口：	路易斯维尔（Louisville），约 59.73 万人
别　　　　名：	蓝草之州（Bluegrass State，赖草属）
出生于该州的名人：	亚伯拉罕·林肯（第16任总统）、穆 罕默德·阿里（拳击手）

　　提及肯塔基，我们立刻就会想到波旁威士忌、德比赛马和油炸鸡肉。肯塔基第二大城市列克星敦的赛马牧场比举办德比赛马的路易斯维尔还要多。一定要去巴兹敦，福斯特的名曲《我的肯塔基故乡》就是在那里创作的。

列克星敦的科尼马场

北卡罗来纳州 North Carolina

首　　　　府：	罗利（Raleigh）
最大的城市及其人口：	夏洛特（Charlotte），约 73.14 万人
别　　　　名：	焦油脚跟之州（Tarheel State）
出生于该州的名人：	欧·亨利（作家）、托马斯·沃尔夫 （作家）、迈克尔·乔丹（NBA 选手）

　　位于与田纳西州交界的大雾山国家公园是全美游客人数较多的公园。绿色色深而鲜艳，红叶时节更是绝美无比。位于东部的阿什维尔是全美屈指可数的宜居城市之一。
※焦油脚跟是"因焦油让脚跟变黑的人"的意思。

大雾山国家公园

佐治亚州 Georgia

首　　　　府：	亚特兰大（Atlanta）
最大的城市及其人口：	亚特兰大（Atlanta），约42万人
别　　　　名：	桃树州（Peach State）
出生于该州的名人：	吉米·卡特（第39任总统）、马丁·路德·金（民权运动领袖）、茱莉亚·罗伯茨（演员）

亚特兰大既是佐治亚州的首府，也是南部最大的都市圈。电影《乱世佳人》中的亚特兰大现在已是商业城市。接近大西洋的萨凡纳是一座被称为"花园城市"的浪漫都市。

亚特兰大的佐治亚州水族馆里鲸鲨正在游泳

南卡罗来纳州 South Carolina

首　　　　府：	哥伦比亚（Columbia）
最大的城市及其人口：	哥伦比亚（Columbia），约12.92万人
别　　　　名：	矮棕榈之州（Palmetto State，矮棕榈是一种树木）
出生于该州的名人：	安德鲁·杰克逊（第7任总统）

在位于大西洋海岸的查尔斯顿，既能感受到昔日南部的氛围，也能了解南北战争的历史。而且这里街道整洁，经常有美国的游客来此，非常热闹。能通过游轮旅行参观海面上的萨姆特堡。

优雅的查尔斯顿历史区

弗吉尼亚州 Virginia

首　　　　府：	里士满（Richmond）
最大的城市及其人口：	弗吉尼亚比奇（Virginia Beach），约43.8万人
别　　　　名：	总统之乡（Mother of Presidents）
出生于该州的名人：	乔治·华盛顿（第1任总统）、托马斯·杰斐逊（第3任总统）

位于首都华盛顿 D.C. 正南方向的弗吉尼亚州是与美国历史同步的州。保持着英国殖民地时代原样的威廉斯堡、南北战争时作为南军总部的首府里士满等，非常有利于游客了解美国的历史，而该州也以 6 任总统的故乡而知名。

里士满的弗吉尼亚议事堂

Movies
of the South

从电影中了解到的美国南部

南部因具有独特的气候、风土人情和文化而成为电影得天独厚的舞台。在南部拍摄的电影数不胜数，仅新奥尔良就有200多部作品，而这些作品也向观众传递了南部人民的想法、风俗习惯以及历史背景等。

《欲望号街车》
原导演剪辑版
Astreetcar Named Desire

导演： 伊利亚·卡赞（Elia Kazan）
编剧： 田纳西·威廉姆斯（Tennessee Williams）
主演： 费雯·丽（Vivien Leigh）、马龙·白兰度（Marlon Brando）
　　　　获得奥斯卡最佳女主角等奖项
　　　　　　　　　　　　　　　（1951年）

在繁荣的种植园逐渐废弃时，主人公也面临着残酷的命运。虽然这部作品忧郁、悲伤而壮烈，却非常有吸引力，同时能看到不同于新奥尔良"面向游客的面孔"的另一面。片名中

的市区电车现在仍在市区行驶。

编剧田纳西·威廉姆斯除了这部电影作品，还有伊丽莎白·泰勒和保罗·纽曼主演的《热铁皮屋顶上的猫》（*Cat on a Hot Tin Roof*）、娜塔莉·伍德和罗伯特·雷德福主演的《蓬门碧玉红颜泪》（*This Property is Condemned*）等。

《为戴茜小姐开车》
精华版
Driving Miss Daisy

导演： 布鲁斯·贝雷斯福德（Bruce Beresford）
编剧： 阿尔弗雷德·阿哈里（Alfred Vhry）
主演： 杰西卡·坦迪（Jessica Tandy）、摩根·弗里曼（Morgan Freeman）
　　　　获得奥斯卡最佳影片、奥斯卡最佳女主角等4个奖项
　　　　　　　　　　　　　　　（1989年）

这部影片描写了一位因傲慢而内心孤独的南部老妇人在一位黑人司机的帮助下逐渐敞开心扉的故事，是一部反映年龄与种族问题的杰作，电影的舞台设在亚特兰大郊区的住宅区。现在有游览电影拍摄场地的旅行。

《帮助》
连接心灵的故事
The Help

导演·编剧： 塔特·泰勒（Tate Taylor）
原作： 凯瑟琳·斯多克特（Kathryn Stockett）
主演： 艾玛·斯通（Emma Stone）、奥克塔维亚斯宾瑟（Octavia Spencer）
　　　　获得奥斯卡最佳女配角奖、金球奖

这是根据一部畅销小说拍成的电影。讲述的是20世纪60年代的密西西比河流域，在存在种族歧视的时代里，一位被黑人女仆带大并立志成为一名作家的白人女性为了向社会反映女仆们的残酷的现状而进行常识性采访。可是，女仆们的心像被封锁了一样，她们不敢说实话，因为这样有可能会丢掉工作。那时一位黑人女仆被解雇，最后她终于张开嘴接受了采访。这部片子在全美引起了很大的反响。

原作者凯瑟琳·斯多克特（Kathryn Stockett）和导演兼编剧塔特·泰勒（Tate Taylor）都出生于密西西比州，而拍摄是在密西西比三角洲的格林伍德（→p.188）等地进行的。

《乱世佳人》 Gone With The Wind	导演：维克托·弗莱明（Victor Fleming） 主演：费雯·丽（Vivien Leigh）、克拉克·盖博（Clark Gable）（1939年）	这部电影描述的是在奢侈的种植园和棉花地里辛勤劳动的奴隶们和南北战争的情况，绝大部分场景是在加利福尼亚拍摄的，但是郝思嘉紧握的红土被带到了佐治亚州。详细剧情→p.294
《炎热的夜晚》 In the Heat of the Night	导演：诺曼·杰维森（Norman Jewison） 主演：西德尼·波蒂埃（Sidney Poitier）、罗德·斯泰格尔（Rod Steiger）（1967年）	这是一部悬疑片，讲述的是一位歧视黑人的白人警官与黑人刑事侦察联手侦破了杀人案的故事，此片获得了奥斯卡最佳男主角荣誉奖项。西德尼·波蒂埃（Sidney Poitier）还曾与汤尼·寇蒂斯（Tony Curtis）共同出演过《逃狱惊魂》（The Defiant Ones）
《密西西比谋杀案》 Ghosts of Mississippi	主演：乌比·戈德堡（Whoopi Goldberg）、詹姆斯·伍兹（James Woods）（1996年）	这是一部以民权运动家被杀事件为题材的电影，在纳奇兹等地拍摄而成。除此以外，以民权运动为题材的电影还有描述金牧师的前辈们浴血奋战的《弗农·约翰斯的故事》（The Vernon Johns, Story）以及描写小石城危机的 Crisis at Central High。
《长脚女佣》 The Long Walk Home	导演：理查德·皮尔斯（Richard Pearce） 主演：乌比·戈德堡（Whoopi Goldberg）、茜茜·斯派塞克（Sissy Spacek）（1990年）	公共汽车上因黑人拒绝给白人让座而被捕，人们通过拒绝乘坐公共汽车表示抗议，这就是1955年发生在亚拉巴马州的抵制巴士事件。目睹一切的白人女主人亲自开车接送参加示威的黑人女佣们，激起了其丈夫的强烈不满，但最终两人共同为改善黑白分离的现状做出了贡献。
《杀死一只知更鸟》 To Kill a Mockingbird	主演：格里高利·派克（Gregory Peck）（1962年）	此片以精妙的笔触描写了一位为了帮助黑人洗脱罪名的律师父亲和一位通过与怪异的邻居沟通而逐渐成长起来的少女。此片获得了奥斯卡最佳男主角奖和最佳编剧奖等，堪称杰作中的精品！
《南方人》 The Southerner	导演：让·雷诺阿（Jean Renoir）（1945年）	此片描写了以种植棉花为生的贫穷的农夫一家与恶劣的自然作斗争的故事，获得了威尼斯电影节金狮奖。
《漫长的炎夏》 The Long Hot Summer	原著：威廉·福克纳（William Faulkner） 主演：保罗·纽曼（Paul Newman）（1958年）	这是一部描写密西西比农场的伦理剧，此片是在橡树庄园（→p.95）拍摄而成的。
《午夜善恶花园》 Midnight in the Garden of Good and Evil	导演：克林特·伊斯特伍德（Clint Eastwood） 主演：约翰·库萨克（John Cusack）、凯文·斯贝西（Kevin Spacey）（1997年）	此片根据乔治的畅销作品拍摄而成，故事发生在佐治亚州的萨凡纳，细致地描写了被卷入杀人案件中的上流社会的人们的心理。电影开头出现的少女像出现在特尔费尔美术馆中（→p.313）。
《密西西比在燃烧》 Mississippi Burning	导演：艾伦·帕克（Alan Parker） 主演：吉恩·哈克曼（Gene Hackman）、威廉·达福（Willem Dafoe）（1988年）	此片以1964年3名民权运动家被杀事件为题材，40年后重新开始调查此案时，发现这起杀人事件的主谋是白人至上主义团体KKK原领导人并最终将他绳之以法。
《演出船》 Show Boat	主演：艾娃·加德纳（Ava Gardner） 音乐：奥斯卡·汉默斯坦二世（Oscar Hammerstein II）（1951年）	这是一部描写邂逅在密西西比河演出船上的黑人和白人恋情的音乐剧，美丽的画面及其主题歌 Old Man River 非常打动人心。
《逃狱三王》 O Brother, Where Art Thou	导演：乔尔·科恩（Joel Coen）、伊桑·科恩（Ethan Coen） 主演：乔治·克鲁尼（George Clooney）（2000年）	此片讲述的是3名越狱人员无意间录制的乡村音乐却大受欢迎的故事，该片在密西西比州拍摄完成。在十字路口（→p.187）将灵魂出卖给恶魔的人确实存在，但在晚年时被蓝调巨匠罗伯特·约翰逊化了。
《不法之徒》 Down by Law	导演：吉姆·贾木许（Jim Jarmusch） 主演：汤姆·威兹（Tom Waits）、罗贝托·贝尼尼（Roberto Benigni）（1986年）	此片讲述了从新奥尔良越狱并成功逃回湿地的囚犯的故事，是一部离奇喜剧片。
《钢木兰花》 Steel Magnolias	主演：莎莉·菲尔德、朱丽亚·罗伯茨（Julia Roberts）（1989年）	该片以位于路易斯安那州（Natchitoches）的美容院为背景，描述了坚强生活着的南部女性。
《家庭事物》 A Family Thing	主演：詹姆斯·厄尔·琼斯（James Earl Jones）、罗伯特·杜瓦尔（Robert Duvall）（1996年）	该片是一部愤世嫉俗的伦理剧，讲述了一位一直坚信自己是白人的男ús却发现自己原来是黑人所生的小孩的故事。
《阿甘正传》 Forrest Gump	导演：罗伯特·泽米吉斯（Robert Zemeckis） 主演：汤姆·汉克斯（Tom Hanks）（1994年）	此片在包括电影开头出现的位于萨凡纳的 Chippewa Square 的南部各地拍摄而成，该片获得了奥斯卡最佳主角和最佳导演奖。
《爱国者》 The Patriot	导演：罗兰·艾默里奇（Roland Emmerich） 音乐：约翰·威廉姆斯（John Williams） 主演：梅尔·吉布森（Mel Gibson）（2000年）	这是一部以独立战争为题材的影片，虽然充满血腥，但是反映了美国人的英雄主义、爱国心和家族魂。该片在查尔斯顿等地拍摄，影片中多次出现了南部独特的湿地。
《给鲍比·朗的情歌》 Love Song for Bobby Long	导演/编剧：珊妮·加贝尔（Shainee Gabel） 主演：斯嘉丽·约翰逊（Scarlett Johansson）、约翰·特拉沃塔（John Travolta）、盖布瑞·马赫特（Gabriel Macht）（2004年）	该片是描写主人公在母亲去世后与曾是大学教授的青年的共同生活以及人性解闭的温情作品。在此片中，观众将会看到密西西比河上来来往往的船只、市区以及充满湿度的阳光等南部独特的景观。
《南方之歌》 Song of the South	制片人：沃特·迪斯尼（Walt Disney） 原著：约珥·钱德勒·哈里斯（Joel Chandler Harris） 主演：James Baskett（1946年）	这是一部动画和真人合成的音乐剧，讲述的是在佐治亚州的农场里，一位慈祥乐观的黑人雷默斯（Remus）叔叔讲故事给白人小孩听，教他如何才能脱离苦难。本片的主要场景在迪斯尼乐园的飞溅山。美化奴隶生活的视频资料已停止出售。片中的主题曲 Zip-A-Dee-Doo-Dah 则成为耳熟能详的迪斯尼名曲之一。

新奥尔良
菜 肴
New Orleans Cuisine

一般来说 "特产里都没有什么好吃的东西"，但这不适用于新奥尔良。
新奥尔良的气候、
地理位置和历史为这个城市带来了许多美味的菜肴。
在成为 "伟大的文化" 之前，
就已经有了美味的菜肴。
新奥尔良餐厅因其独特味道的美食而遍布全美各地。
因为以大米和海鲜为主，所以也吸引了许多中国人。

国际化的菜肴

与发源于新奥尔良的爵士乐一样，新奥尔良菜肴也来源于奴隶们的苦难生活。在种植园时代，黑人们为奴隶主们烹饪美食，而自己却只能吃使用动物的内脏等价格低廉的食材做成的食物，难以下咽。刚开始的时候，哪怕只做一点点美味的食物，也需要下很大的功夫。

新奥尔良的地理位置赋予了它丰富的食材。密西西比河下游肥沃的土地培育出水稻（湿度过高，不适于种植小麦）、玉米和大豆等丰富的谷物，而河口的三角洲地带、墨西哥湾和庞恰特雷恩湖产出新鲜的牡蛎、鲇鱼、软壳螃蟹和小龙虾等，新奥尔良的港口是拉美各国香辣调味料和咖啡豆等的卸货港。

土著以及来自世界各地并定居此地的人们都带来了故乡的食谱。尤其是殖民地时代的法国和西班牙的影响最大。还有一个不能忘记的是黑人奴隶带来的非洲菜。现在的新奥尔良菜肴就是由这些美食发展而成的。

香辣调味料是新奥尔良菜肴的关键

新奥尔良菜肴到底是什么味道呢？简单地说，就是以辛辣味而受欢迎。因为三角洲地带湿度高，以前特别容易流行疾病，所以经常使用杀菌力强的香辣调味料和香草制作美食。路易斯安那是辣椒的产地（塔巴斯科辣酱也产于路易斯安那→p.98），最适于帮助大家度过闷热的夏季。

以塔巴斯科辣酱为主的胡椒调味汁的种类很多，这个品牌也很受欢迎

新奥尔良菜肴和卡津菜肴

概括地说，新奥尔良菜肴既有克里奥尔菜的味道也有卡津菜的味道。法国人和西班牙人的后裔克里奥尔人（Creole）的菜肴是殖民地时代统治阶级的美食，总体来说，具有都市化的味道。以用黄油和腊肉做成的乳酪面粉糊为基础，其他几乎都是香料。

而从加拿大东部的阿卡迪亚各地来到密西西比河的法国移民阿卡迪亚人的菜肴［→p.98，后来成为卡津（Cajun）菜肴］是劳动者的美食，是带有野味的素食，它是用小麦粉和油煮成的棕色调味料做成的。因为香料和黄油的价格比较高，所以通过使用大量的辣椒来吸引顾客。

但至今为止，新奥尔良菜和卡津菜没有明显的区别。从味道来说克里奥尔餐厅里的菜品属于高档美食，而卡津餐厅里的菜品是普通百姓们的美食。也有很多人将新奥尔良菜和卡津菜合称为新奥尔良菜或者路易斯安那菜。

主 食
Main Dish

量大味辣。一吃就会上瘾

很多店可以订两人份

什锦烩饭
Jambalaya

这是路易斯安那风味的什锦烩饭，和以前特别受欢迎的西班牙著名的菜品——肉菜饭非常相似。一般不使用价格较高的藏红花而用土豆、洋葱头和香料做配料，食材也可以使用海鲜、肉或者蔬菜等，不过使用香肠或者鸡肉的比较多。能通过改变调味料的配比制作出各种不同颜色、不同香味和辣味的美食。

虾浓汤
Shrimp Creole

这是放满小虾的辛辣调味汁。放入洋葱和蒜头，就着米饭吃，非常美味，不过一定要放青椒。

浓浓的香味非常适合佐餐

秋葵浓汤
Gumbo Soup

这是几道新奥尔良菜中最值得推荐的一种，是使用调味料做成的浓汤。据说秋葵汤是以西非菜为基础的。秋葵用西非某地方言说是 Okra，食材可以用虾、牡蛎、香肠、鸡肉等，每家店不同，但是一定要放秋葵。有的是放入路易斯安那大米，有的是和米饭一起煮成饭团。如果用碗的话，一碗就足够了。

如果用香辣调味料炒小龙虾，就会变成很漂亮的红色

小龙虾 Crawfish

每年的 11 月至次年 7 月是吃小龙虾的季节。据说路易斯安那每年要消耗掉世界 95% 的小龙虾。去掉头尾和虾壳，再挤点柠檬汁，味道会更加鲜美。

法国香肠
Andouille

这是乡村风味的熏制香肠，用于秋葵汤、什锦烩饭等。法国香肠能让食物的味道变得更浓。但是有的法国香肠很咸，新奥尔良菜肴一般不会使用。

新奥尔良菜的基础

红豆米饭
Red Beans & Rice

这是一道与巴西菜——黑豆餐（将黑豆与各种烟熏干肉以小火炖煮而成）非常相似的路易斯安那家常美食。配以用猪肉、洋葱和扁豆煮成的调味汁就着米饭吃。新奥尔良有在每周一的晚上吃红豆米饭的习俗。一边清洗积攒到周末的衣物或者打扫卫生，一边咕嘟咕嘟地煮着红豆米饭。至今仍然有很多餐厅都只在周一才出售这道美食。

▶ 关于小费
　　餐厅的小费一般是消费总额的 15%~20%，如果服务人员的服务令客人非常满意，特别是帮助客人做了什么额外的事情，客人就会多付小费给服务人员，否则，可以少付。

▶ 推荐给喜爱美食的人的菜品
　　新奥尔良有很多有名的菜品，吃几天都吃不遍。各餐厅为喜爱美食的游客准备了拼盘，里面放入 Taste of New Orleans、New Orleans Medley 等美食。虽然菜品的名字和内容不同，但是都会放入秋葵和什锦烩饭。

冷　盘
Hors-d'oeuvre

宾汁烧牡蛎
Oysters Bienville

是在加入奶油酱、蘑菇和奶酪等后烧烤而成的牡蛎奶汁干酪烤菜。最早出现在"Arnaud's"（→ p.112）。

如果只当点心，2人一盘就足够了

洛克菲勒焗牡蛎
Oysters Rockefeller

将牡蛎抹上黄油，并撒上菠菜末，然后放在烤炉里烧烤而成。它是以石油大王洛克菲勒的名字而命名的。虽然在任何一家餐厅都能吃到，但还数鼻祖"Antoine's"（→ p.113）里做出的味道最佳。

新奥尔良的牡蛎个头比较大

牡蛎冷盘
Oysters on the Shell

新奥尔良牡蛎的味道没有什么特别之处，但是没有难闻的味道，而且个头也特别大。只带有海水的香气和自然咸味的牡蛎润滑味美。虽然一年四季都能吃到，但是冬季的牡蛎最好吃。如果在展示架直接购买，就能将新鲜的牡蛎当场剥开，整齐地排列在撒有碎冰的盘子里。新奥尔良的吃法是用柠檬、山葵调味汁（芥末）或者番茄酱蘸着吃。

午　餐
Lunch

也有虾和白色的鱼

三明治
Po-Boys

这是在其他城市被称为"潜水艇"或者"英雄"的法棍面包三明治。新奥尔良流行的吃法是将面包切开，将牡蛎或者猫鱼（鲇鱼）夹在里面吃。

早　餐
Breakfast

B&B 里也经常有这种粗玉米粉

粗玉米粉
Grits

将碾好的玉米粉用文火熬成粥，在薄薄的一层玉米粥上撒点盐就能吃，虽然单调，但是吃的时候，能感觉到黏稠的粥里有一粒粒的玉米粒。早餐时，可以搭配香肠、腊肉和鸡蛋等。

软烤饼 Biscuit

用玉米粉烤成的一种点心，和西康饼差不多，有种肯塔基炸鸡的味道，可以当作早餐或者晚餐。

饮　料
Drink

哈瑞根
Hurricane Cocktail

是鲜艳的樱桃粉柠檬碳酸水加西番莲果实的宾治。除了被称为鼻祖的餐厅"Pat O'Brien's"（典藏厅隔壁）以外，其他地方也都能买到哈瑞根专用酒杯，尤其是在夜晚的波旁街，很多人都一手拿着"飓风"鸡尾酒在游荡。虽然这种鸡尾酒很甜却很烈，如同它的名字一样，千万不要喝得太多。

南部菜肴中经常使用的香辣调味料和香草

▶ 晒干的檫木 Sassafras
这是从乔克托族传来的香辣调味料。檫木和樟树是同类植物，在新奥尔良，要先将檫木叶碾成粉末，然后放入秋葵汤里，必须等到秋葵汤好了之后放进去。

▶ 菊苣 Chicory
菊苣的嫩叶可以放入沙拉里，根和咖啡豆可以一起放入咖啡里。菊苣的根叶和咖啡豆都有苦味。菊苣和蒲公英相似，含有丰富的食物纤维，能促进肠道的蠕动。

新奥尔良人喜欢一边拿着装有"飓风"鸡尾酒的玻璃酒杯，一边在波旁街上溜达

甜　点
Sweets

当暑顾客的面现场制作

孩子们最喜欢的甜点

胡桃糖
Pralines

　　这是将碧根果（胡桃的一种）和砂糖用黄油熬干而制作出的圆板状糖。虽然已经很甜，有时还会再加棉花糖、生奶油、汽水酒、巧克力葛根粉。第一口虽然比想象的还要甜，但是总觉得味道不够好，真是令人不可思议。

福斯特火烧香蕉
Bananas Foster

　　这是一种已经遍布全美的简单而时尚的甜点，最早出现在"Brennan's"（→ p.112）。它的做法是在香蕉上加上肉桂后用黄油嫩煎，然后将汽水酒等浇在上面即可。吃的时候加点冰激凌，味道会更好。

　　可以订 2 人份，服务人员会当场为您制作。

"杜梦咖啡"24 小时营业

自己制作法式甜甜圈！

　　如果特别爱吃法式甜甜圈，可以在礼品店里购买法式甜甜圈配制材料带回家后自己制作。只要将水或者牛乳和这种粉混合在一起后油炸，就能轻松地做成新奥尔良口味的法式甜甜圈。

杜梦咖啡的法式甜甜圈

法式甜甜圈
Beignet

　　法语表示油炸食物的意思，在新奥尔良是指实心的四角甜甜圈，柔软薄脆。它本身没有甜味，根据喜好，可以加红糖。从杰克逊广场前的"杜梦咖啡 Café du Monde"（→ p.61）订牛奶咖啡或者法式甜甜圈可以说是新奥尔良当今的一种新时尚。

面包布丁
Bread Pudding

　　将面包和葡萄干浸泡在香草味的蛋黄酱中，然后拿出来放在烤炉里烤。用汽水酒蘸着吃。因为比较油腻，如果是在饭后，两个人一盘就足够了。

其他南部黑人的传统美食
Soul Food

在新奥尔良比较流行油炸鲶鱼

炸鸡
Deep Fried Chicken

也称为南部炸鸡，用牛乳等调味汁腌渍鸡肉，在腌渍过的鸡肉上抹小麦粉和香辣调味料后油炸。大都使用深锅和压力锅油炸鸡肉，外皮脆而香，里面肉嫩汁多，连骨头都是软的。

烤猪排
BBQ Rib

如果去孟菲斯，一定要去 Rendezvous 尝一尝那里的烤猪排

将猪排抹上香辣烤酱后在炭火上慢慢烤制而成。位于孟菲斯的 Rendezvous（→ p.182）的烤猪排尤其有名。

鲶鱼
Catfish

鲶鱼是一种像猫一样有着长胡须的鱼。在南部经常用它来做食材，大都是将鲶鱼抹上玉米粉（碾好的玉米面）后油炸。有时和土豆一起吃，有时夹在三明治里吃，味道比较清淡。

法国香肠和腊肉一起煮

油炸绿番茄
Fried Green Tomato

在青色的番茄上抹上玉米粉后油炸。油炸秋葵、炸鸡等黑人的传统美食经常用到玉米粉。将玉米面揉成团后油炸成的玉米饼也很受欢迎。

亚特兰大周边都能吃到

青萝卜
Turnip Green

用芜菁的叶子煮成的食物。在南部经常被当作配菜，有一种妈妈的味道。除了这种野菜，还经常使用甜菜（紫色甜菜类）或者羽衣甘蓝青汁等。

薄荷朱利酒 Mink Julep

是用砂糖浸泡薄荷叶后的糖浆、波旁威士忌和冰调制而成的鸡尾酒，也可以将新鲜的薄荷叶剁碎来增添香气。薄荷朱利酒是肯塔基德比（→ p.237）公认的鸡尾酒。在南部各地的赛马场经常可以看到有人在喝。

山核桃派
Pecan Pie

对顾客的承诺就是要很甜很甜

胡桃 Pecans（山核桃）属于美国南部原产核桃，它的主要特点是涩味少。在美国，使用这种山核桃做成的点心非常甜，尤其是山核桃派，必须做得很甜很甜。只要一问起山核桃，就连中年大叔都会舔着舌头，这种情景在美国一定能看到。有的人喜欢甜食，有的人讨厌甜食，我认为可以尝试一下"美国体验"。很多餐厅在热山核桃派上加冰激凌后出售。

学习南部菜肴的制作方法

说过"在新奥尔良对南部菜肴着迷了"的人一定要参加烹饪课程。厨师一边说明秋葵汤和什锦烩饭的制作方法，一边现场制作，还可以当场试吃。烹饪学校里的商店也有调味料等出售。前往方法是从杰克逊广场经过迪凯特街，然后往上游方向经过 2 个街区后右转，需要提前预约。

最后的试吃

New Orleans School of Cooking　Map p.34 C3　☎ 524 St. Louis St.　☎（504）525-2665　☎ 1800-237-4841　🖥 www.nosoc.com　🕐 10:00（2 小时 30 分钟、$29）、14:00（2 小时、$24）。周日休息）🗓 11 月的第 4 个周四

享受狂欢节的秘诀

很多人都觉得狂欢节中最有趣的事情就是坐着花车向人群投掷象征狂欢节的珠子，但是游客几乎不可能体验到这种乐趣。先介绍几种作为游客的乐趣吧！

十多年的盛装游行的时间和线路各不相同，事先要调查清楚。"如果5点从起点出发，经过这个地方在几分钟以后……"要预计好时间。出发2小时后可到达运河街一带。平日有时会

有3支盛装游行的队伍，如果3支游行队伍都想看，就需要4~5小时。

如果周末有特别受欢迎的盛装游行，有的人从凌晨3点就出门占个好位置来等待早晨11点开始的盛装游行。有的人带直梯、折梯或者折叠椅，还有人用蓝色的标签占座位。但这些都是徒劳的，随着时间的推移，人越来越多，场所也越来越挤，到了最后就什么都不在意了。很多人因为座位发生口角，还有的人因孩子跑到队伍中间而感到为难。

最大的麻烦是厕所。因为很多餐厅禁止使用厕所，所以只能使用每隔一段距离所设的临时厕所（收费）。

我每年租朋友的房子或者圣查尔斯街上的公寓。只在这个时期出租的房子称为"狂欢节公寓"。了解情况的当地居民一般会在1个多月以前搬走（当然搬家费用由房东自己出），

向为了看盛装游行的人出租房屋，据说能赚很多钱。我们住的是2LDK，2周是$4000。厕所肯定是有的，行李架也很重要。如果累的话，还可以在房间里休息一会儿。如果体验过这种便利，就会感觉到再也不能没有"狂欢节公寓"了。

耀眼就是胜利

从彩车上投掷下来的代表物品是珠子项链。从塑料传统物品到吸引眼球的名人和艺人的头像，光彩夺目，多种多样。听说以前主要使用在捷克、斯洛伐克制作的玻璃球，除此以外，还有布娃娃、点心、球等。还有在竹子上插上羽毛做成的枪，但这是要亲手传递的。现在出现了又大又硬的珠子，如果没接住或者东张西望的话，有可能砸到脸上而受伤，一定要小心。

还有的人将很多珠子放在袋子里扔出去。

为了能被砸中，必须拼命地呼喊或者打扮得特别显眼。因为花车上的所有人是俯视人群的，他们会将物品投向气氛热烈的地方。所以一定要鼓舞朋友们一起疯狂来增加气氛。人们一般会呐喊"Throw me something, Mister（往我这里扔）"，有些疯狂的人即使每年都来这里，也会高呼"This is my first Mardi Gras"、"I'm from South Pole"。

有手拿纸的人，有高举捉虫网的人，有使用扬声器的人（这是周围如雷般的呐喊声的制造者），甚至还有衣着暴露的女性（会被警察

最引人注目的还是此场面

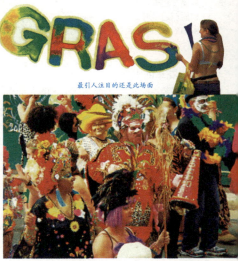

不仅是花车游行，铜管乐队和舞蹈队游行等也很多

有关狂欢节的详细情况请看 p.83

还是这样的装扮比较醒目

带走）……身着狂欢节颜色——紫色、绿色和金色的服装，效果也很好。紫色表示 JUSTICE（正义），绿色表示 FAITH（信仰），金色表示 POWER（权力）。

盛装游行的间隙，可以在步行街上一边喝酒一边散步，还能享受到被称为"金蛋糕"的丹麦面包那样的蛋糕。一般 1 个多月以前超市和面包店就开始出售这种面包了，里面放入了 BABY（塑料人偶），有被砸中的人下次要带着这种蛋糕的传统。

乘坐花车的人是谁?

盛装游行的人群大都由会员制团体构成，也有 21 岁以上并追求名誉和地位的人。各团体的规定不同，但是都必须有会员介绍信。年会费有高有低，核算下来每年几千元人民币的，也有每年几万元人民币的。

要想进入那几个历史悠久的社团，先要进行履历调查，然后接收介绍信并接收为会员。被调查的人自己是不知道的，一旦通过调查，就正式成为会员。对于其他暂时捧场的人，只要盛装游行队长允许，就可以加入。如果想乘坐花车，就需支付 $100~500，珠子等费用由个人承担。

会费的使用去向主要是盛装游行的相关费用。除了每年使用的花车，还需要制作新花车的费用、参加盛装游行的学校乐队的费用、职业歌手和嘉宾演出费、花车的车库费用、珠子费用、服装费用、巴士费用和轿车费用，安全人工费（包括警察）、盛装游行结束后使用的会场费用、酒店的宴会场费用、餐厅和超级巨蛋费用、定期举行音乐会的费用等。

毫不吝惜地拿出这么一大笔费用而且要进行履历调查，可以说成为会员，就像新奥尔良的墓碑一样有地位和荣耀。

珠子的投掷方向

盛装游行结束后，在看到 2~3 个装着物品的箱子时，取珠子时的惊喜瞬间就没有了。大量剩余的珠子被回收了。我将珠子寄放在了儿子的学校，留下喜欢的珠子，之后带到学校去。在学校、寄放珠子的教室或者盲人学校清洗后像新的一样，然后在报纸上出售。很多下次乘坐花车的人会购买。

新奥尔良的狂欢节盛装游行原先是基督教四旬节前的节日，但是现在已经变成带有宗教色彩的狂欢。它和里约热内卢的狂欢节一样世界闻名。如果有机会的话，一定要看看。

卡特里娜飓风后的
重建
REBUILD New Orleans

意想不到的灾难

刚开始在新奥尔良生活的时候，虽然已经听说这里的夏天温度有时能达到将近40℃，结果还是被这种闷热吓住了。但是南部腹地的音乐、文化、阳光、和蔼可亲的人们以及美味的菜肴的魅力远远超过了可怕的天气，来这里非常值得。

新奥尔良是亚热带气候，经常突然出现骤雨，强度接近飓风，有时会发出几次避难警告。但又突然改变了方向，势力减弱，印象之中没有什么新的地方受到过巨大的损害。

2005年8月，在接收到避难警告之后，通常5小时30多分钟就能到达的休斯敦，那天竟然花了15小时才到达。这是飓风卡特里娜登陆的前一天。

飓风登陆后，在这场巨大的灾难尚未经报道时人心还很平静，但是不久就开始报道市区的堤防陆续破堤，还有城市被吞噬的样子。画面上被泥水掩埋的房屋，如果不仔细看，根本看不出是谁的家，那段视频根本不像真的，像是电影里的情景。

新奥尔良的大部分建筑都被水淹没了，无论怎样，暂时是回不去了。人们从一个城市到另一个城市，最终在芝加哥落脚。

一个月以后，暂时被允许回家，但是看到眼前的情景，还是吓了一大跳。长时间被水淹没的家面目全非，家具都已经变形了。最让人心痛的是，没有出去避难的很多人也成了无家可归的人。飓风后人们主要依靠私家车出去避难，消耗了大量的经费和劳动力。也有很多人因为车、工作或者家庭的原因而没有出去避难。

最终卡特里娜造成1800多人死亡，是美国历史上损失最惨重的一次自然灾害。

恐怖的灾难谣传

全世界都报道了卡特里娜造成的惨状。飓风来袭之后，警察无线系统和避难通信系统瘫痪，信息混乱，谁都无法掌握到正确的信息。因此传出"整个城市没有法制，治安情况恶化"的谣言，此谣言最终因国内外的援助活动而停止。受灾后的第五天，各城市都收到了食物和饮用水。在这期间，很多老人和病人等弱势群体因并发症、脱水、中暑、饥饿而死。

但媒体报道的许多可怕的"事件"实际上90%以上都是谣传，不过后来公众都了解清楚了。

这是我被卡特里娜袭击后的家，水已经漫到二楼，桌面变成了天花板

虽然还存在各种各样的问题，但新奥尔良人都还保持着快乐和真诚的性格，并且很期待客人的来访。如果您在街角看地图的话，一定会有人问您"您想去哪里"。当您在餐厅不知道点什么菜的时候，也会有人向您推荐新奥尔良特色的美食，即使不知道小龙虾的吃法也没关系，您一定能立刻感受到南方人的殷勤招待。

很多游客来这里品尝美食、听新奥尔良传统音乐、参观景点以及体验各种事物等，尽情享受南部风情，成为"Rebuilt"的巨大活力。

新奥尔良有很多这样的大河，白色的地方是决堤的位置

卡特里娜后的第七年

看到现在高楼林立的新奥尔良，您一定很难相信这里曾被卡特里娜袭击过。现在，游客的数量已经回到了受灾前，旅游收入额也达到了史上最高额，餐厅的数量也比卡特里娜前增加了 50%。

有些人一边旅游一边作为志愿者做一些公益活动而常住此地，这促进了新奥尔良旅游产业的复苏。

虽然人口已经恢复到约 8 成以上，但是有些住宅区已经被大家视为鬼城。

在受灾最严重的下第九地区重建起了住宅

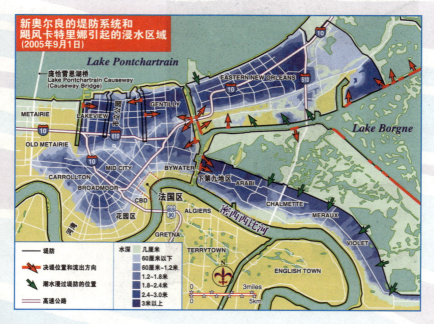

新奥尔良的堤防系统和飓风卡特里娜引起的浸水区域
(2005年9月1日)

Lake Pontchartrain

庞恰雷恩湖桥
Lake Pontchartrain Causeway
(Causeway Bridge)

EASTERN NEW ORLEANS

510

METAIRIE

LAKEVIEW

GENTILLY

I-10

Lake Borgne

OLD METAIRIE

610

MID CITY

BYWATER

下第九地区 ARABI

CARROLLTON

BROADMOOR

CBD 法国区

花园区

ALGIERS 密西西比河

CHALMETTE

MERAUX

90

GRETNA

VIOLET

水深 几厘米

TERRYTOWN

60厘米以下

60厘米~1.2米

1.2~1.8米

1.8~2.4米

ENGLISH TOWN

2.4~3.0米

3米以上

—— 堤防

决堤位置和流出方向

潮水漫过堤防的位置

—— 高速公路

N

3miles

5km

飓风小知识

等级分类

根据 1 分钟的平均风速最大值，飓风分为 5 级。中国是以每秒钟的平均风速将台风划分为 6 级，因此不能简单地进行级数的比较。

在佛罗里达登陆时，卡特里娜为 1 级飓风，但是在海水温度较高的墨西哥湾风速急剧加快，中心最低气压在达到 902hPa 后逐渐降低，风速为 80 米 / 秒，为 5 级飓风。在密西西比河口登陆时的中心最低气压 920hPa，风速为 62 米 / 秒，为 4 级飓风（以后又修正为 3 级）。比较而言卡特里娜的强度较高，但是暴风域较小。也就是说，卡特里娜为"小而猛烈的飓风"。

飓风历史上的最低气压是 2005 年 10 月的飓风"威尔玛"，是 882hPa。世界最低记录是 1979 年的 20 号台风，达到 870hPa（也是海上的记录）。

飓风和台风只是产生的地点不同。生成于西北太平洋和我国南海的强烈热带气旋称为"台风"；生成于大西洋、加勒比海以及北太平洋东部的则称为"飓风"；而生成于印度洋、阿拉伯海、孟加拉湾的则称为"旋风"。

飓风的命名

就是给强热带低气压或者飓风起名字。1 年当中有 21 个名字，男女混合按 ABC 的顺序列出。卡特里娜是第 11 个，即"飓风 11 号"。2012 年是 Alberto~William，2013 年是 Andrea~Wendy，6 年 1 个周期，循环使用，但是像卡特里娜这样造成巨大灾难的飓风，名字就不能再使用了。

因为 2005 年飓风的发生次数多，名字不够用，所以 22~27 飓风用希腊数字 α、β 等表示。

台风也有名字。世界气象组织（WMO）台风委员会所有成员以及环西北太平洋的 WMO 有关成员共同贡献了热带气旋命名表的名字。它不同于每年从 A 开始，以 W 结束的飓风，一年之中可以按顺序使用毫无联系的 140 个名字，所以不可能不够用。

留意气象信息

虽然卡特里娜使得墨西哥湾海岸上的飓风的破坏性被夸大，但是飓风也经常袭击南卡罗来纳州和弗吉尼亚州等大西洋沿岸的城市。如果 6~11 月（尤其 8~10 月）去旅行的话，无论在南部的哪个城市，都要关注天气预报（→ p.41）。

在路易斯安娜州和密西西比州附近登陆的卡特里娜

等级分类 ▶	中心附近的最大风速
热带低气压 ▶	时速 62 公里（秒速 17 米）以下
热带暴风雨 ▶	时速 62~118 公里（秒速 17~32 米）
1 级 ▶	时速 119~153 公里（秒速 33~42 米）
2 级 ▶	时速 154~177 公里（秒速 43~49 米）
3 级 ▶	时速 178~209 公里（秒速 50~58 米）
4 级 ▶	时速 210~249 公里（秒速 59~69 米）
5 级 ▶	时速 249 公里（秒速 69 米）

飓风相关用语			
collapse	决口、决堤	flooding	洪水
disaster	灾害	levee	堤防
drainage	排水设施	rumor	传闻、谣言
evacuate	避难	shelter	避难所
evacuee	避难者	storm surge	风暴潮
Hurricane Watch			飓风提醒（可能在 36 小时内登陆）
Hurricane Warning			飓风警报（可能在 24 小时内登陆）
Evacuation advisory			避难劝告
Evacuation mandatory			避难命令
Evacuation order			避难命令
Boil water order			禁止饮用自来水（不沸腾就不能饮用）

龙卷风小知识

美国是龙卷风大国，无论何时何地发生龙卷风都不足为奇

虽然全世界都会发生龙卷风，但是发生次数最多、强度最大的龙卷风一般在美国，全年要发生 1300 次龙卷风。

说起龙卷风，很多人会想起"奥兹国的魔法师"吧。堪萨斯和俄克拉荷马的确是龙卷风的多发地带，其实南部的龙卷风也很多。例如，2008 年仅密西西比州就发生了 109 次龙卷风，南部 10 个州的死亡人数达 76 人。1950 年以后，最高级 F5（后述）的龙卷风发生次数最多的是亚拉巴马州，亨茨维尔是仅次于俄克拉荷马的全美第二个龙卷风多发城市。除此以外，阿肯色州、路易斯安那州、田纳西州西部、肯塔基州西部、佐治亚州西部龙卷风也不少。

地球上最具破坏力的气象现象

龙卷风是小而猛烈的低气压。与飓风相比，是局部受灾，但是破坏力是陆地上最强的。曾经在仅仅 10 秒钟气压从 950hPa 降到 850hPa，中心部的风速也达到过 133 米。

旋风是变热的空气变为上升气流而形成的，龙卷风经常被误认为旋风。学校的操场或者西部的荒野中，即使是好天气，也会发生旋风。如果经过低气压或者锋线等暴风雨时积雨云的情况下会出现龙卷风。大多数龙卷风按逆时针旋转着向东北方向前进，但有时也会返回来。龙卷风一般只有几秒钟至几分钟，但是 1925 年发生的破坏力最强的龙卷风持续了 3 小时 30 分钟，造成 695 人死亡。

龙卷风的形状有倒圆锥形和绳索形，与强度没有关系。白色龙卷风是普通龙卷风，有的因往上卷而变成米色和红黏土颜色。如果龙卷风前进的方向有太阳，就会变成剪影而乌黑一片。

大龙卷风周围有些小龙卷风。巨大的积雨云有可能产生多个龙卷风。2011 年 4 月 27 日亚拉巴马州同时产生了 292 个龙卷风。

年中的龙卷风会多一些，南部高峰期在 3~5 月，多发生在午后至傍晚或者深夜至早晨。夜晚无法确定天空的样子，如果下雨了，就无法通过声音来感觉龙卷风是否正在接近。因此一定要在睡前看一下气象信息。

龙卷风的等级

国际上用藤田表来表示龙卷风的强度。

从受灾状况推定风速并分为 F0~F5 级，这是由"龙卷风先生"——芝加哥大学藤田教授提出的。美国从 2007 年开始采用 EF 级数（Enhanced Fujita Scale）。

EF0 时速 105~137 公里（秒速 29.1~38 米）树枝折断，一部分屋顶剥落。相当于气象部门所说的"暴雨"。

EF1 时速 138~177 公里（秒速 38.3~49.20 米）窗户玻璃碎了，屋顶飞了，汽车翻滚。

EF2 时速 178~217 公里（秒速 49.4~60.3 米）木头房子基本完全被毁掉，大树折断。

EF3 时速 218~266 公里（秒速 60.6~73.9 米）大型购物中心被破坏，火车翻滚。

EF4 时速 267~322 公里（秒速 74.2~89.4 米）坚固的房屋完全被毁掉，汽车飞到空中。

EF5 时速 323 公里以上（秒速 89.7 米以上）钢筋盖成的大楼被吹飞，也有些城镇消失，2011 年以南部为中心的龙卷风就发生了 6 次。

预兆和避难

以下情况一般被当作龙卷风的预兆。

- 出现巨大的积雨云
- 云层乱，迅速变暗
- 天空变成绿色或者看到闪电
- 下大粒的冰雹
- 耳鸣或者耳痛
- 远处传来轰隆声（立即避难！）

像飓风一样，龙卷风也有龙卷风提醒和龙卷风警报。不同于飓风的是，只能发出最近的预报，在发出警报时，龙卷风就已经出现在雷达上了。有可能在几分钟之内龙卷风就靠近了，街道警笛鸣响。龙卷风有时以时速 100 公里前进，所以必须尽快避难。迅速到坚固的公共建筑底下或者中心附近避难。机场等公共建筑内有避难所。像大型购物中心那样柱子很少的建筑比较危险，逃到厕所里比较安全。酒店里没有避难地点的情况下，关上窗户和窗帘，用毛巾等将头罩起来，躲到浴缸或者壁柜里弯着腰。

当龙卷风距离比较远时，可以在车里避难。当龙卷风接近时，应该寻找离自己最近的坚固的建筑下避难。绝对不能躲在桥底下。万一来不及避难，就尽量蹲到车附近的水沟洼地里。如果连水沟都没有的话，就只能系着安全带听天由命了。

一阵龙卷风过去后可能紧接着还有一阵过来，因此在狂风离开以前，千万不能掉以轻心。

新奥尔良

路易斯安那州

New Orleans

人 口 ▶	34.4 万人（2010 年）
消费税 ▶	9%
酒店税 ▶	13%+$1~3
	（取决于酒店的档次）
时 区 ▶	中部时区

月份	1	2	3	4	5	6	7	8	9	10	11	12
最高气温（℃）	17	18	22	26	29	32	33	32	31	26	22	18
最低气温（℃）	6	8	11	15	18	22	23	23	21	15	11	7
降水量（mm）	125	132	119	114	130	117	170	156	150	68	104	135

当深紫色的夜幕笼罩着法国区时，钢管乐队热烈的奏乐声变成了忧伤的萨克斯声。

从波旁街传来了烦闷的音乐旋律，市区电车在街道上行驶着，车轮发出"哐当、哐当"的声音。

终于来到新奥尔良了……这就是瞬间的真实感受。

锅里煮着的秋葵汤、法式甜甜圈和牛奶咖啡的味道、木兰花的芳香、牡蛎餐厅传来的海鲜的香气，所有的味道融合在一起，营造出这座城市独特的氛围。

各种文化交融在一起，这就是新奥尔良。

装饰有铁花栏杆的房屋、穿梭于街道的观光马车、擦肩而过的来自各国的人们，

也许这只是深棕色的电影中才看到的情景。

当你正在想这些的时候，明轮船的汽笛已响彻这个城市。

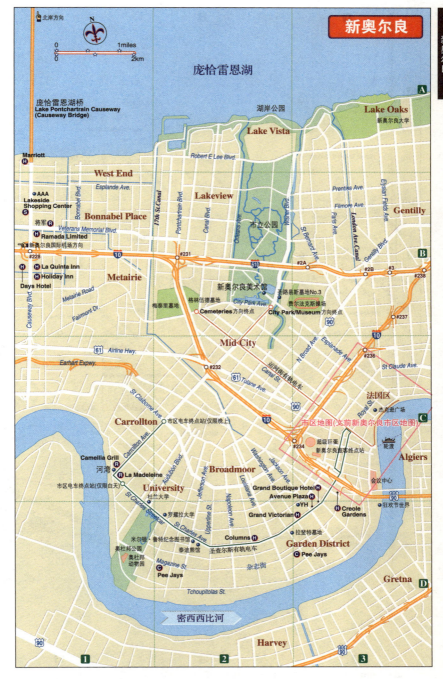

新奥尔良

庞恰雷恩湖

北岸方向

N

0　　　　　　　　1miles
0　　　　　　　2km

庞恰雷恩湖桥
Lake Pontchartrain Causeway
(Causeway Bridge)

湖岸公园

Lake Oaks
新奥尔良大学

Marriott

West End

Lake Vista

Robert E Lee Blvd.

Esplande Ave.

AAA
Lakeside
Shopping Center

将军

Bonnabel Place

Veterans Memorial Blvd.

Ramada Limited

新奥尔良国际机场方向

#228

La Quinta Inn

Holiday Inn

Days Hotel

Metairie

Metairie Road

Fairmont Dr.

Lakeview

Prentiss Ave.

Filmore Ave.

Paris Ave.

Gentilly

Bonnabel Blvd.

17th St.Canal

Pontchartrain Blvd.

Canal Blvd.

Orleans Ave.

市立公园

St Bernard Ave.

London Ave.Canal

Elysian Fields Ave.

Gentilly Blvd.

#231

510

#2A

#2B

#3

#238

B

新奥尔良美术馆

圣路易斯墓地No.3

格林伍德墓地

City Park Ave.

费尔法克斯操场

Cemeteries方向终点

梅泰里墓地

City Park/Museum方向终点

90

#237

Mid City

Airline Hwy.

Earhart Expwy.

61

#232

61

Tulane Ave.

Canal St.

运河街有轨电车

N Broad Ave.

Esplanade Ave.

#236

St Claude Ave.

90

10

St Claiborne Ave.

Carrollton

市区电车终点站(仅限晚上)

Royal St.

杰克逊广场

法国区

市区地图(文前新奥尔良市区地图)

C

Camellia Grill

河湾

La Madeleine

市区电车终点站(仅限白天)

University

杜兰大学

罗耀拉大学

Carrollton Ave.

Audubon Blvd.

Broadmoor

Washington Ave.

Jackson Ave.

Jefferson Ave.

Napoleon Ave.

Louisiana Ave.

#234

超级巨蛋
新奥尔良旅游终点站

轮渡

会议中心

Algiers

Grand Boutique Hotel

Avenue Plaza

YH

Grand Victorian

Columns

狂欢节世界

90

Creole
Gardens

拉斐特墓地

Garden District

Pee Jays

米尔顿·鲁特纪念图书馆

St Charles Streetcar

St Charles Ave.

Uppeline St.

泰迪熊馆

圣查尔斯有轨电车

奥杜邦公园

奥杜邦
动物园

Magazine St.

Pee Jays

Tchoupitolas St.

杂志街

密西西比河

Gretna

D

Harvey

90

90

1

2

3

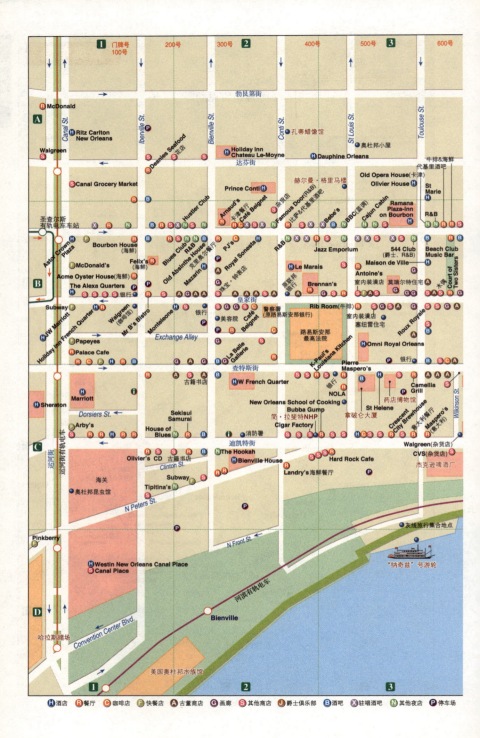

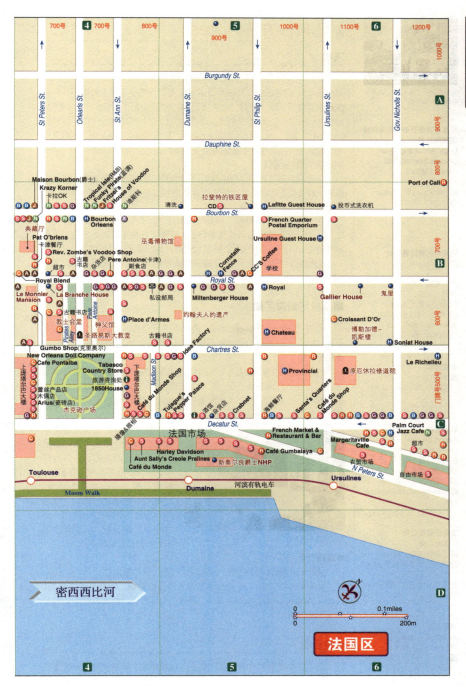

700号 700号 800号 900号 1000号 1100号 1200号

Burgundy St.

St Peters St.
Orleans St.
St Ann St.
Dumaine St.
St Philip St.
Ursulines St.
Gov. Nicholls St.

A

Dauphine St.

Maison Bourbon(爵士)
卡拉OK Krazy Korner
Tropical Isle(R&B)
Funky Pirate(蓝调)
Fritzel's
House of Voodoo 迪斯科
清洗
拉斐特的铁匠屋
CD店
Lafitte Guest House
投币式洗衣机
Port of Call

Bourbon St.

典藏厅
Pat O'briens
卡津餐厅
Bourbon Orleans
French Quarter Postal Emporium
巫毒博物馆
Ursuline Guest House
Rev. Zombe's Voodoo Shop
超市
古籍书店
杂货区
Pere Antoine(卡津)
副食店
CC'S Coffee
学校
Cornstalk Fence
Royal Blend
Le Monnier Mansion
La Branche House
私设邮局
Miltenberger House
Royal
Gallier House
鬼屋

Royal St.

古籍书店
教士会堂
Place d'Armes
约翰夫人的遗产
Croissant D'Or
博勒加德-
凯斯楼
神父馆
Chateau
Soniat House
圣路易斯大教堂
古籍书店

Chartres St.

Gumbo Shop(克里奥尔)
New Orleans Doll Company
Cafe Pontalba
Idea Factory
Le Richelieu
上庞塔尔巴
大楼
Tabasco Country Store
旅游咨询处
Provincial
原厄休拉修道院
蕾丝产品店
1850House
木偶店
下塔尔巴大楼
Arius(瓷砖店)
杰克逊广场
Tulesque's Pepper Palace
酒馆
杂货店
Crabnet
海鲜餐厅
Santa's Quarters
Café du Monde Shop
Palm Court Jazz Cafe
超市

Decatur St.

French Market & Restaurant & Bar
Café Gumbalaya
Margaritaville Cafe
衣贸市场
Toulouse
Harley Davidson
Aunt Sally's Creole Pralines
Café du Monde
新奥尔良爵士NHP
法国市场
N Peters St.
自由市场
Ursulines

Moom Walk
Dumaine
河滨有轨电车

密西西比河

D

0 0.1miles
0 200m

法国区

旅游咨询处，路易斯·阿姆斯特朗的雕像最引人注目

新奥尔良路易斯·阿姆斯特朗国际机场
Louis Armstrong New Orleans International Airport（MSY）
Map p.93
🏠 900 Airline Dr., Kenner
☎（504）303-7500
🌐 www.flymsy.com

机场内的旅游咨询处
🕐 5:00~21:00

外币兑换
银行（二层）
🕐 周一~周五 8:30~17:30
休 周六、周日、节假日
商务中心（邮局旁边）
🕐 9:00~17:00、周六~15:00、
周日 11:00~15:00

退税窗口
🕐 8:30~16:30、
周六、周日 9:00~13:00

机场专线
Airport Shuttle
☎（504）522-3500
📠 1866-596-2699
🕐 7:00~次日 1:00
💵 单程 $20 往返 $38
🌐 www.airportshuttleneworleans.com

联合出租车公司
United Cab
☎（504）522-9771
💵 两人 $33（燃油费 $1），
3 人 $47，4 人 $61
※ 司机小费通常是费用的 10%~15%。

线路巴士
Jefferson Transit
☎（504）818-1077
🕐 周一~周五 5:37~18:14
（每班车间隔 15~50 分钟）。
其他时间和周末运营的车不到市中心
💵 $2

前往方法 Access

飞机

　　新奥尔良路易斯·阿姆斯特朗国际机场位于市区以西约 34 公里处，虽然因飓风卡特里娜和 2006 年 2 月的龙卷风而遭受了巨大的破坏，但不久就被修复了。除了亚特兰大（每天 14 个航班，所需时间约为 1 小时 30 分钟）、纽约（每天 21 个航班，所需时间约为 3 小时 30 分钟）、洛杉矶（每天 4 个航班，所需时间约为 4 小时）飞往这里的航班以外，还有芝加哥、达拉斯、孟菲斯、旧金山等全美许多城市直飞新奥尔良路易斯·阿姆斯特朗国际机场的航班。

　　中国没有直飞新奥尔良路易斯·阿姆斯特朗国际机场的航班。不过可以乘坐联合航空的航班经由华盛顿 D.C. 转机，美国航空经由达拉斯转机，达美航空经由底特律转机。

　　到达抵达大厅 A~D 后，根据标识去托运行李提取区。在整理好行李之后，可以先到旅游咨询处搜集信息，以便更好地安排新奥尔良的旅程和交通等，各汽车租赁公司的服务台就在托运行李提取区的旁边。

　　退税窗口在出发大厅美国航空服务台的对面（消费税返还制度→p.111）。

■ 从机场到市区 ■

　　根据 "Ground Transportation" 的标识去开往市区的巴士车站。如果不堵车的话，大约 30 分钟就能到法国区，但是早晚堵车很严重。

●机场专线

　　机场专线定时接送往返于机场和酒店之间的客人，出了托运行李提取区就能坐上机场专线巴士。如果去法国区的话，需要 30~45 分钟。要去机场时，必须至少提前 24 小时委托酒店前台预约专线巴士。

●出租车

不到 B&B 和私人住宅

机场专线巴士会围绕几家固定的酒店让乘客下车，如果到最后一家酒店的话，会浪费很长时间，而乘坐出租车的话，就能直接去自己要去的酒店。到市中心采用统一票价，普通的行李箱不需要追加费用。出租车公司有很多，但联合出租车公司的信誉最好。

●线路巴士

　　Jefferson Transit 的线路巴士沿 #E-2 行驶，价格最便宜。
　　乘车地点在二层（出发大厅）的 7 号出口外侧，终点是市区的 Elk Place（Tulane Ave.&Loyola Ave.），周边的治安较差，游客最好不要携带物品四处走动。

长途巴士

　　全美各个城市都有很多灰狗巴士。从亚特兰大到新奥尔良每天 2 班（所需时间 11~12 小时）；从孟菲斯到新奥尔良每天 1 班，需要在巴吞鲁日换乘（所需时间 11 小时）；从休斯敦到新奥尔良每天 3 班（所需时间

全美的高速公路上随处可见正在行驶的灰狗巴士

灰狗巴士
Greyhound
☎（504）525-6075
📠 1800-231-2222
🌐 www.greyhound.com
🕐 5:15~10:30、11:00~13:00、14:30~20:30

7 小时 ~9 小时 10 分钟）；从纽约到新奥尔良每天 3 班（所需时间 32~34 小时），在亚特兰大换乘。

巴士终点站是超级巨蛋旁边的联合旅客终点站，也是美铁车站。这里有投币式储物柜、餐厅和礼品店。如果从 Loyola Ave. 一侧进去的话，左侧就是灰狗巴士售票机。

从巴士终点站沿 Loyola Ave. 向左步行约 20 分钟即可到达法国区。这里靠近治安差的地区，最好不要背包。虽然这里也有市区巴士，但最好乘坐出租车，可以在巴士总站的 Loyola Ave. 侧等待出租车。联合出租车公司的信誉比较好。

联合旅客终点站
Union Passenger Terminal
Map 新奥尔良市区地图 B1
🏠 100 Loyola Ave.

铁路

美铁和灰狗一样，也在联合旅客终点站发车。如果从 Loyola Ave. 侧进入的话，正面就是售票机，里面有月台。

列车有纽约开往新奥尔良的新月号（每天 1 班）、芝加哥开往新奥尔良的新奥尔良城市号（每天 1 班）、洛杉矶开往新奥尔良的日落快车号（每周 3 班），共 3 条线路。

从火车站到市区请参照"长途巴士时刻表"。

美铁车站
Amtrak
☎（504）528-1610
📠 1800-872-7245
🌐 www.amtrak.com
🕐 5:00~22:00

"新月"号 Crescent				（可能变化，仅供参考）	
14:15	出发		New York	到达	13:46
18:30	出发		Washington D.C.	到达	次日 9:53
次日 8:38	出发	↓	Atlanta	↑	19:35
19:38	到达		New Orleans	出发	7:00

"新奥尔良城市"号 City of New Orleans				（可能变化，仅供参考）	
20:00	出发		Chicago	到达	次日 9:00
次日 6:27	到达		Memphis	出发	22:40
6:50	出发	↓		到达	22:00
15:32	出发	↓	New Orleans		13:45

"日落快车"号 Sunset Limited				（可能变化，仅供参考）	
周一、周三、周五	11:55	出发	New Orleans	到达	14:55	周二、周五、周日
周一、周三、周五	21:13	到达	Houston	出发	5:10	周二、周五、周日
周三、周五、周日	8:30	到达 ↓	Los Angeles ↑	出发	15:00	周日、周三、周五

火车站和巴士终点站在一起

注意： 因比洛克西铁桥被卡特里娜飓风摧毁，日落快车号在新奥尔良至奥兰多段停运，此区间一直停运的可能性较大。

在 2011 年中国青岛海湾大桥开通以前，42 年来庞恰雷恩湖桥一直是世界最长的桥

AAA
Map p.33 B1
📍 3445 N. Causeway Blvd.
#100, Metairie
☎ （504）838-7500
🕐 8:30~17:15。2~10 月的周
一、周三 ~19:00
🚫 周六、周日、节假日
24 小时道路救援
📠 1800-22-4357

租车

　　从亚特兰大到新奥尔良 488 英里（约 781 公里），如果租车的话，除去休息时间，约需 8 小时；从孟菲斯到新奥尔良 392 英里（约 627 公里），约需 7 小时。

　　如果只去法国区的话，就不需要租车，有车有可能更麻烦。因为法国区的停车场很少，费用也高（$5~10/ 小时），酒店停车场 $30/ 日左右。如果打算去郊区或者其他城市的话，有车就会很方便。

●从高速公路到市区

　　新奥尔良有很多地区治安比较差，即使是开车，也会感到些许不安。如果从高速公路到法国区或者 CBD（→ p.78）的话，下了高速公路之后，最好沿 I-10 的 Exit 234 Superdome、US-90 St. Charles Ave.、#11C 等行驶。事先查看地图确定目的地，然后再朝着目的地的方向行驶。

●从法国区到 I-10West（机场、拉斐特方向）

　　沿 Canal St. 方向右转，然后从密西西比河向湖边方向行驶，经过 N.Rampart 后，再继续行驶 7 个街区（沿左车道），进入 I-10 后掉头，在 S.Claibone Ave. 右转，能上 I-10 和 US-90。

●从 CBD 到 I-10 West（机场、拉斐特方向）

　　沿 Poydras St. 向湖边行驶，经过超级巨蛋之后再行驶 4 个街区，那里有入口。

●从法国区 &CBD 到 I-10 West（比洛克斯方向）

　　从 Elk Place 进入 Tulane Ave.（Poydras St. 和 Canal St. 之间），向湖边方向行驶 4 个街区，右侧有入口。

世界第二长桥
　　如果开车去新奥尔良的话，就会经过长达 38.4 公里的庞恰雷恩桥 Lake Pontchartrain Cause way（Causeway Bridge）。新奥尔良方向（南行）的通行费是 $3。

新奥尔良 漫　步

新奥尔良市区的区域划分

　　新奥尔良市区距离密西西比河的河口约 170 公里，宽广而弯曲的密西西比河西岸的新奥尔良市区因其是新月形状而被称为新月城（Crescent

著名的波旁街位于法国区，这里的夜晚是步行者的天堂

City）。要想了解这个城市，必须先了解密西西比河的流程和流向，以及位于城市北边像海一样宽广的庞恰特雷恩湖的位置。和美国其他城市一样，新奥尔良是根据自然地形而不是按照东、南、西、北方向建成的城市。

新奥尔良能分成以下几个区域：

●市中心 Downtown
有名的老街法国区（→p.54）、中央商务区（CBD→p.78）和艺术街（→p.81）等都在市中心。

●住宅区 Uptown
住宅区位于市中心上游（南侧），有大学&学生街以及花园区（→p.86）内安静的住宅街。

●中城 Mid City
市中心和住宅区西北侧的住宅街上有市立公园（→p.89）和新奥尔良美术馆（→p.89）。

除此以外，还有阿尔及尔等城区所在的密西西比河对岸的西岸（West Bank）、靠近新奥尔良机场的（市区西侧）的梅泰里和肯纳，庞恰特雷恩湖对面的区域是滨湖避暑山庄（Lake Front）。

对绝大部分游客来说，最好的选择是在市中心和住宅区解决住宿、交通和吃饭问题。

"上游"在哪里

如前所述，新奥尔良的街道不是东、南、西、北走向的。例如法国区的波旁街从西南方向向东北方向延伸，运河街从东南方向向西北方向延伸。如果在美国其他城市问路，人们一般会回答"往北走3个街区"等，而如果在新奥尔良听到这样的回答，一定会感到不知所措。这里使用密西西比和庞恰特雷恩湖地区的习惯用语。

上游 upriver	→上游方向（新奥尔良市区地图向左）
下游 downriver	→下游方向（新奥尔良市区地图向右）
河滨 riverside	→河边（新奥尔良市区地图向下）
湖滨 lakeside	→湖边（新奥尔良市区地图向上）

有关治安问题

根据 CQ Press 调查公司的调查结果，2011 年新奥尔良市区犯罪率在全美 405 个城市中位居第 11 位。在卡特里娜飓风灾难后，虽然治安状况比以前有了很大的改善，但是依然很差。

不过犯罪事件多发生在住宅街，人多的闹市区很少发生这类事件。如果在美国旅行的过程牢记一些注意事项的话（例如尽量不去偏僻的地方；即使有人敲酒店房间的门，也不要不假思索地就打开房门等），女性一个人也能自由自在地游览这个城市。

掌握如何从危险中脱身的方法，和豁达的新奥尔良人一起享受快乐吧！

不要进入安全性低的场所→ p.56；在遇到麻烦时需要注意的问题→ p.366。

例如，当您身处法国区时，如果说是上游，就表示 Canal St. 方向，如果说是下游，就表示 Esplanade Ave. 方向。在 p.34~35 的地图上，密西西比河的流向是从左往右。在旅行时，一定要记住密西西比河的流向和位置。

一定要记住密西西比河的流向

市中心是怎样的

游客相对集中的具有异国情调的法国区（French Quarter）是被称为 Vieux Carré（英语 Old Square）的老城区，而联邦政府、州机构、市政机构较集中的新城区称为中央商务街（Central Business District，CBD）。

新城区和老城区的分界线是运河街（Canal St.）。这是一条非常热闹的大街，高级酒店之间是一家家的礼品店和靠不住的相机店。Canal St. 和密西西比河交界处有驶向对岸的游船（→ p.80）。

观光基本是步行

运河街是 3 条线路的市区电车换乘站

法国区内基本是步行游览，CBD 也能逛个遍。但是到了晚上，即使路途很近，也最好乘坐出租车。

住宅区的景点分布较分散，如果步行的话，一定会感到很累，建议乘坐市区电车和 RTA 巴士。

考虑闷热的气候问题

新奥尔良市接近亚热带气候且湿度特别大。尤其是在夏季，高温多湿，非常难受，居住在干燥区域的其他美国人是难以忍受的，而对于中国来说，也不是那么好过的。尤其是在靠近西海岸的地方，闷热程度无以言表。

虽说如此，但如果新奥尔良不是这般蒸笼似的炎热，它的魅力也就大打折扣了。爵士、小说、菜肴、独特的墓地以及弥漫在这个城市中的神秘氛围都源于这种闷热的气候。一定要在这种炎热的天气中尽情游玩吧!

服装要参考中国的夏季服装。如果打算去海边，最好穿透气性好的休闲服装。上午还不是那么闷热，可以去法国区等地方转一转，而下午去水族馆、博物馆和大型购物中心等地方比较好。

新奥尔良市全年雨水较多，尤其是 6~7 月和 1 月左右，感觉每天都在下雨。

除了 1 月以外，新奥尔良的冬天比较干燥，湿度和冬季的北京差不多。有时会突然降温，不要忘记带件外套。

■旅游咨询处■

● Welcome Center

Welcome Center 在法国区杰克逊广场对面的砖红色大厦 Lower Pontalba 底层，即广场上骑马像的马尾巴一带。Welcome Center 内的信息公告牌太小，容易看漏，不过没关系，因为游客中心为游客准备了大量的地图、旅游手册和酒店债券等。可以在这里咨询新奥尔良以及路易斯安那州其他城市的信息。

■市区交通工具■

线路巴士（Regional Transit Authority）

RTA 共有 70 多条市内外线路的巴士和市区电车。巴士车站一般没有站名，车内也没有广播。车费在乘车时支付，不找零钱。要下车时，只要按一下贴在窗框上的黑色条状位置即可。车内禁止吃东西和抽烟。

住在花园区的游客，会反复乘坐 RTA，最好购买能够自由乘坐市区电车和巴士的通票。

下面介绍游客常用的线路。

●河滨有轨电车（红色电车）

河滨有轨电车沿着密西西比河的堤防，在下游的 Esplanade Ave. 和上游的 Thalia St. 之间行驶，共 8 站，去法国市场、杰克逊广场、美国水

在曾经的堤防上铺设了车道

新奥尔良

● 漫步

小心飓风

佐治亚州的大西洋沿岸以及密西西比州、亚拉巴马州、路易斯安那州的墨西哥湾经常会遭到飓风的袭击。从春季到秋季，电视等媒体每天都播报气象信息。如果有飓风接近，就和酒店的工作人员商量，考虑中止旅行。如果在车里避难，就询问当地人哪里有避难路，按照 Evacuation Route 标志行驶。

飓风信息　　→ p.29
🖥 www.srh.noaa.gov/lix/
☎ （504）522-7330

平均湿度
新奥尔良的年平均湿度是 76%，北京是 59%。

自在就好!
在法国区的很多餐厅享用午餐时可以穿 T 恤或者短裤，不过晚餐最好穿稍微正式点的服装。

旅游咨询处
Map p.35 C4
🏠 529 St Ann St.
☎ （504）568-5661
📠 1800-672-6124
🖥 www.neworleanscvb.com
🕐 9:00~17:00
休 复活节、11 月的第四个周四

美国屈指可数的观光地规模较小的旅游咨询处

RTA
☎ （504）248-3900
🖥 www.norta.com
💰 $1.25。要换乘时，再支付25 ¢ 并且说 "Transfer please"，索取换乘车票，在下次乘车时，只要拿出换乘车票即可。

model course 1

首先控制一下激动的心情
了解一下基本行程

第一天：上午
- 早晨在杜梦咖啡馆（→p.61）喝牛奶咖啡，吃法式甜甜圈。
- 去法国市场（→p.63）购物。
- 一边游览法国区，一边参观博物馆等。

第一天：下午
- 在外轮船"纳奇兹"号（→p.47）欣赏爵士乐，享用午餐。
- 乘坐市区电车游览花园区（→p.86）。
- 晚上还是去波旁街（→p.71）。

美国最古老的法国市场

- 最后在 Preservation Hall（→p.72）欣赏爵士乐。

次日：上午
- 参观河间大道种植园（→p.93）豪宅。

次日：下午
- 去湿地（→p.97）寻找大鳄鱼。

model course 2

浪漫而美味的
新奥尔良行程

第一天：上午
- 早晨在杜梦咖啡馆喝牛奶咖啡，吃法式甜甜圈。
- 一边游览法国区，一边欣赏铁艺阳台。
- 在烹饪学校（→p.24）学习克里奥尔菜的制作方法。

第一天：下午
- 去皇家街（→p.66）购物。
- 晚上喝啤酒，吃鲜牡蛎，放松心情。

只要穿精做正式点的服装就行

次日：上午
- 在豪华的 Brennan's 里吃早餐。
- 乘坐市区电车去花园区的住宅街。

次日：下午
- 参观河间大道种植园豪宅。
- 在豪宅里的餐厅享用浪漫的午餐。
- 在 Arnaud's（→p.112）边听爵士乐边享用晚餐。

model course 3

成为新奥尔良达人的
南部腹地行程

第一天：上午
- 游览法国区里与爵士乐历史有关的场所。

第一天：上午
- 如果天气炎热，就回酒店午休。
- 晚上参加幽灵旅行（→p.45）。
- 去 Preservation Hall 欣赏爵士乐。
- 在波旁街的俱乐部玩到深夜。

住宿就去以知名的Monteleone

次日：上午
- 参加墓地和巫毒教堂徒步之旅。

次日：下午
- 租车去湿地。回来时走世界第二长桥（→p.38），参观劳拉（→p.95）的奴隶小屋。
- 晚上去法国街的爵士俱乐部（→p.103）。

市区交通图

有两条线路

以后尽量不要乘坐运河有轨电车。

● 圣查尔斯有轨电车
（绿色电车）

　　圣查尔斯有轨电车是法国区到住宅区的重要交通工具，它从1835年开始运营，据说是世界上最古老的现役电车。乘坐古老的有轨电车是一件非常愉快的事，车里总是坐满当地居民和游客。从波旁街穿过运河街的 Carondelet St. 街

族馆、滨河步行街（大型购物中心）和新奥尔良港比较方便。车站有站名，车内也有广播。要下车时，只要拉一下窗户上的软线即可。

● 运河街有轨电车（红色电车）

　　运河街有轨电车沿将法国区和 CBD 隔开的运河街行驶，车内有空调。沿运河街一直往北，最后分成两条线路。一条线路通往 City Park/Museum，另一条线路通往 Cemeteries。通往 City Park/Museum 的电车终点站是新奥尔良市立公园 & 新奥尔良美术馆入口，而通往 Cemeteries 的电车终点站是墓园。除了法国区附近以外，天黑

试乘有名的市区电车

Jazzy Pass

　　Jazzy Pass 是能自由乘坐市区电车和巴士的通票。$3 的 1 日票可从司机那里购买，$9 的 3 日票必须预先从运河街的市区电车站的自动售票机、Royal&Iberville 角的 Walgreen 等处购买。

河滨有轨电车
Riverfront Streetcar
🕐 7:10~21:58，间隔 15~37 分钟一班。周六、周日 8:24~21:58

正在铺设新的市区电车线路

　　2012 年夏，市区开通了新的市区电车线路，从联合旅客终点站经过 Loyola Ave.，最终到达运河街，并延长 Rampart St. 和 Elysian Fields 的线路，2013 年秋前后将包围整个法国区。

运河街有轨电车
Canal Streetcar
🕐 Museum 方向的电车运营时间为 7:41~次日 1:26，间隔约 40 分钟一班。

要下车时，将细绳往下拉

圣查尔斯有轨电车
St. Charles Streetcar
🕐 24 小时。白天间隔 8 分钟一班，凌晨和深夜间隔 30

新奥尔良

● 漫步

43

分钟一班。到终点街道单程 30~40 分钟。夜间线路延长，在 Carrollton Ave. 右转，一直到 Claiborne Ave.。

花园区的车站标志

杂志线 11 路
#11 Magazine Line
[地] 5:53~23:15，间隔 9~20 分钟一班。

出租车票价
[费] 基本票价 $3.50，之后 1 英里（1.6 公里）$2，塞车或停车时 40 秒 25 ¢，服务小费一般为 10%~15%。除了装不进车的行李、过重的行李、危险物品或者动物外，不允许追加行李费用。
机场为统一票价
[费] 2 人 $33（燃油费 $1）、3 人 $47、4 人 $61

联合出租车
United Cab
[☎]（504）522-9771
[网] www.unitedcabs.com
[CC] [A][M][V]
（在预约时可以约定用信用卡支付。）
简·拉菲特国家历史公园之旅
Jean Lafitte NHP
Map p.34 C2
[☎]（504）589-2636
[开] 9:00~17:00
[休] 狂欢节、12/25
[出] 9:30
[时] 约 1 小时
[费] 免费
[地] 419 Decatur St.（从杰克逊广场往上游方向 2.5 个街区）
灰线旅行
Gray Line of New Orleans
Map p.34 C3
[☎]（504）569-1401
[免] 1800-233-2628
[网] www.graylineneworleans.com
[休] 狂欢节、11 月的第四个周四、12/25 所有旅行停止
Night Tour
[出] 18:00（11 月、12 月减少）
[时] 约 3 小时 30 分钟

角有电车车站，详细情况参见 p.85。

● **杂志线 11 路（巴士）**
　　杂志线 11 路从运河街行驶到上游，穿过花园区，到达古董商店较为集中的杂志街。在 CBD 地区杂志线 11 路（巴士）比圣查尔斯有轨电车往河边方向多行驶 2 个街区，最后到达奥杜邦动物园。

出租车

　　即使是在法国区，到了晚上，很多街道也都没什么人了，甚至连 CBD 的办公街也完全安静了。这时请大方地乘坐出租车。虽然乘坐出租车可能会带来费用麻烦，不过新奥尔良有着严格的费用制度。需要注意的是在狂欢节和爵士音乐节期间需要支付

纠纷较少的联合出租车

特别的费用。一定要确认计价器没有问题之后再乘坐。新奥尔良规定短距离不可拒载。
　　在新奥尔良的几家出租车公司当中，联合出租车公司的信誉比较好。在电话约车时，也可以预先约定好用信用卡支付车费。

■徒步旅行■

　　边听导游的讲解边游览法国区的旅行多种多样。最近特别流行游览巫毒教（→ p.74）场所和灵异场所等比较诡异的地方。不需要预约，只要事先确定好集合地点即可。

简·拉斐特国家历史公园之旅

　　由国家公园局管理的简·拉斐特国家历史公园分成阿卡迪亚文化中心（→ p.99）、玫瑰梗保护区等 6 个区域，总部位于法国区。每天都有公园管理员讲解名胜古迹历史的免费旅行，定额 25 人，不可预约。

参加白天的旅行时不要忘记戴帽子和太阳镜

灰线旅行

● **Night Tour**
　　夜晚徒步游览夜总会和波旁街。先到 1856 年创立的 Tujague's 里享用 3 道美食晚餐，然后去爵士吧听现场演奏，到"杜梦咖啡"喝牛奶咖啡，吃法式甜甜圈，含晚餐、鸡尾酒、牛奶咖啡和法式甜甜圈费用。

● **Cocktail Tour**
　　徒步游览法国区有名的酒吧和餐厅，还能听到很多有关本土威士忌"Southern Comfort"的故事，最后去品尝一杯鸡尾酒。

● Ghosts and Spirits Tour

晚上去游览有幽灵出没的地方以及发生过灵异事件的地方，如果懂点英语的话，会更有意思。

魔幻徒步之旅

● French Quarter

边谈论路易斯安那州被并入美国时的故事边游览法国区杰克逊广场周边、庞塔尔巴大楼和原厄休拉修道院等重要景点。

● Ghost Tour

能听到灵异场所发生的诡异事件以及有关法国区历史和巫毒教的故事等，需要预约。

难道大家一起去原厄休拉修道院就不感到恐怖了吗？！

恐怖历史之旅

徒步游览与新奥尔良的巫毒教和幽灵故事有关的场所，建议害怕妖魔鬼怪故事的人不要去，但可以去看不能独自前往的新奥尔良一些较为神秘的地方。需要预约。

● Vampire Tour

游览法国区一些与吸血鬼传说和吸血鬼离奇事件有关的场所（→下述专栏）。

● Ghost Tour

游览法国区的灵异场所，参加人数较多，需提前预约。

● Cemetery Tour

游览新奥尔良最古老的圣路易斯墓地 No.1，参观巫毒女王玛丽拉宝的墓地等。

費 $85（限 21 岁以上）
集 Jackson Brewery（杰克逊广场前）一层服务台

Cocktail Tour
出 16:00（11 月、12 月减少）
时 约 2 小时 30 分钟
費 $29（限 21 岁以上）
集 密西西比河沿线的六角形办公楼

Ghosts and Spirits Tour
出 19:00
时 约 2 小时
費 $25、6～12 岁 $13
集 Jackson Brewery（杰克逊广场前，一层服务台

魔幻徒步之旅
Magic Walking Tour
☎ （504）588-9693
网 www.magictoursnola.com
費 一律 $20
集 441 Royal St.（St Louis St. 角）

French Quarter
出 16:00

Ghost Tour
出 20:00

恐怖历史之旅
Haunted History Tour
☎ （504）861-2727
网 www.hauntedhistorytours.com
費 一律 $20
休 狂欢节

Vampire Tour
出 20:30
时 约 1 小时 30 分钟
集 杰克逊广场的圣路易斯大教堂

神秘的吸血鬼之旅

至今仍保留着巫毒教传统的新奥尔良有很多鬼屋和鬼怪故事。这样的新奥尔良不仅适合幽灵也适合吸血鬼居住。"Vampire Tour"就是游览法国区一些与吸血鬼有关的场所。

旅行队伍 20:30 从圣路易斯大教堂前出发，这时天空已经一片漆黑了，队伍由中世纪欧洲贵族装扮风格的导游以及穿着斗篷、戴着礼帽和墨镜、扮演吸血鬼的吸血鬼史研究者陪同。

先去人少的法国区郊区。在几座小屋前，导游一边打着手势一边讲发生在这里的吸血鬼事件和吸血鬼历史。即使不懂英语，也会觉得很有趣。

中途在 Sin City 酒吧休息，这间酒吧有着特别的意义，神秘而且具有 20 世纪 70 年代风格。推荐这里的鸡尾酒 Vampire Kiss。这家酒吧的女洗手间好像有一些故事。

从酒吧出来之后去有名的原厄休拉修道院。据说这里的神父曾捕获过吸血鬼并把它关在了阁楼里。

最后去位于 St Peters St. 的 The Fatted Calf 酒吧，听完临时导游的激情演讲后解散。虽然是一家哥特式酒吧，据说也曾发生过不祥事件。

新奥尔良心灵之旅

　现在正好有新奥尔良人气景点的旅行项目，如果从网站预约，打完
折扣以后成人费用 $5。

● Cemetery and Voodoo

　先参观圣路易斯墓地 No.1 的巫毒教女王玛丽拉宝的墓地，在听完有
关墓地和埋葬故事以及深受非洲影响的巫毒教故事后，再走到巫毒教教
徒馆。

● Ghost and Vampire

　夜游法国区灵异场所。

■ 巴士旅行 ■

　新奥尔良是一个非常适合徒步旅行的城市，基本上不需要参加旅行
团，不过郊区的景点除外。如果参加旅行团，既能听到导游的讲解，也
能让时间紧张的游客能在最短的时间里游览更多的景点。
　新奥尔良不愧为国际化旅游城市，旅游公司和线路种类都很多。下
面介绍其中一部分，最好去旅游咨询处收集一些资料，斟酌后再做决定。
各旅游公司的景点内容差不多，在决定好旅行景点后，再仔细看一下哪
家旅游公司的安排与自己的时间相符，然后做出决定。
　在游览鳄鱼居住的湿地时，不要给野生动物（→ p.97）投放食物。

灰线旅行

　灰线旅游公司是新奥尔良最大的一家旅游公司，因名额不足而取消
旅行的情况很少发生。旅行团从密西西比河沿岸的六角形办公楼出发。
从杰克逊广场上台阶，走过河畔后右侧就能看见一所小楼（9:00～19:00）。

● Super City Tour

　利用约 2 小时大致游览整个新奥尔良市。虽然能游览法国区、圣路
易斯墓地 No.3、庞恰特雷恩湖、奥杜邦公园和花园区等，但除了墓地
其他地方都不会下车游览。周末和节日墓园闭园，因此只能在墓园外
参观。

● Paddle and Wheel

　Paddle and Wheel 是游轮旅行（"纳奇兹"号→ p.47）和 Super City
Tour 的组合，两种旅行各需约 2 小时，旅行总时间取决于组合内容。

● Oak Alley Plantation

　游览河间大道种植园中最受欢
迎的橡树庄园（→ p.95），此旅行
适合那些很想参观种植园但时间又
很紧张的游客。还有去参观劳拉
（→ p.95）种植园的旅行。

● Katrina Tour

　游览望湖酒店、市立公园、下
第九区、新奥尔良港等遭到卡特里
娜飓风破坏过的地方。在旅行过程
中，导游会向游客讲述飓风灾难时
的亲身经历或者相关知识，因而它
不仅仅是一次旅行，还向参加者传
达了新奥尔良这座城市的重要性和
复兴信息。

就在这栋办公楼里申请加入旅行团

46

功力强大的发动机室

"纳奇兹"号外轮是用白橡树制造而成的

■一日游■

游览曾有蒸汽船来来往往的密西西比河。现在的蒸汽船不再用来装运棉花和谷类，而是供来自全世界的游客观赏风景之用。在新奥尔良比较受欢迎的景点当中，各家旅行社都准备了各种各样的游轮旅行。午餐和晚餐的游轮旅行能同时享受到克里奥尔菜肴和现场爵士乐演奏。被汽笛声和爵士乐环绕的游船之旅为新奥尔良之旅增加了一份快乐的回忆。

"纳奇兹"号游轮

"纳奇兹"号是一艘能装载 1600 人的大型蒸汽外轮船，从杰克逊广场旁出航。分为白天和晚上的游轮旅行，各需约 2 小时，无论在白天还是在晚上，都能在游轮里欣赏到爵士乐现场演奏。游客可以坐在游轮上边欣赏左侧新奥尔良港的风景边随着游轮顺流而下，在游轮到达新奥尔良战争古战场之后返回。旅行还包含发动机室的参观。可购买带自助餐的船票，晚餐时人们大都穿着较正式，不过便装也没关系。在"灰线旅行"（→ p.46）的六角形办公楼里购票。

无须预约，即使下小雨游轮也出航。

"克里奥尔女王"号游轮

从 Canal St. 尽头的 River Walk 出航。虽然不是蒸汽船，但也是一艘能承载 1000 人的优雅的外轮船，既有白天的游轮旅行，也有晚上的晚餐巡航之旅。白天乘游轮游览古战场约 2 小时 30 分钟。游轮在 Preservation Hall、Beauregard-Keyes House 和新奥尔良战争古战场停船，游客可下船走一走。可购买含克里奥尔菜肴的午餐。在约 3 小时的晚餐巡航旅行中，既能享用美味的克里奥尔菜肴又能欣赏到爵士乐现场演奏。

从运河街尽头出航

"纳奇兹"号游轮
Natchez
Map 新奥尔良市区地图 D4-5
☎（504）586-8777
FAX 1800-233-2628
URL www.steamboatnatchez.com
休 狂欢节、11 月的第四个周四
C/C A M V

海港爵士之旅
Harbor Jazz Cruise
出航 11:30&14:30，冬季减少
费 $25（6~12 岁 $12.25）、含午餐 $36（$20.25）

晚餐之旅
Dinner Cruise
出航 19:00（冬季只有周五、周六出航），提前 1 小时乘船
费 $41（6~12 岁 $20.50）、含晚餐 $68（$34）

千万不能错过的演奏
每天 10:45 和 13:45 在停泊的纳奇兹上演奏蒸汽风琴，有《圣人来到街上》等 5 种曲目。

"克里奥尔女王"号游轮
Creole Queen
Map 新奥尔良市区地图 E4
☎（504）529-4567
FAX 1800-445-4109
URL www.neworleanspaddlewheels.com
休 狂欢节
C/C A D M V

古战场之旅
Chalmette Battlefield Cruise
出航 14:00
费 $22（6~12 岁 $11）

晚餐巡航
Dinner Cruise
出航 19:00 费 $40（6~12 岁 $20）、含晚餐 $66（$32）

有关河与水的话题

美国第二大贸易港——新奥尔良在哪里?

人们常认为新奥尔良是面临墨西哥湾的密西西比河口最广阔的港口城市,其实新奥尔良距离墨西哥湾还有 170 公里(面向法国区右侧是上游,左侧是海)。之所以在这样的上游地区开辟这么大的港口,是因为密西西比河水深,大型轮船只能逆流而上而且河口一带有适宜修建港口的一大片湿地,同时便于密西西比河水经由庞恰特雷恩湖进入墨西哥湾。

当观光蒸汽船离开法国区时,在经过密西西比河两岸几公里之后,才到达装卸场和河岸仓库。上游是工业区,聚集着从密西西比河流域的仓储地带输出的农产品以及世界各地进口商品的大型加工厂。从甘蔗中提取蔗糖、提炼石油以及烘焙咖啡豆,这是除了旅游和爵士乐以外,新奥尔良的又一大产业。

"河流之父"密西西比河

密西西比河发源于加拿大国境附近的小湖,它将陆地分成两半,距离墨西哥湾 6210 公里。密西西比河是世界屈指可数的大河之一。

如果是第一次到新奥尔良,看到如此狭窄的密西西比河时,一定会感到非常惊讶。虽然密西西比河汇集了密苏里州、俄亥俄州等来自美国 31 个州的河水,却并不像想象中的宽阔。

不过密西西比河口虽窄,但河水深且流速快,法国区附近的河水最深,有的地方达到 60 米。

从美国地图上不难看出,密西西比河实际上是从遥远的上游像一条挣扎的蛇一样曲折蜿蜒而下的,而且河水深、险处多。

音乐剧《演出船》上出现过的蒸汽船至今仍受游客的欢迎。航行技术的进步以及河底清淤工程等事业的发展为大家提供了悠闲舒适的海上旅行。

距离法国区数公里的下游是一片工业区

以曲折著称的密西西比河猛烈地拍打着河岸,而泥土和砾石大都沉淀下来。听说 1 年间堆积在河口的沉淀物可将康涅狄格州铺高 2.5 厘米,因此密西西比河也称泥河。

电影中密西西比河被歌颂为 Oldman River。

海拔低于 0 米的城市

新奥尔良是一座被水包围的城市,南边是密西西比河,北边是像大海一样宽广的庞恰特雷恩湖。法国区地势较高,海拔 3~4 米,周边的大片区域海拔只有 −2 米。为了抵御洪水,河岸、湖岸和运河河堤都修建得非常高。新奥尔良的土质松软,直到近几年都还没建什么高楼大厦。但新奥尔良地势较低,经常会受到洪水和传染病的侵袭,形成了以墓地为代表的独特文化(→ p.90)。

为了抵御自然灾害,新奥尔良安装了排给水设备,有的地下排水沟长达 4000 公里。据说卡特里娜飓风在吞没这座城市的时候,排水泵工作人员都去避难了,花了很长时间才安装好的设备还没发挥作用就被破坏了。

6~11 月是飓风多发季节,如果是大型飓风,最好提早避难,即使是热带低气压程度的暴风雨,很多餐厅和景点也会关闭歇业,酒店空调也会因停电而无法使用。请留意天气预报(→ p.41)。

密西西比河流程长达 6210 公里,令人咋舌

黄热病、西尼罗河病毒

新奥尔良的温度和湿度都很高，因而总是在与传染病抗争。尤其是在 19 世纪，那时还没有安装排水设备，卫生条件又差，因疟疾、霍乱、黄热病等疾病而死亡的人数高达 10 万人。

黄热病是在野田英世在研究过程中感染身亡后才被发现的。黄热病通过蚊子传染，容易引起黄疸、肾功能和肝功能障碍，死亡率极高。1853 年黄热病大面积流行，在短短 5 个月内就有 4 万人感染，1.1 万人死亡。

西尼罗河脑炎的发病率虽然远低于黄热病，但是近几年也逐渐多了起来。老人和小孩一定要注意避免被蚊子叮咬。万一被蚊子咬了，如果在 2~15 天后出现 39℃ 以上的高烧，精神状态异常，出现头痛、后颈痛、背痛等状况，就要立即去医院检查是否感染了西尼罗河病毒。

墨西哥湾原油泄漏事件的冲击

2010 年 4 月英国石油公司 BP 发生了墨西哥湾原油泄漏事件。墨西哥湾的渔业资源和油田都很丰富。目前美国使用的原油的 30% 都产自墨西哥湾。

墨西哥湾的原油泄漏事件是此前最大级别的人为因素造成的海上泄漏事件，其破坏力超过 1989 年阿拉斯加海域的艾克森石油公司原油轮船触礁事件。墨西哥湾的虾和牡蛎的捕获率在美

至今仍有许多 BP 公司职员和志愿者来海滩游玩

国国内均为 70% 左右。在海鲜美食较为丰富的新奥尔良，与餐饮业有关的行业都受到了沉重的打击。含有原油气味的空气弥漫到 250 公里以外的新奥尔良，也影响到了居民的健康。来到新奥尔良却品尝不到这里的海鲜美食，因而游客越来越少。

两年后的 2012 年 3 月，原告和 BP 公司和解。当时曾担忧过捕获率的降低会导致海鲜产品价格的暴涨，结果却发现捕获率和价格都没有发生太大变化。虽然弄不清楚原油泄漏事件到底对生态环境造成多大的伤害，但是现在的水质不会影响到牡蛎的健康，鱼和虾的味道也都很鲜美。

走在法国区时，煮龙虾的香辣调味料味儿和烤牡蛎的香味儿随着爵士乐一起扑鼻而来。终于又回到了从前的新奥尔良。

站在 Moon Walk 上眺望这条父亲河

小说中的新奥尔良

新奥尔良的氛围非常吸引艺术家和文豪们。尤其是在 20 世纪 20 年代，海明威和福克纳等都住在法国区，他们觉得法国区很像巴黎的蒙帕纳斯。很多作家将新奥尔良作为舞台，进行各种各样的描述，下面介绍其中一部分。

田纳西·威廉姆斯（Tennessee Williams）著

《欲望号街车》
A Streetcar Named Desire

这是剧作家威廉姆斯 40 岁时的作品并在 1948 年获得了普利策奖。这部作品是以法国区外的极乐街（Elysian Field Ave.）632 号公寓为舞台的一场悲剧，将没落的大种植园主女儿布朗琪和坚强的劳动者斯坦利进行了鲜明的对比。这部作品受到了很高的评价并在各国反复上演，并且在 1951 年拍成了由费雯·丽和马龙·白兰度主演的电影。在《乱世佳人》中，费雯·丽扮演一位从长期忍受饥饿和贫困的社会底层人成长为坚强女性的角色，而她在这部电影中则扮演一位颓废最终精神崩溃的女性。据说当时一直受精神病困挠的费雯·丽因布朗琪的角色而一度病情加重。

在 NY 百老汇演出时第一次出演布朗琪的是《为戴茜小姐开车》中的女主角杰西卡·坦迪。

这部作品的重要背景地——法国区至今也没什么变化。虽然行驶在皇家街的"欲望号街车"变成了巴士，但是开往墓园（Cemetery）的电车却再次出现在运河街。极乐街（Elysian Field Ave.）的确存在，它就在法国区外侧，但是这里的氛围和故事中的一样，不太适合游客闲逛。

虽然这里也是贫困地区，却不同于美国其他城市的贫民区，有一种粗俗的魅力……河岸仓库的香蕉和咖啡淡淡的香气以及褐色的密西西比温暖的气息包围着身体。拐角处的酒吧里黑人艺人的演奏使这种氛围更加浓烈。当走在新奥尔良这片区域时，很自然地会从街角拐弯处或者从街道上的几家商店前传来像褐色的手指拿着什么不停敲击廉价的钢琴所发出的声音。这架"蓝色的钢琴"很好地表达了这片区域的生活氛围。

——媒体摘录

约翰·格里沙姆（John Grisham）著

《塘鹅暗杀令》 *The Pelican Brief*

这是出生于密西西比州的格里沙姆的作品，被卷入杀人事件的女大学生又被卷进白宫阴谋旋涡的悬疑作品。标题中的塘鹅（鹈鹕）是路易斯安那的州鸟。

虽然原作大卖，但在拍成电影之后却遭受了恶评。电影中由朱莉娅·罗伯茨扮演的主人公上的杜兰大学位于住宅区，外景也是在这里拍摄的。

新奥尔良是座不夜城，因此城市苏醒得很晚。即使已经天明，还是很寂静，之后才慢慢苏醒，开始早上的活动……在新奥尔良的灵魂——法国区，太阳已经露出地平线却还残留着咋晚威士忌和什锦烩饭以及已经发黑的红鱼的味道，街道上也没什么人。一两个小时后，街道上的味道变成从法国区传来的咖啡和炸果饼的香味，这个时刻，街道上才渐渐有了生气。

——媒体摘录

除此以外，还有以新奥尔良为舞台的作品

《约翰夫人的遗产》
Madame John's Legacy
by George Washington Cable

乔治·华盛顿·凯布林是生于新奥尔良并在新奥尔良长大的 19 世纪作家，他的作品主要是以诙谐的方式描写以古老传统方式生活着的人们。

《给变色龙的音乐》
Music for Chameleons
By Truman Capote

以《蒂凡尼早餐》而出名的杜鲁门·卡波特也是生于并成长于新奥尔良的作家。

现在街道上仍有市区电车在行驶

受到新奥尔良人巨大支持的 NFL 圣徒队

■观看体育比赛■

美国橄榄球联盟（NFC）

● **新奥尔良圣徒队 New Orleans Saints（NFC 南区）**

　　能容纳 65500 人的超级巨蛋里最受欢迎的圣徒队创立于 1967 年。新奥尔良市的象征——百合状鸢尾花（→ p.40）是圣徒队队徽，啦啦队队歌是《圣徒在前进》（Saints），真是名副其实的新奥尔良队。球队的颜色是黑色和金色，属于 NFC 南区。2005 年曾因卡特里娜飓风的影响暂时将得克萨斯州的圣安东尼奥作为主赛场，2006 年再次回到超级巨蛋后打了一场漂亮仗，让球迷们非常感动。接着又在 2010 年 2 月的超级碗比赛中获得冠军（→ p.52）。赛季是 8~12 月。

美国职业篮球联赛（NBA）

● **新奥尔良黄蜂队 New Orleans Hornets（西部联盟西南赛区）**

　　2002 年主赛场从北卡罗来纳州的夏洛特转转移到其他地方，2003 年赛季成绩开始下滑，2004 年赛季后半期开除了后卫拜伦·戴维斯等人。这一系列的情况表明：是时候重整队伍了。球队增加了许多高个子球员，这样能有效防守篮板球和内线打。赛季在 11 月~次年 4 月，地点在超级巨蛋西侧的新奥尔良竞技场，但后来由于飓风的影响，2005~2006 赛季在俄克拉荷马城进行。

　　黄蜂队虽然在 2007 年从西部联盟胜出后进入了总决赛，却在总决赛中失败。而 2008 赛季的比赛情况也不乐观，经营状况的恶化使黄蜂队面临着存亡危机。

梅赛德斯奔驰超级巨蛋
Mercedes-Benz
Superdome
Map 新奥尔良市区地图 A2
☎（504）587-3822
🌐 www.neworleanssaints.com
💰 $65~6000（很难购买）
🚌 在 Canal St. 的哈拉斯赌场前乘坐 16 路 RTA 巴士。

新奥尔良竞技场
New Orleans Arena
Map 新奥尔良市区地图 A1
☎（504）525-4667
🌐 www.nba.com/hornets/
💰 $10~1700
🚌 超级巨蛋西侧。

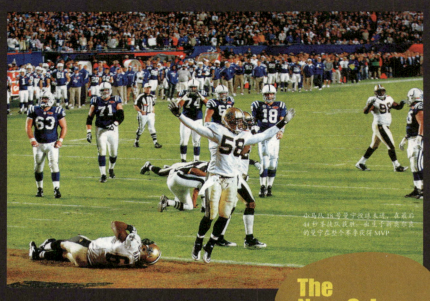

小马队 18 号曼宁投球未进，最后
44 秒圣徒队获胜。出生于新奥尔良
的曼宁在整个赛季获得 MVP

The New Orleans Saints

终于在超级碗比赛中获胜的圣徒队

受灾队打败精英队

在卡特里娜飓风灾难后的 4 年半时间内，新奥尔良市民终于实现了多年的夙愿。2010 年 2 月 7 日，美国最受欢迎的运动——美式足球美国橄榄球联盟比赛中，新奥尔良圣徒队在组队 43 年来首次登上了冠军的宝座！

美国橄榄球冠军总决赛称为超级碗。每年的赛季（总共 16 场比赛）之后，32 支队伍中有 12 支队伍要参加加时赛，淘汰赛中 AFC 联队和 NFC 联队的冠军在超级碗中对决。

一直以来以高收视率而自豪的超级碗转播当年的收视率竟然达到 45%，达到美国史上的最高水平，收看人数达到 1 亿 5340 人，实在令人感到惊讶。

而此前关注这场比赛是因为它是受灾区的队伍和精英队的对决。

参加决赛的第安纳波利斯小马队的 QB（在橄榄球四分卫＝足球最受关注的位置，相当于攻击方的司令官。乔·蒙大拿也是 QB）有超级碗比赛经验，曾多次获得 MVP 奖，球队还有很受欢迎的佩顿·曼宁。他之所以对橄榄球有如此浓厚的兴趣，是因为他的故乡就是新奥尔良。上大学之前，他一直居住在花园区，而他的父亲阿奇·曼宁在 1971~1982 年担任圣徒队

四分卫 QB，现居住在新奥尔良，弟弟伊莱·曼宁现在纽约巨人队担任四分卫，2008 年其所在球队获得冠军，他本人也是 MVP 奖获得者。

新奥尔良人尤其关注那些有本地球员的队伍，但这次在新奥尔良没有小马队球迷。而且圣徒队以 31:17 的大比分战胜小马精英队而登上了冠军的宝座，原本就喜欢节日和庆祝活动的新奥尔良更是显现出前所未有的活力。

灾民的力量来自圣徒队的飞跃进步

新奥尔良 80% 的地方都遭受了水灾，房子不能居

The New Orleans Saints

住，正在人们感到绝望而且没有任何安慰的时候，圣徒队给新奥尔良人带来了希望。一直比较弱的圣徒队在卡特里娜飓风灾难后的第二年（2006年）发生了巨大的转变。此前最好的成绩就是在地区比赛中优胜过2次，卡特里娜飓风刚刚过去的2005年，以3胜13败的成绩惨败。为了能让这支不起眼的队伍迅速成长起来，球队最终换了教练。

当时圣地亚哥电光队因合同期满而未续约的德鲁·布里斯同时与迈阿密海豚队和新奥尔良圣徒队进行了交涉。电光队不与其续约的理由是肩部问题，而在海豚队也因此问题而迟迟未给答复的时候，圣徒队的现任教练肖恩·佩顿以热情的态度赢得了布里斯。

在加入圣徒队后，布里斯说自己因肩部问题而被电光队淘汰，但是他从逐渐强大的新奥尔良也看到了手术后重新出发的自己，新奥尔良的复兴也是他的REBIRTH（复活、重生）。

当时圣徒队的主赛场超级巨蛋被用作避难所，并且房顶上还裂开一个洞。人们一直担心赛季开幕时还没有完成修复，但结果招牌节目《星期一的足球之夜》中播出了圣徒队在赛季开幕赛中夺冠的消息，从而实现了圣徒队在超级巨蛋中的复活，这个成绩为时隔6年的加时赛增色不少，也让人们更加关注新任教练和德鲁·布里斯为圣徒队做出的贡献。

正当人们因卡特里娜灾难而伤心难过的时候，在观看电视中的体育比赛时，至少能得到一点安慰。人们总是将"圣徒队"和"卡特里娜"联系在一起，因为它代表着新奥尔良的复兴。在采访队员们时他们都毫不犹豫地回答："我们的努力和胜利是为了圣徒队的粉丝和新奥尔良。"组队初期，圣徒队就已经有了很多粉丝，但是在卡特里娜飓风之后，逐渐成为全美焦点。

狂热的圣徒队粉丝

超级碗获胜的次日，感觉街上的空气都充满了生机。新奥尔良的早晨，人们不再谈论凶杀事件以及与卡

圣徒队的主场超级巨蛋在2011年改名为梅赛德斯·奔驰超级巨蛋，2013年2月3日的超级碗比赛就在这里举行

特里娜有关的话题，而都在谈论圣徒队的胜利，就连咖啡店收银员也在谈论圣徒队。为了感谢从客场凯旋的队员们，几百名粉丝深夜一直追到机场。

在中场秀后，总是能听到呐喊声"Who dat say they gonna beat them Saints（谁说他们击败圣徒队）"，这是美国南部谚语中的一句话。大家碰面的第一句话就是"Who dat ..."。这样的呐喊声每天持续着，尤其是在超级碗比赛前后，呐喊声更是猛烈。

粉丝为圣徒队助威的方法不同于其他州，很多粉丝身着圣徒队队服颜色（黑色

狂欢节中不可缺少的圣徒队

和金色）的T恤，乍一看好像整个城市的人都穿着黑色的孝服。有时还会从车窗飘出4面圣徒队队旗，整个城市都洋溢着"Who dat"的呐喊声。每周末的户外烤肉吧、超市和商店里的促销最后也被说成"WHO DAT NATION"。

在超级碗中获胜的次日，大部分学校和公司都休息。几天以后举行了凯旋盛装游行，很多人正午就出发去看下午两点的盛装游行，可道路已经禁止通行，非常遗憾。

那天新奥尔良天气非常寒冷，气温只有2℃而且伴有强风，很多人从凌晨3点就在那里排队等候，有的人还脱掉了帽子。

队徽 Fleur de lis 法语是百合花的意思，在法国殖民时期经常能看到这种花。Fleur de lis 被印在旗帜上、饰品上、不干胶贴纸上，整个城市随处可见。卡特里娜后 Fleur de lis 更是倍增，在这次圣徒队获胜后又看到了大量的标志。现在恐怕每一个新奥尔良人都有 Fleur de lis 的物品。

2011年的赛季在2012年初结束，虽然圣徒队也进入了加时赛，以2次比赛前八名的成绩惜败。但是，从1984年开始长期保持的传球纪录5084球被圣徒队拉开了400球，刷新了纪录。大家对圣徒队的狂热程度依然未减。

法国区

French Quarter

地址的表示方法
★ 法国区地址是 1 个街区增加 100 号（参照 p.34~35 的地图）
★ 与密西西比河平行的街道（Bourbon St. 等）以 Canal St. 为起点，湖侧为奇数，河侧为偶数。
★ 与密西西比河垂直的街道（St Ann St. 等）以密西西比河为起点，杰克逊广场是 500 号，下游侧为奇数，上游侧为偶数。

当夕阳洒向中央商务街的办公大厦时，法国区立刻变得生机勃勃

　　乱糟糟的狭窄小巷里保留着 19 世纪建筑的法国区是具有南欧风格的老城，有开满亚热带花卉的西班牙风格的中庭、精心加工而成的铁艺阳台，还有摆满了狂欢节面具的礼品店。到了晚上，古老的街灯亮了起来，还能听到从对面的街道传来敲打打击乐器的声音，偶尔也会听到观光马车的马蹄声。

　　法国区法语表示为 Vieux Carré，是"从古就有的四方形区域"的意思，英语表示为 Old Square，是指被 Canal St.、North Rampart St.、Esplanade Ave. 和密西西比河包围的 13 个街区（1.2 公里）×6 个街区（550 米）的区域。因为大部分景点都集中在靠近河边的区域内，开车会很麻烦（这里对违章停车的处罚非常严厉），最好步行。

法国贵族风格的街道名称

　　法国区的很多建筑都是在西班牙统治时期建造的，因此很多街道名称源于法国贵族。本书中英语"Street"统一用"St."表示，但是当地还

使用法语 Rue Royal 和 Rue Conti。这里原先就使用法语表示街道名称，现在就连英语 Boulevard 和 Avenue 也很少使用。

　　北彼得斯街（North Peters Street）沿密西西比河平行延伸，圣彼德街（Saint Peter Street）从杰克逊广场沿密西西比河垂直方向延伸。这两条街比较容易混淆，注意不要弄错方向。

　　最好先记住以 Canal St. 为界线的法国区和 CBD（→ p.78）各街道名称的变化。

法国区最适合闲逛

　　法国区的景点虽然多，但是大都以"历史古迹和当时的生活"为主题。根据自己的时间和兴趣，最好 1 天能去 2~3 个景点，再到街上逛逛。法国区最值得一看的地方在街角。

　　如果白天走累了，吃完晚饭后就会犯困，那么就失去了来新奥尔良旅游的意义了。因为到了深夜还会有观光马车在街上奔跑，波旁街的夜很长很长。

　　法国区苏醒得比较晚，清晨，街上都是一些年长的游客。只有当阳光洒进狭窄小巷里之后，才能闻到飘来的咖啡香味。

画廊和人行道

人行道上的空间比较大

　　在新奥尔良，人们将法国区风景与异国情调铁艺阳台的结合称为"画廊（gallerie）"。屋檐宽阔的画廊是人们晒太阳的好地方，也是邻居们交流信息的好地方。屋檐能防止盛夏的太阳光照射到屋内，也增强了房屋的通风效果。

　　法国区的特征是画廊正下方就是人行道。街道上建满了建筑，画廊都伸到人行道上了。人行道称为 banquette，对于这条街道上的行人来说，画廊也是遮挡阳光和雨水的屋檐。

用铁编成的花边

　　新奥尔良的阳台基本使用精美的工艺品——铁花来装饰。装饰到扶手和支柱上的纤细的工艺品真的像编织而成的花边。如果仔细看，就会发现，每间屋子的花样都花费了很大工夫，而且花形也不一样。

　　根据制作方法，铁花分为两种。最开始的时候是用锻铁（wrought iron），即用锤子敲打熟铁而形成的花样。19 世纪 50 年代出现了碳含量更多并且耐磨性能更强的铸铁（cast iron），从此以后，就开始通过浇灌铸造成花样。

　　现在在法国区看到的铁花大都是用铸铁铸造而成的，但原联邦银行大楼（→ p.67）的阳台还保留着用锻铁制作而成的装饰。

街道标牌中也有法语

街道名称的由来
Bourbon St.	波旁家族
Orleans St.	奥尔良家族
Burgundy St.	勃艮第家族
Conti St.	孔蒂家族
Chartres St.	查特斯家族
St Louis St.	路易九世
St Ann St.	路易十四世的安娜王妃
St Philip St.	菲利浦奥尔良公爵
Bienville St.	第一位总督
Wilkinson Row	美国独立战争的将校
Pere Antoine Alley	圣路易斯大教堂的神父

街道名称对照
CBB 法国区
S. Rampart	N.Rampart
O'Keefe	Burgundy
Baronne	Dauphine
Carondelet	Bourbon
St Charles	Royal
Camp	Chartres
Magazine	Decatur
Tchoupitoulas	N.Peters

以为是交叉口的施工现场，原来是街头艺人表演

一边游览一边欣赏工艺精美的铁花，也是一种享受

铁花是在哪里制作的？
　　初期的铁花是从欧洲进口的，据说后来在纽约和费城出现了手艺精湛的工匠，才慢慢开始在美国国内生产。

醉汉的街道
　　在新奥尔良市边走路边饮酒是一种合法的行为，这在美国也是很少见的，但是禁止使用玻璃杯。如果想带出去喝，就跟酒吧里的人说"Go cup, please"，他们就会将玻璃杯换成塑料杯。

牵着狗的街头表演者山姆大叔神出鬼没，如果能遇见，该是多么有趣的一件事！

安全成危险之地

　　即使在法国区，到了夜晚，也只有波旁街等部分区域还很热闹，而绝大部分区域都会安静下来而成为"餐饮娱乐街后街"。天黑以后，如果人不多的话，绝对不能在人少的街道上行走。

如果在人少的时候去 Faubourg Marigny，还是乘坐出租车比较安全

- 波旁街的 Canal St.~St Ann 周边地区即使到了深夜也不会安静下来。骑着马的警察频繁地在街上巡逻，单身女性也很安全。但是，因为是餐饮娱乐街，小心不要喝醉。
- 杰克逊广场周边到了晚上仍然安全，但是在深夜零点以后突然就会安静。即使在游客较多的时间段内，也不要去河边的步行街等光线较暗的地方。
- Esplanade Ave. 和 N.Rampart St. 周边区域几乎没有景点和餐厅，游客也寥寥无几。到了夜间，人少的话，就不要在街上行走。
- 不要去 N.Rampart St. 外侧和 Esplanade Ave. 外侧。总之，没有游客和本地人的地方，最好不要去。

法国区　主要景点

杰克逊广场周边

　　如果想去游览法国区，首先应该去杰克逊广场。杰克逊广场三面都是 18~19 世纪的建筑，因而被称为"城市的肚脐"。来自世界各地的游客可以一边游览风景，一边观看街头艺人、音乐人和肖像画家们的表演，Decatur St. 上装饰优雅的观光马车排成队前进着，从具有近 150 年历史的"杜梦咖啡"（Café du Monde）飘来牛奶咖啡的香味儿。
　　广场上杰克逊雕像对面是圣路易斯大教堂。两侧是对称的建筑，左侧是原市政厅（Cabildo）（→ p.58，其标志性建筑就是被称 Cupola 的圆屋顶），右侧是神父馆（Presbytere）（→ p.59）。原市政厅和神父馆都可以入内参观。

大教堂和原市政厅之间的小道被称为海盗巷（Pirates Alley）。传说新奥尔良战争中的英雄安德鲁·杰克逊（→p.62）就是通过海盗巷从海盗简·拉斐特那里获取到英军正慢慢迫近新奥尔良的情报。20世纪20年代小说家威廉·福克纳就住在海盗巷624号（现在是书店）。

广场两侧对面的两栋砖红色建筑是美国最古老的大厦——庞塔尔巴大楼（Pontalba Apartment）（→p.60），阳台上的铁花十分别致。大教堂对面左侧是 Upper Pontalba，右侧是 Lower Pontalba，Upper Pontalba 和 Lower Pontalba 底层是一家一家的咖啡店和礼品店，二层以上的16个房间现在都变成了公寓。Lower Pontalba 里有旅游咨询处（→p.41），还有重现19世纪中产家庭生活的1850 House（→p.61）。

Moon Walk 有各种各样的纪念碑

杰克逊广场周边是新奥尔良地势最高的地方

试着走上河边的台阶看看广场的全景吧！杰克逊骑马雕像对面是西班牙风格的大教堂，广场前面有用鲜花装饰的观光马车，在这里游客能拍到像明信片一样的照片。

广场后面是发源于遥远的加拿大国境附近且纵断大陆的泥河——密西西比河。滔滔流动的茶色河水由美国国土面积1/3土地上的雨水汇聚而成。密西西比河上每天都有很多来来往往的船只，既有巨大的游轮，也有小型的轮渡，而新奥尔良是美国第二大贸易港。

河岸设立了步行街 Moon Walk，白天这里大都是一些游客，而到了晚上就成了恋人们的天下。

杰克逊广场 Jackson Square

Map p.35 C4

耸立着英雄安德鲁·杰克逊骑马雕像

1721年，为了练兵而修建了这个广场，从那时起这里就是城市的中心，法国将路易斯安娜移交给美国的仪式就是在这里举行的。1850年，根据庞塔尔巴男爵夫人（→p.60）的想法以及太阳王路易十四世的名字重新设计而成的太阳形广场。

广场中央是1815年新奥尔良战争中的英雄安德鲁·杰克逊骑马雕像（→p.62），雕像建于1856年，上抬的前蹄使得雕像更加生动逼真，当时在世界上尚属首次，因而受到了广泛的称赞，至今这尊雕像也可以说是美国最雄伟的骑马雕像。华盛顿 D.C. 白宫北侧广场和杰克逊出身地——纳什维尔都有同样的骑马雕像。

不要投喂食物！

为了防止太多的鸽子飞到杰克逊广场，请不要投喂食物，否则将受到处罚。

广场夜间关闭

聚集在一起的街头音乐人、占卜师、魔术师、画家

圣路易斯大教堂

🏠 Jackson Sq.
☎ （504）525-9585
🕐 7:30~16:00、周日 9:00~

关注这里！

里面的庭园里有座纪念碑，是用来悼念因 1853 年大面积流行的黄热病而死亡的 1.1 万人。为了看护黄热病患者并对其进行消毒，法国派来了拿破仑三世的军队以及志愿者护士。

教士会堂

🏠 701 Chartres St.
☎ （504）568-6968
📠 1800-568-6968
💻 www.crt.state.la.us
🕐 10:00~16:30
🚫 周一、节假日
💰 $6，12 岁以下免费

博物馆优惠票

神父馆、原市政厅、原造币厂、1850 House、亚当·约翰的遗产都属于路易斯安那州立博物馆，如果参观两个以上的景点，票价打 2 折。

圣路易斯大教堂 St Louis Cathedral　Map p.35 B4
法国区的标志

圣路易斯大教堂是美国现存最古老的大教堂（最古老的教会位于佛罗里达）。1718 年，在这里成为小镇后不久就建造了礼拜堂，但是 4 年后因飓风而倒塌（2005 年的卡特里娜造成的损害较小）。之后重建，但又被 1788 年的火灾烧毁。1794 年建成大教堂，而现存的大教堂是在 1849 年第三次建造而成的。在 1987 年前罗马教皇访问美国时将大教堂前的人行道命名为约翰保罗二世广场（Place Jean Paul Deux）

虽然教堂内部可以自由参观，但是不要忘记这是信徒们祈祷的地方，禁止拍摄。彩色玻璃和壁画十分漂亮。位高的僧侣长眠于大理石棺材中。

教士会堂 Cabildo　Map p.35 B4
新奥尔良历史的见证人

这里原是 18 世纪末建造的西班牙市政厅，1788 年因在火灾中被烧毁而重建。1803 年 12 月 20 日，路易斯安那并入美国的签约仪式在这里举行，后来又用作市政厅、警察署和监狱。1847 年在建造神父馆的同时，增建

了双重坡面的屋顶和圆屋顶而变身为时尚建筑。古希腊风格的雕刻、西班牙风格的阳台、有双重坡面顶檐的优雅的窗框让人们联想到巴黎的阁楼。

现在作为路易斯安那州立博物馆之一，馆内展示了丰富的民俗资料，并且详细地介绍了

广场对面大教堂左侧是原市政厅，右侧是神父馆

COLUMN

讨厌纸币的总统（安德鲁·杰克逊）

新奥尔良战争中的英雄后来又成为美国第七任总统的安德鲁·杰克逊（→p.62）以讨厌纸币而出名。听说他讨厌纸币是因为在他年轻时因土地投机失败而欠下了巨额债务。

在当今的美国，不仅使用私人支票等小额支票以及信用卡，纸币也是不可缺少的，而杰克逊却十分讨厌信用交易和纸币，他认为只有硬币才是最正确的，硬币才是唯一的货币。

他的想法与不信任银行制度有关，在其担任总统期间，与第二合众国银行（国家银行）激烈对立，后来爆发了银行战争（Bank War）。杰克逊指责银行总裁："银行不但为富人和有权势的人服务，还横加干涉政治。"1832 年，从国家银行调出政府存款，分别存入多个州立银行（Ped Bank）。银行为了报复而缩紧金融，1833 年终于爆发了金融危机。

最终杰克逊获胜了，废除了国家银行，杰克逊命令全部用硬币支付公有土地交易款。新奥尔良造币厂的诞生（→p.64）也是因为杰克逊讨厌纸币。

为什么造币厂建在新奥尔良呢？

因为当时新奥尔良是南部最大的城市，同时是美国第五大城市（亚特兰大当时还是只有个小车站的空地），还是重要的贸易港，是东海岸几个城市中距离开拓时期的西部最近的城市，而且还在旁边的亚拉巴马州发现了金矿。虽然也可以在费城的造币厂铸造硬币，但是运到新奥尔良需要花费很长的时间，所以就考虑在本地使用南部的金银铸造硬币。

杰克逊也因新奥尔良战争中的功绩而一跃成为英雄，这也为他后来成为总统增加了资本。

土著文化。

最值得一看的是二层中央装饰过的拿破仑死亡面具。这是在 1821 年拿破仑刚刚死亡之后制作的 4 个死亡面具中的一个。拿破仑从未来过新奥尔良，但是他是路易斯安那变成合众国前的执政者，据说他非常希望能来这里看一看（→ p.66）。1803 年就是在死亡面具右侧里面的房间举行了路易斯安那的移交签约仪式。

三层主要是关于南北战争前的种植园和奴隶制度的历史。奴隶戴的铁质项圈（竟然还戴铃铛！）、通知在田间劳动的奴隶们时间的独特的钟、种植园主（庄园所有者）使用的奢华餐具等鲜明地对比出白人和黑人的生活。

神父馆 Presbytere　　　　Map p.35 B4
大教堂右侧的博物馆

　　它是作为圣路易斯大教堂的神父和僧侣的宿舍而建造的，但是被 1788 年和 1794 年的火灾烧毁了。在 1791 年重建时，建造成了和原市政厅对称的建筑，1847 年增建了在原市政厅的屋顶上能看到的圆屋顶，但是被 1915 年的飓风破坏了（2005 年重建）。据说在新奥尔良并入美国以后这里被用作法院。

神父馆也是州立博物馆的一部分

徒步旅行
☎（504）524-9118
　　含原市政厅和 1850 House 约 2 小时的徒步旅行，在 1850 House 的博物馆商店集合。
🕐 周二~周日 10:00 & 13:30
休 节假日
费 $15、13~20 岁 $10

神父馆
住 751 Chartres St.
☎（504）568-6968
📠 1800-568-6968
🌐 www.crt.state.la.us
开 10:00~16:30
休 周一、节假日
费 $16、12 岁以下免费

在看台上能一览杰克逊广场周边的建筑

现在这里被指定为美国国家历史古迹，里面是路易斯安那州立博物馆。放置在入口前的是南部同盟时代1861年建造的铁质潜水艇。虽然能承载4个人，但是非常拥挤。

一踏入馆内，就会看到狂欢节（→p.83）时穿的巨大服装。馆内也有很多与新奥尔良有关的人物肖像画以及描绘南北战争的图片，还展示了当时豪华的室内装饰以及新奥尔良流行的建筑风格。

庞塔尔巴大楼 Pontalba Apartment　Map p.35 C4
男爵夫人设计的历史性公寓

庞塔尔巴大楼建于1849年，它是美国最古老的公寓，由男爵夫人设计并现场监督而建成并因此而出名。

建造这座公寓的是有名的男爵夫人 Micaela Almonester de Pontalba，而在当时懂得建筑知识的女性非常少。她利用得天独厚的才能、财力以及法国的生活经验，在法国区最好的位置、使用最多的资金建成这座公寓后配备了最先进的设备，购买了巴尔的摩产的砖以及新英格兰各地的花岗岩，并从英国进口了玻璃和瓷砖。每间房屋都通了煤气，有水冲厕所，也在玄关处安装门铃，俨然一座高科技公寓。原先底层是为商店之用而设计的，现在还有服装店和五金店等。

二层和三层阳台的铁花是在纽约制作的，用它代替法国区此前使用的锻铁，可以说是首次使用铸铁。只要仔细一看不难看出它是由男爵夫人 Micaela Almonester de Pontalba设计的，上面有 Pontalba 的缩写"P"和男爵夫人的本姓Almonester 的缩写"A"。

仔细看看阳台装饰上的缩写字母

法国区红色墙壁的建筑非常少

颇受非议的男爵夫人（米卡埃拉·庞塔尔巴）

160多年前庞塔尔巴男爵夫人米卡埃拉（Micaela Almonester de Pontalba）就是新奥尔良无人不知无人不晓的名人。

米卡埃拉的父亲不仅是资本家也是一名慈善家，在被1788年的大火而烧毁的大教堂和原市政厅的重建中，贡献了巨大的力量。

米卡埃拉16岁时和男爵堂兄结婚，居住在法国。但是一天发生了一件大事。关系一直不好的义父用手枪袭击米卡埃拉后自杀身亡。总算保住生命的她丢下丈夫只身回到新奥尔良。

此后，米卡埃拉又因与人气建筑师Gallier（Gallier House →p.69 的 Gallier 的父亲）解除婚约等丑闻而成为话题女王。

在允许大家闺秀抛头露面的年代，米卡埃拉到了建筑事务所上班，经过努力，她终于学会了设计。她根据在法国的生活经验，想为新奥尔良建造一座像巴黎皇家宫殿那样的建筑，她说服了市当局同意改造杰克逊广场的原市政厅、神父馆。现在的杰克逊广场及其周边的轮廓可以说都是她的作品。

一个女人竟然出了这么大的风头，自然会招来很多非议。然而她并没有气馁，在大楼建造过程中，登上施工现场的脚手架，监督操作员，让人惊讶不已。

南北战争开始前的新奥尔良竟然存在这样一位女性令《乱世佳人》的斯嘉丽也为之震惊。

19 世纪中叶住宅 1850 House Map p.35 C4

窥探 19 世纪市民的生活

19 世纪中叶住宅
（Lower Pontalba）
- 523 St Ann St.
- （504）568-6968
- 1800-568-6968
- www.crt.state.la.us
- 10:00~16:30
- 周一、节假日
- $3、12 岁以下免费

新奥尔良

法国区

　　将 Lower Pontalba 的一部分作为路易斯安那州立博物馆来重现 19 世纪 50 年代前后白人中产家庭的生活。

　　入口与旅游咨询处在道路同侧，不太好找，乍一看像礼品店。买完入场券后上二层就是博物馆。客厅的家具风格大都是在模仿 18 世纪法国洛可可风格的基础上使用曲线。玻璃吊灯和壁纸是入住者自己购买的。

　　三层有寝室。女主人的寝室是洛可可风格，被从华盖上落下的蕾丝纱帐盖住的床非常浪漫。而男主人的寝室是哥特式风格。孩子的房屋有温馨的婴儿床、八音盒和玩具屋。后

入口在旅游咨询处旁边

男士也很钟爱的法式甜甜圈

面有用人房和浴室。请注意，160 多年前，这栋建筑的三层就已经有水冲厕所了。

杜梦咖啡 Café du Monde Map p.35 C4

品尝加入菊苣的牛奶咖啡和法式甜甜圈

杜梦咖啡
- 800 Decatur St.
- （504）525-4544
- 1800-772-2927
- www.cafedumonde.com
- 24 小时
- 12/24 的 18:00 至 12/26 的 6:00

　　"杜梦咖啡"在杰克逊广场对面，1862 年开始专卖法式甜甜圈，现在是新奥尔良有名的咖啡店。如果没品尝那里的油炸法式甜甜圈，就不能说来过法国区。

　　法式甜甜圈是实心的四角甜甜圈，用棉籽油炸得松脆，外酥里嫩，口感非常好。法式甜甜圈本身没有甜味，甜味是因为添加了糖粉。1 盘 3 个 $2.42。

　　另一道美食是加入菊苣的牛奶咖啡，1 杯 $2.42。菊苣是指干燥过的菊苣根，与蒲公英同类，加了菊苣的咖啡有点苦涩，有一种独特的味道。

　　"杜梦咖啡"24 小时营业，这里总是因游客众多而变得异常热闹。饮料的品种很多，而食物只有法式甜甜圈，连蛋糕和三明治都没有。虽然有的店员能亲切地与游客一起拍照留念，但是绝大多数的店员态度都不是很好。尽管如此，还是有很多人来品尝松脆美味的法式甜甜圈。无论如何也要去一次这家露天咖啡店。

24 小时，364 天都营业

出生于原木小屋的总统（安德鲁·杰克逊）

美国历史上第一位以平民出身而知名的总统是美国第七任总统安德鲁·杰克逊（Andrew Jackson，1829~1837年在任），他是新奥尔良战争中的英雄，拥有挺拔的身材、长长的眉毛、朴实的性格，深受美国民众的爱戴，他的肖像被印在了$20的纸币上。

杰克逊广场上的骑马像是新奥尔良的重要标志

安德鲁·杰克逊的成名史

杰克逊出生于南卡罗来纳州一户贫穷的爱尔兰移民家庭并且从未接受过学校正规教育。13岁时，在美国独立战争中受伤。两个兄弟也死于战争，他从此成为孤儿。

不久，杰克逊通过自学成为一名律师，曾担任过检察官、田纳西州参议院议员和法官等。45岁时，美英战争一开始，他就又再次从军。其部队在1815年的新奥尔良战争中一举获胜，担任指挥的杰克逊一下子成为家喻户晓的名人。

凭借这次胜利，他再次进入政界，终于在1828年登上了总统的宝座。

从担任总统一开始，他就一直受到广大美国民众的爱戴。他一直保持着直爽的性格，其就任仪式结束之后，曾因前来观看的民众一拥而上而变得一发不可收拾。

他经常深入百姓当中，倾听他们的声音。不久杰克逊式民主拉开了帷幕。

典型的美国英雄

杰克逊喜欢喝酒和赌博，是个超级强硬派。除了新奥尔良战争外，还有许多其他的英勇事迹，因而南部各地出现了以新奥尔良的杰克逊广场为代表的许多以杰克逊命名的地方。

他出生于原木小屋中，靠自学掌握了知识和技能，作战英勇，富有商业才能，和富家女结婚，即使成为总统也仍然朴实无华……他就是美国人心中典型的英雄形象。

为了白人的民主主义

成为总统之后，在民众的大力支持下，杰克逊在内政和外交上发挥了强大的领导才能。推进了改善劳动者待遇以及普及公办学校的政策，实际上很多都是强制执行的。

尤其值得一提的是对土著推行的政策。各地的土著不停地与白人殖民者发生斗争，为了人道、和平地解决这个问题，颁布了《土著强制移民法》，要求土著全部移民到密西西比河以西。但遭到了佛罗里达的塞米诺族人的抗议，因而引发了塞米诺战役，双方人员伤亡都很惨重。

被驱赶到俄克拉荷马的彻罗基族人因寒冷和饥饿4000人死亡，这就是历史上有名的"血泪之路"。

不仅如此，他还对黑人奴隶进行了残酷的弹压。一部分黑人难以忍受而逃到土著居留地，和土著一起参加了塞米诺战役。

杰克逊推行这些政策是为了扩大种植园，其实他本人也具有较强的白人优越意识（杰克逊也是农场主）。

法国区中心骑马的杰克逊现在会以怎样的心情去听黑人的爵士呢？

新奥尔良战争

新奥尔良战争是从1812年开始、历经3年的美英战争。1815年1月8日，杰克逊率领的美军在新奥尔良南部设立了重重防卫线，漂亮地击退了从港口侵入的英军。在这次战役中，英军死亡人数达3326名，美军死亡人数只有52名，杰克逊一夜之间成为南部的英雄。

其实这场美英战争在两周以前就已经结束了，但由于当时的通信不发达，没有在第一时间收到战争结果。真为这些死亡的人感到遗憾。

OK！

"OK"起源于"All Correct"的错误拼写"Oll Korrect"，也有人说不是。杰克逊是南部的乡下人，而且一天也没去过学校，犯这样的拼写错误也情有可原。还有一种说法是，杰克逊下一任总统马丁·范布伦支持母体 Old Kinderhook Club。但无论何种说法，"OK"产生于这个时代的美国，这一点是可以确定的。

迪凯特街

从"杜梦咖啡"一口气就能走到迪凯特街（Decatur St.）。这里居住着很多在19世纪末从意大利移民过来的居民，像个住宅区。

河边是法国市场（French Market），对面是礼品店、杂货店、咖啡店和平民餐厅，再往里是农贸市场，有很多蔬菜和水果，还有卖服装和首饰等的地摊，既有市民也有游客，人山人海。

到了晚上，当地的男人们就和船员混在一起，到处找酒吧喝酒。这让我们想起了昔日的海盗、活跃在密西西比河下游的蒸汽船上的赌徒们以及从海外偷渡过来的人们，仿佛触摸到了往昔的时光。

称为"新奥尔良少女"的圣女贞德像是法国区的标志

法国市场 French Market

Map p.35 C4~6

从1791年开业至今仍正常营业的美国最古老的市场

这里原先是土著乔克托族人的贸易场所，具有200多年的历史，是美国最古老的市场。拱廊是1813年建造的，蔬菜市场是1872年增建的。虽然近几年来有些区域被建成了现代化的大楼，但是里面的农贸市场和自由市场至今仍然是半室外的，作为

五花八门的商品

"百姓厨房"，每天都很热闹。蔬菜、水果、肉、鱼、奶酪和香料，应有尽有。收款台前放着脱水的鳄鱼头，像只招财猫。里面虽然还有一些出售T恤、首饰等的旅游土特产店，但是不一定便宜，一定要仔细看好物品和价格。虽说是个市场，但是很多商店专门是针对游客的，所以大都一直营业到天黑。

法国市场
住 1008 N.Peters St.
电 （504）522-2621
网 www.frenchmarket.org
开 每家店不一样，而且会根据气候调整营业时间，自由市场营业时间一般是9:00~17:00（仅限市区）

不要错过 Preservation Hall 上面
的楼层

原造币厂 Old U.S.Mint
爵士历史集于一堂

原造币厂
- 400 Esplanade Ave.
- （504）568-6993
- 1800-568-6968
- www.crt.state.la.us
- 周一、节假日
- $6、12岁以下免费

书包嘴大叔爱用的短号

这里以前是铸造硬币的合众国造币厂，现在已经变成路易斯安那州立博物馆，入口在自由市场和 Esplanade Ave. 一侧。

新奥尔良造币厂是西部开发的一个资金链，是在第七任总统安德鲁·杰克逊的提倡下建造的，从 1838 年开始铸造硬币。当时以金币和银币为主，如果个人有砂金、金砖或者金戒指等，能兑换成金币。因为那时杰克逊总统规定只能使用硬币（→ p.58），所以也铸造了代替纸币的高额硬币。$10 的金币称为鹰币，$20 的金币称为双鹰币。1845 年开始引入因产业革命而开发的蒸汽铸造机。

不久南北战争爆发。因为南部发行了独立的硬币，所以金砖等资源很快就要用完了，终于在 1862 年中止了铸造。然后这里就被用作了南军的兵营，战后又用作俘房收容所。重新开始铸造是在战争结束 14 年后的 1879 年。从 1907 年开始铸造墨西哥硬币，曾在旧

顶层有个舞台，有的时候有爵士乐现场演奏

金山和丹佛重新建造了造币厂，但是在 1909 年就关闭了，以后就用作了沿岸警备队基地。

虽然现在内部不太大，但是收藏了很多与爵士乐有关的物品。通过照片、书信和乐器等回顾起源于这个城市并且发展到全世界的新型音乐。

有关以书包嘴大叔路易斯·阿姆斯特朗为代表的初期爵士巨人的物品特别多，也能看到书包嘴大叔第一次使用的短号等珍贵藏品。

2011 年新建的 Preservation Hall 某个角落里也展示了爵士乐迷喜爱的乐器以及海报。

查特斯街

查特斯街是一条与密西西比河平行的街，穿过圣路易斯大教堂。在大教堂到密西西比河上游（Canal St.）之间有很多古董店、餐厅和酒店等，而下游（Esplande Ave.）则住宅多一些，也有几家鲜为人知的好餐厅和个性商店。

博勒加德－凯斯楼
Beauregard-Keyes House
希腊复古风格建筑

博勒加德－凯斯楼
🏠 1113 Chartres St.
☎ （504）523-7257
🌐 bkhouse.org
🕙 10:00～15:00 的整点
休 周日、狂欢节、主要节日
费 $10、老人 $9、6～12 岁 $4

Map p.35 B6

Beauregard-Keyes House 虽然不大，却具有以多立斯式圆柱和台阶为特征的希腊复古风格。它于 1826 年建成并被指定为美国国家历史古迹。宅邸的名字来源于曾居住在这里的两位名人，一位是南军的博勒加德将军（P.G.T.Beauregard），他以指挥南北战争的爆发地萨姆特堡（→ p.327）战役而闻名。

曾因暂时没有人居住，打算拆除，却在 1944 年被人气女作家凯斯（frances Parkinson Keyes）买下了。她修复了这栋荒废的住宅并在这里居住了将近 30 年，直到 1970 年去世。

馆内每小时会举行 1 次参观游览，尤其是庭园，美丽程度可以和法国区相

观光游览 1 小时 1 次

媲美，形状是以杰克逊广场为原型的太阳形状，春天到来的时候，庭园里百花竞放。

原厄休拉修道院 Old Ursuline Convent
法国统治时期的建筑物

原厄休拉修道院
🏠 1100 Chartres St.
☎ （504）525-9585
🕙 10:00～16:00
休 周日、狂欢节、复活节、感恩节、12/25、1/1
费 $5、老人 $4、学生 $3、6 岁以下免费

Map p.35 C6

原厄休拉修道院建于 1718 年，据说它是法国统治时期唯一保留下来的建筑物。1749 年，厄休拉会的修女们在这里首次为在美国的黑人和土著开办了学校和孤儿院。为在美国独立前（虽说是法国殖民地）一直被污蔑为奴隶和野蛮人的人们做出这样的行动，是具有划时代意义的。美国的第一所女子学校也是在这个修道院里开办的。从 1734 年开始，这里被用作慈善医院。

修道院里还有很多被称为"小箱女孩"的法国女性。她们是一些迁入新奥尔良的男人的未婚妻，为了保持清白而在结婚前暂住在这里。

小箱女孩

因为这些女孩将礼服和其他随身物品都放进一个小箱子里，然后提着小箱来到这里，所以称她们为"小箱女孩"。据说新奥尔良很多白人都流着"小箱女孩"的血。

约翰夫人的遗产 Madame John's Legacy
自由黑人女性遗留下来的历史悠久的宅邸

约翰夫人的遗产
🏠 632 Dumaine St.
☎ （504）568-6968
📞 1800-568-6968
🌐 www.crt.state.la.us
※ 2012 年 4 月修复工程中。

Map p.35 B5

这座宅邸是在 1788 年大火后重建的，其中一部分建筑保留了 1726 年新建时的模样。新奥尔良就不用说了，它甚至可以说是密西西比河流域最古老的住宅。被称为"画廊"的阳台的屋檐很深，坡度陡，是典型的殖民地风格的住宅。

凯布尔（G.W.Cable）的小说《可爱的女人》中的人物原型就是居住在这里的自由黑人约翰夫人，这座住宅也因约翰夫人而得名。

药店博物馆
- 🏠 514 Chartres St.
- ☎ （504）565-8027
- 🖥 www.pharmacymuseum.org
- 🕐 周二～周五 10:00~14:00
- 🚫 周六～下周一
- 💰 $5、老人 $4、6 岁以下免费

注意： 这里只是供参观的博物馆，不对外出售药品。即使是开馆时间内，也有可能因工作人员的原因而关闭。

能了解药品历史的独特博物馆

药店博物馆 Pharmacy Museum　　Map p.34 C3

美国的第一位药剂师开办的药店

　　药店博物馆原封不动地保存着美国第一位取得药剂师资格的路易·杜菲罗开办的药店，而药店也作为一个小型的博物馆对外开放。在德国产的手工制作的紫檀木陈列柜上整齐地摆放着古董药瓶和调剂器具等，还有巫毒教使用的香薰厚底瓶等，中庭里栽种了一些香草和药草。

虽然很小，物品却很丰富

拿破仑大厦
- 🏠 500 Chartres St.
- ※ 咖啡馆信息→ p.116

新奥尔良有很多与拿破仑有关的场所

拿破仑大厦 Napoleon House　　Map p.34 C3

拿破仑打算居住

　　拿破仑大厦建于 1814 年，是新奥尔良市市长尼古拉斯·德（Nicholas Girod）办公的地方。之所以称之为"拿破仑大厦"，是因为尼古拉斯市长是一位忠实的拿破仑迷。

　　1821 年，拿破仑·巴拿马在法国下台后被流放到圣赫勒拿岛。虽然拿破仑想把路易斯安那州（原法属殖民地）卖给美国，但是据说他一直非常希望有一天能来新奥尔良。在新奥尔良，市长以及拿破仑迷们企图从圣赫勒拿岛解救拿破仑，其中 1815 年新奥尔良战争中的英雄海盗简·拉斐特（Jean Lafitte）（→ p.76）也助了一臂之力。为了迎接拿破仑，市长开始扩建这座邸宅。

　　但后来由于拿破仑去世了，这个计划也就泡汤了。如果执行了这个计划的话，历史将会完全改写。

　　现在的"拿破仑大厦"已经变成一栋典雅的公寓。底层是古色古香、气质优雅的咖啡厅和酒吧。到了晚上，里面会传来古典音乐。

午餐时间正常营业

皇家街

　　这是位于波旁街和查特斯街之间的一条漂亮的街道，以 20 多家古董店为代表的小型收藏品商店、画廊和一流的餐厅鳞次栉比。礼品店里也有很多高档商品。晌午的时候，浏览橱窗的游客越来越多，这条街道也因此而热闹起来，但是到了傍晚，商店都关门以后，立刻变得非常安静，和旁边喧闹的波旁街形成了鲜明对比。

原商业街
曾经的经济中心

Map p.34 B2

　　紧挨运河街的 3 个街区原是 19 世纪时的商业街区域，至今还保留着银行等古老的建筑，原联邦银行建于 1800 年，还能看到用锻铁制作的阳台，对面的白色大楼是 1826 年建成的原路易斯安那银行，现在变成了警察署。原路易斯安那州立银行是 1821 年建成的，阳台的精美工艺以头文字"L"和"B"为主题。

路易斯安那最高法院
Louisiana Supreme Court
还保留《JFK》的足迹？

Map p.34 B2-3

　　建在 Conti St. 和 Louis St. 之间、占据整个街区的大楼是 1908 年建造的新奥尔良市法院，电影《JFK》就是在这里拍摄的。

占据一个街区的大型建筑

卡沙花绿 Casa Faurie
巨匠德加曾来过这里

Map p.34 B2

　　这座大楼是印象派画家埃德加·德加的曾祖父建造的，圆形的窗户十分有个性。1828 年就要当上总统的英雄杰克逊也曾住在这里。德加在晚年的时候只身游览了新奥尔良，留下了很多描绘花园区的画作等。

　　不过现在这里已经变成了一家环境优美的餐厅"布兰"（Brennan's）。

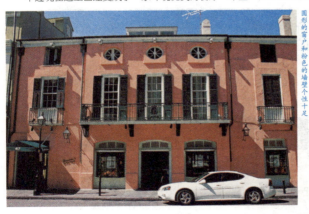

圆形的窗户和粉色的墙壁个性十足

安东尼餐厅 Antoine's
新奥尔良最古老的餐厅

Map p.34 B3

　　安东尼餐厅位于法院往波旁街方向走的转弯处，是新奥尔良最古老、最高级的餐厅。自 160 多年以前来自法国的年轻厨师经营这家餐厅以来，家族 5 代人都一直坚守在新奥尔良。来过这家餐厅的历代总统和演员等名人不计其数。到了晚上，能看到古老的街灯下聚集着许多身着盛装的绅士和女士。

商店关门之后，被玻璃街灯照亮的皇家街也别有一番风味

新奥尔良

●法国区

原联邦银行
Old Bank of the U.S.
Map p.34 B2
住 343 Royal St.
原路易斯安那银行
Old Bank of Louisiana
Map p.34 B2
住 334 Royal St.

路易斯安那最高法院
住 400 Royal St.

卡沙花绿
（Brennan's）
住 417 Royal St.
※餐厅信息→ p.112

安东尼餐厅
住 713 St Louis St.
☎（504）581-4422
⊕ www.antoines.com
※餐厅信息→ p.113

令人期待的安东尼餐厅

莫瑞尔特住宅 Merieult House

Map p.34 B3

连皇帝都钟情于莫瑞尔特的红头发

此住宅建于 1792 年，是在两年后的大火中幸存下来的少数建筑物之一，也是皇家街最古老的建筑。馆内有很多追溯新奥尔良历史的照片和地图等，俨然一个历史收集馆。

这里有个关于这栋住宅的第一位主人莫瑞尔特夫人的一个有名的小故事。她居然有着像火一样红的头发（有的也说是金发），居住在巴黎的

时候，拿破仑的使者拜托她说"我们打算赠送假发给土耳其的苏丹王，希望您能分一点头发给我们"。虽然夫人拒绝了，但是拿破仑并没有因此而放弃，最终提出了"用城池来交换"的好条件。即便如此，夫人还是没有接受拿破仑的条件，最终回到了新奥尔良。

中庭两侧的建筑里有展览

在那样的时代让一位女性剪断头发，的确是一件困难的事，但她为什么那么顽固地拒绝了，个中缘由不得而知。

塞纽雷住宅 Maison Seignouret

Map p.34 B3

以漂亮的阳台而闻名

这是作为葡萄酒贸易商和家具工匠而闻名的弗朗索瓦·塞纽雷（François Seignouret）在 1816 年居住的房子。以头文字"S"为主题的 3 层阳台十分漂亮，在路易斯安那州立博物馆的 1850 House 也能看到塞纽雷制作的家具，而且上面都有"S"字样。

"两姐妹"豪宅
The Court of Two Sisters

Map p.34 B3

露台十分漂亮的知名餐厅

这是银行家在 1832 年建造的名为"两姐妹"的豪宅。据说当时的用人就有 37 人，现在已经变成了优雅的餐厅，皇家街和波旁街都有入口，而其露台最具新奥尔良风格，非常漂亮。

勒莫妮尔宅邸
Le Monnier Mansion

Map p.35 B4

新奥尔良第一栋摩天大楼

新奥尔良第一栋高楼 First Skycraper 位于运河街上人流量最大的 St Peter St. 一角。1811 年，新奥尔良建造了第一栋 3 层建筑，这在当时令只有 2 层建筑的新奥尔良的市民很震惊。1849 年建成了 3.5 层的庞塔尔巴大楼，占据了第一位的宝座，但是在 1876 年扩建成 4 层的高楼。这是医生伊夫勒莫妮尔（Yves Le Monnier）的家，阳台的铁花上雕刻有"YLM"。后来这里成为凯布林（G.W.Cable）的小说《乔治先生》的舞台。

拉布兰切住宅 La Branche House

Map p.35 B4

一定要看工艺精美的阳台

La Branche House 在 Le Monnier 宅邸对面，是由甘蔗农场主建造的。阳台的精美工艺是使用橡树的叶子和果实制作而成的。位于向杰克逊广

莫瑞尔特住宅
住 533 Royal St.
电 （504）523-4662
网 www.hnoc.org
开 周二～周六 9:30~16:30、周日 10:00~
时 10:00、11:00、14:00、15:00。周日 11:00、14:00、15:00
休 周一、节假日
费 免费（参观游览 $5）

塞纽雷住宅
住 520 Royal St.

"两姐妹"豪宅
住 613 Royal St.
电 （504）522-4261
网 www.courtoftwosisters.com
※餐厅信息→p.114

勒莫妮尔宅邸
住 640 Royal St.

拉布兰切住宅
住 700 Royal St.

场延伸的 St Peter St. 一角，这里人流密集，是法国区最有名的如画般的街角。曾经有一家经营多年、名为"皇家咖啡"的咖啡店，二层阳台上的坐席比较有名，但是这家店在 2003 年关闭了。

采尔顿伯格宅邸 Miltenberger House
Map p.35 B5
原摩纳哥皇太子妃出生的家

这座宅邸建成于 1838 年，它的铁艺阳台是法国区最漂亮的。后来以与摩纳哥皇太子结婚又离婚的爱丽丝·海涅（Alice Heine）出生于此而闻名。

为了让铁花看上去更漂亮，没有放置花盆，而是悬挂了盆景

玉米秆之屋 Cornstalk House
Map p.35 B5
关注玉米栅栏

这栋住宅建于 1731 年，从 1816 年开始路易斯安那最高法院的审判长居住在这里。这里最有名的是以玉米和牵牛花为主题的铁栅栏。花纹是不用说的，就连使用的油漆也很少见。据说是因为女主人十分怀念故乡的玉米地而从费城带来的。

加利尔之家博物馆 Gallier House Museum
Map p.35 B6
著名建筑师居住的宅邸

这是 19 世纪著名建筑师自己设计的私邸复原后的模样，现在则作为博物馆对外开放，在这里能了解到当时的生活状况。在法国区对公众开放的建筑中，像这么古老的宅邸有很多，但如果从头开始参观，的确会感到厌烦。如果只选择 1 座的话，推荐您这座 Gallier House。短短 30 多分钟的参观变幻莫测，导游的解说也很详细。

Gallier House 建于 1857 年，James Gallier, Jr. 夫妇和 3 个女儿居住在这里。Gallier 是最受欢迎的建筑师，在他的作品中评价最高的歌剧院在 1919 年被大火烧毁。他的父亲也是著名的建筑师。市政厅和花园区的宅邸等都是他的作品。

在 Gallier House 刚刚作为博物馆对外开放时，为了真实地重现初建时的样子，进行了几年的调查和研究。学者们挖掘了庭院、餐具的碎片以及玩具，并且建筑师和家具工匠们也分析了 Gallier 留下的房屋布局图以及保存在建筑公司的资料记录。鉴定墙壁的涂饰以弄清完成初期的色彩。还有他临终前做的财产目录起了很大的作用。这是为政府核定其遗产而提供的，从意大利材料和建筑手法到厨房用品都做了详细的记录。

复原后的 Gallier 宅邸现在归杜兰大学所有，也被指定为美国国家历史古迹。

采尔顿伯格宅邸
🏠 900 Royal St.

玉米秆之屋
🏠 915 Royal St.

以玉米为主题的铁栅栏

加利尔之家博物馆
🏠 1132 Royal St.
☎ （504）525-5661
💻 www.hgghh.org
🕐 周一～周四、周五 10:00～14:00 的整点，周六 12:00～15:00 的整点
🚫 周二、周三、周日、主要节日、狂欢节
※含 Hermann Grima（→ p.77）共 $20

博物馆商店
　商店里摆放了许多漂亮的物品，维多利亚风格的优雅的小箱子、首饰、明信片、与建筑有关的书籍等，可以从收银员那里申请馆内参观游览。

为了能在夏季感到一丝凉爽而下了一番功夫

博物馆会根据季节换装。盛夏的时候，将地毯换成席子、将桌布换成白色的棉布。为了防止虫斑，在吊灯和镜子上罩上了网。到了圣诞节，会换成传统的圣诞装饰。

●馆内指南

Gallier 之家的开间很窄但很深并且有一栋包围中庭的建筑，这是法国区典型的住宅格局。但是，建筑旁有马车道和停车场，这在法国区仅此一家，就连中庭的花坛和狗窝也是当时的原样。

建筑是用砖砌成的，面对街道的墙壁涂了灰泥，看上去像用石头砌的一样。涂料上加了斑点，像陈年的花岗岩。阳台的铁花也使用青绿色涂料，看上去像青铜。室内装饰也使用了仿造大理石以及在表面雕刻木纹的手法。

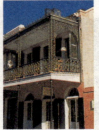

非常值得参观的博物馆

室内装饰总体是维多利亚风格，尤其是雅致的起居室。天窗和通风口下了很大功夫，至少让人能在闷热的新奥尔良的夏天感到凉爽一点。窗户的位置也考虑了通风效果。起居室外面的小屋是病房，是家人和用人得了黄热病时用的隔离室。因为墙壁需要清洗，所以不贴壁纸。

在当时的新奥尔良，因为要考虑到火灾，所以厨房一般另建，而像 Gallier House 这样厨房设在家里的情况很少。但是，厨房离起居室和寝室较远，隔壁是仆人的房屋。

鬼屋 Haunted House `Map p.35 B6`
新奥尔良充满血腥的住宅

鬼屋
🏠 1140 Royal St.

因为有人居住，参观的时候请保持安静

新奥尔良有很多被称为"鬼屋"的住宅，这座就是新奥尔良无人不知的有名的鬼屋。外观像极了普通公寓，但因为改装过了，所以感觉不到陈旧。

幽灵传说的主角是 1831 年从父亲那里继承家业的女儿 Delphine La Laurie。据说她是美貌绝伦的美人并且是交际花，和丈夫住在这里。

两年后的一天，奴隶少女被 Laurie 夫人拿着鞭子追赶到屋顶后不慎跌落中庭而亡。住在隔壁的居民见状报告了警察，但是 Laurie 夫人被抓后，只交了罚金就被释放出来了。

第二年，这里的一间屋子发生了火灾，附近的人破门而入去救火，结果看到 7 个奴隶被捆绑手足并且快饿死了。这场火灾可能是 Laurie 夫人放的火，但是也可能是想乘乱救出奴隶的用人放的火。次日，报纸上

到了晚上，因为这里比较凄凉，即使没有怪物出现，也会感到很恐怖

刊载了这场火灾的情况，并且 Laurie 夫人家门前聚集了很多责难她的群众。Laurie 夫人在一片骂声中乘着马车逃走了，据说再也没有回新奥尔良。

这个传说在凯布林（G.W.Cable）的小说《路易斯安那怪异的真实故事》里有详细的记载。

不知从什么时候开始，一到晚上就会从那栋房子里传来鞭子声、呻吟声和喊叫声。好像还有人看到过被锁链锁住的奴隶在阳台上行走的情景。

此后的十年间，这栋宅子一直空着，后来被一个意大利人买下了。但是不久就又空下来了。之后改装成了公寓，结果在床板下面发现了被活埋的 75 具尸体。

听说现在还会发生怪异现象。

波旁街

提起新奥尔良，给人印象最深的就是爵士乐。实际上，夜晚的波旁街混杂着各种音乐声。从现场演奏厅敞开的窗户飘来的深情的音乐声、路易斯安那的柴迪科舞和法人后裔手风琴的乐声、街角喧闹的铜管乐队演奏声、酒吧的嘈杂声、玻璃的撞击声、街灯下孤独的萨克斯声、从迪斯科舞厅传来的重摇滚以及小屋里传来的惊叫声、口哨声和欢笑声……如此的爵士乐圣地真是名副其实的欢乐街。

站在路边揽客的男人以及依靠在街灯下的女人都融入波旁街的风景之中。

如果波旁街上都是观看爵士乐演奏的游客，也许会让人觉得没意思了。其实爵士乐本身就来源于夜总会和情色旅馆，所以这样的情景也不足为奇。

街名的由来

波旁街的名字来源于法国贵族波旁家族，与酒馆的多少无关（波旁威士忌的故乡肯塔基州波旁的街名也来源于此）。

不要随意乱走

即便是在波旁街上，靠近 St Ann St. 旁和下游的地方商店很少，人也很少，晚上最好不要去。

如果住在临街的旅馆里，禁止从阳台上向行人投掷珠子

在聚光灯、黑暗、嘈杂和野蛮交错的波旁街上产生了爵士乐

典藏厅
- 726 St Peter St.
- （504）522-2841
- www.preservationhall.com
- 20:00~23:00
- $15

※大厅内禁止拍摄，详细内容参见→ p.101。

波旁街上无论哪里都可以听到迪克西兰爵士乐和繁音拍子演奏。虽然街边的夜总会一家紧挨一家，但是也能听到很多店里传来传统的新奥尔良爵士乐。蓝调和 R&B、摇滚和迪斯科等各种音乐声和音调混杂在一起弥漫在波旁街上，这就是波旁街的魅力所在。

典藏厅 Preservation Hall　　　Map p.35 B4
大概了解一下爵士乐的历史

要想在新奥尔良听到最古典的爵士乐竟然需要 $15，真是不可思议。国宝级演奏者、乐器以及 1817 年建成的 Preservation Hall 本身就是时代的馈赠。客席有一排排的木椅，因为总是很混乱，所以游客一般坐在床上或者站着。当然是不提供饮料的。

只有晚上才能听到演奏，白天可以游览被深棕色包围的 Preservation Hall。Preservation Hall 和运河街之间是一些破旧不堪的小屋。

这间小屋经受住了卡特里娜飓风的强风袭击

总是很混乱，因而演奏者自己要维持秩序

 COLUMN

寻找情人的舞会

　　在南北战争前，波旁街和奥尔良街角的 Bourbon Orleans Hotel（ 717 Orleans St.）有个举办舞会的大厅。起初是白人上流社会交际的场所，但自 1838 年圣路易斯酒店开业以后失去了很多顾客，从此这里成为混血儿舞会（Quadroon Hall）的会场。Quadroon 是指白人和黑人生的孩子，据说这些混血儿长得都特别漂亮，即使只有 1/4 黑人的血统，也被当作黑

人来对待。母亲们带着她们的女儿来到这个舞会见白人老板。这是为已婚男性寻找情人而举办的舞会。如果长期与一个女孩约会，一般会以"家政妇"的名义同居，有的还会提供独立的住房和生活费。但是和白人夫人发生矛盾也是常有的，自杀和杀人事件时有发生。

　　该舞会一直公然延续到南北战争开始，在奴隶制度瓦解的同时终于也被废除了。

老苦艾酒屋 Old Absinthe House　

在美国最古老的酒吧干一杯吧！

这家有名的酒吧是从 1806 年开始营业的，据说它是美国现营业酒吧中最古老的一家。正如它的名字，在这里能品尝到西班牙人制作的苦艾酒（绿色的利口酒），据说 1815 年安德鲁·杰克逊和海盗拉斐特也曾在这里举杯庆祝击退了英军的袭击。店内充满了古典氛围，客人留下的名片贴满墙壁。如果自认为是酒鬼的话，就必须贴上自己的名片。

在禁酒令施行期间仍然能够正常营业让这家酒吧引以为豪。有一次，因税务官的例行检查而被迫关闭。接着就有一伙强盗闯进来偷走了装饰品、登记簿甚至酒吧柜台。不久在一个街区外的 400 号开了一家地下酒吧，里面摆放的物品都是从 Old Absinthe House 偷来的，柜台前还站着熟悉的调酒师。

这是无数酒吧里最有名的一家

老苦艾酒屋
🏠 240 Bourbon St.
☎ （504）523-3181
🕐 9:30~次日 2:00
　　周五、周六~次日 4:00

位于距离 Canal St. 两个街区的地方

COLUMN

新奥尔良忧郁的作家（田纳西·威廉姆斯）

田纳西·威廉姆斯 1911 年生于密西西比州，从 13 岁开始在圣路易斯过着寄人篱下的生活，在 30 岁时成功发表了《玻璃动物园》一举成为知名的剧作家，又以获得普利策奖的《欲望号街车》捍卫了这个地位。他总是将目光指向孤独地生活在幻想和现实夹缝中的人群，他的作品充满了敏锐的感受性和忧郁。

他非常爱流着故乡河水的新奥尔良，住过几次法国区的公寓（🏠 632 St Peter St.、720 Toulouse St.、1525 Louisiana Ave. 等）。除了《欲望号街车》以外，《玫瑰文身》《夏日的突变》《无以言表》《雨季的新奥尔良》等许多戏剧都以这个城市为舞台。与此同时，海明威和福克纳也来到了新奥尔良，据说位于 719 Toulouse St. 的公寓已经成为作家们交流的场所。

新奥尔良每年 3 月下旬会举办田纳西·威廉姆斯文学节（Tennessee Williams Literary Festival），法国区各地都会上演他的作品。还模拟《欲望号街车》中的场景举办 "stellar！" 模仿秀等比赛。

🏠 724 Dumaine St.
☎ （504）680-0128
🕐 10:00～18:00
💲 $7、12 岁以下半价

巫毒博物馆 Voodoo Museum

灵异迷们一定不能错过！

这是南部信徒较多的巫毒教迷你博物馆。规模虽小，但其独特性和恐怖性举世无双。对于爱好灵异的人来说，是一个怪异的空间。

巫毒教是非洲的精灵信仰和基督教融合在一起的宗教，跟随黑人奴隶从非洲传到西印度群岛，以及美国南部。在美国的人都熟知 Voodoo 是"不知缘由的奇怪的事情"的意思。以蛇为标志，用咒语、魔术和占卜等抓住了很多人的心。尤其是在 19 世纪出现的玛丽·拉宝（Marie

位于波旁街和皇家街中间的巫毒博物馆

COLUMN

巫毒教的灵魂世界

巫毒是神秘和怪异的代名词，巫毒教是新奥尔良特别流行的宗教。这种独特的怪异氛围与充满酒味和汗味的法国区的夜晚十分契合。

西非奴隶们带来的民族宗教是巫毒教的基础。贝宁共和国曾叫作波多国，据说是巫毒教的发祥地，巫毒是造世主的意思。

这些奴隶起初是在法国领地海地等西印度诸岛劳动。在奴隶们痛苦的生活中，祖先们传下来的非洲宗教无疑成了他们的精神寄托，而且法国当政者对灵异和占卜也非常感兴趣。不过那时也有部分奴隶从白人那里受到了基督教的影响。

不久巫毒教和法国人一起来到了新奥尔良，因为它太恐怖了，所以新奥尔良人特别警惕这种宗教。除了周日以外，禁止做礼拜和举行仪式。但是周末聚集在刚果广场的奴隶们仍然进行着一些传承下来的仪式，后来产生了爵士（现在仍然在刚果广场举行仪式）。狂欢节的盛装游行就起源于巫毒教仪式。

巫毒女王的出现

1796 年，即新奥尔良移交给美国的 7 年前，黑人和白人的混血女儿玛丽·拉宝出生。作为一名自由黑人，她于 1820 年与家具工匠结婚；作为美容师，她经常出入地方名流和政治家的宅邸。她还从巫毒教圣者那里接受了传教，不久就发挥了占卜才能。

天才占卜师的出现引起了新奥尔良巫毒教的热潮，就连基督教教徒和白人也相信了玛丽·拉宝的能力，愿意接受她的意见。据说玛丽·拉宝是个身材挺拔、有品位、高雅的美人，也很有口才。她当了 60 年的巫毒教女王，并且连警察和城市的权威人士都成为她的教徒。

她的女儿 1827 年出生，和她有着相同的名字并且也发挥了超能力，甚至在政治上都有很大的发言权。据说她利用自己的魔力夺取了年迈的母亲的魔力并杀害了她。也许这就是母亲的墓地不和女儿在一起的原因吧。

是邪教还是超能力

在巫毒教里，在全能的神的身边有很多称为"Loa"的精灵，每个精灵都有喜欢的颜色、数字、星期、水果和蔬菜。精灵们会以风、鱼、河流、动物、木头、石头等的样子出现在人们面前。

在巫毒教里，山、树、蛇等自然的事物是崇拜的对象。将大蛇当作能给失明的人们带来光明的神来崇拜。相信死后的世界和僵尸（复活的尸体）以及灵异（灵异现象），还有通过灵魂的信息预言未来的萨满教。

巫毒教受到了基督教的影响，将 6 月 24 日的圣约翰节 St John's Day 视为最重要的日子，并且会在前一天晚上举行重要的仪式。尤其出名的

Laveau），她运用超能力使巫毒教在新奥尔良大肆流行。至今为止还有15%的新奥尔良市民将巫毒仪式融入生活中。

●馆内指南

从鳄鱼头下面进入馆内，线香和香薰独特的气味扑鼻而来。BGM 怪异的音调是用于仪式的宗教音乐。迎着玛丽·拉宝的画像进入小屋子，巫毒仪式的情景再一次呈现。从过激的初期仪式演变到现在经受了弹压而变得柔和的仪式，这种转变非常有趣。里面的房屋叫作 Occult Room，有最年轻的精灵的祭坛。这个精灵特别喜欢恶作剧，如果不给它建个祭坛，就会招致社会混乱。为了让它变得温顺，供奉了酒、雪茄和钱。另外还有一些关于世界各国教派和巫毒影响的展示。千万不要错过用头盖骨做成的祭坛和驴颚骨做成的乐器等。

如果转了一圈之后对巫毒教有强烈的兴趣，可以参加徒步旅行（→ p.45）去有关一些与巫毒教有关的地方，也可以体验巫毒仪式。如果预约的话，能体验使用了用于解决个人烦恼的油和蜡烛的仪式，欢迎有兴趣的人士参加。

守住博物馆大门的鳄鱼木乃伊

礼品店

店里有很多用于实现愿望的香草、树根、线香、香油、巫毒娃娃以及宗教音乐磁带等与巫毒有关的物品。可以赠送喜爱怪物的朋友鳄鱼脚和鳄鱼的牙齿作为护身符。

最受欢迎的是装入 Gris-Gris 香薰的福袋，用来祈求桃花运和财运。因为不同于根据香味选择的普通香薰，也许香味不一定是自己喜欢的，但是即使是不喜欢的香味，只要能实现愿望，就是无价的。

许愿用的巫毒人偶

是 19 世纪举行的一次特别的被篝火包围的仪式，将活生生的黑猫、蛇、鸡和青蛙放进"咕嘟、咕嘟"煮着的大锅里（听说还有白人小孩被当作祭品），一丝不挂的信徒们跟着中鼓的节奏疯狂地跳着班波拉舞一直到天亮。信徒们喝着黑猫的血，一旦达到疯狂的状态，就会相互撕咬、猛抓，遍地鲜血。

很多人因为听了这些传说就产生了"黑人野蛮"的偏见，实际上的确有很多信徒是黑人，但也有年轻的白人女性。

巫毒教教导他们"吃掺有女性经血饭菜的男性不会见异思迁"、"如果得到男人的头发或者指甲，就能做出能远程控制男性行动的巫毒人偶"。有些男性甚至因此不吃一口妻子或者情人做的饭菜，特别在意头发和身上的毫毛，真是太不可思议了。

得到民权的"邪道"

巫毒教这些可怕的习惯会让人因想到"牺牲人类"、"参拜恶魔"、"诅咒杀人"等而感到不安，也曾作为危险的邪教被弹压。

但是现在的巫毒教同 19 世纪相比有了很大的改变。现在的活动主要以占卜为主，也使用塔罗纸牌、手相和八卦等占卜法。

占卜在美国原本就很流行。在里根当权时，如果不是因为南希夫人从高明的奴隶占卜师听到的预言影响了总统的政策的话，可能就会引起骚乱。如此流行占卜也给生活带来了一点乐趣。

在巫毒教中也有用信用卡付费的电话占卜，正好能融入这个现代社会。也许会因此转变成广大民众容易接受的祭祀方式而一直延续下去。

巫毒之旅

有参观位于法国区内外与巫毒教有关的地方以及体验独特仪式的旅行。20 多年前就有这样的旅行了，但是体验的形式有所不同，现在没有了危险的仪式以及强行劝诱的麻烦，请放心！

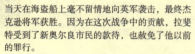

拉斐特的铁匠屋 Lafitte's Blacksmith Shop `Map p.35 B5`

大海盗的掩护身份是铁匠吗？

拉斐特的铁匠屋
- 941 Bourbon St.
- （504）522-9377
- 周一～周三 11:00～次日 2:00、周四～周日 11:00～次日 4:00

铁匠铺建于 1772 年，但是建造的人和时间不太清楚。与法国区残存的几座豪宅不同，这种普通百姓的住宅一般没有什么记载。因为这片区域使用的砖比较软，所以将砖块嵌入木框中，这是 18 世纪新奥尔良独特的建筑方法。

19 世纪初这家铁匠铺成为海盗拉斐特兄弟的幌子，其实里面都是一些劫持船只强抢得来的物品，有时还非法出卖奴隶。

现在变成了一个古色古香的酒吧，破旧的木桌子上只有烛光。室内装饰没有使用色彩和现代元素，有一种跨越时空的感觉。

COLUMN

加勒比海盗（简·拉斐特）

当您走在新奥尔良时，会经常见到"拉斐特"字样，例如新奥尔良南部入江口有一个拉斐特市。不过这里所说的拉斐特是指作为 19 世纪新奥尔良英雄的简·拉斐特（Jean Lafitte）。

拉斐特是以加勒比海为窝点的海盗三兄弟，亚历山大（Alexandre）、简（Jean）和皮埃尔（Pierre）。但他们的来历却是个谜。有人说他们出生于法国的波尔多，有人说是马赛，还有人说他们就是加勒比人，众说纷纭。

不过可以确定的是，1805 年他们就已经在新奥尔良附近了。劫持密西西比河上来来往往的船只，抢夺金银珠宝以及小孩和奴隶（卖价最高）。据说起初也劫持殖民者和平民的船只。据说现在皇家街的很多古董店刚开始都是出售拉斐特兄弟的赃物。在势力强大后不久，简·拉斐特竟堂而皇之地开起了赃物古董店。

还有这样一个逸闻。某天，对海盗恨之入骨的市长张贴了这样一则公告："抓到简·拉斐特的人，奖金 $500。"不久又贴出一则公告："抓到简·拉斐特的人，奖金 $1500！"

如此可恶的强盗却在 1815 年的新奥尔良战争中一下子变成了城市的英雄。安德鲁·杰克逊将军利用了简·拉斐特熟悉河口附近地形以及较强组织能力的优势。与其协力作战，当天在海盗船上毫不留情地向英军袭击，最终杰克逊将军获胜。因为在这次战争中的贡献，拉斐特受到了新奥尔良市民的款待，也赦免了他以前的罪行。

但战后不久，拉斐特又干起了海盗行当，窝点设在当时还是西班牙殖民地的得克萨斯沿岸，当起了西班牙政府的间谍。

关于拉斐特晚年的说法和其来历的说法一样，众多纷纭。有人说是飓风摧毁了得克萨斯的基地之后，他到了伊利诺伊，并埋在了密西西比河口附近的墓地；还有人说是他在墨西哥因黄热病而死亡并埋在了尤卡坦的墓地等，各历史学家意见不一。

为何这样一个劣迹斑斑的罪人却受到人们的爱戴，而且至今传颂着他的功绩，让人百思不得其解。

传说在他晚年的时候，他将从富人那里抢来的财物分给穷人们，也许他是美国版侠盗吧！

离警华区域有点远，晚上最好不要出门

达芬街

和喧嚣的波旁街相比，这里安静得让人无法想象，而且私人住宅也比较多。运河附近的几个街区有几处值得一看的景点，但晚上最好不要去人少的地方。

孔蒂蜡像馆 Musee Conti

Map p.34 A2

新奥尔良历史集于一堂

孔蒂蜡像馆是利用相同大小的蜡像来重现新奥尔良历史重要篇章的独特博物馆。30 分钟就能参观完这个博物馆，一边阅读宣传手册一边游览，能真实地感受到新奥尔良各种各样的传说。

这里有决定出卖路易斯安那（原法属殖民地）的拿破仑（为什么裸体）、鬼屋的 Laurie 夫人、海盗简·拉斐特、指挥新奥尔良战争的杰克逊将军、玛丽·拉宝等名人，还有奴隶市场的样子和巫毒教的仪式等。

最后还有一个灵异角，有德拉库拉伯爵、狼人、科学怪人等各国的怪异人物，旁边是用来装饰蜡像馆的爵士音乐人和狂欢节的舞女。

赫尔曼·格里马楼 Hermann Grima House

Map p.34 A3

稀有的佐治亚风格建筑

这是法国区稀有的英国佐治亚风格的宅邸。1831 年由经纪人赫尔曼（Samuel Hermann）建造，1844 年被极负威望的律师和公证人 Felix Grima 购买。

参观内部需要 40 分钟左右，这里重现了这栋住宅建成时的厨房。每年 10 月～次年 5 月，每周二和周四在这里举行烹饪表演。礼品店里出售在这个厨房里做的点心。还能清楚地了解圣诞节见到的克里奥尔独特的装饰。

美丽的中庭

奥杜邦小屋 Audubon Cottage

Map p.34 A3

以花鸟画出名的奥杜邦在这里生活过

1821~1822 年鸟类学家、画家约翰·詹姆斯·奥杜邦 John James Audubon（→ p.88）与妻子和两个儿子曾一起住在这栋典型的克里奥尔风格的小屋里。

现在这间小屋是 Hotel Maison de Ville 别馆，住在这里，有一种私人别墅的感觉。

迷你博物馆

孔蒂蜡像馆
住 917 Conti St.
☎（504）525-2605
URL www.get-waxed.com
開 周一、周五、周六 10:00~16:00
休 周二～周四、周日、狂欢节、12/18~12/25
料 $7、62 岁以上 $6.25、4~17 岁 $6

赫尔曼·格里马楼
住 820 St Louis St.
☎（504）525-5661
開 周一、周二、周四、周五 10:00~14:00 的整点、周六 12:00~15:00 的整点
休 周三、周日、节假日、狂欢节
料 $12、周二、周四 $15
※含 Gallier House（→ p.69）共 $20
URL www.hgghh.org

奥杜邦小屋
住 505 Dauphine St.
※有关 Maison de Ville（修复工程中）→ p.122

运河街和中央商务区

Canal St.and Central Business District（CBD）

高楼大厦间红色电车行驶着的运河街

不能错过的美国水族馆

高层办公楼之间穿梭着身着套装的商务人士，这是南部经济中心新奥尔良的另一副面孔，与慵懒的法国区有天壤之别。除了大公司的办公楼和时尚的高级酒店，还聚集了市政府和联邦政府等各种政府机构。

虽然是与西装、领带相配的CBD，但偶尔也会弥散着新奥尔良独特的味道。夏日的午后突然到来的雨让这座城市一下子就回到了亚热带。

CBD以西、圣查尔斯街的市区电车会经过的马戏团酒店周边是艺术街（Art District），相当于包括法国区和CBD在内的市中心和住宅区的分界线。这几年来，由仓库改造的美术馆和博物馆、画廊以及演唱会大厅和餐厅陆续营业，逐步成为新奥尔良人关注的新奥尔良新文化景点。

美国奥杜邦水族馆
Audubon Aquarium of the American
近距离观察水下世界 `Map p.34 D1-2`

　　这是南北美州大陆规模最大的水族馆。这里聚集了约 530 种、1 万只水下生物，受到了游客很高的评价。这里有很多中国没有的鱼类，而且在展示方法上也下了一番功夫，十分有趣。

　　从法国区的杰克逊广场到河边的步行街 Moon Walk 大约需要 10 分钟，在密西西比河对面的服务台购票之后，先看一下馆内各区域有哪些表演，然后再入馆参观。水中隧道中能看到多彩的鱼儿汇集的加勒比珊瑚礁（Caribbean Reef）、本地生物云集的密西西比河（Mississippi River）、能在路易斯安那海岸的海水中生存的鱼儿自由自在游着的墨西哥湾（Gulf of Mexsico）等的景观。2010 年，有 1000 只鹦鹉的长尾鹦鹉馆开业。

票的种类	成人	65 岁以上	2~12 岁
仅水族馆	$21	$17	$14
水族馆 +IMAX	$28	$23	$18
水族馆 + 昆虫馆 +IMAX	$40	$34	$26
水族馆 +IMAX+ 动物园 + 昆虫馆	$45	$37	$31

奥杜邦昆虫馆 Audubon Insectarium
运河街上新开业 `Map p.34 C1`

　　从美国奥杜邦水族馆向湖滨方向走距离运河街 2 个街区，街道右侧就是奥杜邦昆虫馆。它是由海关一层大厅改造而成的，是北美最大的昆虫博物馆。这里不仅喂养了很多世界各地的珍奇昆虫，而且多方面展示了昆虫与环境以及昆虫与人类的关系，非常有趣。馆内收藏了巨大的螳螂和白蚁等昆虫，能听到窝里的白蚁们凶猛地啃咬木材发出的声音。既可以触摸独角仙及其幼虫，也能听到昆虫作为蛋白质源的文化介绍，还能试吃蚂蚁。在用生动的动画形式表现昆虫特征的剧院里，请留意座位下面爬行的昆虫。

美国奥杜邦水族馆
　1 Canal St.
☎（504）581-4629
📠 1800-774-7394
🌐 www.auduboninstitute.org
⏰ 10:00~17:00
🚫 9 月中旬~次年 5 月下旬的周一、狂欢节、11 月的第四个周四、12/25
💰 参照门票表
🚃 乘坐河滨有轨电车在 Canal St. 下车。

观看 3D 电影
　　在美国水族馆里，当卡特里娜飓风来袭的时候，工作人员待在馆里，通过发电机保住了鱼类和动物的性命。但是飓风之后的混乱导致发电机被毁，使大部分鱼类死亡。

　　现在水族馆里除了少数白色的鳄鱼，还有大水槽里的刚来来的鲨鱼、海龟和一些鱼类以及海獭、企鹅。

　　参观水族馆时一定不能错过的是 3D 的 *Hurricane on the Bayou*，这部优秀的纪录片真实地记录了新奥尔良从飓风诞生前到现在的密西西比河口湿地的样子，尤其是卡特里娜来袭前后的样子非常生动。

奥杜邦昆虫馆
　423 Canal St.
☎（504）254-9746
🌐 www.auduboninstitute.org
⏰ 10:00~17:00
🚫 9 月中旬~次年 5 月下旬的周一、狂欢节、11 月的第四个周四、12/24、12/25
💰 $16、65 岁以上 $13、2~12 岁 $11。含水族馆的套票参照上表。
🚃 乘坐运河街有轨电车在 N.Peter 下车。
※ 隶属联邦政府，需进行安全检查。

从迪凯特街到运河街后左转

展示了许多标本，昆虫类的标本最多

同时设立的蝶园，可以在这里观察蝴蝶的孵化过程

79

运河街渡船 Canal Street Ferry Map 新奥尔良市区地图 D4

横跨密西西比河的小旅行

运河街渡船

☎（504）376-8180

从 6:15 开始，每小时的 15 分或者 45 分出航，整点或者半点返回，最后一班 24:00

免费，车 $1

乘坐河滨有轨电车在 Canal St. 下车。

注意： 建议不要去阿尔及尔住宅街。狂欢节前活动已经搬到了 CBD 地区（→ p.83）

运河街渡船从美国奥杜邦水族馆的斜前方摆渡到密西西比河对岸的阿尔及尔（Algiers），穿梭于大河上来来往往的货船之间，横渡密西西比大河单程需要 7 分钟。从河上眺望圣路易斯大教堂、Moon Walk、美国奥杜邦水族馆、CBD 楼群，有种巡游的感觉。渡船免费乘坐，不要错过。

横渡世界屈指可数的大河仅需 7 分钟，免费乘坐

周末坐船的人比较多，如果天气好的话，可以在阿尔及尔下船。出了渡口，右侧是路易斯·阿姆斯特朗雕像。从这里开始就是沿着堤防的步行街 Jazz Walk of Fame。用西德尼·波切特、金·奥利弗等早期爵士音乐家的名字而命名的街灯上记载着他们的事迹，可以一边眺望对面的法国区，一边遥想着他们活跃的时代。

哈拉斯赌场 Harrah's Casino Map 新奥尔良市区地图 D3

观光途中也能赚一笔

哈拉斯赌场

228 Poydras St.

1800-847-5299

www.harrahs.com

24 小时

全美共有 17 家店的哈拉斯赌场位于运河街，从没见过赌场的人可以随便参观。老虎机的大赢家通过网络连接州内各地的赌场，合计奖金金额。赌场里有路易斯·阿姆斯特朗铜像，中央舞台有现场爵士乐表演。除此以外，还有能品尝到美味啤酒的餐馆以及自助餐店。

21 岁以下禁止入内，请带好护照等个人证件。

起源于洛杉矶的冷冻酸奶店

哈拉斯赌场隔壁的 Pinkberry 是一家使用精选食材制作冷冻酸奶的商店。乳酸菌的热量低于冰激凌，在"谢绝冰激凌"的倡议下，2005 年冰冻酸奶店 Pinkberry 在洛杉矶诞生并获得前所未有的欢迎。目前，全美已有 100 多家 Pinkberry，有 30 多种的水果味、坚果味、混合口味等加料，非常受欢迎。

11:00～23:00

周五、周六～深夜 1:00

选择添加新鲜的水果，清淡，口感最好。

被高层酒店包围的具有古典韵味的建筑

加料的选择也非常有趣

梅赛德斯·奔驰超级巨蛋 Mercedes-Benz Superdome Map 新奥尔良市区地图 A2

受全美关注的超级碗舞台

CBD 一角的巨蛋是 NFL 新奥尔良圣徒队的主场——超级巨蛋，它的建设费用约达 1.8 亿美元，于 1975 年 8 月 3 日竣工，是世界上规模最大的蛋形体育场，为新年增色的全美大学生足球比赛和超级碗在这里举行。

梅赛德斯·奔驰超级巨蛋
🏠 1500 Poydras St.
☎ （504）587-3663
订票电话（504）587-3822
🌐 www.superdome.com
🚍 在 Canal St. 的哈拉斯赌场前乘坐 RTA 巴士 #16，约 10 分钟可到。

大学生足球赛约有 65500 人参加，演唱会最多容纳过 10 万人。想参加活动的人，可以从旅游咨询处领取时间表。

艺术街

当圣查尔斯有轨电车从运河街向住宅区方向行驶时，5 分钟后会看到马戏团酒店，酒店高高的圆柱顶端是李将军（罗伯特·爱德华·李）的雕像，酒店和会议中心之间有美术馆、博物馆和餐馆等，而 Julia St. 则有很多画廊。这里原先都是仓库，天黑以后最好不要去。

奥格登美术馆
Ogden Museum of Southern Art

Map 新奥尔良市区地图 **D2**

南部艺术中心

奥格登美术馆是新奥尔良大学的附属设施，云集了南部出生并成长的艺术家以及表现南部的作品。以实业家奥格登赠予大学的 600 件收藏品为基础，又从史密森学会借了一些作品，终于在 2003 年正式开业。通向五层的入口大厅像浮在空中的楼梯特别引人注目。站在屋顶上，CBD 尽收眼底。

耸立着李将军雕像的广场

奥格登美术馆
🏠 925 Camp St.
☎ （504）539-9600
🌐 www.ogdenmuseum.org
开 10:00~17:00
休 周二
💲 $10、65 岁以上 $8、5~17 岁 $5
🚍 乘坐圣查尔斯有轨电车约 5 分钟后在 St Joseph St. 下车，向河边方向走 1 个街区，然后右转。

云集了南部土地孕育的艺术品

具有艺术感的指示牌

南北战争博物馆
🏠 929 Camp St.
☎ （504）523-4522
🌐 www.confederatemuseum.com
🕐 周二～周六 10:00～16:00
💰 $7
🚋 乘坐圣查尔斯有轨电车在 Lee Circle 下车，往河滨方向走一个街区。

南北战争博物馆
Civil War Museum

路易斯安那州最古老的博物馆

　　南北战争博物馆在奥格登美术馆的隔壁，是由南北战争退役军人所设立的，退役军人和遗属捐赠了多达 9 万件资料。虽然关于南北战争的博物馆各地都有，但是这里的收藏品数量位居全美第二。馆内丰富地展示了武器、军装、旗帜、照片等，也有杰弗逊·戴维斯角和博勒加德将军角。

第二次世界大战博物馆
National WW Ⅱ Museum

正在进行飓风后的复兴工程

　　这是一家收集了近代史研究学家藏品以及退伍军人等所赠资料的私人博物馆。在联邦政府和州各界人士的大力支持下扩大了规模并在名字上追加了 "National"。

　　博物馆有 3 层，二层以太平洋战争为主题，三层以 D-Day 为主题。D-Day 是指 1944 年 6 月 6 日，联军登陆法国北部海岸、进攻欧洲大陆的诺曼底战役，既是趁势驱逐德国纳粹的日子，也是美国人胜利的象征。这里忠实地重现了登陆用的水陆两用艇。这原本是为了到达延伸到新奥尔良郊区的沼泽地而设计的。

第二次世界大战博物馆
🏠 945 Magazine St.
☎ （504）528-1944
🌐 www.nationalww2museum.org
🕐 9:00～17:00
🚫 狂欢节、11 月的第四个周四、12/25
💰 $19（含剧场 $24）、老人 $15（$19）、5～12 岁 $9（$12）
🚋 乘坐圣查尔斯有轨电车在 Lee Circle 下车，往河滨方向走一个街区。

这是在太平洋战争中撒下的空袭预告宣传单。里面写着"美国是人道主义国家，不会伤害无罪的人，可以去以下这些城市避难"

　　一层剧场巨大的荧幕上正在放映好莱坞制作的 **4D** 电影，制片人是汤姆·汉克斯。座位有时候会突然动起来，有时候会突然冒烟，让人有种身临其境的感觉。因为眼前是放大了真实的战场，对于孩子来说，可能会太过的刺激。

　　博物馆最独特的地方是在餐厅上演音乐剧，慰问战士的舞蹈演员在古典音乐的伴奏下舞动（一周 3 次，包括餐饮 $36~60）

　　这个博物馆是卡特里娜飓风复兴工程的一个环节，现在又追加了 3 亿美元进行扩建。到 2015 年年底为止，要建 5 个展馆。

关于诺曼底登陆的展示非常丰富

世界首屈一指的谢肉节和狂欢节

圣查尔斯街的盛装游行最多

天主教教徒有四旬斋（四旬节）的习俗：效仿基督徒在庆祝基督复活的复活节前禁食40天禁肉。在四旬斋前饮酒歌舞作乐的活动是谢肉节，最后一天是狂欢节（忏悔周二）。狂欢节法语的意思是"肉食的周二"。如今已变成宗教色彩淡薄的节日。

1699年法国探险家到达密西西比河口时正好是狂欢节，带有庆祝含义的化装游行在1837年开始。真正的游行是从狂欢节前11天的周末开始的，人非常多，非常热闹。牙医、美术学校、商务人士等60个团体都组成克鲁（Krewe）参加游行。游行十分奢华，每辆花车都有3层住宅那么高，从上面向游客抛撒金色、绿色和紫色的串珠项链和达布隆（doubloons）。如果能接到硬币，就会有好运。每个人都拼命地呼喊着"Mister"。很多人将硬币当作礼物，上面印有各组的标志。

土著的游行也很受关注。他们是白人迁入前长期居住在此的路易斯安那人的后裔，头戴使用了鸟的羽毛制作的巨大头饰，身着讲究的服装，尽情地狂欢。

市区各地的游行活动从早晨一直持续到深夜。虽然从住宅区到运河街都有游行，但是不能进入法国区。游行过程中有交通管制，如果圣查尔斯街有游行，市区电车就会停止运营。

从狂欢节前3天开始就十分嘈杂，酒店和餐馆的客人都爆满，提前1年预订房屋都不为过。租金是平日的2倍以上，也附加了一些条件，例如至少住3晚等。

狂欢节当天游行会达到最高潮，圣查尔斯街沿街也放置了观赏用的高台。King Zulu黑人组合的花车领头，最后是Rex的花车。国王是从经济界的大人物中挑选出来的，而王后是从社交圈女性中选出来的。

狂欢节的次日称为"圣灰周三"，本应要开始四旬斋的，但是狂欢节中大吵大闹的人们能真的过禁欲生活吗？

▶ **狂欢节的时间**

2014年 ……3月4日
2015年 … 2月17日

无时无刻都能享受节日气氛的狂欢世界

制作花车的加工场在CBD地区，现已对外开放。即使狂欢节期间没有来的人，在这里也能感受到狂欢节的氛围。修理中的巨大多彩的花车的样子以及华丽的服装非常有趣。

狂欢节世界 Mardi Gras World

Map p.33 D3

🏠 1380 Port of New Orleans Pl.
📞 1866-307-7026
🌐 www.mardigrasworld.com
🕐 9:30~16:30
💰 $19.95、65岁以上 $15.95、2~12岁 $12.95
🚫 狂欢节、复活节、11月的第4个周四、12/15
🚃 乘坐滨河有轨电车在Thalia St. 下车，位于会展中心南侧，Henderson St. 位于河尽头。

上／参观时，请不要打扰工人的工作 下／仓库本身就很大

住宅区和中城
Uptown and Mid City

如果您看到了树藤下垂的大树，就顺便去游览市立公园吧

COLUMN

比作品更富戏剧色彩的剧作家（丽莲·海尔曼）

她是个美人，虽然作为剧作家长期和好莱坞有着联系却没成为演员，真不可思议。乍一看很知性，但是眼睛却泄露了其充满爱和愤怒的内心。她奔放、能毫无顾忌地大笑、对人热情并具有正义感和叛逆精神。

成功与非难

丽莲·海尔曼 1905 年出生于花园区。大学中途退学后在出版社工作，在这里认识了许多像威廉·福克纳（诺贝尔奖作家）、乔治·格什温（作曲家）这样的知识分子，并且在这里经历了怀孕、流产和结婚。

不久就去了好莱坞，在 MGM 电影公司工作，其间遇见了以《马耳他之鹰》等作品而知名的推理小说家达希尔·哈米特（Dashiell Hammett）。此后 30 年间，达希尔·哈米特一直和丽莲生活在一起。

29 岁时，她创作的《孩子的时间》（*Children's Hour*）大受欢迎。于是，美国第一位女剧作家收获了成功。

1950 年，丽莲被卷入了抓捕赤色分子的浪潮中，已成为共产党员的恋人达希尔·哈米特被捕入狱。丽莲·海尔曼被登载在众议院议会反美活动调查委员会的黑名单中并于 1952 年被该委员会传唤。当被要求告知其他共产党人时，她断然拒绝的话到现在仍广为流传："I can't cut my conscience to fit this year's fashions. （我不能为了迎合今年的流行而改变自己的良心。）"

丽莲因这句有勇气的话而闻名，但是剧作家的工作被中止了。她重新开始开展工作是在 17 年之后。

晚年的她作为畅销书作家而红极一时，描写女性友情的自传《旧画新貌》被拍成电影，和丽莲一样曾被中止工作的简方达凭此获得了奥斯卡最佳女主角奖。

与此同时，她的许多熟人和朋友都揭发说"她的自传全部是谎言"，而她也毫不留情地批判了多年的友人。她的固执被电视和报纸大肆报道。

维多利亚风格的优雅住宅一座紧挨着一座，像以环抱街道而伸长的橡树枝影落在门廊里。寂静中，能听到远处有轨电车"哐当哐当"的声音。如果说市中心"动"的话，住宅区就可以说是"静"。这里虽然约有1.1万座建筑，但是82%的建筑早在1935年前就已经有了。在这个好像停止了70年以上的城市，午后的阳光非常温暖，古老的有轨电车将这个城市染成深棕色，慢悠悠地行驶在杂草丛生的专用轨道的样子唤醒了怀旧的心。跟随这个城市的步伐走一走吧！

电车的行驶道路被卡特里娜飓风破坏了，但车辆没有被淹。

圣查尔斯有轨电车 St Charles Streetcar
行驶在住宅区的古老有轨电车

新奥尔良有轨电车向我们诉说着内心的乡愁。从热闹的运河街穿过CBD，到Lee Circle转一转，然后去被巨大的橡树影子遮挡着的花园区，当司机碰见熟人时，会鸣笛打个招呼。圣查尔斯有轨电车不仅受游客的欢迎，也受很多当地居民的喜爱。坐在"哐当哐当"的电车上能观赏道路两旁殖民地风格的住宅。单程30~40分钟、约10公里的怀旧市区电车之旅到帕尔默公园为止。现在使用的车辆是1922~1944年Brill&Perley Thomas Company制造的，是运营了170多年的世界上最古老的现役有轨电车。一定要乘坐它四处溜达溜达！

圣查尔斯有轨电车

 24小时，白天间隔8分钟，夜间间隔30分钟一班。

$1.25

从波旁街穿过运河街，到Carondelet St.，车站有很多等车的人，很容易找。回来时，穿过Lee Circle，从St Charles Ave.驶向湖滨的Carondelet St.，白天河湾是终点，夜间再从Carrollton Ave.右转，到Claiborne Ave.。

1984年，79岁的丽莲在比自己小25岁的恋人的陪伴下离开了人世。在她死后，各媒体到处宣扬她是一个狂妄自大、傲慢、冷酷的女性。

惹不起的麻烦少女和人种问题

有关在新奥尔良的生活，她的自传《旧画新貌》中有详细的内容。

她的一家在一年之中半年时间在纽约，半年又回到新奥尔良的花园区，生活颠沛流离。

一天，她发现父亲有了情人。

"我快要发疯了，有一种难以名状的不安，内心充满了对母亲的怜悯和轻蔑的念头。（中略）一个小时后，我从无花果树顶端跳了下去，鼻子摔骨折了。"

此时，丽莲以她的乳母（黑人女性萨夫洛尼）求助。南部中产阶层以上的白人都是喝黑人乳母的乳汁长大的。像《乱世佳人》中的妈咪一样，乳母的存在是伟大的。对于这个"粗暴"、"父母烦恼的种子"、"心情不愉快而导致性格孤僻"的女孩，萨夫洛尼非常理解而且很爱她。

一天，借着父亲帮助一位要被白人男人强奸的黑人女性的机会，她下定决心做抗争。在与萨夫洛尼一起乘坐市区电车时，她紧紧地抓住萨夫洛尼的手腕，将她硬拉到白人席位坐下来。即使被列车员盘问了一番，还说着"这个人比你们可伟大多了"，就是坐着不动。

电车停了，上来一位老妇人，"被列车员抓住手腕的我和她打了个平手。我将装书的包扔向列车员，然后转身用手指插那位老妇人"。

萨夫洛尼劝告丽莲说："我已经不想再和白人生活在一起了。"

"在这个世界上，有很多喜欢白人的黑人，也有很多喜欢黑人的白人。你一定要小心哦！"

长期以来，黑人女性仆人这样对丽莲说：

"对于你来说，我是奴隶，如果您装扮成奴隶，像奴隶一样被人随意驱使，看看是什么感受？"

"白人进步派人士大部分表面善意，实际很虚伪"，喝黑人乳汁长大的丽莲虽然坚信自己这类白人不同，而实际上还是一样的。人种问题根深蒂固。

看一眼新奥尔良特有的美丽的墓园

圣诞灯饰12月的每天21点熄灭

花园区 Garden Distric　　Map p.33 D2-3
适合散步的高级住宅区

花园区是新奥尔良最早的郊区住宅区，也是高级住宅区。花园区还有很多古老的住宅接近下游，被 Jackson Ave.、Louisiana Ave.、St Charles Ave.、Magazine St. 包围。直到现在，这里的大部分住宅仍被当作普通的住宅使用，看不到里面，但是可以隔着篱笆看优美的住宅和铁花。只要一进入主街道走一步，就能感觉到安静的氛围。正是这安静和炫目的碧绿赋予了花园区独特的气质。感受一下整个街道的氛围吧！

花园区没有特别值得一看的景点并且没有固定的参观线路。虽然有散步标准线路，但是也没必要完全遵照这个线路参观。

● 散步标准线路

从市区乘坐圣查尔斯有轨电车，经过 Jackson Ave. 十字路口，在第二个 First St. 下车，然后靠左（河边）往前走。穿过 Prytania St.，左侧1407号是1840年建造的2层木结构住宅（以下用1407 First 表示门牌号）。

再往前走1个街区，能看到 Chestnut St. 拐角处的1236 First（右）和1239 First（左），都是19世纪40年代建造的典型的希腊复古风格的建筑。

继续往前走，Camp St. 拐角处是1134 First。这是美利坚联盟国（南部同盟）第一位也是最后一位总统杰弗逊·戴维斯1889年去世的地方。

Camp St. 左转，往下游步行1个街区，到下一个 Philip St. 之后左转，左侧是1238 Philip。此建筑建于1853年，一层阳台是维多利亚风格的柱子，二层阳台是混合风格的柱子。听说这种风格的住宅在当时非常流行。

根据门牌号游览吧

到了 Philip St.，在 Prytania St. 左转，左侧是2340 Prytania。这座以第一位主人的名字命名的 Toby's Corner 住宅建于1838年，是花园区最古老的住宅。这是一座单调的希腊复古风格的住宅，并且被一个巨大的庭院包围着。

再走1个街区，Second St. 拐角右侧是2423 Prytania。柱子和窗户是典型的希腊复古风格，而左侧回廊的曲线十分少见。

继续往前走，经过 Third St.，右侧是2605 Prytania。它建于1849年，是一种在新奥尔良十分少见的新哥特式住宅，与周围的住宅明显不同。

在 Fourth St. 左转，能看到1448 Fourth。此住宅以多处使用铁花而出名。以玉米为主题的玉米栅栏是为了安慰生于肯塔基的夫人思乡之痛而

玉米栅栏
住 法国区的 915 Royal St. 也有一处玉米栅栏，可以对比一下（→ p.69）

这是一片安静的住宅地，注意不要影响居民的生活

建造的，也有很少见的牵牛花的图案。

回到 Prytania St.，在下一个 Washington Ave. 向左转。左侧区域是拉斐特墓地（Lafayette Cemetery）。在这里能看到新奥尔良独特的住宅式墓地（→ p.90）。虽然漂亮而有趣，但很荒凉，最好不要进去。左侧 Coliseum St. 拐角处是名为 Commander's Palace（→ p.117）的餐馆，这是一家备受好评的克里奥尔餐厅。

Coliseum St. 左转后，在 Third St. 再左转，右侧是 1415 Third。此住宅建于 19 世纪 50 年代末，是花园区大型住宅之一并且是新奥尔良第一个安装自来水管道的住宅。

如果再一直往前走，就又回到了 St Charles Ave.。

杜兰大学 Tulane University
Map p.33 C1

南部著名的大学

从花园区乘电车沿圣查尔斯街走约 10 分钟会看到左侧的奥杜邦公园（动物园）和右侧的大学区域。杜兰大学创立于 1834 年，以医学部和法学部著称。街道对面的罗马式建筑是吉布森大厅（Gibson Hall），建于 1894 年，其特征是粗糙不平的石墙和拱形窗户。下游旁边是罗耀拉大学（Loyola University），这里的哥特式建筑非常醒目。

奥杜邦动物园 Audubon Zoo
Map p.33 D1

广阔的空间让大象都会感觉舒适

花园区上游区域有深绿色的奥杜邦公园（Audubon Park）。这里曾经是种植园，1884~1885 年在这里召开了世博会。现在这里有高尔夫球场和网球场，也成为市民散步的好去处。

公园的中心设施是奥杜邦动物园。在这里以接近原生态的环境喂养了 2000 多头动物，公园分成非洲热带草原、南美大草

杜兰大学
住 6823 St Charles Ave.
交 乘坐圣查尔斯有轨电车，在 Tulane 下车。
※ 约翰葛里逊的畅销书拍成的电影《塘鹅暗杀令》中的主人公达比就是杜兰大学法学院的学生，电影中也出现了杜兰大学的画面。

奥杜邦动物园
住 6500 Magazine St.
☎ (504) 581-4629
📠 1800-774-7394
🌐 www.auduboninstitute.org
开 10:00~17:00
休 冬季的周一、狂欢节、5 月的第一个周五、11 月的第四个周四、12/25
费 $16、65 岁以上 $13、2~12 岁 $11。免费停车
※ 套票 → p.79
交 乘坐 RTA 巴士杂志线 11 路到终点。

位于市区巴士的终点，停车免费，非常便利

87

国内放养的鹈鹕

原、亚洲等区域，最引人注目的是路易斯安那的湿地 Louisiana Swamp 中的全白鳄鱼，它们悠闲地待在动物园里。至今所看到的好像都是雄性动物。

恐龙探险（Dinosaur Adventure）是一个真实重现的恐龙乐园（另收费 $4），不论恐龙的声音还是动作都具有很强的震撼力。和导游一起夜游动物园并在园内露营的 Safari After Dark（每月举办 1 次）活动非常有趣。

动物园另一个不可错过的区域是最里面的鸟馆 Austral Asian Flight。温室里到处是羽毛鲜艳的鸟儿，真不愧是以爱鸟的奥杜邦命名的动物园。

非洲角大羚羊的特点是扭曲的羊角

杂志街
🚌 乘坐 RTA 巴士杂志线 11 路。
※如果乘坐巴士去杂志街购物的话，最好傍晚结束，趁天还没黑回到法国区。

相当热闹的区域
（数字表示杂志街门牌号）
2100（Josephine St.）
↓
2200（Jackson Ave.）
↓
2800（Washington Ave.）
↓
3400（Louisiana Ave.）
↓
3900（General Taylor St.）
↓
4400（Napoleon Ave.）
↓
5400（Jefferson St.）
↓
5700（Arabella St.）

杂志街 Magazine Street　　Map p.33 D2-3
全长约 10 公里的购物街

法国区的迪凯特街穿过运河街后，名字变成杂志街。"杂志"由法语"magasin（商店）"演变而来。正如它的名字，运河街和奥杜邦公园之间约 10 公里的路程中，有古董店、画廊、工艺品店、餐馆等 100 多家店铺，一直平行延伸到市区电车行驶的圣查尔斯街和密西西比河中央，也和一部分花园区相接。杂志街几乎没什么豪宅，都是一些百姓住的小屋和商店。

虽说是购物街，却不像纽约的 SOHO 那样，一家紧挨着一家。100 多家商店都集中在 30 分钟巴士车程区域内，只有一小部分商店还需要步行。杰克逊广场的旅游咨询处有按门牌号顺序排列的商店一览表，最好在去之前想好去哪一家商店。

河湾 Riverbend　　Map p.33 C1
充满活力的学生街

圣查尔斯有轨电车在经过奥杜邦公园不久就会到达密西西河前的终点，从这里开始的 6 个街区就是 Riverbend 学生街。时装店和餐馆都集中

━━ COLUMN ━━

痴迷于路易斯安那州鸟类的男人（约翰·詹姆斯·奥杜邦）

这个男人就是《美洲鸟类》的画作者约翰·詹姆斯·奥杜邦，爱鸟人士一定都知道他的名字。他画的鸟细致缜密，并通过描绘鸟类的生存环境来研究美洲鸟类。他的画得到了学术界和绘画界的一致好评，尤其是美国的自然学家，特别钟情于奥杜邦的画。

奥杜邦出生于 1785 年，是一位海地的奴隶商人的情妇所生。在奴隶暴动中母亲被杀，父亲和他的妻子带着奥杜邦逃亡到了法国。在奥杜邦 18 岁的时候，为了逃避兵役，他一个人移民美国。奥杜邦后来与一位美国女人结了婚，在肯塔基经营着自己的事业，但不久之后，奥杜邦开始对鸟和自然产生了浓厚的兴趣。接着

他又投身于商界，34 岁时，被宣布破产。

奥杜邦是在他最贫困的时候来到新奥尔良的，那年他 36 岁。在新奥尔良期间，他每天寻找鸟的足迹，然后闷在工作室里一直画鸟，而且他一直带有法语口音。人们都传言像他这样一个不可思议的人根本就是法国贵族的幸存者。

《美洲鸟类》共收录 435 种鸟，其中 167 种是在路易斯安那画的。奥杜邦的画受到广泛的好评是在 6 年之后。

虽然奥杜邦只在新奥尔良待了 1 年，但新奥尔良市为了表达对这位伟大的博物学者的敬意，在动物园等的名字上添加了奥杜邦的名字。

在 Carrollton Ave.、河边的 Dublin St. 和靠近圣查尔斯街的 Maple St.。虽然数量不多，但是每家店都用古董来装饰店铺，气氛幽雅。附近的杜兰大学和罗耀拉大学的学生经常来这里，非常热闹。尤其是 Camellia Grill 餐馆，菜肴的味道非常好，就连新奥尔良人也经常来这里，外观气派，内部环境轻松而舒适。

Riverbend 周边是 19世纪从新奥尔良独立出去的一块区域，至今还保留着建于 1855年的法院卡罗尔顿法院（Old Carrollton Courthouse）（🏠 719 S.Carrollton Ave.）。下车之后，可以在这里逛上 1~2个小时。

中城

市立公园 City Park Map p.33 B2
美丽的寄生藤下是市民休闲娱乐的理想场所

乘坐运河街有轨电车从法国区到市立公园约 45 分钟。庞恰雷恩湖前的市立公园是新奥尔良人的一片绿洲。这里原来是约为 6 平方公里的南北走向的种植园，在这块狭长的土地上建造了全长 13 公里的潟湖（池）。周边是美术馆、植物园、游乐场和运动设施等。在这里无论是大人还是小孩都能找到自己的乐趣，不过因为这里太大了，步行游览会有点累。如果没有车的话，最好将范围缩小到公园南端的美术馆周边。

电车终点迎接游客的是指挥萨姆特堡战役（→ p.327）的博勒加德将军骑马像。公园里到处能看到几乎可开通隧道的巨大橡树、潟湖边的落羽杉以及从树枝上垂下来的寄生藤，到处充满了南部的乡土气息。

园里的潟湖里有小船和独木舟，还可以钓鱼、打网球和骑马等。这里有 4 处 18 洞的高尔夫球场和 2 处体育运动场，还有很多儿童设施，如有漂亮玫瑰园和香草园的植物园、迷你火车、建于 19 世纪 90 年代的游乐场和童话王国里古老的旋转木马，到了周末，很多家庭都来这里，非常热闹。

新奥尔良美术馆 New Orleans Museum of Art Map p.33 B2
一定要先看一下德加的作品

新奥尔良美术馆在市区公园南端，下了电车之后的入园处就是。这里收藏了欧洲和美国的绘画、雕刻和图片，虽然只是个被潟湖包围的新古典建筑，但也非常有观赏价值。

馆内的小屋是按前哥伦布时代、文艺复兴、当代分类的。这里德加等印象派的作品特别多，还有毕加索、米罗、达菲等的作品。一定不要错过埃德加·德加 1871 年在拜访新奥尔良的亲戚时绘画的《埃斯特尔井的肖像》（*Portrait of Estelle Musson*）。

河湾
🚃 乘坐圣查尔斯有轨电车约 30 分钟可到达。

Reader's Voice

Maple St. 前的 Oak St. 和前面的大街有很多商店，也有印度、越南、中东和西班牙等风味的餐厅。Maple Street Book Shop（7523 Maple St.）里有小说、写真集、旅行指南等。隔壁的商店里主要是儿童经典读物。

Camellia Grill
🏠 626 S.Carrollton Ave.
☎ (504) 309-2679
🕐 8:00~24:00
CC Ⓐ Ⓜ Ⓥ

市立公园
🏠 1 Palm Dr.
☎ (504) 482-4888
🌐 www.neworleanscitypark.com
🚃 在法国区乘坐运河有轨电车往 "City Park" 行驶，约 45 分钟可到达。详细情况参见 p.43。

千万不要晚上去
最好选择晴朗的天气而且在白天来市立公园游玩。如果是淡季的话，最好选择周末。公园面积很大，不要去森林以及没人的地方。

植物园
🕐 10:00~16:30
休 周一
💲 $6、5~12 岁 $3

新奥尔良美术馆
🏠 1 Collins Diboll Circle
☎ (504) 658-4100
🕐 10:00~17:00
休 周一、主要节日、狂欢节
💲 $10、65 岁以上 $8、7~17 岁 $6

尤其是在周末和休息日，很多市民来这里游玩　　　　　　　位于有轨电车终点站附近

丧葬文化

人少时尽量不要去，请随团参观

　　路易斯安那人至今还保留着每年 11 月 1 日的万圣节全家人都去墓地祭拜的习俗，也有些地方的人会在万圣节前一天晚上在墓地做弥撒。不仅是路易斯安那人，南部的人都很虔诚。

丧礼是一项隆重的活动

　　丈夫死后，妻子首先要停止家里所有的钟表，玄关和镜子都要盖上黑布。葬礼时，为了看上去气派一点，有的会从殡仪馆借一些家具等。真是爱面子的南部人！

　　遗体是用黑色的灵柩马车运到墓地的。驾马车的人头戴礼帽，身着燕尾服。马是经过特别训练的、能踏步的马。《乱世佳人》里有这样一个情景：斯嘉丽的两任丈夫去世，比起他们的死，让她更忍受不了的是一直穿着丧服。南部就是这样，

如果家里发生不幸，就要穿几个月的丧服。在最严厉的时候，死了丈夫的未亡人和主人家里发生不幸的奴隶必须穿 1 年以上的丧服。在黄热病和霍乱流行的时候，街上到处都是穿丧服的人。

　　送葬的队伍里有为了缓解遗属的悲伤而演奏的乐队。既没有安魂曲也没有福音，而是轻快的送葬进行曲。而现在，主要是一些音乐家的丧葬仪式还有这个习俗，这在新奥尔良也是很有名的。

死者居住的城市

　　在新奥尔良，墓地文化本身就是一种独特的文化，非常值得一看。

　　游客们聚集在普通人的墓地，这就是新奥尔良吧！

左 / 爵士乐送丧队伍，将亡者送到墓地时是 Fast Line，一般演奏比较厚重的音乐。从墓地回来时是 Second Line，演奏欢快的音乐
右 / 在很多祭祀活动中经常见到 Second Line，举着高高的阳伞、演奏着

左／距离法国区最近的圣路易斯墓地 No.1
右／简单的柜式墓

新奥尔良的海拔很低，时常会受到洪水的袭击。而且地下水位高，即使是挖一个小坑，泥土也会被浸湿。只要下一场雨，棺材就会浮上来，因此不能埋在地下。

在 18 世纪出现了住宅式墓地，就是为亡者在地面上建造一个"家"，然后把棺材放在里面。墙壁是用砖砌成的，上面涂了灰泥，看上去像是石造的。里面有真正的石墓，不过这也是相当富裕的家庭才会建的。"玄关"是大理石做成的，屋檐上有的雕刻了圣人和圣母玛利亚，有的有坚固的帽檐，有的还加上新奥尔良式铁艺扶手。如果还有窗户的话，就是一个小型住宅了。一座一座比人还高的"独门独院"整齐地排列着，非常壮观。

新奥尔良最古老的墓地是法国区旁的圣路易斯墓地 No.1。这块墓地建成于 1820 年，在电影《逍遥骑士》中出现过。初期建造的墓地损坏很严重，志愿者也进行了拯救运动。在新奥尔良流行复古式住宅时，增加了不少希腊神殿般的墓地。

装饰气派的墓地一般是富裕家庭的，而低收入者一般葬在柜形的集合墓里。你只要仔细地看就会发现有的坟墓上刻有很多人的名字。被埋葬两年后的遗体被土化后，放入下一具遗体。

注意：这里再有名，也毕竟是墓地。因为坟墓像住宅那么大，光线差，死角多，绝对不能单独去。人数不多的情况下，也最好不要进入，只在入口处看一看。尤其是法国区外侧的圣路易斯墓地 No.1，周边的治安也不太好，一定要小心。

墓地的参观游览

● Save Our Cemeteries

这是进行墓地拯救运动的志愿者团体组织的旅行，是去参观花园区的拉斐特墓地 No.1。乘坐圣查尔斯有轨电车约 15 分钟后，在 Washington Ave. 下车，再步行 2 个街区就到了。在墓地大门口集合。不需要预约。

住 1400 Washington St.
☎（504）525-3377
网 www.saveourcemeteries.org
出发 除节假日外的周一、周三、周五、周六 10:30，夏季周一～周六 10:30
费 $20

● Gray Line Tour（→ p.46）

乘坐大型巴士游览市区景点，途中顺便参观市立公园旁的圣路易斯墓地 No.3。需要 2 个小时，需要预约。
☎（504）569-1401
Free 1800-233-2628
费 $43、6～12 岁 $15
出发 9:00 & 14:00（11 月、12 月会减少）同样的绿线的 Gemetery & Gris-Gris Tour 是坐巴士到圣路易斯墓地 No.1。参观玛丽·拉霍的墓地等。回程时能领到礼物。约 2 小时。
费 $26 儿童 $15
出发 周一、周五、周六 9:00

● Haunted History Tour（→ p.45）

在以巫毒教为主题的徒步旅行中，新奥尔良最古老的圣路易斯墓地 No.1 和巫毒女王玛丽·拉宝墓地值得一看，约需 2 小时，需预约。

☎（504）861-2727
费 $20 出发 每天 10:00、周一～周五 13:15

● New Orleans Spirt Tour（→ p.46）

巡游与巫毒有关景点，徒步旅行时参观圣路易斯墓地 No.1，需要预约。
☎（504）314-0806
费 $20 出发 周一～周五 13:15、每天 10:30

19 世纪活跃的巫毒教女王玛丽·拉宝的坟墓

人种问题和新奥尔良

1/32 的有色人种

新奥尔良是爵士乐之乡，如果因此而觉得这里的主角是黑人，不存在人种差别，那就大错特错了。

新奥尔良 60% 的市民是非洲裔（2010 年），在其他城市中，无论什么级别的商店，从顾客到服务生都有着明显种族区分的情况，在法国区是很少见的。萨克斯的音色也没有种族之分。但是，地域引起的生活方式的不同还是存在的，而生活中的种族歧视也是根深蒂固的。

在 1983 年前的路易斯安那州，只要有 1/32 的黑人血统，出生证明书上就记载为"黑人"，1883 年时就是这样了。30 多年以前，只因为祖母的祖母是黑人，我就被定为"黑人"而区别对待。虽然制定了《民权法》，但是之前的法律已经深入人心。

当然，他们热情的笑容不会让人感觉到种族差异而且不会区别对待游客，请放心！

种植园主（大农场主）的主张

南部根深蒂固的种族差别意识无疑是奴隶制度的残余。为什么奴隶制度在南部延续这么长时间呢？以下是几点理由：

①从非洲赤道附近被带到这里的黑人厌恶北部的寒冷。

②南部的气候适宜种植棉花、甘蔗和烟草，尤其是受了产业革命的影响之后，棉织物的大量生产使得棉花需求激增。而且南部的种植园需要大量的劳动力。

③很多白人相信："即使给黑人自由，他们也没有能力经营丰富多彩的生活，能照顾我们是他们的幸福。"

 新奥尔良电车上的遭遇

这是我在乘坐有轨电车时遇到的事情。黑人女性虽然按了下车鸣响器，但是车却没有停下来。这位愤怒女性和车内的其他所有黑人都在下一站下车了。下车时我在想"我怎么坐上了这样一趟电车"。

编辑部注：关于这个事件，我们探访了熟知人种问题的美国人，他是这样回答的：

"发生这样的事不足为奇，这样的事情经常发生。但是，乘客抗议并且最终下了车，这样的事情倒是很新鲜。司机也很吃惊吧？别的国家难道没有少数民族或者被区别对待的人吗？没有像那个司机那样的人吗？应该不是美国才有的吧？"

真希望孩子们在没有种族歧视和偏见的平等环境中长大

郊区 *Suburbs*

法国区也有去往种植园和劳拉的巴士旅行

河间大道种植园

　　在新奥尔良和密西西比河上游巴吞鲁日之间，密西西比河两岸有条河间大道 River Road。18~19 世纪时这里有很多种植园，仿佛《乱世佳人》世界的 Antebellum House（南北战争前的建筑）吸引了众多的游客。

　　初期，周边种植了用于做染料的蓝草，在改种棉花和甘蔗后收益倍增，随着规模慢慢变大，最终变成了种植园。很多种植园主（大农场主）通过精制砂糖获得了大量的财富。他们跟风建造了当时流行的欧洲风格的豪宅，过着被高档家具包围着的贵族般的生活。

　　当然，这种奢侈的生活是建立在奴隶制度的基础上的。保留到现在的大部分都是正房，但在当时，这里还有厨房、仓库、马厩、鸽子笼和奴隶住的小屋等。在田地里，黑人们像马一样勤勤恳恳地劳动。从市场购买的奴隶和他们的孩子为种植园主一家做丰盛的食物，打扫偌大的房屋，修葺庭院。

　　众所周知，种植园主的繁荣以南北战争的失败而告终。很多种植园

河间大道行驶线路

　　看了地图就会明白，河间大道一直沿着蜿蜒的密西西比河，因而路程比较长。如果从距离新奥尔良最近的德斯特汊到西部的 Knot Way，经过 I-10，单程就需要 1 小时 30 分钟，如果沿河间大道走的话，则需要两个小时以上。而且不是高速路，即使是整整一天，也只能看三四个景点。因为新奥尔良离西部特别远，因此最好在去往拉斐特或者纳奇兹的途中顺便看一下。

河间大道

出现在无数电影中的橡树街庄园

被北军荒废了，豪宅也被烧毁。好不容易留下的种植园作为诉说当时的荣华和血泪的遗产被妥善地保存着。

现在，河间大道有很多私人所有的种植园豪宅，有 12 间对外开放。有的还有导游身着南部美女所穿的大摆裙为游客做讲解。每一座住宅崭新如初，保存得非常好。南北战争前的建筑很少有保存这么好的，绝大部分在 20 世纪时修复过。

如果去河间大道，乘坐旅游巴士比较方便，但是只有很少一部分种植园允许游客仔细观赏。如果想去巴士旅行不到的种植园，可以租车去。一边享受郊区的大自然，一边悠闲地游玩一天，能够看到不同于新奥尔良市区的密西西比河景观和路易斯安那的景色。

豪宅和奴隶小屋都不要错过

德斯特汉 Destrehan　Map p.93
建于 1787 年的最古老的种植园豪宅

德斯特汉
🏠 13034 River Rd.,Destrehan
☎（985）764-9315
📠 1877-453-2095
🖥 www.destrehanplantation.org
开 9:00~16:00
休 狂欢节、复活节、11月的第四个周四、12/24、12/25、1/1
费 $18、6~16 岁 $7
交 从 I-10 向西行驶，经过机场后，进入 I-310，过密西西比河大桥后，进入 LA-48 River Rd.，下来后左转，左侧就是 Destrehan。

巴士旅行
Tours by Isabell
参观德斯特汉、San Francisco 和 Houmas House
☎（504）398-0365
🖥 www.toursbyisabelle.com
运行 8:30 出发，17:00 返回
费 $125

从法国区到德斯特汉约 30 分钟，从新奥尔良国际机场到德斯特汉约 10 分钟，距离很近。德斯特汉是密西西比河流域的种植园豪宅中最古老的一座，现已被认定为美国的国家历史古迹。

德斯特汉是法国贵族出身的政治家建造的豪宅。他经营着一家砂糖加工厂，是路易斯安那最成功的种植园主。1787 年建造的是法国殖民地风格的豪宅，1830 年将内部改装成希腊复古风格，两侧的翼是 1810 年增建的。这栋豪宅给人印象最深刻的是多里斯风格的 8 根柱子和西印度群岛风格的四坡屋顶。烟囱的形状很浪漫，与其他种植园豪宅的韵味稍有不同。

距离法国区 30 分钟车程，非常近

常青园 Evergreen　Map p.93
保留着白色豪宅和奴隶小屋

常青园
🏠 4677 Hwy. 18,Edgard
☎（985）497-3837
🖥 www.evergreenplantation.org
运行 9:30、11:30、14:00
休 周日
费 $20、12 岁以下半价

据说这个号称占地 9.15 平方公里的种植园是南部规模最大的，并且定格了全盛时期的样子，也被认定为美国国家历史古迹。现在是甘蔗农场，继续书写着 200 年以后的历史。

这个被绿色包围的豪宅是 1790 年德国人建造的克里奥尔风格的种植园豪宅。正房里侧有美丽的庭院，周边有屋外的厨房和厕所，还留着用人的房屋。1832 年被改装成希腊复古风格，1944 年做了修复。

在几个种植园豪宅中，这绝对不是大豪宅，但它白色的外观的确很优雅。在南部，正面门廊处有两个大弧形的屋外楼梯，非常漂亮。参观是从二层开始的。寝室、儿童房和餐厅等维护得非常好，还保持着当时的氛围。这里大部分是 19 世纪中期法国和美国制造的洛可可复兴风格的陈设。

穿过 250 年以上树龄的橡树群时，会看到 22 间保持原样的奴隶小屋。和奢华的豪宅相比较，就会知道奴隶的生活有多悲惨。

外观给人印象最深刻的是弧形楼梯

劳拉 Laura

Map p.93

别有韵味的克里奥尔种植园

法国区到劳拉约 50 分钟。这是在 1805 年建成的甘蔗种植园豪宅。这里的建筑和观赏内容的韵味不同于其他的种植园。劳拉是这个种植园的第四代女主人，是法国移民和黑人奴隶所生的混血儿。劳拉遗留的随笔和大量的资料构成了主要的参观内容——被称为"克里奥尔"的法国裔种植园的人们有独特的宗教观和习俗。约 50 分钟的参观旅行主要就

具有异国情调的外观

是了解他们的文化和奴隶的生活。实际上这栋豪宅的大部分被 2004 年 8 月的那场大火烧毁了，但现在已经修复了，而且游客也很多。祖祖辈辈传下来的历史和真实的故事也非常有趣。一定要去参观法兹·多米诺出生的奴隶小屋。

橡树街庄园 Oak Alley

Map p.93

300 年树龄的橡树林立的宅邸

虽然从法国区到橡树街庄园需要 1 个多小时，但是那里是河间大道最受欢迎的种植园豪宅。

橡树街庄园的魅力在于 300 年树龄的橡树（Virginia Live Oak）树群。只是一棵橡树就很巨大了，从密西西比河到宅邸这 400 米内却种植了 28

棵。从两侧伸出的漂亮的树枝形成了橡树隧道，还形成了拱形，一部分甚至已经接触到地面了。橡树街庄园的橡树比豪宅还早 100 年。新奥尔良市建立的几年前，在18 世纪初没有名字记载

左／宅邸内有身着南方淑女装的导游为游客讲解　右／橡树街庄园周边有一片广阔的甘蔗地

劳拉

住 2247 Hwy.18, Vacherie
☎ （225）265-7690
FAX 1888-799-7690
www.lauraplantation.com
旅行 10:00~16:00，40 分钟一次
休 狂欢节、复活节、11 月的第四个周四、12/25、1/1
费 $18、6~17 岁 $5
交通 在 I-10 的 Exit 194 下来，沿 LA-641 南行，过桥之后，下公路，沿河间大道（LA-18）绕一圈，左转后再行驶 4 英里（约 6.4 公里），即可到达。

巴士旅行
Cajun Pride Tours → p.96
Gray Line Tour → p.46

橡树街庄园

住 3645 LA Hwy.18, Vacherie
☎ （225）265-2151
FAX 1800-442-5539
www.oakalleyplantation.com
开 10:00~17:00（冬季平日 ~16:30），餐厅 8:30~15:00
休 狂欢节、11 月的第四个周四、12/25、1/1
费 $18、13~18 岁 $7.50、6~12 岁 $4.50
交通 从劳拉沿河间大道（LA-18）向西行驶 3 英里（约 4.8 公里）。

B&B
可以住在橡树街庄园区域内的别墅。含南部早餐 ⓓ$130~175，参观游览另收费

巴士旅行
Gray Line Tours
→ p.46

Cajun Pride Tours
📞 1800-467-0758
🖥 www.cajunprideswamptours.
com
💲 $54、4~12 岁 $34（网上
预订优惠）
🕐 12:30
🕑 5 小时

圣弗朗西斯科
🏠 2646 Hwy. 44, Garyville
📞（985）535-2341
📠 1888-509-1756
🖥 www.sanfrancisplantation.
org
🕐 4~10 月 9:40~16:00、11
月～次年 3 月 9:00~16:00。
间隔 20 分钟
🈺 主要节日、狂欢节、复
活节
💲 $15、6~12 岁 $10
🚗 在 I-10 的 Exit 206 下来，
往 LA-3188 行驶，沿 US-61
右转，在第 6 个信号灯向
LA-637 方向左转，到了河的
尽头之后右转。

巴士旅行
Cajun Pride Tours（同上）

Tours by Isabell　　→ p.94

休玛仕庄园
🏠 40136 Hwy.942, Darrow
📞（225）473-9380
🖥 www.houmashouse.com
🕐 周一、周二 9:00~17:00,
周三～周日~20:00。餐厅周
三～周六 18:00~22:00、周日
11:00~15:00
🈺 12/25、1/1
💲 $20、庭园 $10
🚗 在 I-10 的 Exit179 下来，
往 LA-44 行驶。3 英里（约
4.8 公里）之后，沿 LA-942
右转。

巴士旅行
Tours by Isabell　　→ p.94

的豪华房里参观
去布夏与电影《乱世佳人》中的屋子一模一样
参加观光旅行，

的法国开拓者在密西西比河畔种植橡树，并且在橡树前建造了小屋。不久，他们的梦破灭了，离开了这片土地，小屋也被荒废了。自从 1728 年 JJ.Roman 买下了这片殖民地之后，橡树群长期为 Roman 家族所有。豪宅是 1837 年开始历经两年多的时间而建成的。

这栋豪宅的设计优先考虑能抵御盛夏的炎热和潮湿。28 根托斯卡纳风格的柱廊包围了整个家，阳台也缩进了 4 米。巨大的封闭式阳台能避免阳光直射进来，制造一些阴凉。墙壁的厚度是 40 厘米。顶棚高，窗户大，这样通风效果会比较好。而且，正面玄关对面的位置有个庭院侧门，从橡树群透过来的风正好吹到房屋中央。

圣弗朗西斯科 San Francisco　　`Map p.93`
投入全部财产打造？

这是河间大道的几个种植园豪宅中最出彩、最精心打造而成的豪宅。它是 1856 年设计师在注意到频繁往来于密西西比河的蒸汽船后创作而成的蒸汽船哥特式豪宅。

带百叶窗的屋檐、科林斯式圆柱、敞亮的阳台，还有点维多利亚风格。要仔细观察屋顶的壁画和有大理石花纹的壁炉台。对于讲究的外观和内装，有人觉得这是件了不起的作品，也有人觉得这是暴发户的爱好。San Francisco 的由来是法国俚语"san fruscine"，有"一分钱也不剩"的意思。

但是，据说这栋豪宅的主人在投入全部财产而建造的梦想殿堂完成后不久就去世了。

休玛仕庄园 Houmas House　　`Map p.93`
因内部装饰的美丽而备受关注

从法国区到 Houmas House 约 1 个小时。这是 1840 年建造的种植园，以原住民 houmas 族命名的。不仅在 1940 年被忠实地复原了，并且在 2003 年花重金进行了改装。一定要看一看有 100~550 年树龄的大橡树、水池和喷泉以及五颜六色的鲜花盛开的花园。宅邸内有一直抵达三层的螺旋式楼梯，古色古香的家具藏品、壁画和天花板画、1850 年制作的巨大的八音盒等都很值得一看。1780 年建的厨房现在还能使用，是美国最古老的厨房。餐厅也很受欢迎，很多人都喜欢在这里举行结婚典礼。

左／这栋美丽的豪宅是贝蒂·戴维斯主演的
Hush, Hush, Sweet Charlotte 的舞台
右／改装后人气暴涨

湿地

　　在被水淹没的森林里，小船在树木间滑行。寄生藤从落羽杉的树枝上垂下来，给周围的景象增加了一份湿气。水面上漂浮的水草像绿色的地毯。飞起的水鸟扇动翅膀的声音钝响。当走过昏暗的水上丛林后，视野一下子就开阔了。一望无际的大沼泽看上去像草原。

　　路易斯安那南部有美国最大的湿地。湿地上有网一样的水路，土著们曾把这些水路当作交通线路。简·拉斐特（→p.76）这些海盗会尽量记住这些水路以方便逃跑。现在，这里被视为生态学研究的宝贵场所，植物学家、动物学家以及鸟类观察者都非常关心这里。湿地下面隐藏着50万头短吻鳄（密西西比鳄鱼）、海狸以及与海狸相像的海狸鼠（来自南美的驯化动物），也是大仓鹭、白鹭、朱鹭、白头海雕等野鸟的宝库。

　　自从欧洲人迁入以后，随着以新奥尔良为中心的开发不断扩大，湿

从法国区开车约20分钟就能到湿地

地面积急剧减少。现在各国和各州各地都设立了野生动物保护区，保全了湿地的自然系统。现在流行乘坐小船游览湿地。离开生机勃勃的法国区而躺在自然的怀抱中，这半天的时间您一定无法忘怀。

湿地之旅
法国区的接送很有吸引力

　　游览湿地的旅行数不胜数，大致有三个地方。最近的是位于玫瑰梗保护区的 Crown Point 附近。第二个是新奥尔良东北部、接近密西西比河州境的 Slidell 附近的湿地，从法国区乘车约50分钟就能到达。最后一个是拉斐特（→p.98）附近的 Atchafalaya Basin。

　　可是，原本是想感受路易斯安那大自然之美的旅行却被认为是破坏环境的因素之一。发出刺耳轰鸣声的汽船、给鳄鱼喂食的项目，游客们欣赏若狂的样子会让人误认为这里是主题公园。

　　但是，湿地之旅的魅力在于有法国区的接送以及为游客指引道路的小船之旅。要参加湿地旅行的人可以在旅游咨询处和酒店的大厅内领取宣传册后选择旅行公司。尽量选择小船，这样一直能进入细长的河口。

湿地　Swamp

　　概括地说，湿地分为几种。英语 Swamp 指的是生长有高大树木的湿地，有种水淹没森林的感觉。

沼泽　Marsh

　　Marsh 与中国所说的湿地比较相似，没有树木，沼泽地里生长有低矮的草。

支流　Bayou

　　Bayou 是湿地的天然水路，像河水一样源远流长。

一定要采取防蚊措施

　　湿地和沼泽的蚊子比较多，尤其是在6-8月的早晚，蚊子尤其多，要注意防蚊。到了冬天，蚊子就会变少，温度也舒适，但是动物们不怎么活动，如果运气差的话，有可能什么动物都见不到。

谢绝

　　生活在路易斯安那湿地上的短吻鳄不同于其他鳄鱼，性格比较温驯，从不袭击人类。但是，接近人类寻找食物的鳄鱼就比较危险。佛罗里达就发生过鳄鱼袭击小孩的事件。

　　但是，因为有些游客想看鳄鱼的跳跃动作，所以旅游公司一直有喂食鳄鱼的活动内容。但也有业内人士发出这样的豪言壮语："我们推崇生态旅行，为了鳄鱼的健康，我们只喂热狗，而不喂棉花糖。"

　　本书没有介绍旅游公司，如果有什么不喂食任何动物的旅行，请务必告知。

拉斐特 Lafayette, LA

法国 · 路易斯安那的首都

通过新奥尔良菜而了解到的卡津（→ p.20），是生活在路易斯安那的阿卡迪亚人的方言。阿卡迪亚人是 17 世纪初从法国来到新大陆人的后代，至今还说法语（经过长期的演变后，现在就连法国人也听不懂他们的语言），他们注重菜、音乐等原乡文化。历经苦难的他们有着很强的归属意识和民族责任感，即使是在多民族的美国，也保持着他们自己的特色。我们可以通过游览阿卡迪亚人的中心区拉斐特来了解到底是怎样的一个民族。

阿卡迪亚的历史

他们的祖先最初来到新大陆是在 1604 年，比著名的清教徒前辈移民早 16 年。当时的法国还处在封建时代，有严格的等级制度，所以下层农民的生活非常困苦。逃离祖国的人们将这片土地称为阿卡迪亚，这个名字来源于希腊神话中出现的 L'Arcadie。

可惜这样无忧无虑的生活持续的时间并不长。加拿大新斯科舍（新苏格兰）的一些地方就像它的名字一样，后来成为英国殖民地。从 1730 年开始英国对他们的管束越来越苛刻。要求他们必须说英语，信仰英国教会的统治者，不欢迎使用法语的天主教阿卡迪亚人。

1755 年，受到英法战争的冲击，约 6000 个阿卡迪亚人被放逐到海外。很多家庭妻离子散，半数以上的人都丢了性命。有些人回到了法国。

但是，语言和生活习惯正在一点点发生变化的他们已经不是法国人了。不被祖国接受的他们又回到了新大陆。而那些留在新斯科舍的阿卡迪亚人却不断地被英国人杀害了。

到了 1758 年，新斯科舍的阿卡迪亚人几乎全部被杀光了。

活着的人最终流浪到了路易斯安那。1764 年路易斯安那虽然是西班牙的领地，但是西班牙的殖民地经营十分迟缓，在新斯科舍从事渔业的阿卡迪亚人作为渔夫进入了这个区域。阿卡迪亚人的子孙们世世代代因此过上了好日子，在苦难的时候，渔业成为他们心灵的依靠。

线路和行程

虽然可以乘坐巴士或者火车从新奥尔良到拉斐特，但是郊区的景点比较分散，如果没有车的话，就会不太方便。建议您在新奥尔良租辆车，花一整天的时间去游览。汽车沿 US-90 行驶，可以顺道去塔巴斯科工厂，从 I-10 回来。穿过宽阔的湿地需要约 2 小时 20 分钟。

如果要在拉斐特住宿，从机场周边或者 I-10 的 Exit 103 沿 US-167（Evangeline Thruway）南下，周边有很多汽车旅馆。

先去塔巴斯科工厂

塔巴斯科工厂在拉斐特，从新奥尔良沿 US-90 向西行驶约 2 小时后到达。路易斯安那州是世界上最大的红辣椒酱产地，其中最有名的就

阿卡迪亚人非常喜欢节日，每年秋季阿卡迪亚人都会庆祝自己的节日

参观工厂相当受欢迎

宁静感是其魅力所在的阿卡迪亚桥

是塔巴斯科工厂。虽然只能参观装瓶贴标工序，但是最后会带游客到一个迷你塔巴斯科。隔壁的礼品店摆放着五颜六色的商品。

Tabasco Factory

住 Hwy.329, Avery Lsland　Free 1800-634-9599
URL www.tabasco.com　时间 9:00~16:00　休 节假日
费 免费（入岛费 $1）
交通 沿 US-90 行驶，在 Avery Island（LA-329）下，沿着 Avery Island 行驶 7 英里（约 11 公里），通过岛入口后，左转。

阿卡迪亚文化中心

阿卡迪亚文化中心是简·拉斐特国家历史公园（→ p.44）的一个单元。在这个博物馆里能详细地了解阿卡迪亚人的苦难历史和平日的生活状况，向游客们传达了在英法战争中被利用而无法回到法国的少数民族的悲哀以及阿卡迪亚人为了忘却痛苦而孕育出音乐等独特文化的历史。

Acadian Cultural Center

住 501 Fisher Rd.　☎（337）232-0789
URL www.nps.gov/jela/
开 8:00~17:00　休 12/25、狂欢节
费 免费
交通 位于市区东南方向，机场北边。

Vermilionville

这里是以阿卡迪亚人为主题的明治村。在恢复原样的 23 座建筑中，身穿当时服装的工作人员为游客现场

也有关于周围自然环境的展示

表演打铁和纺纱等手工艺。也有卡津音乐演唱会和现场烹饪表演。

Vermilionville

住 300 Fischer Rd.　☎（337）233-4077
URL www.vermilionville.org
开 10:00~16:00　休 周一、节假日
费 $10、65 岁以上 $8、6~18 岁 $6
交通 阿卡迪亚文化中心隔壁。

阿卡迪亚村

阿卡迪亚村主要是 19 世纪建的 10 间阿卡迪亚民宅和教会。Vermilionville 的建筑是复制品，而这里全部是实物。在这里身心都能得到放松。

Acadian Village

住 200 Greenleaf Dr.　☎（337）981-2364
URL www.acadianvillage.org
开 10:00~16:00　休 周日、节假日
费 $8、老人 $7、5~17 岁 $6
交通 从市区沿 Johnson St. 向西南方向行驶，从 Ridge Rd. 右转，约 10 分钟。

拉斐特

给调酒师的小费
一般是消费金额的 15%~20%，如果只喝一杯啤酒 $1 就够了。

新奥尔良音乐三魅

在新奥尔良，以传统的新奥尔良爵士乐为代表，从现代爵士乐、摇摆爵士乐到蓝调、R&B 以及本土的凯金音乐和柴迪科，在这片土地上生息着各种不同风格的音乐。从传说中的超级明星到无名的本地乐队，许多音乐人都在晚上举办演出。

在爵士乐之都、南部音乐一大据点——新奥尔良，大部分夜总会、酒吧和酒廊里都能欣赏到现场演奏。在去之前，最好先认真考虑好想听哪一种风格的音乐或者想听哪一位艺人的音乐，也可以随便听一场喜欢的音乐会。

波旁街的大部分店铺都开着门，从里面传来的音乐声响彻整条街道。可以选择在法国区一边买礼物一边欣赏爵士乐，也可以选择开车去 CBD 周边的俱乐部，还可以选择在晚餐巡航之旅中一边用晚餐一边听着浪漫

夜总会和音乐信息
● 月刊 *Off Beat*
刊载新奥尔良地区的音乐信息，旅游必备品。

● 周刊 *Gambit*
市区免费发布的信息。

的爵士乐，或者在波旁街上跟着 R&B 和柴迪科的节奏跳舞等。能通过本地杂志看到那天的演出者是谁。

会根据季节举办爵士音乐节、街头博览会等，还有机会看到回家乡演奏的超级明星们。

另外，不能遗漏的新奥尔良传统音乐——街头音乐。站在路上演奏的乐队是新奥尔良爵士乐的起点。还可以见到拿着一把吉他的蓝调歌手。尤其是在杰克逊广场和皇家街，能看到很多街头音乐家。

据说几乎每个街角都有街头音乐家

有精湛的爵士乐和热烈的掌声的
Preservation Hall

典藏厅 Preservation Hall

◆ 新奥尔良爵士乐殿堂

Preservation Hall 主要是保存源于新奥尔良的传统新奥尔良爵士乐，从 1961 年开始对外开放。

这里原来是 1750 年建成的画廊，古老而又韵味悠远的样子已经成为法国区的标志性建筑。

大厅中的景象让人感觉仿佛穿越到了 100 年前。因为只有几把长木椅，所以半数以上的人都站着。大厅内禁止吸烟。没有食物和饮料（可自带），也没有空调等设备。

很多演奏者是 20 世纪 60~70 年代的人，可以说都是职业艺人，他们的演奏非常娴熟。一场演奏约 30 分钟，需要 \$15。点歌是收费的，经典老歌需要 \$2，其他歌曲需要 \$5，只有《圣者的行进》这首曲子需要 \$10，因为每天都有人点播这首曲目，演奏者已经感到厌倦了。

Map p.35 B4

住 726 St Peter St
☎（504）522-2841
URL www.preservationhall.com
营 20:00~23:00
C/C 不可使用

不可预约，禁止在演奏中拍摄。

新奥尔良 ● 夜总会

左上／白天时大门紧锁，很安静，很难想象出夜晚的样子
左下／可通过网站查询演出人员名单
右／周四~周一的晚上能听到贾米尔·谢里夫的小号（Masion Bourbon）

Maison Bourbon

◆ 真正的迪克西兰爵士乐

凡是来新奥尔良的人，没有不想来这家店里听演奏的。位于波旁街的中心 St Peter St. 街角，傍晚的时候，从很早开始直到深夜一直响着传统爵士乐的节拍。在打开的窗户前总是有几个流连忘返的游客。虽然这样免费地欣赏演奏很享受，但是如果能仔细地听小号的音色，也很不错。这里无须小费，最低消费为 1 杯饮料。

Map p.35 B4

住 641 Bourbon St.
☎（504）522-8818
营 19:30~00:15
　周五、周六 15:30~ 次日 1:15
C/C A M V

位于通往杰克逊广场的 St Peter St. 街角

Fritzelsjazz 能听到高水平的演奏

Musical Legends Park（Café Beignet）

Map p.34 B2

◆ 波旁街的露天咖啡店

　　这是波旁街对面一家可随意出入的咖啡店。爵士乐演奏从 10:00 左右开始，咖啡店最受欢迎的号手兼主唱 Steamboat Willie 率领的乐队的演奏从 18:00 开始演奏。晚饭后，在回酒店前正好能听一听爵士乐。不要忘记和入口处的 3 尊爵士乐巨匠的雕像合影。咖啡店信息→ p.119。

🏠 311 Bourbon St.
☎ （504）888-7608
🔗 neworleansmusicallegends.com
🕐 周日～下周四 8:00~22:00
　　周五、周六 ~24:00
🆑 Ⓐ Ⓜ Ⓥ

波旁街的标志性铜像按从左到右的顺序依次为法兹·多来诺（Fats Domino）、艾尔·赫特（Al Hirt）、皮特·冯坦（Pete Fountain）

Fritzel's European Jazz Pub

Map p.35 B4

◆ 传统爵士乐老字号

　　这是一家于 1969 年开始营业的老铺，堪称新奥尔良式传统爵士乐。其建筑建于 1831 年。不提供食物，也无须支付小费，最低消费为 1 杯饮料。

🏠 733 Bourbon St.
☎ （504）586-4800
🔗 www.fritzelsjazz.net
🕐 21:00~（周日 20:00~）
🆑 Ⓐ Ⓜ Ⓥ

Palm Court Jazz Cafe

Map p.35 C6

◆ 菜品和演唱会都很正宗

　　这是一家时尚餐厅。尽量早去一点，优先享用美味的食物。虽然不在法国区内，但是可以沿着迪凯特街来这里。其他街道比较荒凉，一定要小心。这里也经常有有名的音乐家演出。

🏠 1204 Decatur St.
☎ （504）525-0200
🔗 www.palmcourtjazz.com
🕐 19:00~23:00　休 周一、周二
🆑 Ⓐ Ⓓ Ⓜ Ⓥ

本地受欢迎的音乐街

说起夜晚的繁华街，波旁街是很有名的。本地人从法国区穿过 Esplanade Ave. 后，聚集在 Frenchmen Street 周围。Faubourg Marigny 区域有许多现场演奏厅，有时还会出现获得格莱美奖的名人音乐家。尤其是周末的晚上，有很多本地人来这里，非常热闹。不仅是游客，也推荐给想听高雅音乐的人。Map 新奥尔良市区地图 C7

注意：周边区域的治安不好，一定要加倍小心。远离俱乐部集中区行人稀少的小道。虽然距离法国区只有几分钟的路程，但最好还是乘坐出租车。

来 d.b.a 的客人大都只去酒吧

Snug Harbor

住 626 Frenchmen St. ☎ （504）949-0696
URL www.snugjazz.com C/C Ⓐ Ⓜ Ⓥ
营 17:00~22:45，周五、周六 ~23:45

在演奏现代爵士乐和蓝调的俱乐部当中，Snug Harbor 是公认的演奏水平较高的一家。埃利斯马萨利斯（爵士乐演奏家，马萨利斯兄弟的父亲）和沙蒙·尼维尔（Charmaine Neville）都定期在这里演奏。本地的爵士乐迷们也经常来这家俱乐部。服务小费约 $15~30，现场演奏是20:00~22:00。演出者名单可以通过网站确认。

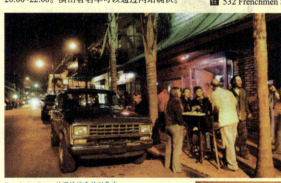

Frenchmen Street 的现场演奏特别集中

d.b.a

住 618 Frenchmen St. ☎ （504）942-3731
URL www.dbabars.com
营 17:00~ 次日 4:00、周五~周日 16:00~
C/C Ⓜ Ⓥ

这里是纽约风格的现场演奏厅，一些著名的音乐家会在这里演奏百老汇爵士乐、蓝调、现代爵士乐、乡土爵士乐等，生啤有二十多种。

Blue Nile

住 532 Frenchmen St. ☎ （504）948-2583
URL www.bluenilelive.com
营 11:00~ 次日 3:00
休 周一 C/C Ⓜ Ⓥ

书包嘴大叔定期来这里演出，服务小费 $15~25。

The Spotted Cat

住 623 Frenchmen St.
☎ （504）943-3887
URL spottedcatmusicclub.com
营 周一~周五 16:00~ 次日2:00、周六、周日 15:00~
C/C 不可使用

这是一家有正宗爵士乐和蓝调演奏的俱乐部。店内像个"章鱼栅"，里面十分拥挤，很难进去，演奏者们像在"浴室里演奏钢琴"。但是演奏都非常好，建议爵士乐的铁杆粉丝一定要去这家俱乐部体验一下。这里从开店到闭店一直都有现场演奏。

总是混乱的 The Spotted Cat

马萨利斯兄弟的父亲埃亲埃利斯马萨利斯每月在 Snug Harbor 演奏两次

Blues Club
◆ 充满激情的舞台

Blues Club 位于波旁街的 Bienville St. 和 Iberville St. 之间，经常有著名的音乐家在这里演出。营业时间内有现场演奏。这里被命名为 "alligator piss" 的鸡尾酒特别受欢迎。

Map p.34 B2

住 216 Bourbon St.
☎ （504）561-1158
营 周日～下周三 14:00～次日 3:00
周四～周六 13:00～次日 4:00

外观很普通，千万不要看漏了

Famous Door
◆ 波旁街最权威的俱乐部

这家俱乐部从 1934 年开始营业，是波旁街上最古老的现场音乐厅。一整天都播放音乐，年轻人比较喜欢。白天欣赏 R&B，晚上欣赏爵士乐、流行音乐和迪斯科等，这里的照明和音响效果出了名的好。最低消费为 1 杯饮料。这里的 32 度啤酒和飓风鸡尾酒很有名。没有服务小费。

Map p.34 B2

住 339 Bourbon St.
☎ （504）598-4334
营 15:00～次日 2:00
C/C A M V

House of Blues
◆ 灵魂的呼喊、蓝调的殿堂

这里是蓝调版硬石餐厅，全美各地都设有分店，这里是 2 号店。分成餐厅和俱乐部两部分，在入口处分别排队进入。内部装饰具有浓厚的宗教色彩，墙壁上杂乱地摆放着基督像、佛像、象神和大卫之星。

舞台表演从 21:00 到 22:00，服务小费 $15～30。餐厅里有汉堡、海鲜和比萨等。周日的福音午餐 $40，评价不错（不定期）。

白天和晚上都能欣赏到现场演奏的
BLUES CLUB

Map p.34 C1-2

住 225 Decatur St.
☎ （504）310-4999
URL www.houseofblues.com
营 11:30～次日 2:00，福音午餐在周日 10:00（不定期）
C/C A D M V

Tipitina's Frentch Quarter
◆ 老字号现场音乐厅

Tipitina's Frentch Quarter 有法国区等 3 家店，不仅有蓝调和 R&B 表演，还有爵士乐、凯金音乐和吹奏乐队等表演。来这里表演的人很多是当地的音乐人，也有罗伯特·克雷和西里尔·内维尔等名人来这里表演。现场演奏在 21:00～22:30 开始。服务小费 $5～15，名人的现场演奏会还需额外支付费用。可通过网站确认表演者。

Map p.34 C1-2

住 233 N.Peters St.
☎ （504）566-7095
URL www.tipitinas.com
营 取决于演唱会的安排
休 周一
C/C A D M V

Funky Pirate
◆ 明星是巨型大汉

体重约 250 公斤的蓝调歌手大阿尔卡森成为这里的明星，这样的体形却有着惊人的实力。直到深夜，这里还人头攒动。也有本地的音乐人在这里演出。只要消费 1 杯饮料，就能欣赏到原汁原味的蓝调。现场演奏的时间是 21:30～次日 2:00，周五、周六是 20:00。大阿尔的演出时间是周二～周六 20:30。

Map p.35 B4

住 727 Bourbon St.
☎ （504）523-1960
营 16:00～次日 5:00

CAJUN, ZYDECO

Krazy Korner

◆ **如果想听柴迪科，就来这里！**

　　这里有著名的柴迪科表演家德威恩的表演。德威恩是 America's Hottest Acordionist 比赛的优胜者。他从 6 岁开始就和音乐家父亲参加音乐活动，10 岁的时候在超级碗的中场秀中曾和桃莉·巴顿同台演出。虽然只有 33 岁，却是一位备受关注的演奏者。Krazy Korner 在 Maison Bourbon 的正对面、往杰克逊广场拐弯的地方，总是有很多顾客，非常热闹。

- 🏠 640 Bourbon St.
- ☎ （504）524-3157
- 🔗 www.krazykorner.com
- 🕐 17:00~，周六、周日 14:00~
- C/C Ⓐ Ⓜ Ⓥ

Michaul's

◆ **有舞蹈课程**

　　Michaul's 是位于 CBD 区的卡津菜餐厅。这里不仅有凯金音乐和柴迪科的现场演奏，还教授卡津舞。无须支付服务小费。

- 🏠 840 St Charles Ave.
- ☎ （504）522-5517
- 🕐 18:00~ 24:00
- 休 周日　C/C Ⓐ Ⓜ Ⓥ
- 🔗 www.michauls.com

Cajun Cabin

◆ **这个城市孕育的另一种音乐**

　　这是一家凯金音乐（起源于路易斯安那）店。在这里不仅能欣赏到类似乡村音乐的独特音乐，还有美味的卡津餐厅。周四~周日从 18:00 开始免费教授爵士舞。

凯金音乐人虽然很土气，却很受欢迎

- 🏠 503 Bourbon St.
- ☎ （504）529-4256
- 🔗 www.patoutscajuncabin.com
- 🕐 11:00~22:00，周六、周日~23:00

Mulate's

◆ **评价最好的现场音乐厅**

　　Mulate's 位于 CBD，是一家卡津菜肴和凯金音乐店。这里的菜品和音乐都受到了很高的评价。虽然来这里的顾客年龄偏高，但也有人在中央大厅跳舞。现场演奏从 19:00 左右开始。

- 🏠 201 Julia St
- ☎ （504）522-1492
- 🕐 11:00~21:00，周六、周日~22:00　🔗 www.mulates.com
- 休 周日　C/C Ⓐ Ⓓ Ⓜ Ⓥ

COLUMN

凯金音乐和柴迪科舞

　　当您走在法国区的时候，能听到从各家店里传出来的以手风琴为主的轻快的音乐声。

　　来自加拿大的法国裔居民称呼自己为阿卡迪亚人（Acadien）（→ p.98），后来变成了卡津人。他们带来的文化和菜肴都被命名为卡津，音乐就是其中的一个。使用手风琴、小提琴以及以敲击挂在脖子上的铁皮洗衣板产生节奏为原型的 rub-board 等弹奏出的音乐称为凯金音乐（Cajun Music）。这种音乐本身就受爱尔兰和乡村音乐的影响，现在的风格比较接近乡村音乐。

　　凯金音乐中加入了蓝调、R&B、黑人音乐—加勒比音乐元素之后而发展起来的是柴迪科（Zydeco）。主要乐器是手风琴和 rub-board。大都是节奏轻快的音乐，也有蓝调风和接近乡村音乐的歌曲。

　　柴迪科繁盛时期的名人有 Clifton Chenier 和 Rockin' Dopsie。

　　有车的人可以通过广播听音乐。行驶在路易斯安那州或者密西西比州周边时，大都是从凯金音乐和柴迪科专业广播电台传来的轻快的音乐声。

洗衣板成为乐器的 rub-board

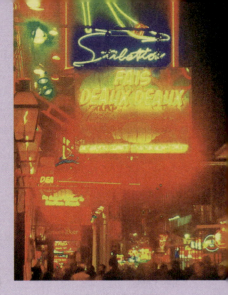

爵士乐起源于新奥尔良。19世纪后半期，爵士乐诞生在新奥尔良的一个小广场上，到了20世纪后半期就已经遍及世界各地了。它的发展速度足以证明其已经超越了民族音乐的精华。爵士乐虽然是黑人的音乐，但自诞生起就已经融入了各个民族的血液。只有像新奥尔良这样融合不同人种和文化的城市才会产生这样的音乐。

爵士乐诞生于刚果广场

追朔美国音乐史，最早在新奥尔良的街角听到爵士乐是在19世纪后半期。位于路易斯·阿姆斯特朗的刚果广场（Congo Square）是唯一一个允许美国黑人奴隶在周日的午后聚集于此载歌载舞的地方。在美国音乐中，鼓等打击乐器不仅起到鼓的作用，还作为歌曲旋律的和音，成为和西洋音乐完全不同的元素。欧洲的传统音乐风格是通过弦乐器和管乐器强调旋律。非洲传统音乐、欧洲音乐以及深受密西西比河流域居民喜爱的蓝调音乐在刚果广场上黑人们的热情中混杂在一起，有节奏地形成了一种独特的音乐。从祖先开始流传下来的非洲旋律受到蓝调、赞美诗、黑人灵歌、乡村音乐等美国民谣以及西洋古典音乐和进行曲等的影响而发生了变化，并且在19世纪末产生了使用多个切分音的繁音拍子，后来发展成了爵士乐。

福音音乐是一种宗教音乐，同样是在奴隶当中诞生的，而爵士乐是在庆祝时以及婚丧时演奏的音乐。在狂欢节等盛装游行时演奏爵士乐是理所当然的，而在新奥尔良的葬礼中，也会在往返于墓地的时候通过轻快的乐队演奏来安慰遗属们沉重的心情。

在舞厅和酒吧每晚都有爵士乐演奏，并作为新奥尔良的声音而被大家接受。这种强调短号和小号等铜管乐器优美旋律（像进行曲一样）的高音可以说是新奥尔良爵士乐的特征。

初期的爵士乐黄金时代及其终结

1898年在现在的贝森街（Basin Street）建了斯特利维尔（Storyville，红灯区），这为只能在街角或者活动时演奏的音乐人提供了俱乐部和歌厅中的"工作的场所"。连日连夜的演奏活动也使这片区域成为音乐人交流的场所，也诞生了各种各样新的想法。书包嘴大叔路易斯·阿姆斯特朗

Jazz was born !

（Louis Armstrong）、优秀的钢琴家杰利·罗尔·莫顿（Jelly Roll Morton）、圣弗朗西斯科种植园（→p.96）中成长的欧瑞（Kid Ory）、失明的短号演奏家金·奥利弗（King Oliver）、单簧管&萨克斯先生西德尼·波切特（Sidney Bechet）等初期爵士音乐家都在这段时间活跃于斯特利维尔。

但是，自1917年禁止色情活动后，斯特利维尔（Storyville）就被废弃了。爵士乐的舞台也随着这些失去工作的音乐家越过密西西比河来到了芝加哥和纽约。

传统派的复活

在爵士乐从迪克西爵士乐发展成摇摆乐、R&B、比波普爵士乐、冷爵士乐、现代爵士乐而称霸世界的同时，在新奥尔良波旁街的酒吧里，爵士乐也恢复了往日的活力。皮特·冯坦（Pete Fountain）、艾尔·赫特（Al Hirt）、乔治·路易斯（George Lewis）、R&B鼻祖法兹·多米诺（Fats Domino）和"长发教授"（Professor Longhair）等演奏家活跃在爵士乐故乡。

20世纪80年代，新奥尔良再次在爵士乐界崭露头角。19岁的号手温顿·马沙利斯（Wynton Marsalis）开始登上爵士乐舞台。他的演奏注重旋律，打动了很多人的心。很快就登上了巨星宝座。他的活跃再一次证明了传统爵士乐魅力，很多年轻的演奏者跟着他的步伐传承新奥尔良的传统爵士乐。

仿佛音乐博物馆的波旁街

新奥尔良养育了很多音乐家，也有许多

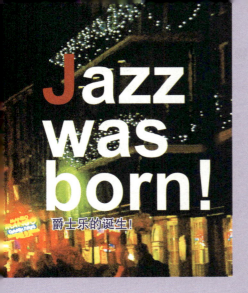

Jazz was born!

爵士乐的诞生！

像约翰博士（Dr. John）、奈维尔兄弟（Neville Brothers）、十二金刚铜管乐队（Dirty Dozen Brass Band）等艺术家活跃在新奥尔良。在夜晚的波旁街，仿佛爵士乐刚产生时的拍子音与后来发展成的各种各样的爵士乐形式交织在一起。街道上播放的音乐声本身就是有着100年历史的爵士乐。

路易斯·阿姆斯特朗
Louis Armstrong

爵士界巨人书包嘴大叔[1]出生于新奥尔良，他是在爵士乐产生不久出生并和爵士乐一起成长起来的。

1900年7月4日的独立纪念日[2]，阿姆斯特朗出生于新奥尔良一个贫苦家庭。13岁时，他因鸣枪而被送进少年感化院，就是在感化院里他学会了短号[3]。从感化院出来之后，短号名手金·奥利弗非常看重他的才华，开始让他在本地乐队和密西西比河上的游览船上磨炼。22岁时阿姆斯特朗离开新奥尔良，加入芝加哥的奥利弗乐团，不久之后去了纽约，加入大型爵士乐队的先驱弗莱彻·亨德森（Fletcher Henderson）的管弦乐队。

从20岁后半期开始，书包嘴大叔的小号开始有了自己的风格。自由的旋律、长长的独奏中融入即兴表演，偶尔还会用沙哑的声音歌唱。虽然现在这种唱法不足为奇，但在当时是非常新颖的。那段时间录制的 Hot Five，Hot Seven 充分发挥了其演奏技巧和乐感，并奠定了他在爵士乐史上的位置。29岁时，《并非行为不当》（Ain't Misbehavin'）

大热。他独特的个性与《圣者的行进》（When the Saints go marching in）一起为世人所知。路易斯·阿姆斯特朗还录制了许多怀念家乡的曲目，例如 Do you know what it means to miss New Orleans、A song was born 等。

路易斯·阿姆斯特朗的后半生一直是备受关注的艺人书包嘴大叔，但也有很多粉丝喜欢他晚年成熟的作品。他进行了以纽约为根据地的世界巡演，1971年依依惜别了演奏生涯。

法国区北部的路易斯·阿姆斯特朗公园[4]入口处有手持短号的阿姆斯特朗的铜像。这位密西西比河流域的黑人青年将爵士乐这种新型的音乐带向了世界。书包嘴大叔可以说是爵士乐的恩人。他的名字将会被喜爱爵士乐的人永远记住，并将永远流传下去。

爵士 & 传统节日

每年4月末~5月中旬会有3000多位艺术家聚集在新奥尔良，在市区各地的室外舞台进行各种各样的演唱会和表演。演唱会上能欣赏到新奥尔良爵士乐以及R&B、现代爵士乐、雷鬼乐和福音音乐等各流派的音乐，也会有明星演出。中心会场是市立公园旁的展览中心，费用只有 $45，但是有明星演出的晚场演唱会的票非常难买。而且酒店和狂欢节时期一样，非常难预订。

● Jazz & Heritage Festival
住 1205 N.Rampart St.,New Orleans,LA70116
☎ （504）558-6100
URL www.nojazzfest.com

※1 satchel mouth，satchel 是张着大嘴巴、带盖子的挎包（学生书包），这是对大嘴路易斯·阿姆斯特朗的昵称。

※2 路易斯·阿姆斯特朗虽然非常出色，但是他的生日实际上不是1900年7月4日，有人说是1901年8月4日。

※3 短号：比小号个头小，而且音色明朗，但是质感比小号差。据说它是由圆号发展而来并成为小号的原型。

※4 路易斯·阿姆斯特朗公园：据说这片区域治安很差，在参观游览时一定要多加小心。

※5 2001年夏，新奥尔良的摩圣特机场改名为路易斯·阿姆斯特朗国际机场。

购 物
Shopping

　　皇家街是法国区有名的购物街，但是店铺的营业时间比较短，一般在 11:00 ~ 17:00。如果买礼物，就去法国市场（→ p.63）。相同的商品，在不同的商店里价格有可能相差几倍。像香料等商品，名品店里有等级评定，在一般的调料店或者超市购买就可以。出了市区，杂志街的古董一条街比较时尚。

　　在狂欢节（→ p.83）、复活节（2013 年 3/31、2014 年 4/20）、感恩节（11 月的第四个周四）、12/25 开始的 4 天时间，全年不休息的商店也闭店。

※ 标志表示路易斯安那免税商店（→ p.111）加盟店。

大型购物中心

Jackson Brewery
Map p.34 C3~4

◆杰克逊广场斜前方

　　此购物区是由建于 1891 年的啤酒酿造厂改装而成的，在杰克逊广场的对面，是一栋雄伟的 6 层建筑，有小龙虾的标志以及受欢迎的 "Cajun Clothing Co.by Perlis" 等。从美食街看到的法国区和密西西比河的景色值得一看。本地人称它为 "Jacks"。

　　一层有冻酸奶店 Blue Penguin，有原味、卡布奇诺、蓝莓等 6 种口味，可以选择巧克力夹心、核桃、浆果等配料。看板上有可爱的企鹅标志。

🏠 600 Decatur St.
☎ （504）566-7245
🌐 www.jacksonbrewery.com
🕐 10:00~19:00

虽然地势很好，但规模较小

Canal Place
Map p.34 D1

◆如果要要购买高级商品，就来这里

　　Canal Place 是以高级百货商店 SAKS FIFTH AVENUE 为中心并且有 30 家店铺的大型购物中心。像 Brooks Brothers、COACH 这样的世界一流品牌店有好多家，氛围也不同于其他的大型购物中心。里面也有咖啡厅和餐厅，可以尽情地购物。威斯汀大饭店也在这里面。

🏠 333 Canal St.
☎ （504）522-9200
🕐 10:00~19:00
　　周日 12:00~ 18:00
🌐 www.theshopsatcanalplace.com
CC A D M V

Canal Place 里有许多高级商店

Riverwalk Marketplace
Map 新奥尔良市区地图 E3

◆河边的商店

　　CBD 地区密西西比河沿岸的细长形建筑是拥有 100 多家商铺的购物中心 Riverwalk。Canal St. 和密西西比河的交汇处周边是下游入口。大致分成 6 个区域，无论在哪里都能看见密西西比河。GAP 等休闲品牌中夹杂着很多新奥尔良式的商店。这里有 "杜梦咖啡" 的分店，美食广场里食物也很丰富。二层设立了退税中心，方便了那些乘坐早晨很早的航班而无法利用机场内退税中心的人。从杰克逊广场乘坐河滨有轨电车，在 Pordras 下车。

🏠 500 Port of New Orleans Pl.
☎ （504）522-1555
🌐 www.riverwalkmarketplace.com
🕐 10:00~19:00
　　周日 12:00~ 18:00

Café du Monde Shop

◆杜梦咖啡商店

这是杜梦咖啡斜前方的一家原装进口商品店。

800 克装的法式甜甜圈粉需要 $3.11，只要加水做成面团然后再油炸，就能在家里品尝到新奥尔良的味道。除此之外，还有 T 恤、加菊苣的咖啡、法式甜甜圈、马克杯等的礼品篮等。

Map p.35 C4

住 813 Decatur St.
☎（504）587-0831
URL www.cafedumonde.com
營 8:30~17:00
休 12/25
C/C Ａ Ｍ Ｖ

Aunt Sally's Creole Pralines

◆新奥尔良有名的甜点

这家商店与"杜梦咖啡"并排，是经营了 60 多年的有名的果仁糖商店。果仁糖是指将山核桃和砂糖用黄油煮烂后做成的圆形薄饼，可以试吃。还有加山核桃的松露巧克力和卡津菜香料。

虽然很甜，为何还那么让人着迷呢？

Map p.35 C4

住 810 Decatur St.
Fax 1800-642-7257
URL www.auntsallys.com
營 周日～下周一 9:00~17:00
　　周二～周四～18:00
　　周五、周六～19:00
C/C Ａ Ｍ Ｖ

Mf.（Mignon Faget）

◆鳄鱼首饰怎么样？

这是一家居住在新奥尔良的设计师开的商店。他的作品有故事和主题，而且设计的小龙虾、短吻鳄等很受当地人的喜爱，并成了时尚礼物。银质的挂件头低 $45~，钥匙链 $40~。

Map p.34 D1

住 333 Canal St.（Canal Place）
URL mignonfaget.com
☎（504）524-2973
營 10:00~19:00、周日 12:00~18:00
C/C Ａ Ｄ Ｍ Ｖ

Pepper Palace

◆香辣调味料和调味汁琳琅满目！

店内的壁柜上放满了约 2000 种辣椒酱、番茄酱和果酱等。制作肉类食物用的 BBQ 肉酱也很受欢迎。这些甜调味料和超辛辣调味料有的可能是您之前没有见过的。有些商品可以品尝。

这里离杰克逊广场也很近

Map p.35 C5

住 835 Decatur St.
☎（504）655-6843
URL www.pepperpalace.com
營 周日～下周四 10:00~20:00
　　周五、周六～22:00
C/C Ａ Ｍ Ｖ

New Orleans Doll Company

◆购买艺术小物件作为礼物

展现新奥尔良艺术家个性作品的画廊和商店并排着。可以购买 T 恤和马克杯等艺术品当作礼物。

能让人联想起巫毒娃娃和绘本等，非常丰富

Map p.35 B4

住 617 Charters St.
☎（504）592-4080
URL www.jamiehayes.com
營 9:00~19:00
C/C Ａ Ｍ Ｖ

Idea Factory

◆本地艺术家制作的木质工艺品

这是一家有 90 名木工艺术家的画廊。室内装饰、人偶、玩具等无一不充满着智慧。建议看一看做工细腻的秘密收藏盒。

Map p.35 C5

住 838 Chartres St.
Fax 1800-524-4332
營 10:00~18:00、周日 ~17:00
休 周二　URL www.ideafactory-neworleans.com　C/C Ｍ Ｖ

Tabasco Country Store

 Map p.35 C4

◆特色商品丰富多彩

以塔巴斯科为主题的丰富的商品以及具有新奥尔良特色的首饰、小挂件、香辣调味料和服装都挤在一起。杰克逊广场前有许多旅游咨询处。

住 537 St Ann St.
☎ （504）539-7900
URL www.neworleanscajunstore.com
营 10:00~18:00

New Orleans School of Cooking

Map p.34 C3

◆烹饪教室很受欢迎

有丰富的克里奥尔菜食材和香料。在同时开设的烹饪教室里，厨师微笑着现场制作什锦烩饭，并且可以试吃（→ p.24）。

住 524 St Louis St.
☎ 1800-237-4841　营 10:00~12:30
C/C A D M V　URL www.neworleansschoolofcooking.com

French Quarter Postal Emporium

Map p.35 B5

◆从包装到递送用品一应俱全

位于 St Philip St. 街角。包装纸、袋子、胶带、邮票等实用的物品一应俱全。旅行中的物品也可以在这里打包后运送到指定地点。

住 1000 Bourbon St.
☎ （504）525-6651
营 周一～周五 9:00~18:00
　 周六 10:00~15:00
C/C M V
URL frenchquarterpostal.com

The Crabnet

 Map p.35 C5

◆以野生动物为主题的艺术品

鳄鱼和小龙虾领带 $38.95~。这里 80% 都是路易斯安那艺术家的作品，还有写真集等。

住 925 Decatur St.
☎ （504）522-3478
URL thecrabnet.com
营 10:00~18:00、周日 ~17:00
C/C A M V

Roux Royale

Map p.34 B3

◆丰富的百合标志商品

这里有丰富的象征新奥尔良的 Flure de lis 商品，货架上摆放着许多厨房用品、文具盒和首饰等。

住 600 Royal St.
☎ （504）565-5272
营 9:00~22:00
C/C A M V

手感好的酒盖也很受欢迎

La Belle Gallerie

Map p.34 B2

◆黑色艺术专业画廊

这是一家以少数黑色艺术藏品而知名的画廊。可以海外配送。

住 309 Chartres St.
☎ （504）524-5195
营 10:00~19:00　C/C A M V

Santa's Quarters

 Map p.35 C5

◆圣诞节快乐！

这是一家品种丰富的圣诞礼品店。这一地区最古老的礼品店，商品质量更是没话说。有新奥尔良风格的黑色皮肤的圣诞老人和天使，还有很多狂欢节礼物。

住 1025 Decatur St.
☎ 1888-334-7527
营 9:00~17:00
休 周六、周日　C/C A M V
URL www.santasquarters.com

 在运河街购买电器时需要注意

因为在新奥尔良急需 DVD/CD 机，别人推荐去了运河街对面的电器用品店花了 $600 买了 DVD/CD 机。在网上查询后才知道这款机器的一般售价不超过 $200。后来又调查了同等质量的商品，都在 $230 左右。这家商店的店员服装整洁，商品上都贴着标签，没想到价格会提高几倍。

编辑部注：运河街上的电器用品店评价都不太好。即使只买一块电池，也要特别小心。而且不让使用信用卡。

消费税返还制度 Louisiana Tax Free Shopping

　　在路易斯安那州，外国游客只有购买州内加盟店的商品才能返还消费税。这些加盟店统称为路易斯安那免税商店，州内的 900 多家加盟店前有圆形的标记牌。在新奥尔良，除了 Jackson Brewery、法国市场、Riverwalk、Canal Place 以外，很多小商店也成了加盟店。主要是一些游客较多的礼品店和出售高额商品的商店，也有书店和 T 恤商店。美国水族馆的博物馆商店也是加盟店，郊区的大型超市里也有加盟店。

法国区的礼品店也有很多加盟店

　　免税商店并不是不支付税金，而是在扣除手续费后返还已支付的消费税。在路易斯安那州内支付购物款的时候，必须在确认其为加盟店后索取退税票据。手续有点复杂，即使是购买小额的商品，也要索取票据才能返还消费税。路易斯安那的消费税高达 9%，有了返还制度，真是太好了。

退税条件

◆ 手持护照以及 90 日内往返的国际机票或者 E 票的游客。留学生等长期居留的人除外。

◆ 只限于在州内加盟店购买的有形物品。美容院和游轮等除外。美术馆和典藏厅的门票除外，但在礼品店里购买的商品为免税对象。

◆ 只限于游客自己带出境的物品，邮寄品除外。

手续

① 在加盟店里支付钱款时，先出示护照，然后索取退税凭证和发票，两者缺一不可。

② 在新奥尔良国际机场大厅（美国航空中心对面）的退税中心 Refund Center（8:30~16:30，周六、周日 9:00~13:00），出示护照、90 日内的往返国际机票、退税凭证、发票，然后领取返还的消费税，不过要扣除手续费。$500 以下的返还款是现金支付，如果返还款在 $500 以上，就日后邮寄支票。

　　退税中心有的时间段排队的人很多，最好选择人少的时候。

　　CBD 河岸的大型购物中心 Riverwalk 的二层（→ p.108）也有退税中心。

退税手续费

（2012 年）

购入金额	手续费	购入金额	手续费
~$50	$1.00	~$300	$6.00
~$100	$2.00	~$500	$10.00
~$150	$3.00	~$1000	$20.00
~$200	$4.00	~$5000	$78.00

有关邮寄的退税

　　如果退税中心还没有开始工作，就用柜台里的信封（其他信封也可以）将下面的证件一起邮寄，也能领取返还钱款。如果不在新奥尔良机场，而是乘坐巴士或者租车离开路易斯安那，也同样可以通过邮寄的方法进行退税。

　　注意：如果回国后 30 日内不提出申请，就视为无效。

① 退税凭据（复印件不可）。

② 发票（复印件也可）。

③ 机票复印件。

④ 护照复印件，印有护照号码和姓名的那一页以及盖有美国入境章的那一页。

⑤ 写明地址、姓名、邮寄申请理由（夜间航班，退税中心尚未工作），在购买的物品上写上现在的居住地址（家庭地址等）。

邮寄地址

Louisiana Tax Free Shopping Refund Center
P.O.Box 20125, New Orleans, LA 70141, USA
（504）467-0723
www.louisianataxfree.com

法国区

Brennan's
克里奥尔菜 & 法国菜

Map p.34 B2

◆ 在 Brennan's 吃早餐

这里的早餐非常丰盛，总是会让人情不自禁地想起南北战争前优雅的生活，Brennan's 也因此而出名。首先从"晓晨之饮（鸡尾酒）"开始，像 Brandy Milk Punch 等适宜早晨喝的软饮料应有尽有。套餐是 $40，可以从蛋类菜品和 Oyster Benedict 等 10 种菜肴中选择前菜，也可以两种菜肴各一半拼盘。早餐提供甜点，可以选择有名的香蕉福斯特。而且，这里也提供午餐和晚餐。午餐 $30~、晚餐 $40~，最好提前预约。因为是需盛装出席的餐厅，所以要注意服装。尤其是晚餐时，男士要穿外套，女士也要穿礼服。

住 417 Royal St.
☎ （504）525-9711
URL www.brennansneworleans.com
营 周一 ~ 周五 9:00~13:00
　　周六・周日 8:00~14:40
　　每天 18:00~21:00
CC A D M V

位于最高法院前

Tujague's
克里奥尔菜

Map p.35 C5

◆ 1856 年创立的传统派

这是继 Antoine's 之后又一家因其历史而骄傲的餐厅。店内是古典的深棕色，墙壁上挂有演员和作家等名人的照片，能感受到这是个历史悠久并且评价很高的餐厅。罗斯福和杜鲁门总统也来过这里。但这里绝不是超高级餐厅。这家餐厅主要经营传统的克里奥尔菜肴。午餐有单品菜单，价格在 $15~20。晚餐只有一种，前菜是加了蛋黄酱的虾，然后上汤和招牌菜牛胸肉，主菜可以选择肉的菜肴、鱼的菜肴或鸟的菜肴。包括甜点在内，如果吃饱的话，需要 $31.99~34，非常实惠。架子上装饰的收藏品迷你瓶也是这家餐厅引以为豪的。

住 823 Decatur St.
（504）525-8676
URL www.tujaguesrestaurant.com
营 周六 ~ 周日 11:00~15:00
　　每天 17:00~22:00
CC A D M V

位于法国市场前

Arnaud's
克里奥尔菜

Map p.34 B2

◆ 以细腻而优雅的克里奥尔美食为豪

这家餐厅创立于 1918 年，它是克里奥尔餐厅中最优雅的一家，内部装饰古色古香。尤其是 Shrimp Arnaud's 和甜点奶油炖蛋，味道极佳。前菜 $20~、一道菜 $41.50。二层有展示狂欢节服装的博物馆，需要预约。不能穿牛仔裤和短裤入内。周日的爵士午餐很受欢迎，平日也有爵士乐三重奏的表演。服务小费 $4。

住 818 Bienville St.
☎ （504）523-5433
Fax 1866-230-8895
URL www.arnauds.com
营 18:00~22:00
　　周日爵士午餐 10:00~14:30
CC A D M V

左 / 尽量提前一天预约
右 / 波旁街转弯处有个入口

Antoine's
克里奥尔菜 & 法国菜

◆能让哭啼的孩子平静下来的老字号

自 1840 年创立以来，从总统到各国皇室、电影明星等来过 Antoine's 的名人不计其数。菜单是用法语写的，品种有 130 多个，也可以将您的喜好告诉服务员，让他们来为您推荐。但是一定不能错过 100 多年前在 Antoine's 制作出的牡蛎洛克菲勒。

晚餐的预算在 $50~70。这里总是忙得不可开交，这正体现出它的确是一家高级餐厅，但也能感受到一种平实的氛围。用餐需要提前预约。

住 713 St Louis St.
☎ （504）581-4422
URL www.antoines.com
營 周一～周六 11:30~14:00、17:30~21:00，周日 11:00~14:00
C/C A D M V

Margaritaville Cafe
新奥尔良菜 & 加勒比海菜

◆充满热带风情氛围的餐厅

这是乡村歌手吉米·巴菲特经营的热带风情氛围的餐厅。在此不仅能享用使用新鲜的食材制作出的新奥尔良菜肴和加勒比海菜肴，还能同时欣赏到摇滚乐、蓝调和乡村音乐等丰富多彩的现场演奏。推荐卡津菜、意大利宽面条、面包、意大利面和海鲜拼盘等。预算在 $15~20。现场演唱会虽然每天都有，但是需要提前查询具体时间。无须支付服务小费。

推荐卡津菜、吉士汉堡、什锦烩饭等，鸡尾酒的品种也很丰富。

住 1104 Decatur St.
☎ （504）592-2565
URL www.margaritavillecafe.com
營 11:00~21:30
C/C A D M V

为了与周围的氛围一致，外观比较保守

Bourbon House Seafood and Oyster Bar
海鲜

◆因鲜美的味道和幽雅的环境而受欢迎

很多当地人也为了感受幽雅的环境和鲜美的海鲜而来到这里。尤其是加了鱼子酱的新鲜生牡蛎（Oysters on the half shell with caviar, 6 个 $13，12 个 $25）以及螃蟹爪腌渍而成的 Crab Fingers（$11），味道非常好。

如果想吃新鲜的牡蛎，就来这里

住 144 Bourbon St.
☎ （504）522-0111
URL www.bourbonhouse.com
營 每天 6:30~10:30
周日～下周四 11:00~22:00
周五、周六～23:00
C/C A D M V

NOLA
克里奥尔菜

◆受事业有成的年轻人的欢迎

这是一家将现代法国思想融入传统克里奥尔菜肴的新式克里奥尔餐厅。时尚的内部装饰非常漂亮，一点儿不显呆板。午餐穿休闲装就可以（短裤也可以，但是不能穿背心）。

招牌菜加了法国风味的调味酱之后，味道更佳。秋葵汤和克里奥尔菜的味道不同。午餐 $20~，晚餐 $20~30。这里还有在使用柴火的烤炉里做成的比萨 $18。

住 534 St Louis St.
☎ （504）522-6652
營 周五～周日 13:30~14:00
每天 18:00~22:00
URL www.emerils.com
C/C A D M V

Rib Room
烤肉店

◆如果想吃上好的牛排，就来这里

这家餐厅在 Omni Royal Orleans Hotel 的一层，是位于皇家街街角的一家既雅致又时尚的餐厅。一定要尝一尝号称新奥尔良第一的上好牛排，价格为 $30~60。周日 11:00~14:30 的爵士午餐可以一边听爵士乐演奏，一边享用午餐，价格为 $30~45（3 道菜）。晚餐一定要预约。

住 621 St Louis St.
☎ （504）529-7046
URL www.ribroomneworleans.com
營 6:00~10:30，爵士午餐 11:30~14:00，周五、周六～22:00
C/C A D M V

Court of Two Sisters

克里奥尔菜 & 法国菜

Map p.34 B3

◆建议在中庭享用午餐

　　这家餐厅在皇家街和波旁街都有入口。如果想来这家餐厅用餐，一定要挑一个天气好的日子。在百花盛开的中庭享用美食是一件非常美妙的事情。午餐有 80 多种，价格为 $29（5~12 岁 $12.5）。这里也有爵士乐的现场演奏（从 9:30 开始）。晚餐有 4 道菜，价格为 $43。穿着不要太随意，午餐和晚餐最好穿正装。

🏠 613 Royal St.
☎（504）522-7261
🖥 www.courtoftwosisters.com
🍴 爵士午餐 9:00~15:00
　　晚餐 17:30~22:00
💳 A D M V

外观和中庭都很漂亮

Gumbo Shop

克里奥尔菜

Map p.35 B4

◆氛围轻松的超有名餐厅

　　这家餐厅就在杰克逊广场旁，是代表新奥尔良的克里奥尔餐厅，但氛围很轻松。前菜 $8.5~17，价格十分合理，请尽情享用。因为是名店，客人总是络绎不绝。

　　建议您品尝两种秋葵汤 $7.99、什锦烩饭 $11.99、克里奥尔虾 $14.50 等。一餐点一份秋葵汤就够了。

　　喜欢美食的人可以选择红豆饭、什锦烩饭、克里奥尔虾拼盘（Combination Plate）$13.99。这里是 1794 年的建筑，如果天气好的话，可以在中庭用餐。当然，屋内的环境也很好。

　　从这家餐厅沿湖边（波旁街方向）步行 1 个街区，有一家招牌一模一样的餐厅，千万不要弄错。

🏠 630 St Peter St.
☎（504）525-1486
🖥 www.gumboshop.com
🍴 11:00~23:00
💳 A D M V

K-Paul's Louisiana Kitchen

卡津菜

Map p.34 C2

◆特别受美国游客的欢迎

　　这里的厨师是全美有名的卡津菜厨师，总是有很多慕名而来的顾客。前菜以虾尾爆米花最为新颖。餐厅里比较辣的食物有很多，午餐 $10~20，晚餐 $30~50。还有自制的调味料出售。

🏠 416 Chartres St.
☎（504）596-2530
🖥 www.kpauls.com
🍴 周二 ~ 周六 11:00~14:00
　　周一 ~ 周六 17:30~22:00
休 周日
💳 A D M V

K-Paul's 自制的调味料也很有名

Deanies Seafood

卡津菜 & 海鲜

Map p.34 A1

◆卡津菜老字号

　　这是一家深受本地居民喜爱的法人后裔的百姓餐厅。Seafood Platter 里有油炸牡蛎、虾、猫鱼、软壳蟹等，充满活力且不负众望的新鲜度是其卖点，一起出锅的圆形油炸马铃薯也很好吃。建议尝尝水煮小龙虾。

🏠 841 Iberville St.
☎（504）581-1316
🖥 www.deanies.com
💳 A D M V
🍴 11:00~22:00
　　周五、周六 ~ 23:00

Acme Oyster House

海鲜

Map p.34 B1

◆生意兴隆的酒吧 & 餐厅

　　餐厅位于 "Felix's" 的斜前方，是从 1910 年开始经营的名店，但里面却像个食堂。很多顾客来牡蛎吧只点生牡蛎和啤酒，也可以在里面的酒吧内慢慢地饮酒。1 打生牡蛎 $13.50，红豆饭 $9.99，夹入秋葵的法国面包（Gumbo Poopa）$11.99，什锦烩饭 $10.99，都非常实惠。晚餐只需 $15~20 就足够了。

🏠 724 Iberville St.
☎（504）522-5973
🖥 www.acmeoyster.com
🍴 11:00~22:00
　　周五、周六 ~ 23:00
💳 A M V

Felix's
克里奥尔菜 & 海鲜

◆有牡蛎酒吧

1 打生牡蛎的价格在 $10 左右，秋葵浓汤里尽是牡蛎而没有香肠。海鲜拼盘 $16.50，一般有软壳蟹、虾、牡蛎、油炸白鱼肉，有的还加马铃薯和凉拌卷心菜。19:00 左右人比较多，最好提前去。

 我曾在 4 间的牡蛎吧用过餐。这里的烤牡蛎最好吃。用黄油烤过之后抹上酱，然后夹在法国面包里吃，味道最佳。白天和晚上都至少需要 30 分钟以上。但是，生牡蛎的味道是最好的，价格也很实惠。

可以从波旁街或者 Ibervile St. 进入

住 739 lberville St.
☎ （504）522-4440
營 10:00~23:00、周五～周日～次日 1:00
URL www.felixs.com
C/C A M V

Mr. B's Bistro
克里奥尔菜

◆爵士午餐广受好评

 我是和朋友、家人一起去的 Mr. B's Bistro，正好一桌人。餐桌的空位是通过网络管理的，服务员也很有礼貌。店内一直能欣赏到钢琴奏出的爵士乐，右手里面是牡蛎吧。建议您品尝这里的牛排和虾。1 人 $50 就足够了。

人气最旺的是 Mr. B's BBQ Shrimp，抹上麻辣浓酱后嫩煎而成，白天 $18，晚上 $26。请尽情享用!

住 201 Royal St.
☎ （504）523-2078
URL www.mrbsbistro.com
營 11:30~14:00、17:30~21:00
周日爵士午餐 10:30~14:00
C/C A D M V

Bubba Gump
海鲜

◆虾连锁店

这是一家因《阿甘正传》而大热的休闲餐厅。在播放着凯金音乐的店里有捕虾道具以及拍摄电影时的照片，气氛愉悦。总是有很多家庭来这里用餐，非常热闹。可以在中庭或者阳台用餐。推荐浓虾汤、柠檬蒜汁虾、意大利面等。新奥尔良炸虾的味道也不错 $16.99。

住 429 Decatur St.
☎ （504）522-5800
URL www.bubbagump.com
營 11:00~21:00、周五、周六~23:00，周日 ~22:00
C/C A D M V

Sekisui Samurai
美式日本料理

◆美国式日本料理

这是一家位于法国区的日本料理餐厅。有 $10.50 的鳄梨生春卷（Joy Roll），$8.5 的麻辣软壳蟹和小龙虾寿司卷（News Orleans），$6.35 的加奶油奶酪和鳗鱼酱的三文鱼寿司卷（Hurricane）等风味菜单。还有天妇罗和炸猪排等畅销菜品。

住 239 Decatur St.
☎ （504）525-9595
URL www.sekisuiusa.com
營 11:30~22:00、周五、周六~22:30 C/C A M V

Crescent City Brewhouse
克里奥尔菜 & 卡津菜

◆啤酒很好喝

 推荐 5 种生啤 $6.95，三烤牡蛎（Baked Oysters Three ways）$8.95 等。

周一～周六爵士乐现场演奏从 18:00 开始。

住 527 Decatur St. ☎ （504）522-0571 Fax 1888-819-9330
C/C A D M V
URL www.crescentcitybrewhouse.com
營 12:00~22:00、周五、周六 11:30~23:00，周日 11:30~22:00

Olivier's
克里奥尔菜

◆正宗的克里奥尔餐厅

这是一家位于 Iberville St. 和 Bienville St. 之间的家族经营的餐厅。在这里有非常新颖的经营方法：可以先品尝 3 种秋葵浓汤的味道，比较后再做选择。午餐预算为 $15~25，晚餐 $20~40。

 这是酒店的门卫向我推荐的一家餐厅。在这里我吃到了最好吃的秋葵浓汤。

住 204 Decatur St.
☎ （504）525-7734
URL www.olivierscreole.com
營 周五、周六 11:00~15:00
每天 17:00~22:00
C/C A D M V

Napoleon House
美国菜

◆最优雅的咖啡馆

　　店里播放着古典音乐和歌剧，虽然能感受到幽雅的氛围，但身穿 T 恤进这家咖啡馆的普通百姓一般会点三明治等。餐厅是由历史建筑改装而成的，详细由来→ p.66。

Map p.34 C3

🏠 500 Chartres St.
☎ （504）524-9752
🌐 www.napoleonhouse.com
🕐 周一 11:00~17:30，周二~周四 ~22:00，周五、周六 ~23:00
休 周日

Port of Call
美国菜

◆本地人的聚会场所

　　从波旁街往下游走，出了步行街后，左侧就是这家餐厅的招牌。虽然菜单比较单调，只有甜点、汉堡和沙拉，而且内部装饰保持了原样，但生意很兴隆。$9.50 的汉堡可选择马铃薯作为配料。原来这里只是个甜点屋，后来有了汉堡。推荐和菜品同样有名的鸡尾酒——季风，价格是$9.50。

拼盘的量很大

Map 新奥尔良市区地图 C6

🏠 838 Esplanade Ave.
☎ （504）523-0120
🌐 www.portofcallnola.com
🕐 11:00~24:00
　 周五、周六 ~ 深夜 1:00
C/C Ⓐ Ⓜ Ⓥ

Camellia Grill
美国菜

◆最受学生欢迎

　　这家餐厅的菜品不仅分量足而且品种丰富，可以从早上一直吃到晚上。好像要将爱聊天的厨师包围一样，室内只有一个柜台，好像在电影中看到的怀旧的场面。有吉士汉堡和热三明治等典型的美国食物。很多顾客对于用铁板加热碧根果馅饼感到非常惊喜。

Map p.34 C3

🏠 540 Chartres St.
☎ （504）522-1800
🌐 camelliagril.net
🕐 周日 ~ 下周四 8:00~23:00，周五、周六 ~ 次日 3:00
C/C Ⓐ Ⓜ Ⓥ

本店位于河湾地区（→ p.88）

运河街和 CBD

Drago's Seafood
海鲜

◆炭火烤牡蛎的味道绝佳

　　位于郊区的总店从 1969 年开始就是一家人气很旺的餐厅。Riverwalk 隔壁的希尔顿一层有分店，游客去那里很方便。招牌食物是加香料烤成的 Char broiled Oyster（6 个 $9.95），简单而且味道极佳，是吃不惯生牡蛎之人的最佳选择。还有很多龙虾和鱼类等。午餐在 $20 左右，晚餐为 $30~50。不可预约。

Map 新奥尔良市区地图 E3

🏠 2 Poydras St.
　 （Hilton Riverside 内）
☎ （504）584-3911
🌐 www.dragosrestaurant.com
🕐 11:00~22:00
C/C Ⓜ Ⓥ

Bon Ton Café
卡津菜

◆商业区的人气店

　　餐厅位于办公大楼和大型酒店集中的 CBD 地区。午餐时间来这里的公司职员很多，十分拥挤。午餐 $16~35，晚餐为 $30~50。秋葵浓汤和什锦烩饭都是麻辣味的。晚餐最好预约。

Map 新奥尔良市区地图 D3

🏠 401 Magazine St.
☎ （504）524-3386
🕐 11:00~ 14:00，17:00~21:00
休 周六、周日
🌐 www.thebontoncafe.com
C/C Ⓐ Ⓓ Ⓜ Ⓥ

Palace Cafe
克里奥尔菜 & 卡津菜

Map p.34 B1

◆爵士午餐是卖点
乐队成员是根据我们的要求围着餐桌为我们演奏的，所以我们一边听着喜欢的爵士乐曲，一边享用着美味的新奥尔良菜。午餐（周日 10:30~）$16~，建议吃 Catfish with Pecan。在放满山核桃的鲇鱼上抹上润滑的酱，味道简直美妙极了。我曾在许多餐厅里吃过鲇鱼，这里的制作方法和其他地方不同。晚餐价格为 $20~30。

🏠 605 Canal St.
☎ （504）523-1661
🌐 www.palacecafe.com
🕐 周一～周六 11:30~14:00、周日 10:30~，每天 17:30~22:00
C/C Ⓐ Ⓜ Ⓥ

Horinoya
日本料理

Map 新奥尔良市区地图 C2

◆如果想吃正宗的日本料理，那么就请来这里
餐厅位于 CBD 的中心地区，老练的日本人在操作台前施展着自己的本领。丰富而新鲜的原料让人感觉它的制作非常讲究。这里还有寿司吧和单间。店内幽雅而舒适。

🏠 920 Poydras St.
☎ （504）561-8914
🕐 午餐周一～周五 11:30~14:30、晚餐周一～周四 17:00~22:00、周五、周六 ~22:30
休 周日、节假日

Emeril's
克里奥尔菜

Map 新奥尔良市区地图 D2

◆厨师魅力超凡的餐厅
✉ 这是一家人气特旺的餐厅，如果不预约的话，很难立刻就坐下来用餐，但的确值得一去。晚餐一道菜 $30~40。我推荐两种自制香肠前菜 Homemade Andouille 和 Creole Boudin Sausages，价格为 $8。有点麻辣味，但是很好吃。有吧台，比预约的时间提早去，就不会等得很辛苦。

餐厅在艺术街儿童博物馆旁边，最好提前预约。

🏠 800 Tchoupitoulas St.
☎ （504）528-9393
🌐 www.emerils.com
🕐 周一～周五 11:30~14:00、每天 18:00~22:00
C/C Ⓐ Ⓓ Ⓜ Ⓥ

Mother's
南部家常菜

Map 新奥尔良市区地图 D3

◆妈妈的味道
自 1938 年创立以来，历经 70 多年一直保持着普通家常菜的味道。早餐和晚餐时间人特别多。进店以后，先在服务台排队订餐。最受欢迎的是使用自制的香肠做成的 Omelet 和 Famous Ferdi Special Po'Boys 等。火腿和猪排都是手工制作的。除此以外，Shrimp Creole、自制的饼干、面包布丁等也很受欢迎，价格为 $8~12，很便宜。

🏠 401 Poydras St.
☎ （504）523-9656
🌐 www.mothersrestaurant.net
🕐 7:00~22:00
C/C Ⓐ Ⓜ Ⓥ

花园区

Commander's Palace
克里奥尔菜 & 法国菜

Map p.87

◆花园区的高级餐厅
它是位于花园区的维多利亚风格的豪宅，蓝白相间的墙壁特别显眼。最好的座位是二层靠窗的位置。从这里一边俯视巨大的橡树和中庭，一边用餐，十分惬意。还有牡蛎鱼子奶油酱和蟹肉饼用的牡蛎酱等，非常有创意。3 道主厨特餐 $30，晚餐 $38。周日如果天气晴朗的话，还会有迪克西兰爵士早午餐，地点在拉斐特墓地前，需要预约。

🏠 1403 Washington Ave.
☎ （504）899-8221
🌐 www.commanderspalace.com
🕐 午餐周一～周五 11:30~14:00、周六 11:30~13:00、周日 10:30~13:30，晚餐 18:30~22:00
C/C Ⓐ Ⓜ Ⓥ

花园区的名店

探访新奥尔良咖啡馆

杜梦咖啡一直到深夜客人才全部离开

为何新奥尔良的咖啡如此美味？

哪里有星巴克咖啡店
在咖啡的发源地没有人说星巴克咖啡店庸俗，不过法国国内一家也没有，会议中心和运河街的高层酒店等商务人士集中的地方有几家星巴克咖啡店。

新奥尔良的咖啡非常好喝，市民人均咖啡消费量位于全美第二，是全美人均咖啡消费量的 2 倍。巨大的新奥尔良港口每天有来自墨西哥湾

礼品店里有加入菊苣和相关商品出售

对岸的加勒比和南美各国的装满新鲜咖啡豆的货船来来往往。新奥尔良港的咖啡豆输入量号称世界第一。将咖啡豆卸下来之后，送到市区的工厂里烘烤。有的送到雀巢这样的大型公司，有的送至家族经营的工厂，新奥尔良有很多咖啡烘焙工厂，竞争非常激烈。

喜欢喝咖啡的法国人的影响也不容忽视。在新奥尔良流行喝牛奶咖啡，就是蒸牛奶（用蒸汽泡开的牛奶）和咖啡各一半。

咖啡里加入了味苦而健康的菊苣

虽然新奥尔良人每天要饮用美国人均 2 倍以上的咖啡，但是大都是加了菊苣的咖啡，咖啡因的摄取量并不多。南北战争的时候，咖啡豆产量不足，于是开始用菊苣来代替。

在香辣调味料的宝库——新奥尔良，能享受到加入香料和香草、坚果、干果等配料之后散发出特殊香味的咖啡。放入香草、肉桂、可可豆、榛子、碧根果、杏仁、香蕉后和咖啡一起烘焙。有很多口味新颖的咖啡品种，可以作为礼物送给朋友。

菊苣 Chicory
菊苣与菊花和蒲公英同类，菊苣有苦味的叶子可以放入沙拉，味道和放入脱水菊苣根的咖啡差不多，有利于肠胃健康。

Cafe

Café du Monde

◆城市的标志性建筑

Café du Monde 以加菊苣的牛奶咖啡、松脆的四角形甜甜圈和法式甜甜圈兴隆了 140 多年。从杰克逊广场往密西西比河方向走，左侧苔绿条纹帘至今还是新奥尔良的标志之一。

这里的油炸法式甜甜圈 3 个 $2.42，蘸上餐桌上的红糖后趁热吃口感会更好。加菊苣的牛奶咖啡也是 $2.42。还有可可饮料和冰咖啡。虽然也有外卖，但还是刚炸好的好吃。

Riverwalk 有分店，总店人太多，建议来这家分店，味道和总店里的味道一样好。而且 Riverwalk 分店的店员服务态度也很好。

左 /24 小时营业　右 / 适合做甜点和早餐的法式甜甜圈

Map p.35 C4
- 800 Decatur St.
- （504）525-4544
- 1800-772-2927
- 24 小时
- www.cafedumonde.com
- 12/25　24 小时

Café Beignet

◆小吃品种很丰富

这是法国区所有咖啡馆里最漂亮的一家。虽然是一家小店，但同时也是一个画廊。在这里，可以一边欣赏艺术作品，一边品尝香味扑鼻的咖啡。还可以在可爱的中庭享用下午茶。周末中庭还有现场演奏，当地人也有很多来这里享用午餐以及到红酒吧里喝红酒。

住 311 Bourbon St. 有分店（周日～下周四 8:00~22:00、周五、周六 ~24:00）（→ p.102）

Map p.34 B2
- 334 Royal St.
- （504）524-5530
- 7:00~17:00

Croissant D'Or

◆新奥尔良人推荐的咖啡馆

这是土生土长的新奥尔良人推荐的店，位于皇家街和查特斯街之间寂静的住宅区的一角，当地人也有很多来这里。如果天气好的话，可以在有喷泉的中庭用餐。早餐和午餐的菜谱丰富。只能现金支付。

Map p.35 B6
- 615 Ursulines St.
- （504）524-4663
- 6:00~14:00
- 周二

Royal Blend

◆同时设立了网络咖啡屋

在这里能品尝到三明治、沙拉、汤、曲奇、糕点、咖啡、红茶等。所有选择三明治的顾客会附赠一小袋卡津薯片。建议天气好的时候在中庭享用午餐。

Map p.35 B4
- 621 Royal St.
- （504）523-2716
- 6:00~20:00，周五、周六 ~24:00，周日 ~18:00
- 周一、周二
- C/C M V

PJ's Coffee &Tea Company

◆波旁街新开的店

这里的咖啡用一流的咖啡烘焙炉烘焙而成，超市里也有 PJ 咖啡出售。咖啡屋在皇冠酒店里，有 47 种自己烘焙的咖啡和 30 种红茶。在冷水里放置了 12 小时的冰咖啡更是上品。

Map p.34 B2
- 300 Bourbon St.
- （504）553-2247
- www.pjscoffee.com
- 6:00~20:00

在 CBD 和杂志街等有 19 家分店

酒店
Hotel

建议住在具有古典韵味的 B&B

有关税金

酒店税为 13%，房税每晚 $1（有 300 间以上客房的大酒店房税为 $2/晚，有 1000 间以上客房的酒店房税为 $3/晚）。

入住登记

入住登记时间为 15:00，结账时间为 12:00。如果 18:00 以后住店，必须提前打招呼。很多法国区以外的酒店到了晚上就闭店。

仔细确认酒店费用

最近法国区一些便宜的酒店在支付费用时，会遇到很多麻烦，因此一定要在入住前仔细地确认费用，如果用信用卡支付的话，在签字前，必须仔细确认费用情况。

晚上最好乘坐出租车

如果不住在法国区的酒店，即使只有 5 分钟的路程，也建议您乘坐出租车。

狂欢节
2014 年 ………… 3 月 4 日

爵士乐传统节日
每年 4 月末~5 月上旬举行

在新奥尔良的法国区，从超一流酒店到普通酒店有 50 多家；运河街附近的现代高层酒店约有 10 家，漂亮的住宅地花园区有很多雅致的 B&B。

新建的酒店大都是豪华的美国风格。内部很宽敞，餐厅等设施齐备。

法国区许多欧洲风格的酒店屋顶比较高，还是古典的室内装饰、铁艺的阳台、有喷泉的中庭，非常浪漫。好不容易来一次新奥尔良，一定要在这里的酒店住一晚。因为建筑古老，根据打理的好坏程度不同，舒适度有很大的差别。如果想住中档以下的酒店，一定要先去房屋里看一看，然后再做决定。

●旺季

旺季是狂欢节前后、爵士乐和美国传统的节日、万圣节前的 10 月、圣诞节、有超级碗的年末年初。尤其是在狂欢节和有超级碗的年末年初，预订酒店非常困难。费用也比后面的信息介绍中的费用高很多。

●淡季

在新奥尔良闷热的夏季酒店价格比较便宜，有的酒店价格下降得惊人。圣诞节前的 12 月前半月价格也很便宜。

●周末

大型的商务酒店周末价格比较便宜，而法国区的大部分酒店平日比较便宜。

●新奥尔良的大部分酒店全馆禁烟

2008 年路易斯安那州 50% 的酒店根据法律规定开始禁烟，废止了禁烟室。以前可以在大厅和走廊吸烟的酒店，现在也不允许了。

方便旅行的运河街酒店

Royal Sonesta

◆位于波旁街正中央

　　Royal Sonesta 位于 Bienville St. 和 Conti St. 之间，标志是绿色的遮阳物。砖墙和铁艺的阳台为杂乱的波旁街增添了华丽。而热带风情的中庭也很可爱。既能在沿街的屋子里享受喧嚣，也能在中庭享受宁静。500 个房间每间都带有小酒吧，ⓈⒹⓉ$129~289。里面有餐厅、休息室、健身房和游泳池，停车场 $30/ 天。

住 300 Bourbon St., New Orleans, LA 7013
☎ (504) 586-0300
Free 1800-766-3782
FAX (504) 586-0335
C/C ⒶⒹⒿⓂⓋ
URL www.sonesta.com

波旁街上最高级的 Royal Sonesta

Prince Conti

◆波旁街旁的酒店

　　酒店距离波旁街半个街区。虽然是一家古老的酒店，但是打理得很精心。ⓈⒹⓉ$89~332，停车场 $28/ 天，共有 76 个房间，Wi-Fi 免费。

住 830 Conti St., New Orleans, LA 70112
☎ (504) 529-4172
Free 1800-366-2743
FAX (504) 581-3802
C/C ⒶⓂⓋ
URL www.princecontihotel.com

真是一个异常安静的地方

Ramada Plaza Inn on Bourbon

◆如果想去爵士俱乐部转一转，就选择这里

　　酒店位于法国区夜晚人流量很大的 Toulouse St. 街角，美国的第一家歌剧院就在这里。共有 186 个房间，房间的朝向有 3 种。能从阳台上看着喧闹的波旁街，并且能在爵士乐和各种声音的陪伴下入眠。但是这个地段会喧闹到深夜，需要注意。ⓈⒹⓉ$109~189，面对波旁街带阳台的房屋价格为 $159~289，停车场 $30/ 天。

住 541 Bourbon St., New Orleans, LA 70130
☎ (504) 524-7611
Free 1800-535-7891
FAX (504) 568-9427
C/C ⒶⒹⓂⓋ
URL www.innonbourbon.com

如果想要方便一点，就选择 Ramada Plaza

St Marie

◆一直能玩到深夜

　　酒店距离波旁街小半个街区，共有 103 个房间，中庭一侧的房间安静些。ⓈⒹⓉ$69~359，有餐厅和游泳池，停车场 $28/ 天，Wi-Fi 免费。

住 827 Toulouse St., New Orleans, LA 70112
☎ (504) 561-8951　Free 1800-366-2743
FAX (504) 571-2802　C/C ⒶⓂⓋ
URL www.hotelstmarie.com

Olivier House

◆距离波旁街半个街区

　　这是一家建于 1839 年的希腊复古风格的酒店，共有 42 个房间，有蜜月套房和别墅。前台 24 小时都有服务人员。Ⓢ$135~，Ⓣ$145~275。

住 828 Toulouse St., New Orleans, LA 70112
☎ (504) 525-8456　Free 1866-525-9748
FAX (504) 529-2006　C/C ⒶⒹⒿⓂⓋ
URL www.olivierhouse.com

Maison de Ville& The Audubon Cottage

◆ 艳压群芳

使用透明玻璃玄关门和砖墙的大厅、中庭的喷泉、带华盖的床，无不美丽至极，简直让人无法想象这竟然是一座有250年历史的建筑。酒店位于波旁街和皇家街之间，共有23个房间。据说田纳西·威廉姆斯就是在这里的中庭执笔《欲望号街车》的。每间房间都带有小酒吧，浴室里还准备了漂亮的浴袍。含早餐，午后大厅里提供雪利酒和红茶。

Map p.34 B3

住 727 Toulouse St., New Orleans, LA 70130
☎ （504）561-5858
Free 1800-634-1600
FAX （504）586-1409
C/C A D M V
URL www.maisondeville.com

Omni Royal Orleans

◆ 法国区数一数二的酒店

这家酒店在皇家街最雅致的区域内，漂亮的铁花阳台特别吸引行人的目光。这里有豪华的客房和超一流的服务，是由1836年营业的酒店改装而成的。S D $179~399，淡季有折扣。晚上，还会在枕边放巧克力，服务非常贴心。有346个房间，有休息室、温水游泳池和健身俱乐部。

Map p.34 B3

住 621 St Louis St., New Orleans, LA 70140
☎ （504）529-5333
Free 1800-804-6835
FAX （504）529-7089
C/C A D J M V
URL www.omnihotels.com

Le Marais

◆ 便利而幽静的酒店

酒店位于从皇家街的古董一条街刚进入波旁街的地方，共有66个房间。虽然这里地处闹市，去哪儿都很方便，但是房间里很安静。S D T $135~600，停车费$30/天。

Map p.34 B2

住 717 Conti St., New Orleans, LA 70130
☎ （504）525-2300
Free 1800-935-8740
URL www.hotellemarais.com
C/C A D M V

Mazarin

◆ 成熟稳重的酒店

这是一家欧式风格的高级酒店。大理石中庭内有喷泉，整个酒店充满了新奥尔良独特的高雅气氛。总共有102个房间，S D T $135~500，淡季有折扣，最低$76。浴室很漂亮。套房里有专用的中庭，最能体会到旅行的情趣。一层有法国餐厅，停车费$30/天。

Map p.34 B2

住 730 Bienville St., New Orleans, LA 70130
☎ （504）581-7300
Free 1800-535-9111
FAX （504）200-3112
C/C A D M V
URL www.hotelmazarin.com

Monteleone

◆ 小说家喜爱的名门酒店

位于距离皇家街1.5个街区的位置，外壁漂亮的装饰十分引人注目。共有570个房间，是法国区规模最大的酒店，就连威廉·福克纳、田纳西·威廉姆斯都喜欢来这里。可以从有温水游泳池的屋顶阳台一览法国区。S D T $135~350，各种设施也很便宜。有餐厅、牡蛎酒吧、咖啡厅和健身中心。

Map p.34 B1-2

住 214 Royal St., New Orleans, LA 70130
☎ （504）523-3341
Free 1866-338-4684
FAX （504）528-1019
C/C A D M V
URL www.hotelmonteleone.com

文豪曾住过的历史悠久的酒店

Bienville House

远离喧嚣的波旁街的宁静酒店

◆ 法国区风格的酒店

　　距离运河街 2 个街区，距离杰克逊广场 3 个街区，购物和交通都很便利。铁花和柔和的灯光营造出怀旧的氛围，仿佛回到了昔日的法国区。虽然装饰不怎么豪华，但却很优雅舒适。含早餐 $129~410，提供熨斗、吹风机和浴袍。大厅内有 PC 机，免费使用，Wi-Fi 免费。共有 83 个房间，建议住中庭游泳池对面的房间或者 Decatur 街一侧带阳台的房间。

Map p.34 C2

住 320 Decatur St., New Orleans, LA 70130
☎ （504）529-2345
Free 1800-535-9603
FAX （504）525-6079
URL www.bienvillehouse.com
C/C A D J M V

W French Quarter

◆ 奶油色的意大利情调

　　是一家十分雅致的酒店。虽然中庭有游泳池，而且餐厅是意大利风格的，但酒店本身是舒适的美国风格。旺季时 S D T $239~384，淡季 S D T $199~314，共 98 个房间。

Map p.34 C2

住 316 Chartres St., New Orleans, LA 70130　☎ （504）581-1200
Free 1877-946-8357　FAX （504）523-2910
URL www.wfrenchquarter.com
C/C A D M V

Holiday Inn-Chateau Le Moyne

◆ 欧式风格的假日酒店

　　位于距离波旁街 1 个街区的安静的住宅区。虽然远离杰克逊广场，但如果乘坐运河街有轨电车的话，很快就能到。不同于其他的假日酒店，它是新奥尔良式欧洲风格的酒店。S D T $80~429，有餐厅、休息室和游泳池。共 171 个房间。停车费 $29.95/ 天。

※请注意，新奥尔良有 8 家假日酒店。

位于法国区北部的 Holiday Inn–Chateau Le Moyne

Map p.34 A2

住 301 Dauphine St., New Orleans, LA 70112
☎ （504）581-1303
Free 1800-972-1791
FAX （504）523-5709
URL www.hiclneworleanshotelsite.com
C/C A D M V

Dauphine Orleans

◆ 非常浪漫

　　这是一家位于蜡像馆前的欧式风格酒店，有迎宾鸡尾酒会和下午茶等，服务非常周到。共有 111 间宽敞明亮的客房，含早餐 S D $129~189，夏季 $99~129，有带天井的房间。Wi-Fi 免费。停车费 $32/ 天。

时尚度在法国区首屈一指

Map p.34 A2

住 415 Dauphine St., New Orleans. LA 70112
☎ （504）586-1800
Free 1800-521-7111
FAX （504）586-1409
URL www.dauphineorleans.com
C/C A D M V

Place d'Armes

◆ 杰克逊广场附近

　　位于神父馆隔壁，地理位置最好。即使是在法国区，这里的中庭和游泳池的美丽程度也是屈指可数的。含早餐 D T $95~359，夏季有折扣。但是房间很窄，朝向不好的房间光线比较暗。共 84 个房间，停车费 $28。

距离杰克逊广场 0.5 个街区，非常方便

Map p.35 B4

住 624 St Ann St., New Orleans, LA 70116
☎ （504）524-4531
Free 1800-366-2743
FAX （504）571-2803
URL www.placedarmes.com
C/C A M V

新奥尔良

● 酒店

Chateau

Map p.35 B5

◆虽然古老却美丽迷人

　　这座被常春藤缠绕的砖造建筑有 45 间客房。室内装饰陈旧，房间和浴室都很窄，但是整个酒店的氛围比较好。含早餐 ⑤$79~119，⑩$99~169，这样的价格在法国区算很便宜了。有餐厅，停车费 $16。

住 1001 Chartres St., New Orleans, LA 70116　☎（504）524-9636
Free 1800-828-1822
FAX（504）525-2989
URL www.chateauhotel.com
C/C Ⓐ Ⓓ Ⓜ Ⓥ

Royal

Map p.35 B5

◆时尚的室内装饰令人吃惊

　　这家建于 1827 年的古老酒店位于 St Philip St. 街角，2001 年进行了大规模的改造，时尚的室内装饰令人吃惊。统一为白色和棕色的室内装饰是这家时尚酒店的韵味所在。⑤⑩ $99~375，套间 $275~352，Wi-Fi 和室内保险柜使用费 $8.95，停车费 $23/ 天。

住 1006 Royal St., New Orleans LA 70116　☎（504）524-3900
Free 1888-776-3901
FAX（504）558-0566
C/C Ⓐ Ⓓ Ⓜ Ⓥ
URL www.frenchquarterhotelgroup.com

Provincial

Map p.35 C5

◆拥有 5 个中庭

　　这是一家距离杰克逊广场 2.5 个街区的欧式酒店。能看到法国市场。4 栋建筑里共有 93 间客房，中央有个大停车场（$24/ 天）。旧馆的客房是由 1830 年的建筑改造而成的，里面摆放的是法国古典家具，屋顶又高又宽阔。而新馆有一些装饰可爱的房间。面对游泳池或者中庭的房间比较安静。⑤⑩Ⓣ$99~279，夏季 $79~299。

住 1024 Chartres St., New Orleans, LA 70116
☎（504）581-4995
Free 1800-535-7922
FAX（504）581-1018
C/C Ⓐ Ⓓ Ⓙ Ⓜ Ⓥ
URL www.hotelprovincial.com

每栋客房的风格不同

Soniat House

Map p.35 B6

◆想奢侈地感受一下住在这里的感觉

　　这家酒店是由 1829 年建造的住宅改造而成的，1983 年作为酒店对外营业。《洛杉矶时报》将其评为 "世界上最浪漫的 12 个地方" 之一，也得到了其他媒体较高的评价。从杰克逊广场出发，从查特斯街往下游方向走 4 个街区就到了。打开看似紧闭的木门，进入玄关，有一间没铺地板的房间，里面能看到明朗的中庭。中庭里有砖造的泉和亚热带的植物。建筑本身就很古老而且房间也小，但是舒适的内部装饰让人感到很轻松，而且在某些细节方面也考虑得十分周到，服务人员热情真诚，能感受到家的氛围。⑤⑩Ⓣ$205~295，套间 $345~625 共 30 个房间，停车费 $25/ 天，早餐 $11。

住 1133 Chartres St., New Orleans, LA 70116
☎（504）522-0570　Free 1800-544-8808
FAX（504）524-0810　C/C Ⓐ Ⓓ Ⓜ Ⓥ
URL www.soniathouse.com

装饰别致的 Soniat House

Le Richelieu in the French Quarter

Map p.35 C6

◆有自助停车场

　　酒店位于 Gov.Nicholls St. 和 Barracks St. 之间，距离法国市场和原造币厂 1.5 个街区。4 个楼层共 86 个房间，每个房间都有小型冰箱，⑤$79~170，⑩$95~195，Ⓣ$100~210，还有豪华套房，听说保罗·麦卡尼曾住过这里。法国区的酒店停车场大都是工作人员帮客人把车开出停车场，既不需要等待也不需要停车票，$20/ 天。24 小时有警卫，工作人员也很热情，可以问他们一切有关旅行的事情。有餐厅和游泳池，Wi-Fi 免费。

住 1234 Chartres St., New Orleans, La 70116
☎（504）529-2492　Free 1800-535-9653
FAX（504）524-8179　C/C Ⓐ Ⓓ Ⓜ Ⓥ
URL www.lerichelieuhotel.com

Le Richelieu 周边非常安静

Ursuline Guest House

◆ **自在而宁静**

位于波旁街和皇家街之间一块安静的区域内，是建于 18 世纪的典型的克里奥尔住宅，共有 16 间客房。傍晚还能在小巧可爱的中庭品尝红酒。含早餐夏季 ⑤⑩ $76~95，冬季 $100~225。

住 708 Ursulines St., New Orleans, LA 70116
☎（504）525-8509　Free 1800-654-2351
FAX（504）525-8408　C/C Ⓐ Ⓜ Ⓥ
URL www.ursulineguesthouse.com

Lafitte Guest House

◆ **服务周到**

位于"拉斐特铁匠屋"隔壁，客人们可以在大厅一边吃着糕点一边畅谈。晚上提供红酒和前菜，服务很周到。1849 年这里是个人住宅，14 个房间内部装饰风格各异。既有南部风情浪漫的房间，也有带暖炉和幔帐床的维多利亚风格的房间、乡村风格的房间、纽约风格的时尚房间等。含早餐 ⑤⑩Ⓣ $129~425，周末上涨 $10。四层的房间视觉效果最好。

住 1003 Bourbon St., New Orleans, LA 70116
☎（504）581-2678
Free 1800-331-7971
FAX（504）581-2677
C/C Ⓐ Ⓓ Ⓙ Ⓜ Ⓥ
URL www.lafitteguesthouse.com

Lamothe House

◆ **维多利亚风格的宾馆**

这里距造币厂 1.5 个街区，不在法国区而位于查特斯街和皇家街之间，穿过 Esplanade Ave. 的林荫道就到了。是 150 多年前建造的维多利亚风格的私人住宅，还有热带风情的中庭。整个宾馆古色古香，能让人想起 19 世纪人们的生活。共 20 间客房，有的带有厨房。⑤⑩Ⓣ$69~299，早餐免费。

住 621 Esplanade Ave., New Orleans, LA 70116
☎（504）947-1161
Free 1800-367-5858
FAX（504）943-6536
C/C Ⓐ Ⓜ Ⓥ
URL www.lamothehouse.com

运河街和 CBD

JW Marriott

◆ **交通便利**

从皇家街穿过运河街，就到了 JW Marriott。酒店配备了欧式和美式两种风格的设施。⑤⑩Ⓣ $179~414，有餐厅、健身中心和游泳池。共有 487 个房间。

市区同系列的酒店有 4 家，隔着运河街的斜前方有家名为 New Orleans Marriott 的酒店，不要混淆。

住 614 Canal St., New Orleans, LA 70130
☎（504）525-6500
Free 1888-364-1200
FAX（504）525-8068
URL www.jwmarriotneworleans.com
C/C Ⓐ Ⓓ Ⓜ Ⓥ

街道深处高层建筑中的 JW Marriott

Astor Crowne Plaza

◆ **位于波旁街和运河街的交叉口**

地理位置很好，交通十分便利。临街的客房，尤其是波旁街一侧的客房一直到凌晨都很吵闹。共有 693 个房间，⑤Ⓣ $135~400。如果想住便宜一点的酒店，就住皇家街一侧的别馆 The Alexa Quarters。

住 739 Canal St., New Orleans, LA 70130　☎（504）962 0500
Free 1888-696-4806　FAX（504）962-0503
URL www.astorneworleans.com
C/C Ⓐ Ⓓ Ⓙ Ⓜ Ⓥ

Westin New Orleans Canal Place

◆ **只有这里能乘坐电梯下楼购物**

这是为了参观美国水族馆而修建的豪华酒店，在大型购物中心 Canal Place 的楼上，收款台在十一层。酒店的入口不在运河街而在法国区一侧的 Iberville St.。虽然 438 间客房的视野都很好，但能眺望到密西西比河和法国区的客房更有魅力。带小型酒吧的 ⑩Ⓣ $169~279，有餐厅、温水游泳池和健身俱乐部。

住 100 Iberville St., New Orleans, LA 70130　☎（504）566-7006
Free 1866-527-1381
FAX（504）553-5120
C/C Ⓐ Ⓓ Ⓜ Ⓥ
URL www.starwoodhotels.com

Doubletree

◆**环境整洁的小型酒店**

在 Canal Place 的前面，隔壁是哈拉斯赌场。房间很整洁，工作人员的服务态度也很好。在登记入住时，会赠送巧克力夹心饼干。商务中心 24 小时可免费使用。共 364 个房间，夏季 ⑤⑩⑪$99~224，冬季 $99~114。有餐厅、休息室和游泳池，停车费 $30/天。

🏠 300 Canal St., New Orleans, LA 70130
☎ （504）581-1300
Free 1800-801-6835
FAX （504）212-3141
C/C A D J M V
URL www.doubletree.com

Windsor Court

◆**全美首屈一指的高级酒店**

在美国的旅行杂志对全美知名酒店的综合评比中，Windsor Court 获得了 AAA 四钻，尤其是这里的服务，获得了很高的评价。虽然外观单调，但是内部装饰得像英国宫殿。

不过客房是时尚而明亮的，连浴室都使用了大量的意大利大理石，十分雅致。264 间套房精心配备了厨房和衣帽间，宽敞而舒适。十三层以上的客房视野较好。共有 324 个房间，带小型酒吧的 ⑪ $180~350，套房 $250~525。

🏠 300 Gravier St., New Orleans, LA 70130
☎ （504）523-6000
Free 1888-596-0955
FAX （504）596-4513
C/C A D M V
URL www.windsorcourthotel.com

Hilton Riverside

◆**建议入住面向密西西比河的房间**

新奥尔良的希尔顿就像它的名字一样，在密西西比河附近。Hilton Riverside 和 Riverwalk Macket Place 之间有一个通道，非常方便。隔壁是世界贸易中心，因为距离会议中心很近，所以很多商务人士会来这里。共有 1616 个房间，带小型酒吧的 ⑤⑩⑪$168~289，夏季有折扣。还能享用到早餐和香槟酒。健身俱乐部设施齐全，有两个游泳池，还有乒乓球、壁球、跑步和健美操等设施，停车费 $34/天。

🏠 2 Poydras St., New Orlears, LA 70140
☎ （504）561-0500
Free 1800-445-8667
FAX （504）568-1721
C/C A D J M V
URL www.hilton.com

商务活动和旅行居住的好去处

W Hotel New Orleans

◆**精心打造的室内装饰独具魅力**

这是一家 23 层的时尚酒店，在 Windsor Court 隔壁，共有 423 个房间。距离法国区和 Riverwalk Macket Place 都只有 2 个街区，交通便利。旺季 ⑤⑩ $249~350，淡季 ⑤⑩ $159~209。提供舒适的羽绒被，还有游泳池和健身房。

可以和法国区同等级的 W French Quarter 比较一下。

🏠 333 Poydras St., New Orleans, LA 70130 ☎ （504）525-9444
Free 1877-946-8357
FAX （504）581-7179
C/C A D J M V
URL www.whotels.com

Ritz Carlton New Orleans

◆**以超一流的服务为豪**

酒店位于运河街的 Dauphine St. 和 Burgundy St. 之间，这栋古典建筑原先是百货商店，后来改装成了现在的酒店。这是路易斯安那州唯一一家获得 AAA 五钻的酒店。这里的服务周到，服务人员真诚热情。每个房间都有小型酒吧和 CD 播放器。意大利大理石的浴室还准备了高级浴袍。⑤⑩⑪$179~355，有餐厅、温水游泳池和水疗。

🏠 921 Canal St., New Orleans, LA 70112
☎ （504）524-1331
Free 1800-241-3333
FAX （504）524-7675
C/C A D J M V
URL www.ritzcarlton.com

Hyatt Regency New Orleans

◆在超级巨蛋的前面

这是一家有 1184 间客房的巨型酒店，因为和新奥尔良中心的大型购物中心连在一起，所以购物和吃饭都非常方便。距离联合旅客终点站（灰狗巴士和美铁）2 个街区。步行 20 分钟可到达法国区，有往返专线车。有餐厅、健身中心和温水游泳池。ⒹⓉ $190~329。

Map 新奥尔良市区地图 B2

住 601 Loyola Ave., New Orleans, LA 70113
☎ （504）561-1234
Ⓕ 1800-633-7313
Ⓕ （504）523-0488
Ⓒ/Ⓒ ⒶⒹⒿⓂⓋ
Ⓤ www.hyatt.com

Renaissance Pere Marquette

◆距离运河街 1 个街区

从这里去法国区和商业街很方便，距离中国餐厅和 Walgreen（便利店）也很近。前台的工作人员很热情。上网 $12.59/ 天。

※隶属万豪国际酒店，共有 272 个房间，$129~229。

Map 新奥尔良市区地图 C3

住 817 Common St., New Orleans. LA 70112
☎ （504）525-1111
Ⓕ 1800-372-0482
Ⓕ （504）525-0688
Ⓒ/Ⓒ ⒶⒹⒿⓂⓋ
Ⓤ www.marriott.com

乘坐有轨电车 5 分钟就能到达的

Maison St Charles

◆距住宅区约 5 分钟车程

这是一家由古老的宅邸改装而成的高级酒店。乘坐圣查尔斯轨电车经过 Lee Circle，下公路之后一下车就能看到这家酒店。美丽的中庭被几栋建筑包围着，24 小时都很安全。隔壁就是温蒂汉堡店。共有 130 个房间，含早餐 ⓈⒹⓉ$109~209，停车费 $17/ 天，房间内有保险柜、咖啡机和投币式洗衣机。

优雅舒适的 Maison St Charles

Map 新奥尔良市区地图 D1

住 1319 St Charles Ave., New Orleans, LA 70130
☎ （504）522-0187
Ⓕ 1877-424-6423
Ⓕ （504）529-4379
Ⓒ/Ⓒ ⒶⒹⒿⓂⓋ
Ⓤ www.maisonstcharles.com

Creole Gardens Guesthouse

◆充满南部风情的 B&B

能充分领略新奥尔良式服务的 B&B。乘坐圣查尔斯有轨电车在 Thalia St. 下车，往河边方向走 1 个街区即可到达，交通十分便利。

这栋建于 1849 年的建筑常用于婚宴和会场，很多度蜜月的客人会住在 SEMI SWEET 公寓。服务人员亲切而友好，价格是 $129~299。这条街上人流量较小，如果晚上出门的话，最好乘坐出租车。

充满艺术感的 Grand Boutique

Map 新奥尔良市区地图 D1

住 1415 Prytania St., New Orleans, LA 70130
☎ （504）569-8700
Ⓕ 1866-569-8700
Ⓒ/Ⓒ ⒶⒹⓂⓋ
Ⓤ www.creolegardens.com

Grand Boutique Hotel

◆充满艺术格调的时尚酒店

这是一家具有艺术格调的时尚酒店，位于有轨电车行驶的圣查尔斯街上，在这条宁静的街道上，酒店外观格外显眼。

全部是套间，内部装饰充满艺术感，也提供了冰箱等设施。酒店前面就是有轨电车的车站，去法国区或者花园区很方便。共有 44 个房间，含早餐旺季时 ⓈⒹⓉ$130~250，淡季时 ⓈⒹⓉ$75~150，也有的含晚餐的费用。停车费 $18，Wi-Fi 免费。

Map p.33 C~D3

住 2001 St Charles Ave., New Orleans, LA 70130
☎ （504）558-9966
Ⓕ 1800-976-1755
Ⓕ （504）571-6464
Ⓒ/Ⓒ ⒶⒹⓂⓋ
Ⓤ www.grandboutiquehotel.com

Avenue Plaza Resort & SPA

Map p.33 D3

◆客人专用 SPA 受到好评

　　酒店就在 Jackson Ave. 的前面，从法国区乘坐有轨电车只需要 10 分钟。共有 264 个房间，带小型酒吧和冰箱的 ⑤⑩⑪$99~350，夏季有折扣。有投币式洗衣机，中庭有游泳池，也能享受有蒸汽和桑拿的水疗，停车费 $22.40。

住 2111 St Charles Ave., New Orleans, LA 70130
☎（504）566-1212
Free 1800-614-8685
FAX（504）525-6899
C/C Ⓐ Ⓓ Ⓜ Ⓥ
URL www.avenueplazaresort.com

Grand Victorian B & B

Map p.87

◆如果想选择一家优雅舒适的酒店，就来这里吧

　　乘坐圣查尔斯有轨电车在华盛顿大街下车即可到达。这是一栋白色的豪宅，有 8 个房间，内部和浴室装饰得都很优雅。房间内不仅为客人准备了雪利酒，还有咖啡和红茶，可随时饮用。⑤⑩ $150~300，周末必须至少住两晚，停车免费，Wi-Fi 免费。

Grand Victorian 位于花园区正中央

住 2727 St Charles Ave., New Orleans, LA 70130
☎（504）895-1104
Free 1800-977-0008
FAX（504）896-8688
C/C Ⓐ Ⓜ Ⓥ
URL www.gvbb.com

Columns Hotel

Map p.33 D2

◆也用于电影拍摄

　　由布鲁克·谢尔兹扮演 12 岁妓女并获得戛纳电影节金棕榈奖的电影《漂亮宝贝》就是在这里拍摄的。1883 年时这里还是烟草贸易商的宅邸，巨大的台阶和彩色玻璃使其变得十分浪漫，服务人员也非常亲切。酒店在花园区的西侧，从法国区乘坐市区电车来酒店只需 15~20 分钟。共有 20 个房间，有餐厅，含全套早餐的 ⑤⑩⑪ $120~230。

住 3811 St Charles Ave., New Orleans, LA 70118
☎（504）899-9308
Free 1800-445-9308
FAX（504）899-8170
C/C Ⓐ Ⓜ Ⓥ
URL www.thecolumns.com

其他酒店

　　如果想住比市区便宜的酒店或者市区酒店已满员，可以选择郊区公路沿线的汽车旅馆。美国大多数汽车旅馆的客房都宽敞舒适而且设备齐全。如果有车的话，推荐住在 I-10 的 Exit 228 的 Metairie 汽车旅馆（约 10 间客房）。它位于机场和市区的中间位置，也是庞恰雷恩湖桥（Causeway Bridge，→p.38）的入口。去大型的商店或者 AAA（巴士公司）的办公大楼都非常方便。

　　如果没车，住在有机场免费接送班车的 Kenner 汽车旅馆（约 10 间客房）则比较方便一些。

🔑 机场周边的酒店

Hilton New Orleans Airport	住 901 Airline Dr., Kenner, LA 70062　☎（504）469-5000　Free 1800-445-8667 FAX（504）466-5473　URL www.hilton.com 料 $161~209　C/C Ⓐ Ⓓ Ⓙ Ⓜ Ⓥ 交通 机场旁边，免费接送
La Quinta Inn New Orleans Airport	住 2610 Williams Blvd., Kenner, LA 70062　☎（504）466-1401 Free 1800-753-3757　FAX（504）466-0319　URL www.lq.com　C/C Ⓐ Ⓓ Ⓜ Ⓥ 料 ⑩⑪$99~132　距离机场 2.4 公里，免费接送，含早餐，Wi-Fi 免费
Comfort Suites	住 2710 Idaho Ave., Kenner, LA 70062　☎（504）466-6066 Free 1877-424-6423　FAX（504）466-8282 URL www.comfortsuites.com 料 ⑤⑩⑪$89~130　C/C Ⓐ Ⓓ Ⓙ Ⓜ Ⓥ 交通 I-10 Exit 223。机场免费接送，含早餐，18 岁以下免费，所有客房带冰箱和微波炉。Wi-Fi 免费

南部腹地和阿肯色

路易斯安那州★密西西比州★
亚拉巴马州★田纳西州★阿肯色州

Deep South and Arkansas

纳奇兹 *Natchez*

最受欢迎的罗沙莉堡

人口	约 1.6 万人
消费税	7%
酒店税	10%
时区	中部时区

　　19 世纪，起源于 1716 年法国殖民者建造的罗沙莉堡的纳奇兹终于迎来了它的黄金时代。因为在密西西比河畔的山丘上，所以不会受到洪水的袭击。作为棉花装货港，纳奇兹非常繁荣，大农场主们竞相建造豪宅。在南北战争后的发展停滞时期，这些豪宅也保持了原样。如今，南北战争前建造的 50 多栋优雅的建筑吸引了很多游客。

　　悠悠流淌的密西西比河见证了纳奇兹的兴衰，而建造豪宅的农场主们以及为他们工作的黑人奴隶们会以怎样的心情去看这条大河呢？当代游客也会从繁荣的足迹中看到些什么吧。

Broadway 沿线的纪念碑，站在亭子里可以看到密西西比河

前往方法 Access

长途巴士

　　灰狗巴士从新奥尔良到纳奇兹 1 天往返 1 次，10:30 从新奥尔良出发（需 4 小时 15 分钟）。从拉斐特到纳奇兹（需 3 小时 30 分钟）每天 1 班。都可以在巴吞鲁日换乘 Delta Bus Line 公司的巴士。

　　巴士车站在郊外的 Longwood 旁，那里有开往市区的出租车。

租车

　　可走纳奇兹公路小道（→ p.138）。从新奥尔良沿 I-10 向西行驶，在巴吞鲁日沿 US-61 向北行驶，约需 3 小时。市区道路狭窄，将车停在旅游咨询处，然后徒步旅行比较好。

灰狗巴士
Greyhound
（Delta Bus Lines）
Map p.132 B2
🏠 103 Lower Woodville Rd.
☎ （601）445-5291
🕐 7:00~17:30、周 六 8:00~17:00、周日 14:00~ 17:00
🚫 节假日
※时刻表频繁变更，请事先确认！

AAA（巴吞鲁日）
🏠 5454 Bluebonnet Rd.
☎ （225）293-1200
🕐 8:30~17:15
🚫 周六、周日、节假日
24 小时道路救援
📞 1800-222-4357

纳奇兹 漫步

Miss Lou Taxi
☎（601）442-7500

市区的中心是被西边的 Broadway、东边的 Untion St.、北边的 High St. 和南边的 Washington St. 所包围的区域。东西方向有 5 个街区，南北方向也有 5 个街区，步行的话有点远。

纳奇兹最值得参观的豪宅大多数为私人所有，有的全年开放，有的只在春秋季举办的朝圣 pilgrimage 节日（各一个月）时开放，也有的不对外开放。最好事先去旅游咨询处了解详细信息。

远离市区的豪宅也有很多，但是没有公共交通设施。如果没有车的话，除了罗沙莉堡和斯坦顿大厅，都需要乘坐出租车。

■旅游咨询处■

● **Natchez Visitors Reception Center**

这是市区南部 Canal St. 沿线的大型建筑，纳奇兹是密西西比各地的旅游咨询窗口，也能

如果来纳奇兹旅游的话，一定要先来这里

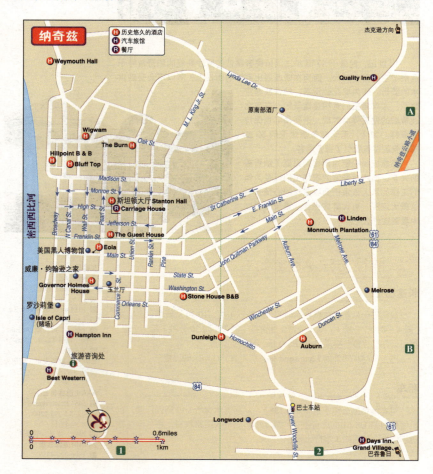

Melrose 后院有再现的奴隶小屋，可以通过国家公园局的网站详细了解这段历史

旅游咨询处
Map p.132 B1
🏠 640 S.Canal St.
☎ （601）442-0814
📠 1800-647-6724
🌐 www.visltnatchez.org
🕐 8:30~17:00
休 周六、周日

预约酒店和 B&B。一定不要错过有关纳奇兹文化的展示以及再现的蒸汽船。为了让游客更好地了解纳奇兹旅游信息，咨询中心配备了能上网以及发电子邮件的计算机。

纳奇兹　主要景点

罗沙莉堡 Rosalie　　　　　　　　　Map p.132 B1
追忆 19 世纪的辉煌

罗沙莉堡是位于市区的佐治亚风格的历史古迹，距离旅游咨询处 2 个街区，是欣赏密西西比河的最佳位置。此建筑建成于 1820 年，在南北战争中北军占领纳奇兹时，总部就在罗沙莉堡。这里现已被认定为美国国家历史古迹。

在保卫纳奇兹的堡垒处建造的罗沙莉堡

罗沙莉堡
🏠 100 Orleans St.
☎ （601）446-5676
🌐 www.rosaliemansion.com
🕐 9:00~17:00（11 月～次年 2 月 10:00~16:00）。每隔 1 小时 1 次
休 复活节、11 月的第四个周四、12/24、12/25
💰 $10、6~12 岁 $8

斯坦顿大厅
🏠 401 High St.
☎ （601）442-6282
🌐 www.stantonhall.com
🕐 9:00~16:30。每隔 30 分钟 1 次
💰 $10、6~13 岁 $8

斯坦顿大厅 Stanton Hall　　　　　　Map p.132 A1
无与伦比的建筑

Stanton Hall 是建于 1857 年的白色希腊复古风格的宅邸，占地 1 个街区，四周被一棵棵 100 多年的巨大橡树包围。这里现已被认定为美国国家历史古迹。

从 High St. 街角的入口上坡进入宅邸时，会看到约 5 米高的屋顶。Stanton Hall 是纳奇兹最优雅、最壮观的宅邸之一，其内的餐厅（→ p.135）也很优雅。

住于市区中心的 Stanton Hall

133

蒙默斯 Monmouth
不能错过庭园的种植园豪宅

蒙默斯
🏠 36 Melrose Ave.
☎ （601）442-5852
🌐 www.monmouthplantation.com
🕐 10:00
💰 $10、6～13 岁 $8
🚗 沿 State St. 往东，顺着改名为 John Quitman Pkw. 直行，在与 Melrose Ave. 的交叉口右转，就能看到蒙默斯了。如果步行的话，有点远。

市区东郊的蒙默斯建于 1818 年，是在与墨西哥的战役中担任密西西比州知事的约翰·基德曼的宅邸，也是纳奇兹古老的建筑之一，至今内部还保留着原来的样子，能让游客清楚地了解当时的生活。精心修整的英国风格庭园非常漂亮，现在已作为 B&B 对外营业，建议您在这里住一晚，好好感受感受豪华的酒店氛围（→ p.136）。

宅邸内部和庭园都很有观赏价值

朗伍德 Longwood
一定要看看异国情调的外观

朗伍德
🏠 140 Lower Woodville Rd.
☎ （601）442-5193
🕐 9:00～16:30。每隔 30 分钟 1 次
💰 $10、6～13 岁 $8
🚗 从旅游咨询处沿 US-84 向东行驶，沿 Lower Woodville Rd. 右转。

这是美国最大的八角形种植园豪宅。具有受东方文化的影响的独特设计，但其顶部的洋葱形巨蛋是拜占庭风格。虽然从 1860 年就开始建造，但因南北战争而不得不中止，未能修建完成二层以上的部分。可以参观一层的客厅和寝室，也可以参观二层未建成的部分。

朗伍德独具个性的建筑设计风格

Natchez NHP
☎ （601）446-5790
🌐 www.nos.gov/natc/

梅尔罗斯 Melrose
看棉花王国的明与暗

梅尔罗斯
🏠 1 Melrose-MontebelloPkwy.
☎ （601）445-5347
🕐 10:00、12:00、14:00、15:00、16:00
🚫 11 月的第四个周四、12/25、1/1
💰 庭园免费，参观游览$10、6～17 岁 $5
🚗 从市区沿 State St. 向东行驶，沿 Molrose Ave. 右转，再往前行驶一小会儿，左侧就是 Melrose。

建于 1848 年，是希腊复古风格和乔治亚风格的完美结合，整个区域都是纳奇兹国家历史公园，周边还残留了一些奴隶小屋。从其他历史古迹中我们只能看到昔日繁荣景象，而这里却充分展示了奴隶制度下奴隶们的生活状况。纳奇兹当时有 8 个奴隶市场，不允许 5 个以上的奴隶聚集在一起读书，就连演奏打击乐也不可以。奴隶小屋虽然简陋，但比起新奥尔良的劳拉（→ p.95）和查尔斯顿的布恩大厅（→ p.327）见到的奴隶小屋要气派一点。

左／主人的起居室
右／用人一家的寝室兼起居室兼厨房，算得上相当豪华的奴隶小屋

威廉·约翰逊之家 William Johnson House
了解自由黑人的生活

威廉·约翰逊之家
🏠 210 State St.
☎ （601）445-5345
🕐 9:00～13:00、13:45～17:00
🚫 11 月的第四个周四、12/25、1/1
💰 免费

威廉·约翰逊之家是位于市区的小型博物馆，和 Melrose 一样，也是纳奇兹国家历史公园的一部分，是南北战争前南部少数自由黑人之一的威廉·约翰逊生活的地方。威廉·约翰逊是奴隶所生的孩子，但出生在白人家庭里，他的名字和主人的一样，11 岁时获得自由。后来开理发店获

得成功。他从 1835 年结婚那年起一直坚持写日记直到去世，后来他的日记成为后人了解当时纳奇兹和黑人社会情况的宝贵资料。

　　林肯总统的自由黑人用人兼理发师的名字也叫威廉·约翰逊。

他是少数拥有自己土地的自由黑人之一，但是因为在土地边界线转悠而被杀害

美国黑人博物馆 Natchea Museum of Afro- American History and Culture （NAPAC Museum）

Map p.132 B1

豪宅背后隐藏的另一段历史

　　美国黑人博物馆站在非裔美国人的立场上叙述纳奇兹历史，通过图片、绘画、农机具和再现的当时学校等追溯黑人奴隶在棉花产业中所起的作用以及奴隶获得自由后的生活。

展示规模虽小却很明晰

美国黑人博物馆
🏠 301 Main St.
☎ （601）445-0728
开 周二～周六 13:00~16:30
休 周日、周一
💰 $7

宏村 Grand Village

Map p.132 B2 地图外

将原住民文化流传至今

虽然拥有独特的文化和语言，但大都没有流传下来

　　纳奇兹这个名字来源于居住在这里的土著部族，是纳奇兹族人祈祷和庆祝节日的地方。16 世纪时，这里非常繁荣，原住民与后来迁入的法国人刚开始也是友好的。但是后来法国人建造了罗沙莉堡并开始了真正的殖民统治，他们的关系开始恶化。1729 年纳奇兹族人攻击罗沙莉堡并杀害了很多法国人，法国人为了报复纳奇兹族，破坏了 Grand Village 并毁灭了纳奇兹人的国家。据说只有极少数的纳奇兹族人逃到了俄克拉荷马。104 岁的最后一位"真正的纳奇兹人"几年前在俄克拉荷马去世。现在只有这个遗址能让人怀念那段历史。

　　为了让后人了解当时纳奇兹族的生活和仪式，Grand Village 里还原了几栋住宅。除了游客中心展示的劳动工具之外，还能从太阳信仰日历中看出他们的世界观，意味深长。

宏村
🏠 400 Jefferson Davis Blvd.
☎ （601）446-6502
开 9:00~17:00、周日 13:30~
休 免费
🚗 沿 US-61 向南行驶，沿 Jefferson Davis Blvd. 左转，路尽头右侧就是 Grand Village。离市区 7 分钟路程。

13 世纪为建碑仅修复的山丘

餐 厅
Restaurant

Carriage House

美国菜

Map p.132 A1

◆ **推荐时尚的午餐**

　　纳奇兹有几家由古老的宅邸改装成的南部餐厅，其中最有名的就是位于市区 Stanton Hall 内的 Carriage House。在这里能享受到南部酒店的服务并品尝到以炸鸡为主的种植园时代的南部菜肴，也有卡津菜肴。

　　预算在 $10~20，晚餐只在朝圣期间有，入口在 Commerce St.。

🏠 401 High St.
☎ （601）445-5151
🕐 11:00~14:00（节日期间会变更）　休 周一、周二、主要节日

C/C A D M V

　　南北战争前的几个古老的宅邸现在都作为 B&B 对外营业，虽然价格比汽车旅馆高很多，但是对于好不容易来一趟纳奇兹的游客来说，能感受大农场主的心情，一定不要错过机会。市区也有几家酒店，交通十分便利，还能享用到只有南部才有的豪华早餐。

　　如果有车，又想住便宜一点的旅馆，可以选择 $50~80 的汽车旅馆。可以在街道东侧的 US-61 沿线找找看。

Monmouth Plantation

◆ 浪漫的一夜

　　这是建于 1818 年的豪宅，包括套房在内，共 30 个房间。虽然价格高，但是媒体对它的评价非常好。这里的晚餐（另收费）和南部早餐都很浪漫，尝试一下也不错。Ⓓ Ⓣ $195~235，含宅邸内有导游的参观游览。傍晚会提供前菜和鸡尾酒。Wi-Fi 免费，全馆禁烟。

左 / 美国的旅行杂志经常提及的 Monmouth Plantation
右 / 能充分感受到欧洲贵族的心情

🏠 36 Melrose Ave., Natchez, MS 39120
☎ （601）442-5852
📠 1800-828-4531
FAX （601）446-7762
CC Ⓐ Ⓓ Ⓜ Ⓥ
🌐 www.monmouthplantation.com

The Burn

◆ 被古典家具围绕

　　建于 1834 年，位于市区北部 Oak St. 街角，共 5 个房间，3 个房间里的床是带幔帐的，每个房间都是古典风格，含早餐 Ⓢ Ⓓ Ⓣ $148~198，Wi-Fi 免费。

🏠 712 N. Union St., Natchez, MS 39120
☎ （601）442-1344
🖥 theburnbnb.com
CC Ⓐ Ⓜ Ⓥ

The Guest House

◆ 感受市区的豪宅氛围

　　建于 1840 年，位于市区 Franklin St. 街角，共 16 个房间，Ⓓ Ⓣ $125~195，全馆禁烟。

🏠 201 N. Pearl St., Natchez, MS 39120
☎ （601）442-8848　📠 1866-445-3652
FAX （601）442-3323　CC Ⓐ Ⓓ Ⓜ Ⓥ
🌐 www.natchezguesthouse.com

Stone House B&B

◆ 古地图值得期待

　　位于市区东侧的 Stone House B&B 建于 19 世纪 50 ~ 70 年代，内部用古地图装饰（只能参观）。房子的主人原来是职业单簧管演奏者，起居室里摆放着 100 多年前的施坦威和台球，还曾在这里举办过钢琴演奏会。2002 年重新装修了客房，浴室时尚而舒适，含自制早餐的 Ⓓ $125。如果住 3 晚以上，1 晚 $112，只有两个房间，需要预约。

🏠 804 Washingtorn St., Natchez, MS 39120
☎ （601）445-7466
🌐 www.josephstonehouse.com
CC Ⓜ Ⓥ（预约时提出）

像朋友的家那样温馨的旅馆

维克斯堡国家军事公园

南北战争时，密西西比河流域斗争最激烈的就是维克斯堡。公园很大，园内有很多惊人的景点，如果开车绕公园一圈，需要2小时。

自然的要塞

在维克斯堡，向西部诸州延伸的铁路位于横断密西西比河的位置。在没有桥而需要乘坐渡船的当时，密西西比河的支配权显得尤为重要。林肯也认为如果开战初期能占据维克斯堡，就是胜利。

1863年，南军和北军在这里发生了激烈的战争。南军指挥这次战役的是约翰·潘伯顿中将（49岁，与可口可乐创始人同名），北军是名将格兰特少将（41岁）。

潘伯顿的军队在此前的战役中牺牲了不少士兵，在进入维克斯堡时，都已经筋疲力尽了。但是，他们却占有有利的地形。现在密西西比河在市区南部蜿蜒流淌着，但在当时，密西西比河偏北部，在悬崖上的城市能看到这条河。正好国家墓地（后述）前就是弯道的尖端，是攻击船只的绝好位置。而且维克斯堡北侧是不容易接近的湿地，东侧是起伏剧烈的复杂地形，利用此地形建筑了很多堡垒和三角堡等。

北军的格兰特少将想出了一条对策。在半岛根部挖了一条运河，不是通往维克斯堡而是从周边深入城市南部。实际上攻下新奥尔良的法拉格特提督在前年夏天尝试过使用这条对策，但是不断有人中暑和发生疟疾。格兰特在1月份又重新开始了这项工程，却遇到了前所未有的困难。堤防被破坏、挖运河的地方慢慢被堆积物填满，挖泥船受到了南军的攻击等，运河的建设再一次被迫中止。

此后，格兰特从陆地一侧猛烈攻击维克斯堡期间，强行突破船只从密西西比河上岸之后，切断了给南军输送物资的道路，从东部逐步逼近维克斯堡。5月19日终于展开了对维克斯堡的炮袭。北军从东部攻击南军，被击退后包围了这座城市并断了粮道。这就是从5月25日持续到7月4日的维克斯堡包围战。

南军慢慢没有了体力，不久竟以战马充饥。到了夏季，很多士兵得了疟疾或者坏血病，7月4日，南军投降。

北军死亡5000人，

不要错过战舰凯洛格里的博物馆

南军死亡约3万人，但是普通老百姓没什么伤亡。市民挖了能容纳200人的防空洞避难。

维克斯堡战役中获胜的北军接着又攻击查特努加和亚特兰大，战争结束后，格兰特成为第18任美国总统。

铜像和纪念碑特别多，如果要逐一观赏的话，需要1天的时间

潘伯顿在战争结束后离开军队，成为一名农民，度过了他的后半生。

主要景点

公园内沿南军防卫线修建的约16英里（约26公里）的步行道上设立有1330个纪念碑和铜像，其中最重要的15个地方标了序号，从这里开始游览。

#2的Shirley House是北军的司令部，#3 Louisiana Ledan是北军挖隧道、埋地雷却最终没能夺取的V字形野战工事。#7展示了凯洛战舰，1862年12月被南军水雷击沉，1964年被打捞上来。隔壁的博物馆里展示了从船内发现的资料。

公园正面是宽阔的国家墓地，长眠于此的1.7万北军士兵中75%为无名战士。除此以外还有第二次世界大战和越南战争中的牺牲者以及仅有的3名南部士兵的墓地（听说是错埋的）。

南军的很多牺牲者埋在国家墓地两侧（园外）的市立墓地。

Vicksburg National Military Park

☎ （601）636-0583　🖥 www.nps.gov/vick/
🕐 8:00~19:00、10月~次年3月~17:00。
凯洛战舰19:30~18:00、10月~次年3月8:30~17:00
🚫 11月的第四个周四、12/25、1/1
💲 车$8/辆
🚗 从纳奇兹沿US-61北上约1小时30分钟，上I-20 EAST，在Exit 4B下公路，右侧就是Vicksburg National Military Park。如果从杰克逊出发的话，沿I-20向西行驶约50分钟即可到达。I-20的Exit 4和Exit 1附近汽车旅馆比较多。
注意：这里有很多蚊子，一定要带上防蚊药。蜱也很多，尽量不要到草丛里去。

纳奇兹公路小道 Natchez Trace Parkway

公路沿途醒目的标志

通往纳什维尔的观景路

18世纪左右，沿南部的交通要道——古街道建造了一条由国家公园局管理的汽车专用道。从纳奇兹到纳什维尔全长444英里（约710公里），跨密西西比州、亚拉巴马州和田纳西州，历经67年的时间，终于在2005年5月全线开通。

虽说是汽车道，也只有单侧1个车道，时速限制在50英里（约80公里）以内，没有通行费。街道两旁处处是棉花地和玉米地、以橡树和四照花为主的森林以及广阔的草原等美丽的绿色风景。既没有民宅和工厂，也没有广告牌。随意设立在屋外的展示将我们带入这个地方的历史。

禁止旅游巴士和卡车而允许私家车和出租车通行。

🖥 www.nps.gov/natr/
🕐 24小时，365日可通行
💰 免费
※公园管理处位于15.5、102.4、266、385.9英里处。

行驶线路

纳奇兹和纳什维尔是这条公路的南北起点，有很多普通的公路和交叉点，可以从街道两旁的城市自由出入，建议只走一段路程。在纳奇兹，从市区沿 Franklin St. 向东行驶（中途进入 Liberty Rd.），过了 US-61 就是这条道的起点。

交通流量小，车速比较快，因而经常监测行驶车辆的车速。禁止将车辆停靠在路边。

公路沿线有几个地方有厕所，但是没有酒店、餐厅和加油站等，不过可以到普通公路上去找一找。

路边设立了很多里程标（到达纳奇兹的距离标），也根据里程标示各种设施。

以下按从南到北的顺序介绍沿途的设施，括号里的数字表示距离纳奇兹的英里数。

祖母绿丘 Emerald Mound　　　　（10.3）

这是土著纳奇兹族人在13~16世纪建造的，像山丘上的一座神殿，是美国第二大历史遗迹。根据标志沿纳奇兹公路小道行驶5分钟就能到达。

山迹 Mount Locus　　　　　　　（15.5）

这是1780年前后建造的小屋。经营农场的居民们为行驶在街道上的人们提供一夜的住宿，但只提供土豆泥加奶这样简单的食物，大部分游客睡在阳台或者外面。小屋内有个小农场，农场里还残留着没有墓碑的奴隶墓地，而且有公园管理处和公厕。

🕐 9:00~16:30　　🚫 12/25

客栈 Mount Locus

凹陷小路 Sunken Trace　　（41.5）

Sunken Trace 位于因来来往往的游人而使地基下沉的古街道上。18 世纪，迁人俄亥俄河流域的人们乘着木筏顺流而下，在纳奇兹和新奥尔良用农产品等换成金钱，而木筏当作木材出售以后，走着回来，而这条道路就是纳奇兹小道。19 世纪初，沿途有 20 多家简易的住宿设施。但是，1812 年，自从密西西比河上出现了蒸汽船之后，一切都发生了变化。时间过长、安全性差的纳奇兹小道从此没有了游人的身影。

洛基·斯普林斯 Rocky Springs　　（54.8）

Rocky Springs 在 19 世纪时因种植棉花而繁荣，后来由于过度使用，土地变得越来越贫瘠，最后变成了一个废弃的城市。里面有露营场所、公园管理处和公厕。

杰克逊 Jackson　　（87.0）

杰克逊是密西西比的首府，市区有州长官邸、原州议会大厦博物馆等景点，汽车旅馆也非常多。公路沿杰克逊向北迂回，路程较远，如果绕道的话，最好在 I-20 下公路。

里面的湿地里有水鸟和鳄鱼

密西西比手工艺品中心
Mississippi Craft Center　　（102.4）

这是公路沿线唯一的礼品店，店内展示并出售木质手工艺品等。下了 Old Canton Rd. 之后，沿 Rice Dr. 左转，再向前行驶 1 英里（1.6 公里）就到礼品店了。有管理处和公厕。

🕐 9:00~16:30　休 周一、周五、12/25

柏木沼泽地 Cypress Swamp　　（122）

沼泽地位于大蓄水池的北端，水里竟然生长出树龄达 800 年的落羽杉（Bald Cypress）和蓝果树（Water Tupelo），非常奇妙。一定要走一走这里的小径。但是，森林昏暗，游客少的时候最好不要进入森林深处。

游客中心 Vistor Center　　（266）

Vistor Center 位于普雷斯利的故乡图珀洛郊区，里面详细地展示了有关古道的历史。

📞 188-305-7417
🕐 8:00~17:00
休 12/25

科尔伯特渡口 Colbert Ferry　　（327.3）

Colbert Ferry 就在横断密西西河的位置前，它是由一位名为科尔伯特的男人经营的客栈和渡船。在杰克逊将军（→ p.62）和他的士兵们从这里渡过的时候，科尔伯特竟然要价 $7.5 万（当时的货币）。河边的野餐桌让人心情舒畅。有公厕。

马力威瑟·路易斯点
Meriweather
Lewis Site　　（385.9）

西部探索圈有名的路易斯 & 克拉克探险队的马力威瑟在 1809 年，就在这里的客栈里被枪杀而亡。古道边有纪念碑，还有露营场所、管理处和公厕。

图珀洛 Tupelo

左／埃尔维斯的出生地，在埃尔维斯13岁以前他的一家一直住在图珀洛　右／埃尔维斯购买吉他的 Tupelo Hardware Co

猫王埃尔维斯·普雷斯利的家乡

2010 年是埃尔维斯·普雷斯利 75 周年诞辰。埃尔维斯·普雷斯利出生在密西西比河的乡村城市图珀洛，很多来自世界各地的游客都来到市区旁的出生地和博物馆参观，据说年游客数量达 5 万人，足以证明埃尔维斯多么受欢迎。

埃尔维斯出生的房子非常狭小，只有 2 间屋子，打开门，走几步就能到后厅。世界巨星竟然出生在如此简陋的屋子里，真是令人难以置信。

母亲经常带他去的教堂就在这间屋子的旁边。教堂里播放着电影，像自己也在做礼拜。充满信心的母亲经常牵着埃尔维斯的手走来于教堂，利用教堂里的福音音乐培养埃尔维斯对音乐的感觉。

教堂旁边是埃尔维斯和生前好友梦寐以求的禅堂。禅堂里十分安静，给人印象最深刻的是以埃尔维斯唱歌时的姿态为主题的彩色玻璃。很多游客怀着平静的心情来这里参观。

看完禅堂后，去博物馆看看埃尔维斯的家族照片、舞台装等珍贵的收藏品吧！博物馆还展示了歌迷们熟悉的连体裤，馆内的礼品店里摆放了很多埃尔维斯商品。

另一个埃尔维斯歌迷不可错过的地方是位于图珀洛市区的图珀洛硬件公司（Tupelo Hardware Company），埃尔维斯的母亲就是在这家商店购买了一把吉他当作生日礼物送给埃尔维斯的。Tupelo Hardward Company 创立于 1926 年，主要出售刀和工具等五金。1945 年，埃尔维斯和母亲一起来到这里，他非常想要一把步枪，可是母

亲没同意，结果给他买了一把吉他。

这家商店目前还在营业，商店前面立着这样一块纪念牌："埃尔维斯购买第一把吉他的地方"。图珀洛还有一个汽车博物馆，里面收藏了从 19 世纪～20 世纪 90 年代的汽车，共有 100 多辆，也有埃尔维斯的爱车，也一定不要错过！

如果来图珀洛旅游的话，1 天就足够了。如果想顺便兜兜风的话，建议您住在 Hilton Garden Inn Tupelo，酒店有配备微波炉和冰箱的单间，非常受欢迎。也有游泳池和投币式洗衣机，Ⓢ Ⓓ Ⓣ$119~189。

🚗 沿纳奇兹公路小道行驶，在 US-278/MS-6 下公路之后，再向东行驶 4 英里（约 6.4 公里）就可到达图珀洛。

埃尔维斯·普雷斯利出生地

Elvis Presley Birthplace

Map p.138　🏠 306 Elvis Presley Dr.,Tupelo

☎ （662）841-1245

🖥 www.elvispresleybirthplace.com

🕐 5～9 月 9:00~17:30（周日 13:00~17:00）、10 月～次年 4 月 ~17:00（周日 13:00~）

🚫 11 月的第四个周四、12/25

💰 $12、埃尔维斯故居 $5

Tupelo Hardware Co.

🏠 114W.Main St., Tupelo　☎ （662）842-4637

🖥 www.tupelohardware.com

🕐 7:00~17:30、周六 7:30~12:00　🚫 周日

汽车博物馆（Tupelo Automobile Museum）

🏠 1 Otis Blvd., Tupelo　☎ （662）842-4242

🖥 www.tupeloautomuseum.com

🕐 9:00~16:30（周日 12:00~）

🚫 复活节、11 月的第四个周四、12/25、1/1

💰 $10、5~12 岁 $5、老人 $9

Hiton Garden Inn Tupelo

Map p.138　🏠 363 E.Main St., Tupelo, MS 38804

☎ （662）718-5500　📠 1877-782-9444

📠 （662）718-5550　🖥 www.hiltongardeninn.com

不要错过禅堂里以埃尔维斯舞台形象为主题的彩色玻璃

亚拉巴马州

莫比尔 *Mobile*

位于亚拉巴马州南端、莫比尔湾对面的莫比尔是一个让人喜爱的小城市。市区像缩小的法国区，郊外还有几处建有 19 世纪宅邸的绿色生态住宅区。住宅区周长 37 英里（约 60 公里），如果走杜鹃花小道（Azalea Trail）的话，能充分地感受到古老的南部风情。

每年的 3 月中旬到 4 月下旬莫比尔到处开满了杜鹃花，1754 年从法国传入的杜鹃花现在已经成为这个城市的象征。这段时期经常会举行各种各样的活动，人流涌动，热闹非凡。在此之前的狂欢节是从 1703 年开始的，虽然比新奥尔良的规模小，但是也吸引了不少喜爱手工制作的人。

人口	约 19.5 万人
消费税	9.5%
酒店税	14%
时区	中部时区

前往方法 Access

飞机

莫比尔机场位于市区以西约 22 公里处。达美航空每天 8 个航班从亚特兰大直飞莫比尔（需 1 小时 20 分钟），美国航空每天 3 个航班从达拉斯直飞莫比尔（需 1 小时 30 分钟），联合航空每天 5 个航班从休斯敦直飞莫比尔（需 1 小时 20 分钟）。乘坐出租车从机场到市区约需 20 分钟，价格在 $20~30。

长途巴士

灰狗巴士从亚特兰大和新奥尔良到莫比尔每天各 4 班，从新奥尔良到莫比尔约需 3 小时，从亚特兰大到莫比尔需 6~8 小时。

莫比尔机场
Mobile Regional Airport
（**MOB**）
🏠 8400 Airport Blvd.
☎（251）633-4510
🌐 www.mobairport.com

在莫比尔湾对面的市区，高楼大厦与历史区域共存

灰狗巴士
Greyhound
Map p.142 B1 地图外

🏠 2545 Government Blvd.
☎ （251）478-6089
🕐 24 小时

AAA
🏠 720 Schillinger Rd., S.
☎ （251）639-3510
🕐 8:30~17:00
休 周六、周日、节假日
24 小时道路救援
📠 1800-222-4357

和法国区一样，这里也有画廊和宴会

灰狗巴士车站距离市区 7 英里（约 11 公里）。如果在巴士车站前的市区巴士站乘坐 60 分钟一班的 9 路市区巴士（$1.25，周日停运）约需 45 分钟到达市区，如果乘坐出租车的话，则约需 15 分钟（$20 左右）。

租车

从新奥尔良沿 I-10 East 行驶约 150 英里（约 241 公里）即可到达莫比尔，约需 2 小时 20 分钟，在 Exit 26B 下公路，可到市区莫比尔河边的 Water St.。如果从蒙哥马利沿 I-65 南行约 170 英里（约 274 公里）即可到达莫比尔，约需 2 小时 40 分钟，如果中途改走 I-165 的话，也能到 Water St.。

莫比尔 漫 步

从旅游咨询处的孔代城堡向北步行 2 个街区可到 Government St.，这是莫比尔的主要街道。不过，一定不能错过的是向北 2 个街区的达芬街（Dauphin St.）。在 Water St. 到基督教堂的 6 个街区间还有 50 多栋用铁花装饰阳台的古老建筑。街边有许多商店和餐厅。
市区外围到处都是值得参观的景点，最好租车。

■旅游咨询处■

● **Fort Conde Welcome Center&Museum**
这座城堡是法国人建造的，但后来相继被英国、西班牙和美国占领，不过在美国建国 200 年的时候，又重建成了 1735 时的样子，现在里面已经成为旅游咨询处和博物馆了。工作人员身穿 18 世纪士兵的服装进行发射大炮等实战演习。美国的旅游咨询处很少有酒店信息，最好先拿一份达芬街建筑地图。夹着 Royal St. 的城堡正面是旅游咨询处的免费停车场。

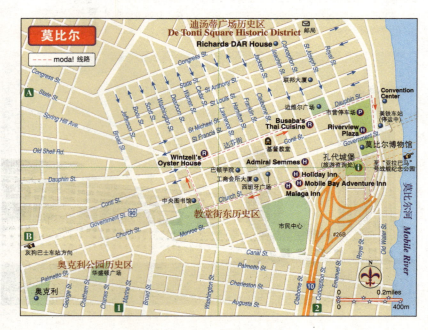

位于城堡内的游客中心

旅游咨询处
Fort Conde Welcome Center & Museum
Map p.142A~B2
🏠 150 S.Royal ST.
☎ （251）208-2000
📠 1800-566-2453
💻 www.mobile.org
🕐 9:00~17:00
休 复活节、11 月的第四个周四、12/25、狂欢节
💰 博物馆免费

■**市区交通工具**■

线路巴士（The Wave）

市区内外都有按固定线路行驶的巴士，但是景点附近很少，一般 1 小时 1 班，对于游客来说，这种交通工具很不方便。

The Wave
☎ （251）344-6600
💻 www.thewavetransit.com
💰 $1.25、换乘 10¢

modal！
🕐 7:00~18:00。周六 9:00~17:00、每隔 10 分钟一班
休 周日
💰 免费

免费无轨电车"moda！"

市区有无轨电车，因为是免费乘坐的，所以可以考虑体验一次从头坐到尾的感受。

周日停运

莫比尔 主要景点

莫比尔博物馆 Museum of Mobile `Map p.142 A2`
了解莫比尔市的历史

诉说莫比尔和南部历史的博物馆建成于 1857 年，距离旅游咨询处 1 个街区，具有希腊复古风格和维多利亚风格等相结合的典型美国建筑的特征。内部收藏的各种各样的资料向世人诉说着 17 世纪以来莫比尔市的历史。从展示中可以看到南军士兵制服慢慢添加了女性时尚元素，这种变迁十分有趣。除此以外，还有关于奴隶制度的展示角。

交通非常便利

莫比尔博物馆
🏠 111 S.Royal St.
☎ （251）208-7569
💻 www.museumofmobile.com
🕐 9:00~17:00、周日 13:00~
休 周一、主要节日
💰 $5、每月的第一个周日免费

迪汤蒂广场历史区 `Map p.142 A2`
De Tonti Square Historic District
林立着很多 19 世纪的宅邸

距离位于 Government St. 往北 6 个街区，区域内老式煤油灯和砖墙非常醒目，而且保留着莫比尔作为棉花装货港的繁荣时期建造的 50 处风格各异的 19 世纪 50～60 年代的宅邸，铁艺阳台是这些建筑的主要特征。周边是 St Anthony St.、Conception St.、Adams St. 和 Claiborne St.。

虽然区域内的绝大部分建筑不对外开放，但是 Richards DAR House 可以进去参观。Richards DAR House 是 1860 年建造的意大利风格的建筑，就连家具都在向游客传递着当时的氛围。

Richards DAR House
🏠 256 N.Joachim St.
☎ （251）208-7320
🕐 11:00~15:30、周六 10:00~16:00、周日 13:00~16:00
休 12/24~1/3、主要节日
💰 $5、6~12 岁 $2

教堂街东历史区
Church Street East Historic District
Map p.142 B1-2

孔代城堡西

教堂街东历史区以旅游咨询处所在的 Church St. 为中心，至今还保留着许多 19 世纪后半期的建筑。可以先从旅游咨询处买份地图，然后去游览建于法国和西班牙等国家殖民时期的建筑物。

奥克利公园历史区
Oakleigh Garden Historic District
Map p.142 B1

以橡树所包围的宅邸为中心

奥克利公园历史区位于市区西郊，是 19 世纪末开发的住宅区，也是一片被巨大的橡树点缀的时尚住宅区。这里一定不能错过的是一栋名为"奥克利"的宅邸。奥克利是建于 1833 年的希腊复古风格的建筑，庭院里开满了杜鹃花，巨大的橡树为这栋宅邸带来了凉爽。正面的螺旋式楼梯非常特别，内部使用了当时的家具、肖像画和陶器等装饰，还展示了银质餐具、厨房用品和玩具等，十分有趣。

奥克利公园历史区
🏠 300 Oakleigh Pl.
☎ （251）432-6161
🖥 www.historicmobile.org
🕐 周三～周六 10:00～16:00
休 周日～下周二、主要节日
💰 $7
🚗 沿 Government St. 向 西行驶 5 分钟，根据路标左转。

"亚拉巴马"号战舰纪念公园
U.S.S Alabama Battleship Memorial Park
Map p.142 A2
地图外

参观太平洋战争中战绩卓越的战舰

"亚拉巴马"号战舰参加了太平洋战争的多次战斗，并且在投降书签字时与密苏里号战舰一起航行到了东京湾。在 1947 年退出战事以后，从 1965 年开始一直停泊在这里，对外开放。战舰里生活

U.S.S "亚拉巴马"号游轮

着 2500 名工作人员，除了可以参观他们的单间、设备间、士官室，还可以近距离参观 40 毫米对空炮。

隔壁展览里展示了 A-12 侦察机、B-52 轰炸机等。还能进入停泊在这里的潜水艇里参观，里面非常狭窄，一定要体验一下！

"亚拉巴马"号战舰纪念公园
🏠 2703 Battleship Pkwy.
☎ （251）433-2703
🖥 www.ussalabama.com
🕐 8:00～18:00
10 月～次年 3 月～16:00
休 12/25
💰 $12、6~11 岁 $6
🚗 从市区上 I-10 East 公路，出了隧道后立刻在 Exit 27 下公路。

贝林格拉思花园 Bellingarth Gardens
Map p.142 地图外

能尽情眺望 3.64 平方公里的庭院和瞭望台

这是可口可乐装瓶公司创始人沃尔特的豪宅和庭院。建造在亚热带湿地上的 3.64 平方公里的庭园四季鲜花茂盛，春天的玫瑰和杜鹃以及秋天的山茶花最漂亮。不过最值得推荐的还是站在庭园一角的瞭望台眺望庭园外牛轭湖的风景。能看到苍鹭在缠绕着寄生藤的松树上休憩这样的南部最原始的自然风景。

庭园里有宅邸和资料馆，供游客参观。还流淌着一条美丽的小河，每年的 3~11 月可以参加 45 分钟的游轮游览。

贝林格拉思花园
🏠 12401 Bellingrath Rd., Theodore
☎ （251）973-2217
🖥 www.bellingrath.org
🕐 8:00～17:00，11 月的第四个周六~12/31 是开斋节亮灯庆典，8:00~21:00
休 12/25
💰 庭园 $12，庭园加宅邸或游轮 $20，庭园加宅邸和游轮 $28.5.
🚗 从莫比尔到这里约 30 分钟。
沿 I-10 向西行驶，在 Exit 15A 进入 US-90，向南行驶。下来公路之后，再往前行驶一会儿，左侧有个大标志牌，然后左转，就会看到 Bellingarth Gardens 的招牌。

餐厅
Restaurant

Busaba's Thai Cuisine　　　　　　　　泰国菜

◆在炎热的莫比尔品尝辛辣的泰国菜

这是达芬街上一家不太起眼的餐厅，绿咖喱午餐 $7.95、晚餐 $9.95。冬阴功汤小份 $4.95，大份 $8.95。炒饭和面的品种很多。

Map p.142 A2

住 203 Dauphin St.
☎ （251）405-0044
URL www.btc-mobile.com
营 11:00~21:00、周日 12:00~
C/C M V

Wintzell's Oyster House　　　　　　　海鲜

◆出售新鲜的牡蛎

这家餐厅位于能体验到散步乐趣的达芬街，就像它的名字一样，这里的牡蛎非常新鲜而且品种丰富。内部装饰进行了小改变，有点穿越时空的感觉。

Map p.142 A1

住 605 Dauphin St.
☎ （251）432-4605
URL www.wintzellsoysterhouse.com
开 11:00~22:00、周五、周六~
23:00　C/C A M V

酒店
Hotel

莫比尔的住宿费非常便宜。除了市区的 4 家酒店，郊外还有约 40 家汽车旅馆，I-65 的 Exit 3 和 I-10 的 Exit 15 附近最多。除此之外，还有 5 间使用老式建筑的 B&B。

Mobile Bay Adventure Inn

◆旅游咨询处附近

从旅游咨询处西行 3 个街区即可到达，ⒹⓉ$50~99，免费停车。

Map p.142 B2

住 255 Church St., Mobile AL 36602
☎（251）433-6923　Fax 1800-458-5933
URL www.mobilebayadventureinns.com
FAX（251）433-8869　C/C A D J M V

Admiral Semmes

◆市区中心

酒店共 12 层，有温水游泳池，⒮ⒹⓉ$139~152。

Map p.142 A2

住 251 Government St., Mobile, AL 36602
☎（251）432-8000　Fax 1877-919-0099
FAX（251）405-5942
URL www.admiralsemmeshotel.com
C/C A D M V

Holiday Inn

◆ 16 层的圆形塔楼

位于市区的历史区，共 202 间客房，24 小时营业，非常便利。ⒹⓉ$119~189，有投币式洗衣机。

Map p.142 B2

住 301 Government St., Mobile, AL 36602
☎（251）694-0100　Fax 1800-465-4329
URL www.holidayinn.com
FAX（251）694-0160　C/C A D J M V

Riverview Plaza

◆地理位置最佳的高级酒店

该酒店是市区最大的一家酒店，在会议中心的隔壁，无论进行商业活动还是旅游都很便利。⒮ⒹⓉ$129~184。全馆禁烟，Wi-Fi 免费。

Map p.142 A2

住 64 S.Water St., Mobile, AL 36602
☎ （251）438-4000
Fax 1800-922-3298
FAX （251）415-0123
URL www.marriott.com
C/C A D J M V

能俯视莫比尔湾来来往往的轮船

市区最大的酒店

Malaga Inn

◆教堂街的宅邸

酒店位于历史区，内部使用古典家具装饰。共 39 间客房，含早餐 ⒹⓉ$94~135，Wi-Fi 免费。

Map p.142 B2

住 359 Church St., Mobile, AL 36602
☎（251）438-4701　Fax 1800-235-1586
URL www.malagainn.com　C/C A M V

南部腹地和阿肯色　莫比尔　主要景点／餐厅／酒店

145

比洛克西 Biloxi

建于 1848 年的灯塔，2011 年夏灯塔旁边的游客中心开放

2005 年 8 月卡特里娜飓风袭击了美国南部，其中心从新奥尔良穿过东部，密西西比州的墨西哥海岸区（Gulf Coast）因猛烈的暴风、大浪、高潮而受到了毁灭性的灾难。

周围海域是浅滩，以海滩和赌场而大受欢迎，景点大部分集中在既没有护岸也没有堤防的海滩边。

虽然是浅滩，却产生了高达 9 米的可怕的高潮。岸边 90% 的建筑变成了瓦砾，200 米以内的住宅全部被损坏。死亡人数超过 50 人，连接城市的栈桥像个玩具似的倒塌了。赌场这样巨大的建筑成了浮在海上的木筏，随波逐流到了住宅区。

在卡特里娜来袭之前，比洛克西有 13 家赌场。密西西比州是美国最贫穷的州，赌场是为了摆脱贫困而开设的。据说 13 家赌场 1 天的税收约 $583864。因此，起初只允许在远离岸边的海面的船上赌博，但为了增加巨额税收而修改了法律，慢慢开始允许在停在岸边的船上赌博，不久就允许在有木筏的建筑里进行赌博。在卡特里娜来袭前一个月，刚刚修改了法律条文，允许将筏固定在海底。

现在比洛克

东部海湾对面的 PalaceCasino，筏被固定在海里

西重新开了 8 家赌场，一部分建在了岸上。赌场达到了空前的规模，客房也装饰得金碧辉煌。海滩又恢复了以往的活力。

🚃 从新奥尔良沿 I-10 向东行驶，在 Exit 46 上 I-110，不到 2 小时就能到比洛克西。

Hard Rock Hotel

☎ （228）374-7625

📠 1877-877-6256

🖥 www.hardrockbiloxi.com

💰 $119~409

Beau Rivage

☎ （228）386-7444　📠 1800-567-6667

🖥 www.beaurivage.com　💰 $79~349

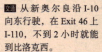

重建的开业几天就受到了卡特里娜袭击的 Hard Rock Casino

捕虾船体验 Shrimping Trip

乘坐《阿甘正传》中出现的捕虾船改造而成的观光旅游船游览，这一项目红火了 50 多年，船长夫妇也成了这个城市的名人。在飓风来临之前，夫妇俩随船避难去了，但半年以后重新开始营业。出航时间是 10:30、13:30，夏季有时 15:30 也出航。

☎ （228）392-8645

🖥 www.biloxishrimpingtrip.com

💤 11 月下旬~次年 2 月中旬。大风、雨天时停航。

🚗 位于摇滚酒店东侧

💰 $15、4 ~ 11 岁 $10（不可使用卡支付）

彭萨科拉 Pensacola, FL

从莫比尔向东走约 1 小时，越过州边境进入佛罗里达州，就到了以海滩而知名的彭萨科拉。

彭萨科拉地势险要，因为曾受西班牙、法国、英国、南部同盟和美国五任执政者支配，因而也被称为五旗城。市区（本土）有长达 450 年历史的 Historic Pensacola Village。

出了墨西哥湾后，就是海湾群岛国家海滨公园（Gulf Islands National Seashore），周边的海滩特别白。阿巴拉契亚山脉下的水晶被河流削平，被波浪击碎，相互摩擦，形成了像糖粉一样光滑的沙子，沙子的白色甚至可以当作陶瓷的白色颜料。因为像雪原一样白反射了大量的太阳热，即使在盛夏，也会感到凉爽。

海滩边、I-10 和 I-110 的交叉点附近有很多酒店和汽车旅馆。不像南佛罗里达，只有冬季才是旺季，这里全年票价不变。

从新奥尔良沿 I-10 向东行驶，经由莫比尔，约 3 小时 20 分钟可到彭萨科拉；从亚特兰大经由蒙哥马利，5 小时 30 分钟可到达彭萨科拉。

市区东北部有个机场，达美航空有从亚特兰大和孟菲斯到彭萨科拉的定期航班，大陆航空有休斯敦到彭萨科拉的定期航班。而且有很多机场专线车，20 分钟左右能到达海滩。虽然也有灰狗巴士，但是巴士车站在郊区，必须乘坐出租车到海滩。

位于将陆地和入海口隔开的沙州上

Historic Pensacola Village

市区一角集中了 1805~1908 年建造的 20 间住宅和教堂，重现了英国殖民时期的光景。每一栋建筑里都展示了当时的生活用品等，有的住宅还能体验纺纱以及制作蜡烛。不要错过有关土著彭萨科拉族和奴隶贸易历史的博物馆以及建于 1832 年的佛罗里达最古老的教堂。

🏠 205 E.Zarragossa St.　☎（850）595-5985
🖥 www.historicpensacola.org
🕙 10:00~16:00　🚫 周日、周一
💲 $6、4~16 岁 $3
🚗 从 I-10 进入 I-110，在 #1C（Garden Street）下来，在第一个信号灯左转。沿 Tarragona St. 行驶 4 个街区，右侧有个停车场，两侧都属历史村。

虽然海面曾漂浮着因 2010 年的油田爆炸事故而流出的原油，但不久就被许多志愿者清理干净了，又恢复了往日美丽的沙滩

亚拉巴马州

蒙哥马利 *Montgomery*

蒙哥马利是亚拉巴马州的首府，拥有 20.6 万人，在南北战争时曾是南部同盟最初的首府，也是民权运动中抵制巴士运动的舞台，这都极大地影响了美国的近现代史。

现在南部最保守、经济最落后的亚拉巴马州进驻了很多企业，蒙哥马利也设立了许多文化设施，大力发展旅游事业，景点比较多。去看一看杰弗逊·戴维斯、马丁·路德·金、汉克·威廉姆斯在这里留下的足迹吧！

人口	约 20.6 万人
消费税	10%
酒店税	12.5%+\$1/ 晚
时区	中部时区

蒙哥马利机场
Montgomery Regional
Airport（MGM）
4445 Selma Hwy.
（334）281-5040
iflymontgomery.com

灰狗巴士
Greyhound
Map p.149 地图外
950 W.South Blvd.
（334）286-0658
24 小时

◎ 前往方法 Access

飞机

蒙哥马利机场位于市区西南约 11 公里处，达美航空每天 9 个航班从亚特兰大直飞蒙哥马利（约需 1 小时），美国航空每天 3 个航班从达拉斯直飞蒙哥马利（需 1 小时 40 分钟）。没有从机场到市区的巴士，一般乘坐出租车或者租车。如果乘坐出租车的话，到达市中心约需 15 分钟（约 \$20）。

长途巴士

灰狗巴士车站在郊外，从亚特兰大到蒙哥马利每天 4 班（需 3~4 小时），从新奥尔良到蒙哥马利每天 1 班（约需 6 小时），从纳什维尔到蒙哥马利每天 5 班（需 6~7 小时）。

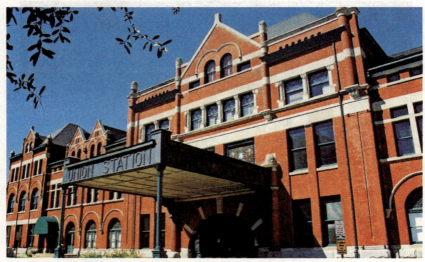

曾经的火车站变成了旅游咨询处

因为这里是交通枢纽，所以巴士班次比较多。

虽然灰狗巴士车站前有市区巴士 MATS 11 路，但是必须在 Bus Transfer Center 换乘 12 路才能到达市区，而且每班车间隔 60 分钟，很不方便。乘坐出租车才是明智之举。

租车

从亚特兰大沿 I-85 向南行驶，不到 3 小时就能到蒙哥马利。如果从新奥尔良出发的话，就沿 I-10 向东行驶，在莫比尔进入 I-65，向北行驶，5 个多小时就能到达蒙哥马利。

AAA
🏠 6901 Vaughn Rd.
☎ （334）272-1650
🕐 8:30～17:00
🚫 周六、周日、节假日
24 小时道路救援
📞 1800-222-4357

蒙哥马利 漫 步

民权运动最大的转折点——抵制巴士运动是从蒙哥马利的巴士开始的。虽然街道上行驶着的古老的市区巴士（也有新车）能让人怀想过去，但对于游客来说，没什么利用价值。

蒙哥马利的景点主要集中在以州议事堂为中心的市区，南北方向 6 个街区、东西方向 7～10 个街区，步行的话，有点远，最好坐无轨电车。但晚上人很少，最好乘坐出租车或者租车。如果去郊外的景点或者其他城市，最好租车。

这是罗莎·帕克斯因未给白人让座而被捕的地方，一定要去参观附近的博物馆

■旅游咨询处■

● Montgomery Area Visitor Center

旅游咨询处位于亚拉巴马河沿岸的原联合车站（Union Station），让人惊讶的是车站现在已经成了谷物仓库。这里有很多种宣传手册，工作人员也会给游客推荐一些好的酒店和餐厅。里面的饼干篮球店是大联盟坦帕湾光芒队旗下的饼干纪念商店。

旅游咨询处
Map p.149 A
🏠 300 Water St.
☎ （334）261-1100
📞 1800-240-9452
🌐 visitingmontgomery.com
🕐 周一～周六 8:30～17:00

市区交通工具

线路巴士 MATS（Montgomery Area Transit System）

蒙哥马利市区内外共有 16 条巴士线路，游客较多利用的是下面的线路。

● **无轨电车（14 路 Lightning Route）**

蒙哥马利是 1866 年美国第一个使用市区电车的城市，模仿其车体的无轨电车可供游客游览整个市区，而且电车的两条线路都从旅游咨询处发车。

Gold Route 可到达民权纪念碑、亚拉巴马州议事厅、德克斯特大街浸信会教堂、南部同盟总统官邸，而 Green Route 去罗莎·帕克斯博物馆、亚拉巴马老城会更方便。

MATS
- ☎（334）240-4012
- 🖥 www.montgomerytransit.com
- 🎫 $2。免费换乘

14 路 Lightning Route
- 🕐 9:00~18:00。每隔 20 分钟一班
- 休 周日、11 月的第四个周四、12/25
- 🎫 $1

蒙哥马利　主要景点

亚拉巴马州议会大厦
Alabama State Capitol　　　　Map p.149 B
再现南北战争和民权运动

沿市中心 Dexter Ave. 自西向东走，正面白色圆顶建筑就是亚拉巴马州议会大厦。雄伟的中央建筑建于 1851 年，高达 30 米左右，后来又在东边、南边和北边各建了一栋。

1861 年 2 月，杰弗逊·戴维斯就是在这里宣誓成为同盟总统的，以后的 3 个月间都在这里举行同盟会议。1965 年 3 月 25 日，"自由的行进"游行队伍（→ p.155）与金牧师一起从民权运动最激烈的塞尔马来到这个议会大厦前并结束了这场运动。

作为历史的见证者，议会大厦现在已经成为亚拉巴马历史博物馆并对外开放。走廊和圆形建筑的墙壁上是历代亚拉巴马州执政者的肖像画，里面能看到臭名昭著的"白人至上主义者"乔治·华莱士的画像。可以在 Bainbridge St. 侧的入口处取份馆内指示图，一边看着指示图一边参观。

亚拉巴马州议会大厦
- 🏠 600 Dexter Ave.
- ☎（334）242-3935
- 🕐 9:00~16:00
- 休 周日、节假日
- 🎫 免费

希腊复古风格的议会大厦是蒙哥马利的标志性建筑

Mongomery or Montgomery？

美式英语的发音是"Mongomery"，但是当地人却经常说"Montgomery"，关于这个问题，询问了几个当地的居民，他们的回答是：为了不忘记"t"，将"Montgomery"分成"Mont"和"gomery"。此书统一为"Montgomery"。

德克斯特大街浸信会教堂
Dexter Avenue King Memorial Baptist Church　　Map p.149 B
马丁·路德·金领导了民权运动

民权运动的领导人之一牧师马丁·路德·金毕业于波士顿大学研究生院，1954 年 9 月在这座小教堂里担任牧师，第二年 12 月，以教堂为中心指导了抵制巴士的运动，他的名字因此而响彻全美。

德克斯特大街浸信会教堂
- 🏠 454 Dexter Ave.
- ☎（334）263-3970
- 🖥 www.dexterkingmemorial.org
- 🕐 周二～周五 10:00~16:00，周六～14:00（如果有集会等活动，会中止）
- 🎫 $5

决定马丁·路德·金命运的教堂

教堂是在 1877 年作为第二个黑人浸信派教堂而建造的，但现在的教堂是 1885 年修建的。里面有描绘马丁·路德·金领导的非暴力运动等民权运动历程的壁画。有带导游的参观游览，也可以在网站上预约。

民权纪念碑 Civil Rights Memorial　　Map p.149 B
刻着民权运动中遇难者的名字

民权纪念碑
🏠 400 Washington Ave.
☎ （334）956-8200
🌐 www.splcenter.org
🕐 纪念碑可自由参观。游客中心周一～周五 9:00~16:30，周六 10:00~16:00
💰 $2，17 岁以下免费，纪念碑免费参观

　　像被源源不断的流水冲洗过的黑色花岗岩纪念碑壁的文字是 1963 年 9 月马丁·路德·金有名的 "I have a dream" 演说中引用的《圣经》里的一段话 "……until justice rolls down like waters and righteousness like a mighty stream"，上面刻着在民权运动中牺牲的 40 多个人的名字以及死亡时间、地点和状况等。圆形的纪念碑中央源源不断地流着水，像在诉说着他们的遗愿。

　　纪念碑完成于 1989 年，是由越南裔女设计师玛雅·林设计的，首都华盛顿 D.C. 的越南战争死亡者慰灵碑也是由她设计的。这个纪念碑不仅记载了一段压迫史，也承载了他们的希望。

纪念碑上刻有民权运动中遇难者的名字

罗莎·帕克斯博物馆 Rose Parks Museum　　Map p.149 A
亲身感受人种差别

罗莎·帕克斯博物馆
🏠 252 Montgomery St.
☎ （334）241-8661
🌐 montgomery.troy.edu/rosaparks/museum/
🕐 9:00~17:00、周六 ~15:00
🚫 周日、节假日
💰 $7.50、12 岁以下 $5.50

　　这是有关民权运动之母罗莎·帕克斯和抵制巴士运动的博物馆（→下页的专题）。1955 年 12 月，市区巴士司机命令罗莎·帕克斯将座位让给白人，但是被罗莎·帕克斯拒绝了，后来在她被捕的车站旁边建造了这座博物馆。

　　馆内重现了罗莎被捕后进行了 1 年时间的黑人市民联合抵制市区巴士的运动。

美国特洛伊大学的附属设施　　　　　　　　　罗莎·帕克斯——美国人最尊敬的女性之一

德克斯特牧师博物馆
🏠 309 S.Jackson St.
☎ （334）261-3270
🌐 www.dakmf.org
🕐 周二～周五 10:00~16:00
　　周六 ~14:00
💲 $5

从州议会大厦步行十多分钟可到达德克斯特牧师博物馆

亚拉巴马老城
🏠 301 Columbus St.
☎ （334）240-4500
　 1888-240-1850
🌐 www.oldalabamatown.com
🕐 9:00~16:00（15:00 前入场）
🚫 周日、11月的第四个周四、12/25、1/1
💲 $10、6~18岁 $5

德克斯特牧师博物馆
Dexter Parsonage Museum
Map p.149 B

参观牧师马丁·路德·金的宅邸

　　博物馆位于市区东端，牧师马丁·路德·金在 1954～1960 年居住在这里，也正好是他领导联合抵制运动的时期，现已对外开放。他们经常在客厅里召开有关联合抵制运动的会议。厨房里的家具重现了当时的样子，门廊里还留着爆炸物形成的坑。除此之外，还有 2006 年 1 月逝世的金夫人的相关展示。

亚拉巴马老城 Old Alabama Town
Map p.149 B

以往的生活依然在那里

　　老城是移建了 19 世纪建筑并且能让游客深刻了解和感受南部中层人们生活的露天博物馆，可以从市区北侧的 McDonough St. 的接待中心进去。

　　游客可以一边听 30 多分钟土生土长的亚拉巴马人、作家凯瑟琳·塔卡·温德姆讲述关于他祖父母的录音磁带，一边参观这里的 11 座建筑。

能看到棉花加工成丝的样子

COLUMN

抵制巴士运动

　　在民权运动日益高涨的 20 世纪 50 年代，南部却将巴士上的座位分成白人座位和黑人座位。蒙哥马利的市区巴士共 36 个座位，前面的 10 个座位为白人专座，如果后面的座位已经坐满，即使白人专座空着，也不允许黑人去坐。如果白人专座已经坐满，黑人必须给白人让座，而且白人和黑人从来不坐在一排。

　　第一位对这个不合理的规定提出抗议的是黑人女性罗莎·帕克斯。罗莎·帕克斯在百货公司上班，也是 NAACP（全美有色人种协进会）的成员。1955 年 12 月 1 日，下班后乘坐巴士回家的她坐在白人座位后的黑人座位上。途中司机发现车上有白人站着，就命令罗莎·帕克斯以及与她同排的 3 名黑人给白人让座，但被罗莎·帕克斯拒绝了，结果罗莎·帕克斯下车后即遭逮捕。

　　在 NAACP 的帮助下，法院判决当天释放罗莎·帕克斯。另外，还计划在 12 月 5 日进行一场抵制巴士的运动。当时，蒙哥马利乘坐巴士的人当中 2/3 的乘客是黑人，要想计划成功的话，普通黑人市民的支持是必不可少的。因此就委托了对黑人市民有巨大影响力的德克斯特大街浸信会教堂，运动的领导者是前一年刚担任牧师的年仅 26 岁的马丁·路德·金。

　　在大家的共同努力下，抵制巴士的运动取得了成功。后来金牧师兴奋地写道："12 月 5 日早晨，看着第一辆几乎是空车的巴士从家门前经过，真是高兴极了。"

　　但是，罗莎最终被判有罪。不过人们还是搭乘私家车，抵制巴士的运动持续了将近 1 年，巴士公司濒临破产。联邦最高法院终于在 1956 年 11 月 13 日做出判决："巴士上种族隔离属违法行为"，抵制运动宣告胜利。

　　抵制运动的成功使金牧师成为全美的名人，他在这次民权运动中起了很大的指导作用。

　　拒绝让座的事件结束后，罗莎·帕克斯失去了百货商店的工作，家人也经常受到骚扰，终于在 2 年以后搬到了底特律。但是，从此以后她一直为提高黑人的地位而奔走，作为"民权运动之母"受到人们的尊敬。2005 年 10 月 24 日，92 岁的罗莎·帕克斯逝世。

　　罗莎的遗体被送到了 WashingtonD.C.，暂时安放在美国国会大厦的圆形大厅内。以前安放在这里的只有林肯和肯尼迪的遗体，而罗莎是美国历史上获得第一位遗体被安放在这里的殊荣的女性。

　　在罗莎的葬礼结束前，蒙哥马利和底特律的所有巴士都将最前面的座位当作"罗莎的预约座位"，以此来悼念她。

Shotgun House 是指子弹能从房子的一端打到另一端的小房子，南北战争后，很多黑人就住这样的房子。杂货店 Corner Grocery 建于 1892 年。学校 One-room School 就像它的名字一样，只有 1 间教室，19 世纪时使用的算盘和教科书都原封不动地放在那里。小木屋 Pioneer Log Cabin 是 19 世纪 20 年代的建筑，里面的很多物品都会让人想起初期殖民者的生活。

　　听完磁带后，沿 Hull St. 向北走 1 个街区后右转，就能回到接待处。一定要去 Columbus St. 边的手工艺品中心（Craft Center）看一看。这里有 5 座建筑，可以在导游带领下一个一个地游览，从 Columbus St. 对面的 Rose-Morris Craft House 出发，在这里能观看乐器的制作过程和纺纱等。

　　最大的景点是棉花场（Cotton Gin）。在这里能清楚地了解作为南部特征的棉花是怎样经过各种工序后变成纺织原料（lint）的。

不能错过工艺品中心

汉克·威廉姆斯博物馆
Hank Williams Museum
Map p.149 A

乡村音乐之神的纪念地

　　博物馆在旅游咨询处隔壁，收藏了大量"酒吧音乐之父"汉克·威廉姆斯（Hank Williams）的藏品。汉克·威廉姆斯 1923 年出生于亚拉巴马州的奥立弗山，12 岁时移民蒙哥马利。从 1937 年开始组织自己的乐队 The Drifting Cowboys，此后因 Love Sick Blues 和 Jambalaya 等风靡全球，但是 1953 年的元旦，年仅 29 岁的汉克就去世了。现在他的儿子汉克 Jr. 和女儿杰特也活跃在歌坛上。至今他在美国的人气还很高，很多汉克歌迷去看市区汉克的铜像以及郊外的墓地。

　　博物馆里最引人注目的是接待处前的木质隔板。虽然使用了新木材，但是总觉得有汉克的影子和其名字的首字母（H 和 W）。馆内展示了他的唱片封面以及服装、肖像画、演奏中被损坏的吉他等，还有他的爱车 52 年型凯迪拉克，据说就是在这辆车的后排座位发现他死亡的。除此之外，还有 20 世纪 40 年代的点唱机，只要放入 50¢，就能播放汉克的唱片。

　　礼品店里的物品种类很多，有 T 恤、帽子、成套的 CD 和 VCD/DVD。

美国人心目中的乡村音乐之神
汉克·威廉姆斯博物馆

汉克·威廉姆斯博物馆
🏠 118 Commerce St.
☎ （334）262-3600
🕐 9:00~16:30
　　周六 10:00~16:00
　　周日 13:00~16:00
💰 $8、3~11 岁 $3

汉克铜像
Map p.149A
🏠 100N. Perry St.

汉克短暂的生涯中留下了许多惊世骇俗的热门歌曲

南部同盟总统官邸
First White House of the Confederacy

另一个白宫

南部同盟总统官邸
🏠 644 Washington Ave.
☎ （334）242-1861
💻 www.firstwhitehouse.org
🕐 8:30~16:30
　 周六 9:00~16:00
🚫 周日、节假日
💰 免费

在蒙哥马利是南部同盟首府期间（1861 年 2~5 月），这里是总统杰弗逊·戴维斯的家。里面有 5 个寝室、2 个起居室，还有书房和餐厅，每个房间都保留着当时的家具和装饰品。二层的纪念室（Relic Room）是杰弗逊·戴维斯的资料室。除了 1874 年画的肖像画以外，还有西点陆军军官学校的同学兼终生的好友罗伯特·爱德华·李将军的肖像画。

这里特别受白人游客的青睐

餐厅
Restaurant

市区的餐厅数量本来就很少，却还有许多餐厅只提供午餐，快餐店只有两三家。酒店里的餐厅以及公路边的家庭餐厅等提供晚餐。

Bandana's
南部家常菜

◆南部乡村风味

这里离亚拉巴马老城很近。内部装潢充满了南部风情，还能品尝到砂锅鸡等南部乡村风味的特色家常菜。只提供午餐。

Map p.149 B
🏠 301 E.Jefferson Ave.
☎ （334）265-7181
🕐 11:00~14:00
🚫 周六、周日　CC A M V

Chris' Famous Hot Dogs
美国菜

◆这里的热狗全市有名

这是一家从 1917 年开始营业的休闲餐厅，墙壁上的相片诉说着这个城市的变迁史。汉克·威廉姆斯和普雷斯利曾来过这家餐厅。这里的辛辣热狗 $2.25 和汉堡（$2.25~）最受欢迎，而送餐速度之快也是出了名的。

Map p.149 A
🏠 138 Dexter Ave.
☎ （334）265-6850
🕐 10:00~19:00、周五~20:00
🚫 周日

酒店
Hotel

市区的酒店很少，I-85 的 Exit 6 附近有 16 家酒店，有车的人可以去那边看一看。

Embassy Suites

◆旅游咨询处前

这里全部是套房，ⒹⓉ$106~225。值得称赞的是在办理好入住手续之后会赠送鸡尾酒，并且能在中庭享用免费早餐。房间里有微波炉、冰箱、空调和投币式洗衣机，Wi-Fi$9.95/ 天，商务中心可免费使用 PC。机场接送免费，停车费 $5/ 天。

Map p.149 A
🏠 300 Tallapoosa St., Montgomery, AL 36104　☎ （334）269-5055
📞 1800-362-2779　📠 （334）269-0360
🔗 www.embassysuites.com
CC A D J M V

宽敞而明亮的 Embassy Suites

Renaissance Convertion Center

◆耸立在市区中心

这是一家有水疗和会议厅的 12 层楼的酒店。ⒹⓉ$159~229，停车费 $12/ 天，Wi-Fi$9.95/ 天，全馆禁烟。

Map p.149 A
🏠 201 Tallapoosa St., Montgomery, AL 36104　☎ （334）481-5000
📞 1877-545-0311　📠 （334）481-5005
🔗 www.marriott.com　CC A D J M V

Hampton Inn&Suites

◆汉克·威廉姆斯博物馆隔壁

含全套早餐 ⒹⓉ$101~159，高速互联网免费。
🏠 100 Commerce St., Montgomery, AL 36104　☎ （334）265-1010

Map p.149 A
📞 1800-445-8667　📠 （334）265-1040
🔗 www.hamptoninn.com
CC A D J M V

塞尔马 Selma, AL

与南北战争和民权运动有关的城市

从蒙哥马利向西行驶约 50 英里（约 80 公里），就到塞尔马了。塞尔马只有 2 万人口，盛产棉花。1865 年南北战争时在这里进行了激烈的战斗，塞尔马因此而出名。

在 100 年后的 1965 年 3 月 7 日，塞尔马再次成为全美的焦点。在横跨亚拉巴马河的桥上民权运动的游行队伍和警察发生了冲突，此事件引起了很大的反响，最终促成了《投票权法》的颁布。

塞尔马有很多关于此次运动的景点，非常值得一来。如果去蒙哥马利的话，抽出 1 天的时间顺便来塞尔马游玩吧。

行程线路

灰狗巴士每天 3 班车往返于蒙哥马利和塞尔马（约需 1 小时）。10:15 从蒙哥马利出发，14:45 返回塞尔马（可能变化，请在当地确认）。从车站沿 Broad St. 向左行走 10 多分钟，就到了埃德蒙佩特斯桥。

如果开车的话，从蒙哥马利沿"自由的行进"的线路、沿 US-80 向西行驶约 1 小时即可到塞尔马。可以顺便去途中的纪念碑看一看，追忆历史活动。

埃德蒙佩特斯桥 Edmund Pettus Bridge

1964 年《民权法》颁布，在各地黑人进行选举人登记时，亚拉巴马州的官员们采取各种各样的手段进行阻止，结果塞尔马周边只有 2% 的黑人选民参加了选举。

沿着这条道路再走一次吧！

走在布朗教堂前的金牧师

1965 年 2 月，在塞尔马庆祝获得投票权的游行中，手无寸铁的黑人青年被白人警察枪杀。3 月 7 日，从塞尔马到蒙哥马利各地都举行了非武装的示威游行。臭名远扬的种族主义者、亚拉巴马州州长华莱士以"扰乱秩序"为由命令中止此次游行。约 500 多参加者坚决不服从命令，结果游行队伍与白人警察、美国国民警卫队在埃德蒙佩特斯桥发生了冲突。警察甚至用棍棒殴打沿途的女人和儿童，还使用了催泪瓦斯，很多人受了伤，这就是著名的"血色周日"。全美各地报道了遍体鳞伤、无力抵抗的人们，惊动了联邦政府和最高法院，不久就颁布了《投票权法》。

埃德蒙佩特斯桥旁立了一块纪念此次事件的纪念碑。每年 3 月上旬举行重现此次游行的活动，2007 年时任参议院议员的奥巴马也参加了活动。

自由的行进

埃德蒙佩特斯桥游行队伍和警察发生冲突的"血色周日"后，游行被中止，但在杰克逊总统的支持下，两周以后游行重新开始。

指挥并实现"自由的行进"的大功臣就是金牧师。

3 月 21 日，金牧师带领的游行队伍从第一浸信会教堂出发，全美各地约 3000 人参加了这次游行，白人自由主义者和年轻人特别多。他们沿 US-80 游行，途中在空地和农场露营，5 天后终于到了蒙哥马利。最后参加者达到约 1 万人，队伍中还有小萨米·戴维斯、哈利·贝拉方提以及在反战运动中有名的民歌女王琼·贝兹的身影。

3 月 25 日，队伍到达蒙哥马利的亚拉巴马州议会大厦。据说华莱士在办公室听了金牧师的演说。

游行顺利结束后，有车的支持者将疲惫的参加者送到了塞尔马，其中一位白人女性在返回蒙哥马利的途中，在 US-80 被"三 K 党"（白人至上团体）的成员枪杀。在队伍行进过程中，虽然警察根据联邦政府的指示环卫着游行队伍，但是解散后，游行队伍又处于无防护的状态。而且，"三 K 党"的成员比痛恨黑人还痛恨支持黑人的

放下武器、齐心协力向前走

白人。不久，"三K党"成员被捕并被检控方提请死刑，但是被陪审员（白人）判为无罪（后来被联邦法院判为有罪）。这就是当时的亚拉巴马。

当时的塞尔马市市长斯密萨曼当了35年的市长，是华莱士的好友。但是，2000年，在有65%的黑人选民的时代，市长终于换成了48岁的黑人男性（2008年，第二位黑人男性当上了新市长）。

选举之后，白人在城市的一角建立 Forest 的雕像，据说他是南北战争的将军，也是"三K党"的创立者。

国家历史古迹游客中心
Selma to Montgomery National Historic Trail-Selma Interpretive Center

"自由的行进"的线路现已被指定为国家历史古迹，2011年，埃德蒙佩特斯桥前的游客中心开放，可以进去看看25分钟重现当时"行进"状况的电影。

塞尔马和蒙哥马利的中间位置（Mile Marker105 和 106 之间）还有 Lowndes Interpretive Center。

☎ （334）872-0509
🖳 www.nps.gov/semo/
🈺 9:00~16:30
🈴 周日、11月的第四个周四、12/25、1/1

投票权博物馆
National Voting Rights Museum

是能让游客感到时代气息和热情的民间博物馆，后来搬到了埃德蒙佩特斯桥前。工作人员当中既有游行的参加者也有与游行有关的人。里面展示了当时的照片、参加者的足迹等资料，还有缅怀民权运动中牺牲者的

房间，不过给人印象最深刻的是他们的口号"用能摘到棉花的手指（记入投票）抓住总统"。

☎ （334）418-0800
🖳 www.nvrm.org
🈺 9:00~17:00、周六 10:00~15:00
🈴 周日、11月的第四个周四、12/25
🈺 $6.50、6~17 岁 $4.50

市区景点

过了埃德蒙佩特斯桥之后，在第一个交叉口右转，再走4个街区，右侧就是奴隶制和南北战争博物馆，前面1个街区是由过去的火车站改造的老车站博物馆，这两个博物馆都展示了从南北战争到民权运动时期的黑人历史。

沿 M.L.King St. 北上，不久就会看到右侧的拜占庭风格的教堂，这就是"自由的行进"的总部布朗教堂，不能入内参观，但教堂前有金牧师的胸像，街边设立了与游行有关的看板。

市区治安不太好，最好不要一个人去。

Slavery and Civil War Museum
🏠 1410 Water Ave.
🈺 11:00~17:00、周六 ~15:00
🈴 周日、周一、12月~次年1月
🈺 $6

Old Depot Museum
🏠 4 M.L.King St.
🈺 10:00~16:00
🈴 周六、周日
🈺 $4、55 岁以上 $3、6~18 岁 $1

Brown Chapel
🏠 410 M.L.King St.

亚拉巴马州

伯明翰 *Birmingham*

伯明翰是受着不平等待遇的人们鼓起勇气白手起家建立起来的城市

人口	约 21.22 万人
消费税	10%
酒店税	17.5%
时区	中部时区

伯明翰是亚拉巴马州最大的城市，起初主要从事棉花贸易，后来钢铁业和汽车产业也逐渐崛起，近年来已成为最先进的医疗中心。虽然它的名字来源于英语 Birmingham，但其发音为"baaminguhamu"。

在 50 多年前，黑人既不能进入白人经营的咖啡店，也不能在乘坐巴士时选择自己喜欢的座位，尤其是对黑人的死刑非常恐怖。为了改变这种状况，牧师马丁·路德·金等人站了出来，将警察的恶行公布于世，马丁·路德·金就是在伯明翰被捕的。

曾经的"全美种族歧视最严重的城市"伯明翰现在也进入了黑人担任市长的年代。追忆昔日历史，重新审视人种问题。

◎ 前往方法 Access

飞机

亚拉巴马州最大的伯明翰机场位于市区以东 5 英里（约 8 公里）处，全美 22 个城市有直飞伯明翰的航班。虽然有机场专线车到市区，但是因为只有 10 分钟的路程，距离很近，所以很多酒店有接送专线车。还有亚特兰大哈兹菲尔德一杰克逊机场的专线车（需要预约）。

长途巴士

巴士车站位于市区中心，距离 16 街浸信会教堂只有 4 个街区，十分便利。亚特兰大到伯明翰每天 7 班（需 2 小时 30 分钟），蒙哥马利到伯明翰每天 5 班（需 1 小时 40 分钟），纳什维尔到伯明翰每天 5 班（需 4 小时左右）。

铁路

新奥尔良到亚特兰大的"新月"号（→ p.37）在伯明翰停车。亚特兰大 8:38 发车，11:50 到达伯明翰；新奥尔良 7:00 发车，14:15 到达伯明翰。车站在市区边缘，可乘坐出租车到市中心。

伯明翰国际机场
Birmingham Shuttlesworth International Airport（BHM）
住 5900 Messer Airport Hwy.
☎（205）595-0533
🌐 www.flybirmingham.com

Birmingham Door to Door
☎（205）591-5550
🌐 www.birminghamdoortodoor.com

亚特拉大机场的
The Airport Express
☎（205）591-7770
🌐 www.theairportexpress.com
📅 平日 3 班，周末 2 班
💰 单程 $59（伯明翰市区接送另收费）

灰狗巴士
Greyhound Map p.158 B
住 618 N 19th St.
☎（205）252-7190
🕐 6:30～24:00

美铁车站
Map p.158 A～B
住 1819 Morris Ave.
☎（205）324-3033
🕐 9:00～17:00

Map p.158 B

AAA

🏠 2400 Acton Rd.
☎ （205）978-7000
🕐 周一～周五 8:00~18:00、
周六 9:00~14:00
🚫 周日、节假日
24 小时道路救援
📞 1800-222-4357

旅游咨询处
Map p.158 B
🏠 2200 9th Ave.N.
☎ （205）458-8000
📞 1800-458-8085
💻 birminghamal.org
🕐 周一～周五 9:00~17:00
（22nd St.街角，公路出口处）

伏尔甘公园
Map p.158 B 地图外
🏠 1701 Valley View Dr.
🕐 瞭望台 10:00~22:00、周
日 13:00~
💰 $6

关于治安问题
伯明翰的治安不太好，
街上有很多乞丐，如果看见
游客走过来的话，就会一个
一个地上前乞讨，只要给一
些零钱或者香烟就可以。但
是不要进入狭窄的胡同内，
太阳落山之后，最好不要出
去了。

租车

伯明翰在蒙哥马利（90 英里≈ 145 公里，1 小时 30 分钟）和纳什维尔（190 英里≈ 306 公里，3 小时）的中间位置，距离亚特兰大 150 英里（约 241 公里），需 2 小时 15 分钟，请注意时差；距离孟菲斯 240 英里（约 386 公里），需 4 小时。

伯明翰 漫 步

伯明翰的标志是从市区南部的公园俯视整个城市的伏尔甘像，伏尔甘是罗马神话中火和锻冶的神。

对民权感兴趣的人不能错过的 3 个地方都位于市区，而且非常集中。巴士车站就在附近，即使没车，也能玩遍这个城市。如果时间充裕的话，可以去向南 1 个街区的 4th Avenue 看一看，那里至今还保留着很久以前的建筑，仿佛穿越到了 20 世纪 70 年代。

至今还保留着旧时的大厦和招牌的
4th Avenue

伯明翰 主要景点

16 街浸信会教堂
Sixteenth Street Baptist Church

Map p.158 A

恐怖袭击的舞台

16 街浸信会教堂是民权运动的根据地。1963 年 9 月 15 日，4 个为周日学校做准备的 11~14 岁少女被炸死在这里。爆炸前的两周马丁·路德·金刚刚在华盛顿 D.C. 的 20 万人面前进行了 "I have a dream" 的演讲。地下

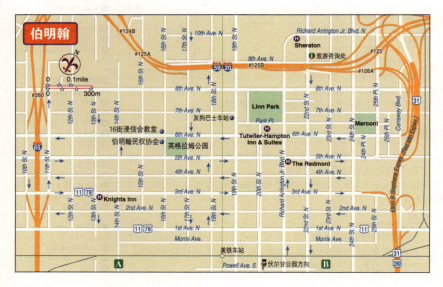

资料室展示了这次爆炸的惨状。不要错过伤心的英国艺人赠送的玻璃画。

和其他无数的恐怖袭击一样，当时没能追究元凶，但是人们一直坚定自己的信念并且坚持不懈地进行着努力，十年之后，逮捕了"三K党"（白人至上团体）成员并被判处终身监禁。当时，白人杀害黑人而被判处终身监禁的情况还非常罕见。在进入21世纪之后，又逮捕了其他两名同犯。

16街浸信会教堂
☎（205）251-9402
开 周二～周五 10:00~16:00
周三需要预约
休 周日、周一

深入南部人民心中的浸信教教堂

伯明翰民权协会
Birmingham Civil Rights Institute
帮助孩子们更好地理解历史

Map p.158 A

伯明翰民权协会
住 520 16th St.N.
☎（205）328-9696
www.bcri.org
开 10:00~17:00、周日 12:00~
休 周一、节假日
钱 $12。65 岁以上 $5、4~12 岁 $3

伯明翰民权协会建在发生爆炸的教堂前，里面有很多生动鲜活的资料，利用很多模型和电影等帮助孩子们更好地理解历史，剧场里播放的

COLUMN

自由之行

在民权运动高涨的 1961 年，大学生、教师、律师和牧师等 13 人（6 名白人和 7 名黑人）利用白人专用的待客室并且坐白人专用座位、乘坐灰狗巴士去旅行。在黑人经常或被处以死刑或被杀害的社会状况下，他们都是留下遗书后这么做的。

在巴士从 Washington D.C. 和纳什维尔开往新奥尔良时，在伯明翰的安妮斯顿被投掷火焰瓶，而且在伯明翰遭到"三K党"成员用球棒和铁管袭击。其中 2 人因身负重伤而被送往医院诊治，但是医院也被暴徒包围，护士因恐惧而将 2 人赶出医院，幸亏被赶来的金牧师所救。

巴士在高速公路巡警的护送下到了蒙哥马利。但是，只是在高速公路上进行了保护，却对州政府说"进行了很好的护送"。在巴士车站，又遭到很多人群殴，他们和报道记者都深受重伤，濒临死亡。急救车因骚动而敬而远之，拒绝出动，最后是这里的居民将负伤者送到了医院。

参加"自由之行"的成员越来越少，到达密西西比河的杰克逊之后，剩下的成员都被逮捕了，"自由之行"中止。

在"自由之行"中，罗伯特·肯尼迪司法长官和州长进行了交涉。肯尼迪不同意逮捕"自由之行"成员，而是要求将他们护送到杰克逊。

肯尼迪还在伯明翰事件中，对灰狗公司施加压力，准备替代的司机。

民权协会之旅中讲解员为游客做详细的解说

伯明翰民权协会位于市中心

礼品店里的商品种类齐全

新闻电影具有很强的冲击力。而且有手无寸铁的市民中间牵着警犬的警官以及被高压水管冲跑的少女的形象。在"自由之行"的巴士隔壁，播放着马丁·路德·金的演讲，还保留着他被监禁时所住的单人牢房。除此以外，还有能查询资料的计算机室以及以民权为主题的画廊。

英格拉姆公园 Kelly Ingram Park `Map p.158 A`
一定要看看逼真的纪念碑

英格拉姆是谁？
英格拉姆公园的名字来源于在第一次世界大战中第一位美国牺牲者、伯明翰的消防员的名字。

这里是游行队伍的出发点，也是举行各种活动的场所。从隔壁的民权协会租借语音导游，可以一边听着参加游行的人们的声音一边游览。园内有 5 个以民权运动为主题的纪念碑。一定要去看看龇着牙的警犬从两侧步步逼近的那座纪念碑。

面向少女的高压水管纪念碑

酒 店
Hotel

Tutwiler-Hampton Inn&Suites

`Map p.158 B`

◆ **1914 年建造的古典酒店**
这家酒店位于市中心，哥特式风格的外观最是明显，2007 年进行过改装，但是保留了大理石大厅。含早餐 ⒹⓉ $118~329，Wi-Fi 免费。
酒店里有 DVD，还有商务中心和餐厅。虽然酒店周围没有休闲餐厅，不过能在大厅里的小卖部买到小吃和冷冻食品（微波炉加热）。有机场接送班车。

距离民权协会 5 个街区，旅游非常方便

🏠 2021 Park Pl.N., Birmingham, AL 35203
☎（205）322-2100
📠 1800-445-8667
📠（205）325-1183
🌐 www.thetutwilerhotel.com
C/C Ⓐ Ⓓ Ⓙ Ⓜ Ⓥ

Sheraton Birmingham

`Map p.158 B`

◆ **商业街的大型酒店**
这是一家 17 层楼的时尚酒店。从室内温水游泳池到宴会厅，设备一应俱全。房间里的办公桌很大，受到许多商务人士的称赞。Ⓓ Ⓣ $165~450，全馆禁烟。

🏠 210 Richard Arrington Blvd.N., Birmingham, AL 35203
☎（205）324-5000 📠 1800-368-7764
📠（205）307-3045
🌐 www.sheraton.com
C/C Ⓐ Ⓓ Ⓙ Ⓜ Ⓥ

亚拉巴马州

亨茨维尔 *Huntsville*

在马歇尔宇宙飞行中心进行的宇宙飞行员训练体验——太空训练营

人口	约18万人
消费税	9%
酒店税	12%+$1/晚
时区	中部时区

南部腹地和阿肯色

● 伯明翰

主要景点／酒店 亨茨维尔 前往方法

1819 年，亚拉巴马州作为第 22 个州加入了美利坚合众国（The Union），而合约就是在亨茨维尔签订的。现在，亨茨维尔作为创建美国宇宙开发系统的城市而知名。1960 年，创立了马歇尔宇宙飞行中心 George C.Marshall Space Flight Center 并制造了太空营地用于地上实验的人造卫星 1 号机，在沃纳·冯·布劳恩博士和德国科学家的共同努力下研究开发了实现人类首次登陆月球表面的土星 5 号运载火箭。1969 年 7 月 20 日，阿姆斯特朗船长迈出月球表面的第一步定义了亨茨维尔作为宇宙探索基地的位置。现在，NASA 的马歇尔宇宙飞行中心起着巨大的作用。

前往方法 Access

飞机

亨茨维尔国际机场位于这个城市的西南 12 英里（约 20 公里）处，其含有的高新技术元素也象征了它是一个宇宙开发基地城市。达美航空每天 9 个航班从亚特兰大到亨茨维尔（需约 1 小时），美国航空每天 3 个航班从达拉斯到亨茨维尔（需 1 小时 45 分钟）等。

可以乘坐 Executive Connection 专线车到达市区。如果乘坐出租车的话，$30 左右就能到市区，约 15 分钟。很多酒店提供免费送至机场的班车，在预约时，最好确认一下。

长途巴士

灰狗巴士从纳什维尔到亨茨维尔每天 4 班（需 2 小时左右），从蒙哥马利到亨茨维尔每天 4 班（需 4~5 小时）。也可以从亚特兰大或者孟菲斯到亨茨维尔，不过需要在伯明翰换乘。

巴士车站在市区正中心的位置，距离 Von Braun Civic Center 只有 1 个街区，虽然观光比较方便，但是附近没有便宜的酒店。

亨茨维尔国际机场
Huntsville International
Airport（HSV）
Map p.162 A 地图外
🏠 1000 Glenn Hearn Blvd.
☎ （256）772-9395
🖥 www.hsvairport.org

Executive Connection
☎ （256）772-0186
🚌 单程 $27、往返 $54

灰狗巴士
Greyhound
Map p.163
🏠 601 Monroe St.
☎ （256）534-1681
🕐 9:00~10:00、13:00~15:00、
17:30~21:00

AAA

📍 2625 Memorial Pkwy.
☎ （256）539-7493
🕐 8:30~17:00
　　周六 9:00~14:00
🚫 周日、节假日
24 小时道路救援
✉ 1800-222-4357

小心龙卷风
　　亨茨维尔周边是全美屈指可数的龙卷风多发地带，一定先查看一下 p.30 关于龙卷风的内容。

市区的池塘边种植了 60 棵吉野樱

车站博物馆隔壁的旅游咨询处

租车

　　亨茨维尔的酒店街离市区很远，而且宇宙火箭中心也在郊外，所以还是租车比较方便。虽然这个城市比较大，交通流量也大，但是道路标志十分清楚。从纳什维尔沿 I-65 南行约 2 小时 30 分钟即可到达，从蒙哥马利沿 I-65 北行约 3 小时可到达，从孟菲斯沿 US-72、I-565 向东行驶约 4 小时 30 分钟可到达，途中经过弗洛伦斯迪凯特。

位于郊区的宇宙火箭中心

亨茨维尔 漫 步

　　亨茨维尔最大的景点当然是宇宙火箭中心，与对 NASA 宇宙开发起重要作用的马歇尔宇宙飞行中心相邻，虽然知名度不如佛罗里达的肯尼迪宇宙中心和休斯敦的休斯敦太空中心，但作为体验型博物馆，宇宙火箭中心则远远超过前两者。这里离市区很远，可以乘坐旅游观光环线车或者出租车来这里。

　　在亨茨维尔，不仅是宇宙火箭中心，就连保留亚拉巴马州初期面貌的市区旅游也需要 1 天的时间，市区的景点步行都可以。

■旅游咨询处■

● Huntsville/Madison Country Convention &Visitors Bureau

　　沿市区的教堂街走，I-565 公路前就是旅游咨询处。这里关于酒店和餐厅的资料比较丰富，工作人员也很亲切。无线网络免费使用。亨茨维尔国际机场二层也有旅游咨询处的咨询台。

■市区交通工具■

线路巴士

　　市区内共 13 条巴士线路，但对于游客来说，还是乘坐旅游观光环线车比较好。市区所有的市区巴士都在车站博物馆（→ p.164）旁发车，即 Church&Monroe Sts.。旅游观光环线车以外的线路只在周一～周五运行。

● 旅游观光环线车

　　这是往返于市区和郊区景点的无轨型巴士，每 60 分钟一班，力荐没有车的游客。始发站是车站博物馆（每小时的 40 分发车），然后按照宇宙火箭中心、冯·布劳恩市民中心、宪法村的顺序参观游览。

租车

　　与其说大街上几乎没有串街揽客的出租车，倒不如说根本就没有出租车，所以拜托酒店的前台或者打电话约车才是明智之举。从市区到宇宙火箭中心含小费在内约 $30。

亨茨维尔市区

亨茨维尔 主要景点

市区

宪法村
Alabama Constitution Village

Map p.163

重现亚拉巴马州的发祥地

　　亨茨维尔也是亚拉巴马州的发祥地。1819 年 12 月 4 日，亚拉巴马州就是在亨茨维尔签订合约加入美利坚合众国的。为了纪念这一天，宪法村重现了 19 世纪初期（签订条约的时候）的生活方式，并作为一家生动的博物馆对外开放。加入美利坚合众国的合约就 是 在 Constitution Hall 签订的。一层能

身着当时的服装亲身体验

Huntsville/Madison
Country CVB
Map p.163
🏠 500 Church St.
☎ （256）551-2230
　 1800-843-0468
🌐 www.huntsville.org
🕐 9:00～17:00、周日 12:00～
🚫 复活节、11 月的第四个周四、12/24、12/25、1/1

Huntsville Shuttle
☎ （256）427-6811
💰 $1、1 日巴士 $2
Tourist Loop
🚌 周一～周五 6:40～18:40，5 月下旬～9 月上旬的周六 8:40～（周日的线路稍微有点变动），每 60 分钟一班

出租车
Huntsville Cab
☎ （256）539-9444

宪法村
🏠 109 Gates Ave.
☎ （256）564-8100
🌐 www.earlyworks.com
🕐 周二～周六 10:00～16:00（11～12 月时间缩短）
🚫 周日、周一、1～2 月
💰 $12，55 岁以上和 4～17 岁 $10，1～3 岁 $5。
※ EarlyWorks、宪法村和车站博物馆任选两馆 $20，55 岁以上和 4～17 岁 $15；三馆通票 $25，55 岁以上和 4～17 岁 $20。

看到手工制作的椅子和橱柜、印刷工具等。区域内的律师和保安员的家等5栋建筑都恢复成当时的样子。解说员身穿当时的服装一边为游客讲解，一边带着大家游览，整个过程需 60~90 分钟。

EarlyWorks 儿童历史博物馆
404 Madison St.
☎ （256）564-8100
🖳 www.earlyworks.com
开 周二～周六 9:00~16:00
休 周日、周一、11 月的第四个周四、12/24、12/25、1/1
💲 \$12，55 岁以上和 4~17 岁 \$10，1~3 岁 \$5
※通票参照前页。

车站博物馆
320 Church St.
☎ （256）564-8100
🖳 www.earlyworks.com
开 10:00~16:00
休 周日、周一、11 月的第四个周四、12/24、12/25、1~2 月
💲 \$12，55 岁以上和 4~17 岁 \$10，1~3 岁 \$5
※通票参照前页。

因为在旅游咨询处隔壁，可以顺便到街上走一走

哈里森兄弟五金店
124 South Side Square
☎ （256）536-3631
1866-533-3631
🖳 www. harrisonbrothershardware. com
开 9:00~17:00、周六 10:00~16:00
休 周日

EarlyWorks 儿童历史博物馆
EarlyWorks Children's History Museum
Map p.163

能够一边游玩一边学习历史

虽然这只是一家儿童博物馆，但不仅孩子们在这里能接触和体验亚拉巴马的历史和当时的生活，就连大人也能体验到乐趣。先到入口处右侧的 Back in Time Theater 看 20 多分钟的电影。由出生于亚拉巴马州并活跃在美国职业棒球大联盟和美国足球界的巨星博·杰克逊出演，主要是讲述亚拉巴马州的历史。馆内还有实物大小的磨坊和从前的平底船，还能在 19 世纪的店铺里自由地玩耍。在 Storytelling Courtyard 树木精灵（机器人）还会讲述过去的事情。机会难得，尽情地玩耍吧！

光看外观，也是一种享受

孩子们正在尽情地玩耍

车站博物馆 Huntsville Depot & Museum
Map p.163

令交通工具爱好者欣喜若狂

这个建于 1860 年的火车站是展示城市交通工具变迁的博物馆，在这里能看到历代机车和模型、机器人装置重现的 1912 年售票处、19 世纪 60 年代的城市和铁路模型等。还有重现的当时的商店和棉花田以及立体模型，非常有趣。除此以外，还有许多关于南北战争的展示。

哈里森兄弟五金店
Harrison Brothers Hardware
Map p.163

保留着 100 多年前的商店的样子

充满时代气息的小屋

虽然一眼看上去是一间破旧不堪的小屋，但实际上它是亚拉巴马州最古老的五金店。这栋古老的建筑创立于 1879 年，其装饰让人仿佛又回到了 19 世纪，从古董到现代实用品，到处随意摆放着各种工具、厨房用品、汽车用品、书籍和室内装饰品等。只有其中一部分是非卖品，绝大部分物品都是贴着价签的商品。亨茨维尔这家有名的商店称得上一座小型博物馆。

特威克纳姆区和老城区
Twickenham & Old Town Historic Districts

Map p.163

悠闲地漫步在两个历史区

　　市区东侧保留着昔日的建筑物，Clinton St. 两侧分别是老城区和特威克纳姆区。老城区建于 19 世纪 20 年代~ 20 世纪 30 年代的维多利亚风格的宅邸比较集中，而特威克纳姆区主要是 19 世纪初期和南北战争前的 65 多栋宅邸。仅存的为数不多的古老建筑如此集中，这在南部也是难得一见的，现在这些建筑已经成为私人住宅或者办公场所。

　　可以在旅游咨询处购买各历史住宅的旅行指南，但是有些住宅已经有人居住，注意不要给别人增添麻烦。走在幽静的街道上，有种穿越时空的感觉。

每一栋住宅的庭院都很宽敞

郊区

宇宙火箭中心 U.S.Space & Rocket Center

Map p.162 A

体验宇宙的神奇

　　宇宙火箭中心是和马歇尔宇宙飞行中心同时设立的，在这里能看到阿波罗宇宙飞船、月亮石、宇航员训练用的装置等。这里不同于佛罗里达的宇宙中心，体验设施很多。夏季来此观光的人特别多，最好早点来。

● Davidson Center for Space Exploration

　　戴维斯中心是新建的大型展览馆，这里最有名的是长 110 米带发动机的土星 5 号运载火箭，因阿波罗计划的中止而被搁置。中心入口处的航天飞机实物模型安装了外部燃料罐和固体火箭助推器。另外还公布了在马歇尔宇宙飞行中心致力于宇宙开发的研究者冯·布劳恩博士的技术成果。

　　这里展示了有关俄罗斯宇宙空间站"和平"号的设备以及阿波罗计划的探月车（Lunar Rover，预备用的实物）、"阿波罗 2"号带回的月亮石等。不过最受欢迎的是 1972 年创造了飞行时间长达 265 小时 51 分钟纪录的"阿波罗 16"号司令船。就是这艘狭小的宇宙飞船载着三个彪形大汉到达月球，又返回地球。真正的宇宙实验室（Skylab）非常有趣。能看到宇航员的衣帽柜、橱柜和厕所灯，真的很难想象他们是如何在宇宙空间生存的。还有关于航天飞机的驾驶舱、哈勃太空望远镜的展示。能在位于中心一角的模拟器"G-Force Accelerator"中体验到火箭发射时产生的 3G 重力，还能在"Space Shot"体验到 2.5 秒上升 43 米的火箭发射瞬间。

宇宙火箭中心

🏠 1 Tranquility Base，I-565 Exit 15
☎ （256）837-3400
📠 1800-637-7223
🌐 www.rocketcenter.com
🕐 9:00~17:00
休 11 月第四个周四、12/24、12/25、1/1
💲 $20，6~12 岁 $15。含一场 IMAX 电影 $25，6~12 岁 $20；含两场 IMAX 电影 $30，6~12 岁 $25。
🚌 在市区可乘坐观光旅游环线车，如果驾车的话，就沿 I-565 西行约 10 分钟就能到达。

完成登月使命的"阿波罗"号至今仍未失光辉

火箭是中心的标志

在中心内孩子们正在进行体验宇航员训练的太空训练。从无重力下的作业训练到使用航天飞机的实物模型进行船外活动训练，都是真实的体验。参加者里面也有真正的飞行员毕业生

● Spacedome Theater

这里是上映 IMAX 电影的巨蛋形剧院，高达 21 米。这里经常上映关于宇宙和地球的具有冲击力的电影。

迪凯特 Decatur Visitor Center　　Map p.162 地图外

整洁的街道上的两个历史区

整洁的迪凯特中心街道

迪凯特
住 719 6th Ave.（US-31）
SE.Decatur
電（256）350-2028
■ 1800-232-5449
■ www.decaturcvb.org
開 8:00~17:00、周六 9:00~、
周日 13:00~

最好驾车去迪凯特。沿
I-565、AL-20 向西行驶，
穿过田纳西河就到迪凯特
了。到了迪凯特之后，沿
US-31 向南行驶，右侧是旅
游咨询处。虽然公路沿线有
很多酒店，但是好不容易来
一次迪凯特，还是住市区的
B&B 吧！

驾车从亨茨维尔向西南
方向行驶约 30 分钟就能到达
迪凯特。这个只有 5.5 万人
的小城 Decatur 拥有两个历史
区。隔着城市中心南北走向
的 6th St.（US-31）西侧是迪
凯特老历史区（Old Decatur
Historic District），东侧是
奥尔巴尼新历史区（New
Albany Historic District）。

迪凯特老历史区主要是 1829 年~19 世纪后半期建筑的宅邸，其中最有名的是位于城市北端的建于 1833 年的原州立银行，除此以外还有 1829 年建造的 Dancy-Polk House、1899 年建成的 J.T.Jones House 等。而奥尔巴尼新历史区 19 世纪后半期到 20 世纪初期建造的宅邸比较多，绝大部分的宅邸是不对公众开放的。旅游咨询处提供徒步旅行指南，可以一手拿着旅游指南，一边漫步在安静的住宅街上。

如果春天来这里的话，迎接我们的是满园的鲜花；如果
秋季来的话，迎接我们的则是道路两侧火一般的红叶

© Alabama Bureau of Tourism & Travel

餐厅
Restaurant

LeeAnn's　　　　　　　　　　　　　　　非洲菜
Map p.163

◆ **当地居民的聚集场所**

这是位于车站博物馆斜前方的休闲餐厅。在这里花不到 $10 就能吃到三明治和汉堡，晚餐 $20 就足够了。能品尝到油炸秋葵和油炸绿土豆，而且啤酒和红酒种类很多。

周末晚上有摇滚乐队现场演奏，来的都是一些当地的年轻人。还有池畔酒吧。店内 Wi-Fi 免费。

住 415 E.Church St.
電（256）489-9300
営 周二~周六 10:30~次日凌晨 2:00
休 周日、周一
URL www.leeanns.biz
CC A M V

Wild Rose Cafe　　　　　　　　　　　　南部家常菜
Map p.163

◆ **推荐品尝早餐和午餐**

位于市区，是只经营早餐和午餐的休闲餐厅。餐厅采用在柜台订餐的自助方式，备受好评的三明治、汉堡和沙拉 $4~7，早餐竟然不超过 $3。午餐除了每天的餐单外，还有素食菜单。二层餐厅环境幽雅，还能打包带走。

住 121 North Side Sq.
電（256）539-3658
URL www.wildrosecafe.net
営 周一~周五 7:00~9:30、
11:00~14:00

酒店
Hotel

市区只有 3 家酒店。如果有车的话，就去郊区，那里有很多便宜的旅馆。但如果没车的话，就在市区或者宇宙火箭中心等地安顿下来，然后乘坐旅游环线车或者租车去景点。

有些酒店提供到宇宙火箭中心和市区的班车。

也可以住在迪凯特。US-31 沿线有 5 间、AL-67（Beltline Rd.）有 8 间汽车旅馆和 B&B。

Country Inn&Suites

Map p.162 A

◆外观时尚、设备齐全

酒店位于麦迪逊广场附近的公路沿线。外观是砖结构风格，客房宽敞，机场接送班车免费。这里有步行街风格的中庭、室外游泳池以及健身房等，也能享受到度假村的待遇，而且工作人员十分亲切。客房里有冰箱、微波炉等设备，这对于长期旅行者非常方便。共有 170 个房间，ⓈⒹⓉ$89~139，全馆禁烟。

住 4880 University Dy., Huntsville, AL 35816
☎（256）837-4070
Free 1800-596-2375
FAX（256）837-4535
URL www.countryinns.com
C/C ⒶⒹⓂⓋ

Hampton Inn Huntsville

Map p.162 A

◆位于汽车旅馆街

虽然房间有点简陋，但里面比较宽敞，而且每个房间都有空调和咖啡机。共有 159 个房间，含免费早餐 Ⓓ Ⓣ$77~119。

可以考虑住在宇宙火箭中心区域

住 4815 University Dr., Huntsville, AL 35816
☎（256）830-9400
Free 1800-445-8667
FAX（256）830-0978
URL www.hamptoninn.com
C/C ⒶⒹⒿⓂⓋ

Huntsville Marriott

Map p.162 A

◆能尽情体验火箭中心

酒店位于宇宙火箭中心区域内，宇宙火箭中心就在酒店的后面。虽然离市区比较远，但是酒店会根据客人的要求，提供到市区的班车。酒店设施齐全，有 2 个餐厅、室内游泳池、室外游泳池、健身中心和投币式洗衣机等。ⓈⒹⓉ$129~184，机场免费接送，共 288 个房间，全馆禁烟。

住 5 Tranquility Base, Huntsville, AL 35805 ☎（256）830-2222
Free 1800-228-9290
FAX（256）895-0904
URL www.marriott.com
C/C ⒶⒹⒿⓂⓋ

Holiday Inn Huntsville Downtown

Map p.163

◆ 如果住在市区的话，就去这家酒店

酒店位于市区，在市民中心的对面，从这里能徒步游览市区景点。ⓈⒹⓉ$90~144，机场免费接送，Wi-Fi 免费。

住 401 Williams Ave., Huntsville, AL 35801 ☎（256）533-1400
Free 1800-465-4329 FAX（256）534-7787
URL www.holidayhsv.com
C/C ⒶⒹⒿⓂⓋ

La Quinta Inn Huntsville Research Park

Map p.162 A

◆位置和价格都很合适

University Dr. 周边有很多酒店，这家酒店价位比较合理，而且酒店周边的购物中心和家庭旅馆也很多。酒店共 2 层，130 个房间，含早餐 ⓈⒹⓉ$59~98。

住 4870 University Dr., Huntsville, AL 35816 ☎（256）830-2070
Free 1800-753-3757 FAX（256）830-4412
URL www.lq.com
C/C ⒶⒹⓂⓋ

Four Points by Sheraton Huntsville Airprot

Map p.162 地图外

◆机场内

酒店在机场内，非常方便，附近有高尔夫球场。共 148 个房间，ⓈⒹⓉ$120~169，Wi-Fi 免费，全馆禁烟。

住 1000 Glenn Hearn Blvd., Huntsville, AL 35824 ☎（256）772-9661
Free 1800-368-7764 FAX（256）464-9116
URL www.sheraton.com
C/C ⒶⒹⒿⓂⓋ

弗洛伦斯 Florence, AL

海伦·凯勒的出生地在弗洛伦斯的邻城塔斯坎比亚

田纳西河畔宁静的城市

在具有丰富水源的田纳西河对面的弗洛伦斯是北亚拉巴马州最美丽的城市。很多在南北战争中遭到过破坏并且在19世纪到20世纪初经受过洗礼的建筑还保持着当时的样子，田纳西河带来了干净的水源和新鲜的空气，抚平了人们受伤的心。

弗洛伦斯的魅力不仅在于它的美丽，还因为"蓝调之父"W.C. Handy出生在这里。河对岸的塔斯坎比亚（Tuscumbia）是"奇迹之人"海伦·凯勒的出生地，而旁边的Muscle Schoals有两个出过很多灵乐和R&B热门歌曲的录音棚。

每年7月下旬会举行W.C.Handy Music Festival，有200组乐人和15万的游客参加。

线路

因为没有灰狗巴士，建议从孟菲斯、纳什维尔或者亨茨维尔等地到弗洛伦斯一日游或者住一晚。从亨茨维尔沿US-72向西行驶约1小时20分钟可到弗洛伦斯。从孟菲斯到弗洛伦斯需3小时，从纳什维尔到弗洛伦斯需2小时30多分钟。

弗洛伦斯西侧有纳奇兹公路小道（→p.138）。到科尔伯特渡口需30分钟，可以考虑一下这种旅行方式。

市区旅馆很少，向东2.5公里的威尔逊坝的旁边有万豪酒店和旅游咨询处。US-72和US-72ALT的交叉口附近有几家汽车旅馆。

旅游咨询处

1888-356-8687　　www.visitflorenceal.com
开 8:00~17:00　休 周六、周日

昔日的旅馆现已变成Pope's Tavern Museum

位于灵乐城马斯尔肖尔斯的亚拉巴马音乐殿堂

市区景点

Pope's Tavern Museum 位于市区北侧、被绿色包围的住宅街中。18~19世纪时这里是旅馆兼食堂，而现在馆内重现了当时的生活状况，尤其是南北战争时这里被用作医院时的情形，十分有趣。

位于市区西郊的 W.C.Handy Museum 是"蓝调之父"汉迪的出生地。里面展示了汉迪喜爱的小号以及谱曲《圣路易斯蓝调》的钢琴。

如果对建筑感兴趣的话，就不能错过 Rosenbaum House。这是能俯视田纳西河的 L 形住宅，是弗兰克·劳埃德·赖特 72 岁时的作品。

Pope's Tavern Museum

Map p.169 A1

住 203 Hermitage.Dr.

☎（256）760-6439　費 $2、儿童 50 ¢

開 10:00~16:00　休 周日、周一

W.C.Handy Museum

Map p.169 B1　住 620 W.College St.

☎（256）760-6434　費 $2、儿童 50 ¢

開 10:00~16:00　休 周日、周一

Rosenbaum House

Map p.169 B1

住 601 Riverview Dr.

☎（256）740-8899

費 $8　開 10:00~16:00、周日 13:00~

休 周一

海伦·凯勒的出生地

海伦·凯勒 2 岁时失去视觉和听觉，在这样的重度障碍下，她凭借着顽强的毅力生活着，并成为著名的社会福利活动家。海伦·凯勒生于1880 年，她与沙莉文老师相识的家现已成博物馆对外开放。大部分陈设都是海伦及其家人曾使用过的。后院至今还留着一口井，海伦就是在这里第一次开口说出"water"的。这里还有一个野外小剧场，6 月上旬~7 月中旬的周末上演《奇迹的缔造者》。

Helen Icellea Birthpalcc

休 周日、主要节日

費 $6、5~18 岁 $2 公演另收 $10

国 沿 Courtst. 南下，过桥之后，沿 Avalon Ave. 右转 2 英里后沿 Jackson Hwy. 左转，在第 6 个 N.Commonsst. 右转

亚拉巴马音乐的殿堂

这里珍藏了生于亚拉巴马的音乐家的作品，能听到莱昂纳尔·里奇、纳塔金科尔，诱惑乐队等的作品。

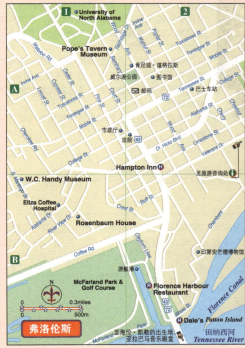

©Alabama Bureau of Tourism & Travel

借此机会观看《奇迹的缔造者》

田纳西州

孟菲斯 *Memphis*

人口	约 66.29 万人
消费税	9.25%
酒店税	15.95%
时区	中部时区

入夜之后行人变多的比尔街

"蓝调之父"汉迪的博物馆位于
比尔街

孟菲斯是蓝调和灵歌的发源地，在这个城市
繁荣的背后是在棉花地里艰苦劳动并努力生存着
的黑人们的呐喊声。虽然受到歧视却还努力生存
着的他们的文化不久也影响到了白人。在白人文
化和黑人文化相互融合的孟菲斯诞生摇滚乐之王
埃尔维斯 · 普雷斯利，绝非偶然。

现在已经发展成南部屈指可数的商业城市的
孟菲斯也是马丁 · 路德 · 金中弹身亡的地方。
在经历了苦难和失意之后，孟菲斯人再次站起来
继续前行。

在孟菲斯到处能看到各种时代和文化相结合
的产物。

◎ 前往方法 Access

飞机

孟菲斯国际机场是南部屈指可数的大型机场，作为达美航空的枢纽，
美国国内和国外共 90 多个城市有直达孟菲斯的航班。联邦快递航空货物
基地也在这里，货物吞吐量世界第一。开车从机场到市区大约 15 分钟，
有的酒店提供机场接送服务。

从机场到市区

有几家旅游公司提供到市区和优雅园的专线车。如果要去机场，请
提前一天委托酒店服务台预约。也可以乘坐 2 路、32 路巴士，但 2 路的
终点在金字塔旁，到中心位置需要换乘无轨电车，而 32 路也必须在中途

孟菲斯国际机场
Memphis International
Airport（MEM）
🏠 2491 Winchester Rd.
☎ （901）922-8000
🖥 www.mscaa.com

换乘，都需要 1~2 小时，不是很方便。

● **出租车**

到市区约 15 分钟，需 $30 左右。如果到密西西比州的图尼卡（→ p.186），则需 $77~100，小费 15%。

长途巴士

长途巴士车站在机场附近。虽然也能乘坐 2 路巴士等到市区，但是没有到市区巴士站的人行道，而且班次也少，非常不方便。推荐利用出租车。纳什维尔到孟菲斯的长途巴士每天 5 班（需 4 小时），芝加哥到孟菲斯每天 4 班（需 10~11 小时），新奥尔良到孟菲斯每天 2 班（需 10~11 小时）。

铁路

芝加哥到新奥尔良的"新奥尔良城市"号（City of New Orleans）每天一班车在孟菲斯停车。火车站虽然在市区，但是发车时间和到达时间都在深夜或者清晨，为了安全起见，最好乘坐出租车。

Blues City Tours
☎（901）522-9229
💰 单程 $25，往返 $40。到密西西比州图尼卡（→ p.186）单程 $57，往返 $92。
出租车
Yellow Cab
☎（901）577-7777
City Wide Cab
☎（901）324-4202

灰狗巴士
Greyhound
Map 地图外
🏠 3033 Airways Blvd.
☎（901）395-8770
🕐 24 小时

美铁车站
Amtrak
Map p.171 B1
🏠 545 S. Main St.
☎（901）526-0052
📠 1800-872-7245
🕐 每天 5:45~23:15

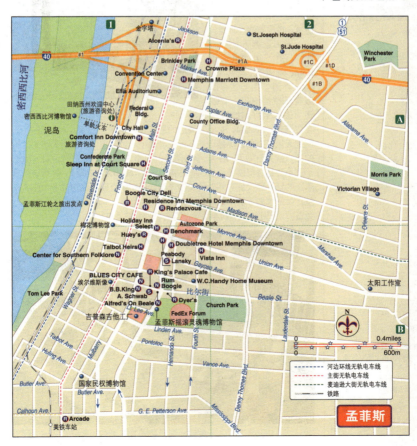

孟菲斯

171

AAA
- 5138 Park Ave.
- ☎（901）761-5371
- 🕐 9:00~18:00
- ✕ 周六、周日、节假日
- 24 小时道路救援
- ✉ 1800-222-4357

City of New Orleans			可能变化，仅供参考		
20:00	出发		Chicago	到达	次日 9:00
次日 6:27	到达 ↓		Memphis	↑ 出发	22:40
6:50	出发 ↓			↑ 到达	22:00
15:32	到达		New Orleans	出发	13:45

租车

　　孟菲斯是南部屈指可数的大城市，从纳什维尔到孟菲斯约 3 小时 30 分钟，从新奥尔良到孟菲斯约 7 小时，从亚特兰大到孟菲斯约 8 小时。如果有车的话，可以开车去密西西比三角洲的景点游览。

　　市区的停车费太高，最好将车停在河边的旅游咨询处或者开往马克洛岛方向的单轨火车站，再乘坐无轨电车四处游览。因为有些区域的治安不太好，最好不要去景点外的区域。

孟菲斯 漫 步

　　孟菲斯是即使没有车也能游览景点的少数城市之一，只是粗略地游览，就需要两天时间。

　　先去蓝调圣地——比尔街。虽然 Living House 白天就开放，但是只有到了晚上才有顶级音乐家的演出，所以晚上去比较好。如果住

位于市区的步行街、联邦快递广场

在皮博迪（Peabody Hotel）周边的酒店，即使晚上出来走走也没关系，但是天黑了之后，尽量结伴而行或者乘坐无轨电车。如果白天出来游览的话，就去由马丁·路德·金被暗杀的汽车旅馆改装的国家民权博物馆，千万不要错过皮博迪酒店的"群鸭走秀"（11:00 和 17:00）。如果您是音乐迷的话，建议您去郊外的美国灵魂音乐斯塔克斯博物馆或者太阳工作室。如果想去普雷斯利的宅邸和墓地"优雅园"，需要预留 1 天的时间。免费的太阳工作室专线车会带游客游览郊外的景点。

虽然普雷斯利的墓地在郊外，但是可以乘坐无轨电车，非常便利

关于治安问题

　　2011 年孟菲斯的犯罪发生率在全美 405 个城市中排第 17 位（含市区），在孟菲斯都市圈中排第 3 位，但是现在孟菲斯的治安状况很差。因为这里的游客很多，如果是在闹市区，晚上可以出去，但是在人少的地方，白天也尽量别去。在超市停车场和郊外的加油站也要小心。

孟菲斯的人或物

　　联邦快递（航空货物）、假日酒店（酒店）、"小猪扭扭"（杂货店）、艾瑞莎-富兰克林（歌手）、凯西·贝茨（演员）、摩根·弗里曼（演员）、贾斯汀·提姆布莱克（音乐家）以及灵魂和摇滚。

■旅游咨询处■

● Tennessee State Welcome Center

位于开往马克洛岛方向的单轨火车站北侧、河边停车场区域内。里面有许多关于孟菲斯以及田纳西州其他城市的旅游资料，大厅内有埃尔维斯和 B.B.King 的铜像。

Welcome Center 立着 B.B.King 的铜像

Tennessee State Welcome Center
Map p.171 A1
住 119N.Riverside Dr.
☎ （901）543-5333
www.memphistravel.com
开 9:00~17:00（4~9 月 ~18:00）
休 12/25

■市区交通工具■

线路巴士 MATA（Memphis Area Transit Authority）

从市区到郊外的话，乘坐这种市区巴士比较方便而且能游遍郊外的主要景点。有的线路巴士的班次少，请通过旅游咨询处或者电话进行确认。

MATA
☎ （901）274-6282
www.matatransit.com
票 $1.75

●无轨电车

要去市区的话，最好乘坐无轨电车。怀旧的车身模仿了 1940 年前的无轨电车，非常受欢迎。共有以下 3 条线路：主街无轨电车线、河边环线无轨电车线、麦迪逊大道无轨电车线。

仅仅坐一坐就感到愉快的主街无轨电车

沿 Main St. 行驶的主街无轨电车从北端的 Overton Ave. 到南端的 Butler Ave.，再折返回来继续行驶，这条线路到国家民权博物馆非常方便。

河边环线无轨电车沿 Riverside Dr.（南行）和 Main St.（北行）行驶，经过金字塔（步行街）、马克洛岛方向的单轨火车站和旅游咨询处等地。

沿 Madison Ave. 行驶的麦迪逊大道无轨电车从东端的 Main St. 到西端的 Cleneland St.。

主街无轨电车
Main Street Trolley
运行 周一～周四　6:25~23:15
　　　周五　　　　6:25~00:25
　　　周六　　　　9:00~00:45
　　　周日　　　　10:00~18:00
（每隔 10 分钟一班）

河边环线无轨电车
Riverfront Loop
运行 周一～周四　9:15~23:00
　　　周五　　　　9:15~00:30
　　　周六　　　　9:00~00:45
　　　周日　　　　10:00~18:00
（每隔 13 分钟一班）

麦迪逊大道无轨电车
Madison Avenue Trolley
运行 周一～周五　6:00~22:50
　　　周六　　　　6:10~00:45
　　　周日　　　　10:15~17:55
（每隔 16 分钟一班，周日每隔 25 分钟一班）
票 3 条线路都是 $1, 2 日券 $1.5、1 日券 $3.25, 3 日券 $8。

太阳工作室专线车

专线车到达 Heartbreak Hotel（→ p.184）、优雅园（→ p.177）、太阳工作室（→ p.179）、孟菲斯摇滚灵魂博物馆（→ p.175）这四个地方。因为是免费的，所以特别受欢迎，但人多的时候，有可能坐不上。如果在傍晚乘坐的话，有可能赶不上去优雅园的旅行。专线车的运行时间表会有变动，最好事先确认一下。

太阳工作室专线车
Sun Studio Shuttle
☎ （901）521-0664
运行 9:55~18:30
55 分从 Heartbreak Hotel 发车
整点从优雅园发车
15 分从太阳工作室发车
30 分从孟菲斯摇滚灵魂博物馆发车
票 免费

出租车

出租车的基本费用是 $3.20，以后 1 英里加 $1.6，增加一位乘客加 50 ¢。

■旅游指南■

蓝调城市之旅

是提供酒店接送服务的巴士旅游，需要预约。

蓝调城市之旅
Blues City Tours
☎（901）522-9229
💻 www.bluescitytours.com

City of Memphis Tour
💰 $24、4～12 岁 $16
🕐 10:00、14:00
⏱ 约 3 小时

Platinum/Memphis Tour
💰 $71、4～12 岁 $53
🕐 10:00
⏱ 约 7 小时

After Dark Dinner Tour
💰 $59、4～12 岁 $49
🕐 18:30
⏱ 约 3 小时

美国梦之旅
American Dream Safari
☎（901）527-8870
💻 www.americandreamsafari.
com

Greatest Hits Tour
⏱ 约 3 小时
💰 5 人 $200

Juke Joint Full of Blues
⏱ 约 4 小时
💰 5 人 $400

Gospel Church
⏱ 约 4 小时
💰 5 人 $400

Delta Day Trip
⏱ 约 8 小时
💰 5 人 $900

孟菲斯江轮之旅
Memphis Riverboats
Map p.171 A1
☎（901）527-2628
💻 www.memphisriverboats.net
🕐 90 分钟的巡游：14:00
（3～10 月每天，11 月只限周
五和周六，5～8 月 17:00）；
晚餐巡航之旅：19:30（3～4
月主要是周五和周六，9～11
月只有周六，5～8 月周四～
周日）
🚫 12 月～次年 2 月
💰 $20（儿童有折扣）
晚餐巡航之旅 $45（儿童有
折扣）
🚌 Monroe Ave. 和密西西
河岸交会处。

FedEx Forum
Map p.171B1
🏠 191 Beale St.
☎（901）205-2640
💻 www.nba.com/grizzlies/
💰 $5～275

● City of Memphis Tour
游览比尔街、民权博物馆、皮博迪酒店和太阳工作室等地。除了比尔街需要下车游览以外，其他地方都是从窗户往外看。

● Platinum/Memphis Tour
游览比尔街、民权博物馆、皮博迪酒店、太阳工作室和优雅园等地，含午餐。

● After Dark Dinner Tour
在比尔街观赏 2 个俱乐部的 2 场演奏，晚餐可选择烧烤排骨、鸡肉或者鲇鱼。

美国梦之旅

以 VIP 身份乘坐 1955 年制作的凯迪拉克观光游览。限 2～5 名游客，请尽快预约。费用随时有变动，需要通过网站或者电话进行确认。

● Greatest Hits Tour
游览比尔街、国家民权博物馆、郊外漂亮的住宅街等地。每天 9:00、13:00、17:00 开始。

● Juke Joint Full of Blues
夜游 3 家 Living House，周五和周六 21:00 开始。

● Gospel Church
在教堂听完福音音乐之后，享用美味的午餐——美国黑人的传统美食。如果要参加弥撒，必须穿着合适的衣服。周日上午 11:00 开始。

● Delta Day Trip
沿棉花田绵延的密西西比三角洲行驶，游览丘尼卡、三角洲蓝调发祥地克拉克斯维尔等地。每天 9:00 开始。

孟菲斯江轮之旅

乘坐美国大动脉密西西比河上的游轮，从密西西比河上眺望孟菲斯。乘坐可载 2300 人的外轮船爱情岛女王号游览，13:30 开始，需 90 分钟。还有在周末的夜晚享用美食的现场音乐表演的晚餐巡航之旅，但需要预约。

■观看体育比赛■
美国职业篮球联赛（NBA）

● 孟菲斯灰熊队 Memphis Grizzlies（西部联盟西南赛区）
2002 年，基地从温哥华迁到孟菲斯，加入联盟平均年限为 4 年的年轻球员取得了好成绩，并第一次进入了季后赛。
2011 年赛季虽然也进入了季后赛，但最后还是在决赛中输掉了比赛。

孟菲斯 主要景点

市区

比尔街 W.C.Handy Home Museum   Map p.171 B1
在蓝调音乐之乡逛一逛俱乐部

虽然在禁酒令时代，比尔街因地下赌场和私自酿酒而臭名远扬，但

174

是现在成了以"House of Blues"而闻名的孟菲斯的重要景点。这条街上分布着蓝调泰斗B.B.King所拥有的30多家Living House，到了晚上，就会从Living House传来强劲的演奏声。虽然街道虽短，但是晚上非常热闹。

比尔街的夜晚

在道路东端，沿4th St.左转，就会看到威廉·克里斯多夫·汉迪故居。这里保留着"蓝调之父"威廉·克里斯多夫·汉迪居住的只有两个房间的小屋，并且展示了乐器、乐谱和照片等。汉迪在1906~1918年居住在孟菲斯，在此期间，曾为孟菲斯的市长竞选而谱写乐曲，两年后他谱写的《圣路易斯布鲁斯》成为经久不衰的经典之作。

孟菲斯摇滚灵魂博物馆
Memphis Rock'n Soul Museum
Map p.171 B1

联邦快递广场隔壁

这是真正关于蓝调、灵歌和摇滚的博物馆。能通过语音导游自由地收听"孟菲斯蓝调"等乐曲。博物馆是在华盛顿D.C.的史密森协会的大力协助下完成的，因此有许多历史解说和珍贵的展品。可以在入口处租赁语音导游。

威廉·克里斯多夫·汉迪
住 352 Beale St.
☎ （901）527-3427
开 10:00~16:00
夏季~17:00
休 周日
费 $4、儿童 $3

孟菲斯摇滚灵魂博物馆
住 191 Beale St.
☎ （901）205-2533
网 www.memphisrocksoul.org
开 10:00~19:00（最后入场时间18:15）
休 11月的第四个周四、12/24、12/25
费 $11、5~17岁 $8

吉普森吉他工厂之旅
Guitar Factory Tour
Map p.171 B1

观看名贵乐器的制造工序

19世纪末作为曼陀林工厂而建造，但现在是顶级品牌吉他工厂。虽然很多都是在纳什维尔制造的，但是在离比尔街1个街区的地方有陈列柜，游客能在45分钟的旅行中观看16个制造工序。因为很受欢迎，所以一定要提前预约（5岁以上）。在馆内的礼品店购买参观门票。

商店里摆满了乐迷们喜爱的吉他和物品

吉普森吉他工厂之旅
住 145 Lt. George W. LeeAve.
☎ （901）544-7998
网 www.gibson.com
开行 11:00~16:00的整点，周日12:00~
费 $10

国家民权博物馆（洛林汽车旅馆）
National Civil Rights Museum
Map p.171 B1

马丁·路德·金的遗志延续至今

虽然同是生活在地球上的人，但是仅仅因为肤色不同就会受到不同的待遇。马丁·路德·金将毕生的精力献给了黑人解放运动，但是他的事业只完成了一半就在孟菲斯这片土地上倒下了。1968年4月4日，在孟菲斯演说期间，金牧师在洛林汽车旅馆306室的阳台上被人暗杀。为

国家民权博物馆（洛林汽车旅馆）
Map p.171 B1
住 450 Mulberry St.
☎ （901）521-9699
网 www.civilrightsmuseum.org
开 9:00~17:00（6~8月~18:00）、周日13:00~
休 周二、复活节、11月的第四个周四、12/24、12/25、1/1
费 $13、55岁以上 $11、4~19岁 $9.50
交通 乘坐主街无轨电车在Butler Ave.下车，然后向东步行1个街区。
注意：相机、包寄存在接待处。

马丁·路德·金被枪杀的阳台

金牧师待过的格林汽车旅馆就这样展示在博物馆中

了悼念他并继承他的遗志，其临终的汽车旅馆现已作为民权运动博物馆对外开放。这里的展品都是孩子们感兴趣的，即使不懂英文，也很容易理解。这是一个男女老少以及不同肤色的人都向往的博物馆。

South Main Art District

民权博物馆周边的治安情况原来很差，但是最近从主要街道到美铁车站周边这段距离里，出现了很多画廊和店铺，很多人都喜欢来这里。Arcade Restaurant（→p.182）所在的 G.E.Peterson Ave. 街角经常被用于电影等的拍摄。

● 馆内指南

进入博物馆之后，导游会先带领大家看关于马丁·路德·金的著名演讲"I have a dream"的电影，然后详细地讲解民权运动的轨迹。博物馆向世人公开了南北战争的终结、白人至上主义者的激进组织"三K党"的迫害以及有 Colored 和 White 之别的巴士和餐厅等过去的矛盾。馆内最让人感到压抑的是关于 1955 年发生在亚拉巴马州蒙哥马利的巴士抵制运动的展示。重现了当时的巴士，并且可以试乘。参观人员坐在前面的座位，如果驾驶员要求你去后面的黑人座位，就会敲打座位，让人深刻地体会到黑人所遭受的不公平待遇，而且这种状况一直延续到了华盛顿。即使受到这种非人的待遇，黑人们也只是想采用非暴力的方式改变被歧视的现状。

这里最大的亮点是马丁·路德·金中弹的 306 室。内部还原了当时的样子。

参观结束后，不要错过对面的别馆。用于狙击的房间还保持着原样，而且能看到一些有关暗杀的全部过程、枪杀嫌疑人以及搜查等有趣的展品。

棉花博物馆 The Cotton Museum at the Memphis Cotton Exchange
Map p.171 A1
了解棉花贸易的发展

这个整洁的博物馆在棉花交易大厦的一角，展示了当时交易的情形以及现在被计算机化的贸易状况。黑板上画着昔日进行交易时的样子，而显示器展示了现在已计算机化的贸易状况，还有许多关于棉花的今昔展品。博物馆中央的视频资料能帮助大家进一步了解南部和棉花的关系。

泥岛公园 Mud Island River Park
Map p.171 A1
了解密西西比河整个历史的半岛

棉花博物馆
- 65 Union Ave.
- （901）531-7826
- www.memphiscottonmuseum.org
- 周一～周六 10:00~17:00、周日 12:00~
- 11 月的第四个周四、12/25
- $10、老人 $9.5、学生 $9、6~12 岁 $8

泥岛公园
- 125 N.Front St.
- （901）576-7241
- 1800-507-6507
- www.mudisland.com
- 10:00~17:00、夏季~18:00
- 周一、11 月上旬～次年 4 月上旬
- 单轨列车 & 博物馆 & 旅行 $10、60 岁以上 $9、5~11 岁 $7
- 旅游咨询处南边有单轨火车站，如果乘坐主街无轨电车，就在 Civic Plaza 下车。

从密西西比河里伸出的半岛——泥岛是市民休闲娱乐的场所。从市区

能详细了解水上大动脉历史的密西西比河博物馆

乘坐单轨列车到密西西比河博物馆（River Museum），那里有许多关于全长 6210 公里的密西西比河的展示，有土著的生活方式、殖民者的开拓、马克·吐温等与密西西比河有关的人物介绍、南北战争时利用炮舰的战役、实物大小的蒸汽船等。

博物馆前是缩小的密西西

比河以及宽阔的河滨人行道。上游细窄的支流、干流形成的滔滔大河、河口附近广阔的湿地等，都细致地还原了原来的样子，能看出河水的深度以及曲折地蜿蜒流动的样子。

半岛北侧的 B-17 轰炸机"孟菲斯美女"号（Memphis Belle）已经移到了城市北端的 Millington 机场。

密西西比河的模型，也建造了沿岸的城市

郊区

美国灵魂音乐斯塔克斯博物馆
Stax Museum of American Soul Music
Map p.171 地图外

灵歌的起源

1960 年著名的唱片公司斯塔克斯唱片公司向全球发行了 800 多首灵魂音乐。博物馆位于市区南部郊外，2003 年作为博物馆对外开放。在黑人被歧视以及施以暴力的年代里，这里创建了黑人和白人的混合乐队，想通过音乐使马丁·路德·金的"Dream"成为现实。但是在 1968 年斯塔克斯唱片公司的著名歌手、素有"灵歌之父"之称的奥蒂斯·雷丁因飞机事故而亡，加上马丁·路德·金被暗杀之后，斯塔克斯唱片公司开始衰败。在博物馆里能一边观看 2000 多件展示灵魂音乐的物品一边回顾过去。博物馆里还设立了音乐学校，培养未来的艺术家。

博物馆周边有很多与灵魂音乐歌唱家相关的场所（Soulsville USA）。比如以艾尔·格林为代表的唱片工作室（住 1320 Lauderdale）、艾瑞莎·弗兰克林的出生地（住 406 S. Lucy Ave.）、浸信会教堂（住 1189 Trigg Ave.），但是千万要注意安全。

博物馆周边有很多能品尝到正宗美国黑人传统美食的餐厅。Ellen's Soul Food（住 634 S.Bellevue）的炸鸡以及 Big S Grill（住 1179 Dunnavant）的烤三明治尤其受欢迎。

优雅园 Graceland
Map p.171 地图外

摇滚帝王之家

这是享有无数荣耀的埃尔维斯和他爱着的家人和朋友们生活过的地方——优雅园。他是在这里去世的，并且将这里作为永久居住地，和他所爱的家人一起长眠于此。想要了解埃尔维斯的人生历程，这里是不能错过的

摇滚之王结束 42 年短暂人生的宅邸

地方。这里是由展示与埃尔维斯有关的舞台服装和金唱片及奖杯的博物馆、以其掌上明珠的名字而命名的自家用的喷气式飞机、摆放爱车的汽车博物馆、有着琳琅满目的埃尔维斯相关商品的店铺和餐厅等构成的埃尔维斯主题花园。园里播放着埃尔维斯的音乐，能够感受到埃尔维斯巨大的魅力。作为私人住宅，参观者数量仅次于白宫，尤其是暑期等节日，游客特

美国灵魂音乐斯塔克斯博物馆

住 926 E.McLemore Ave.
☎（901）946-7685
www.staxmuseum.com
10:00~17:00、周日 13:00~
休 11 月~次年 3 月的周一、复活节
票 $12、62 岁以上 $11、9~12 岁 $9
交 可以乘坐 MATA4 路巴士，但建议乘坐出租车。如果驾车的话，从 3rd St. 向南行驶，在 McLemore Ave. 左转。过了 Mississippi Blvd. 之后，再走一点，左侧就是泥岛公园，约 15 分钟。
注意：相机寄存在接待处。

Six Tease 的歌曲再一次风靡

优雅园

住 3734 Elvis Prestey Blvd.
☎（901）332-3322
1800-238-2000
www.elvis.com
开 9:00~17:00、6~8 月周日~16:00、周日和 11 月~次年 2 月 10:00~16:00。开园 30 分钟前可购票。
休 12 月~次年 2 月的周二、11 月的第四个周四、12/25、1/1
票 包括全部景点的白金门票 $36、62 岁以上和 13~18 岁 $32.40，7~12 岁 $17。

还有优先进入公寓等的特惠券 VIP TOUR$70，而且只有 VIP TOUR 参加人员才能看到埃尔维斯少年时期的照片以及 20 世纪 70 年代的舞台装等珍贵的展品。
交 乘坐太阳工作室专线车（→ p.173）或者 MATA43 路巴士。如果驾车的话，沿 Union Ave. 向东行驶，过了高速公路之后，在 Elvis Presley Blvd. 右转，然后一直南下。约需 30 分钟。
注意：禁止携带摄像机和登入内，禁止使用闪光灯拍摄。

别多。最好早起去参观。

● **优雅园公寓**

这是埃尔维斯生活的宅邸。票面上记载有参观编号，购票之后，在左侧的专线车停车场等待叫号。

金牌和唱片数量惊人

1959 年，22 岁的埃尔维斯用 10 万美元买下了这块地，到他 42 岁去世为止，在这里居住了约 20 年。参观摆放着色彩鲜艳的玻璃孔雀的起居室、四面都是镜子的私人房间、埃尔维斯的荣耀一目了然的奖杯室等。

旅行的最后是去沉思园（Meditation Garden）。埃尔维斯和他的父母以及祖母都葬在这里，墓碑周围被歌迷们赠送的花束装饰得非常漂亮。

● **新推出的展品**

在埃尔维斯的相关展示中不可缺少的各类服装 Fashion King 是新推出的展品。埃尔维斯不断地向全球传递独特的时尚，年轻人非常关注让他们着迷的摇滚帝王的时尚。

● **汽车博物馆**

这是展示埃尔维斯爱车的一个小型博物馆，其中 1955 年送给母亲的粉红色名车凯迪拉克·弗利特伍德最抢眼，除此之外还有哈雷戴维森摩托车、本田摩托车、送给妻子普里西拉的梅赛德斯敞篷车等 20 多部汽车和摩托车。

一辆辆令人感叹的梦幻般的名车

这是埃尔维斯的私人喷气式飞机，可以进入机舱内参观

● **"丽莎·玛丽"号**

这是以埃尔维斯女儿的名字命名的私人喷气式飞机。他

COLUMN

摇滚乐之王（埃尔维斯·普雷斯利）

1935 年 1 月 8 日，在距离孟菲斯约 1 小时车程的密西西比州图珀洛 Tupelo（→ p.140）诞生了一对孪生兄弟，哥哥杰西在出生不久就死亡了，而弟弟就是埃尔维斯·普雷斯利。他的家族属于贫困白人，幼年时，母亲经常带着他出入教堂。那段时间里接触到的福音音乐对他的一生产生了巨大的影响。埃尔维斯一生 3 次获得格莱美奖。

在他 13 岁时举家搬到了孟菲斯。高中毕业之后，埃尔维斯当了一名卡车司机，但一直积极从事音乐活动的他很快就遇到了人生的转折点。与制片人萨姆·菲利普斯的相识从此改变了他的命运。萨姆·菲利普斯当时正在寻找一位会唱黑人灵歌的白人，而埃尔维斯正好符合他的要求。

1954 年 7 月，在太阳工作室录音的《好极了》（That's All Right）在本地电台播放之后获得了好评，1955 年发行的《亲爱的，让我们去看戏》（Baby Let's Play House）第一次进入全美音乐排行榜。同年秋天，老板帕克迫使埃尔维斯与 RCA 签约。而他的一曲《心碎旅馆》（Heart Break Hotel）则震惊了全美。当时，保守的人还很难接受摇滚乐，而埃尔维斯的出现奠定了摇滚乐在美国文化中的地位。

1959 年 3 月，埃尔维斯以 10 万美元购买了优雅园。2 年的兵役之后，他在拉斯维加斯和电视方面也收获了成功，稳固了"摇滚之王"的地位。

埃尔维斯因媒体和粉丝的追逐而身心疲惫并且一直承受着各种慢性压力。为了释放压力，他又开起了卡车。1977 年 6 月，最后一次在印第安纳波利斯演出之后，就回到了最爱的母亲身边。1977 年 8 月 16 日，埃尔维斯因突发心脏病而死亡，享年 42 岁。

在巡回演出或者处理私人事务时就乘坐这架飞机。它还有一个别名叫作"空中飞翔的优雅园"，内部奢华的构造能让人感受到埃尔维斯强大的经济实力。

太阳工作室 Sun Studio
传说中的诞生摇滚乐的录音棚

`Map p.171 B2`

埃尔维斯的成名曲《That's All Right》

这是为那些虽富有音乐才能却没有资金的音乐人设立的工作室，许多音乐人从这里走向了成功。其中最大的功臣是扩大了太阳工作室知名度并使孟菲斯成为摇滚乐发祥地的埃尔维斯·普雷斯利。在他 18 岁的时候，为了录制送给母亲的生日礼物 *My Happiness* 和 *That's When Your Heartachs Begin* 来到这里。这两首歌曲在电台播放后，引起了很大的反响。他的老板兼制作人菲利普斯立刻就与他签约。除此之外，杰瑞·李·刘易斯、约翰尼·卡什、卡尔·帕金斯等美国音乐史上的著名音乐人也是从这里实现梦想的。至今，还有很多怀揣梦想的知名音乐人在这里录音。

内部参观约需 1 小时，里面摆放了埃尔维斯和 B.B.King 年轻时候的照片、当时的乐器以及器材等，还有埃尔维斯使用过的麦克风和吉他。导游一边讲解，一边让游客听在这里录制的歌曲。这里珍藏了埃尔维斯、B.B.King、鲁弗斯·托马斯出道时的歌曲以及埃尔维斯、卡什、杰瑞·李·刘易斯的珍贵的音源。

孟菲斯动物园 Memphis Zoo
两只大熊猫是众人的最爱

`Map 地图外`

这是田纳西州最大的动物园。2008 年，被美国知名的旅游信息网评为最受欢迎的动物园之一。尼洛河边饲养了 500 种、3500 多只动物，但是最受欢迎的是大熊猫。2003 年 4 月从中国租的乐乐和雅雅可爱得让游客着迷。这两只大熊猫已经租了 10 年了，人们一直期待着它们能生出熊猫宝宝。除此以外，50 多匹河马、居住在低洼地带的大猩猩、白豹等也很受欢迎。2005 年夏，稀有动物倭黑猩猩（侏儒黑猩猩）产下了宝宝 Kiri，成为大家谈论的话题。

不久就要回中国了？
© Tennessee Tourism

太阳工作室
住 706 Union Ave.
☎（901）521-0664
📠 1800-441-6249
🌐 www.sunstudio.com
🕙 10:00~18:00
🚌 10:30~17:30 每小时的 30 分出发
💰 $12、5~11 岁免费，不满 5 岁禁止入内。
🚗 乘坐太阳工作室专线车或者 MATA20 路、34 路、43 路巴士约 10 分钟即可到达。在 Marshall St. 街角下车。如果驾车的话，沿 Union Ave. 向东行驶约 5 分钟即可到达。

展示著名音乐人年轻时的照片和喜欢用的物品

孟菲斯动物园
住 2000 Prentiss Pl.
☎（901）276-9453
🌐 www.memphiszoo.org
🕙 9:00~17:00（10 月~次年 2 月 ~16:00），闭园前 1 小时不得入内
🚫 11 月的第四个周四、12/24、12/25
💰 $15、60 岁以上 $14，2~11 岁 $10，停车费 $5
🚌 乘坐 MATA53 路巴士约 20 分钟即可到达，在 North Parkway 和 Mclean 角下车。

- 1934 Poplar Ave.
- （901）544-6200
- www.brooksmuseum.org
- 10:00~16:00（周 四 ~ 20:00）、周六~17:00、周日 11:00~17:00
- 周一、周二、7/4、11月 的第四个周四、12/25、1/1
- $7、65岁以上 $6
- 乘坐 MATA 50 路巴士约 15分钟即可到达。如果驾车 的话，就沿 Poplar Ave. 向东 行约约15分钟即可到达。

布鲁克斯博物馆 Brooks Museum of Art ⬛ Map 地图外

收藏了西洋、东洋乃至非洲的藏品

一定看看美术学院风格的建筑

从动物园步行约10分钟，幽静且被奥弗顿公园的深绿色包围着，是南部屈指可数的博物馆之一。有20多家画廊，展示了文艺复兴时期、巴洛克时期及18~19世纪的欧洲、美国、非洲、东洋的美术等。一定不能错过毕加索、雷诺阿等印象派以及美国美术的哈德孙河（Hudson River）派和惠斯勒、奥基弗、丹尼斯·霍珀等的作品，还有反映非洲美术的面具和木雕等。

购 物
Shopping

　　虽然是南部屈指可数的大城市，但是市区没有高档购物街。无轨电车行驶的主街是一些日常用品店，就连皮博迪酒店（Peabody Place）也关闭了。其他的一些店铺都在郊外。

Lansky

◆埃尔维斯经常光顾

　　这是孟菲斯的老字号酒店 Peabody 内的男装专卖店。埃尔维斯是这里的常客，而且有一些与埃尔维斯和店主的逸闻趣事。在埃尔维斯刚出道的时候，因为没有钱，好心的店主就送了他一件西服，祝愿他早日事业有成。之后，随着埃尔维斯的名气越来越大，这家店铺也出了名。店里摆放一大排人气歌唱家喜爱的吉他。可千万不要错过呀！

- 149 Union Ave.
- （901）529-9070
- www.lanskybros.com
- 9:00~18:00 周四~周六~21:00

老字号店铺老板对顾客非常有礼貌

A. Schwab

◆比尔街上的名店

　　这是一家经营了将近130年的杂货店，出售巫毒商品等礼品以及生活杂货、帽子、伞、雨衣、内衣等商品。也许能在这里淘到什么宝贝。二层展示了昔日的农具和古典家具等，称得上一个小型博物馆。

- 163 Beale St.
- （901）523-9782
- 9:00~17:00
- 周日、节假日

Shangri-La Records

◆寻找老唱片

　　这里收藏了 R&B、摇滚、雷鬼、霹雳等种类的唱片和 CD，也有许多复古的 LP 唱片，看一下，就是一种享受。还有许多日历和 T 恤等商品。乘坐 MATA 2 路，约20分钟就能到达。

- 1919 Madison Ave.
- （901）274-1916
- www.shangri.com
- 12:00~19:00、周 六 11:00~ 18:00、周日 13:00~17:00

Memphis Flea Market

◆规模大得令人吃惊

　　这是在郊外的 Agricenter（Expo Center）举办的跳蚤市场，有服装店、首饰店、民间艺术品店和古董店等2000多家店铺，而且12月的圣诞市场也非常有趣，入场费是 $3。从 I-40 沿 I-240 向东行驶，在 Exit 13 下了公路之后，沿 Walnut Grove 向东行驶3英里（约4.8公里），在 Germantown Pkway 右转，右侧就是 Memphis Flea Market。

- Germantown Pkwy. & Walnut Grove （901）752-8441
- www.memphisfleamarket.com
- 每月的第三个周六、周日 8:00~17:00
- $3

夜总会
Night Spot

B.B.King Blues Club

◆ B.B.King 经营

这是比尔街上最具象征性的 Living House，即使是一位女士，也可以入店。从白天开始，这里不仅有蓝调，还有 R&B 和乡村摇滚等现场演奏。晚上一般是一流的音乐人在这里表演，十分拥挤。小费每天不同，但大致在 $5~10（白天免费）。无论演奏者还是工作人员在这里都很开心。

菜单以南部菜肴为主，向您推荐 BBQ。也有猫鱼（鲇鱼）和 Po-Boy 三明治。不过这里最具特色的还是山核桃派。

比尔街上很受欢迎的 B.B.King Blues Club

Map p.171 B1
住 143 Beale St.
☎（901）524-5464
URL memphis.bbkingsclubs.com
C/C Ⓐ Ⓜ Ⓥ
營 11:00~24:00
　　周五、周六～次日 2:00

BLUES CITY CAFE

◆ 就连餐厅也大受欢迎的 Living House

Read's Voice
在 B.B.King Blues Club 对面，每天有各种各样的现场演奏。与它同时创立的隔壁餐厅也一直热闹到深夜（住 138 Beale St.）。半份 BBQ 烤猪排和烤面包、薯片、炖豆、凉拌卷心菜拼成一份的套餐价格为 $14.95。即使已经吃饱了，看到这个以后，还是很有食欲。

Map p.171 B1
住 142 Beale St.
☎（901）526-3637
URL www.bluescitycafe.com
營 周日～下周四 11:00~次日 3:00，周五、周六～次日 5:00

Alfred's On Beale

◆ 眺望路上的行人

位于 3rd St. 街角，这里会举行各种各样的爵士和说唱表演，还有卡拉 OK 时间。表演秀从 19:00 点左右开始。二层的环境比较好，能安静享用美食。

Map p.171 B1
住 197 Beale St.
☎（901）525-3711
URL www.alfredsonbeale.com
C/C Ⓐ Ⓜ Ⓥ
營 11:00~次日 3:00
　　周五、周六～次日 5:00

Rum Boogie Cafe

◆ 这里的秋葵汤和音乐非常好！

在孟菲斯几家 Living House 当中，秋葵汤味道最好的就是这里，有 Funky Chikensandwich、Chicken Rum Boogie 等。到了晚上，有蓝调音乐的现场演奏。无须支付小费。

秋葵汤有名的 Rum Boogie Café

Map p.171 B1
住 182 Beale St.
☎（901）528-0150
URL www.rumboogie.com
營 11:00~次日 2:00
C/C Ⓐ Ⓜ Ⓥ

Center for Southern Folklore

◆ 蓝调 & 爵士

这是一家由为保护和培养南部传统文化的非营利性团体经营的俱乐部。这里以三角洲蓝调和爵士乐演奏为主，对于想仔细欣赏音乐的人来说，这里是最好的，而且出售与音乐以及美术、工艺等有关的书籍和 CD 等。周末的晚上有现场演出，但必须提前确认演出日程和时间。

Map p.171 B1
住 119 S.Main St.
☎（901）525-3655
URL www.southernfolklore.com
營 周一～周六 11:00~17:00（夏季~18:00）

Rendezvous 非洲菜

◆**如果想吃烤猪排的话，就来这里！**

　　孟菲斯每年都举办国际烧烤大会。Rendezvous 创立于 1948 年，是孟菲斯的一家名店。如果从位于 Benchmark 和 Holiday Inn Select 之间的小道上的入口进入店内的话，立刻就能闻到炭火烧烤的香味。来到这里，一定要吃猪排，将整个猪排抹上酱，让香料的味道浸入猪排里，味道极佳。餐厅营业到深夜，而且离周边的酒店也近，可以一边喝啤酒，一边娱乐。全套套餐 $18.75，一般人小套餐 $14.95 就已经足够了，含炖豆、凉拌卷心菜和面包。

🏠 52 S. 2nd St.
☎ （901）523-2746
URL www.hogsfly.com
🕐 16:30~22:30、
　　周五 11:00~23:00
　　周六 11:30~23:00
🈺 周日、周一、节假日
CC AMV

休闲轻松的氛围

Alcenia's 南部菜

◆**热情的工作人员**

　　这是一家环境舒适的美国黑人传统美食餐厅。店主热情地欢迎每一位顾客的到来，推荐这里的油炸绿番茄和鸡肉等。口感轻脆，不知不觉就又拿一块。不要错过饭后甜点山核桃派和甘薯派。

🏠 317 N.Main St.
☎ （901）523-0200
URL www.alcenias.com
🕐 周二~周五 11:00~17:00
　　周六 9:00~13:00
🈺 周日、周一
CC ADMV

这家名店曾上过电视

Sekisui 日本菜

◆**本地有名的日本料理店**

　　这是一家广受当地居民好评的日本料理店，在这里能品尝到真正的日本料理。寿司以及烧烤食品和米饭等种类齐全，还能吃到拉面。不仅味道好，服务人员热情周到而且环境舒适。虽然这里离市区有点远，但是非常值得一去。餐厅位于 I-240 的 Exit 13 东侧。能享用到同品牌融合料理的 Sedisui Pacific Rim（🏠 4724 Poolar Ave.）也很受欢迎。

🏠 50 Humphreys Center.
☎ （901）747-0001
URL www.sekisuiusa.com
🕐 午餐 11:30~14:00；晚餐 17:00~21:30，周五、周六~22:30
CC AMV

Arcade 美国菜

◆**埃尔维斯经常光顾的咖啡馆**

　　这是创立于 1919 年的孟菲斯最古老的咖啡馆，曾在《神秘列车》、《蓝莓之夜》等 15 部电影中出现过。听说埃尔维斯是这里的常客，而且总是坐在靠窗的里侧座位，现在那里已经用普雷斯利的照片装饰成了展览区。早餐和午餐 $6~9，还提供比萨和三明治。

　　咖啡馆位于国家民权公园偏南，美铁车站附近。这里有无轨电车经过，注意安全。

🏠 540 S.Main St.
☎ （901）526-5757
URL www.arcaderestaurant.com
🕐 7:00~15:00
CC MV

这是埃尔维斯的特等座

酒店
Hotel

市 区

Peabody Hotel（皮博迪酒店）

Map p.171 B1

◆**孟菲斯有名的酒店**

　　这是孟菲斯最具特色的高级酒店，位于市区中心，距离比尔街2个街区。在大厅里的池子里游泳的野鸭是酒店的标志，"群鸭走秀"非常有名。它们每天11:00从屋顶的饲养小屋乘电梯下来"上班"。每当到了这个时候，客人们都聚集过来看这些可爱的鸭子走在红地毯上，17:00能看到鸭子"回巢"。ⓈⒹ $209~，Ⓣ$229~。

即使不住在这里，也可以观看鸭子走秀

住 149 Union Ave., Memphis, TN 38103
☎（901）529-4000
Ⓒ/Ⓒ ⒶⒹⒿⓂⓋ
URL www.peabodymemphis.com

Comfort Inn Downtown

Map p.171 A1

◆**能眺望密西西比河**

　　酒店在密西西比河边，位于开往泥岛方向的单轨火车站的斜前方。客房宽敞舒适。有的房间还能眺望到密西西比河和美丽的夕阳。提供早餐，也能使用屋顶的游泳池。高速互联网免费，ⓈⒹⓉ $97~160。

住 100N.Front St., Memphis, TN 38103
☎（901）526-0583
Ⓕⓡⓔⓔ 1877-424-6423
ⒻⒶⓍ（901）525-7512
Ⓒ/Ⓒ ⒶⒹⒿⓂⓋ
URL www.comfortinn.com

Sleep Inn at Court Square

Map p.171 A1

◆**离主街的无轨电车车站较近**

　　房间简单而舒适，大厅内24小时提供咖啡和红茶等，早餐有面包圈和华夫饼干等，只有淋浴设施，Wi-Fi免费，ⓈⒹⓉ$92~189，全馆禁烟。

位于市区，非常便利

住 40 N.Front St., Memphis, TN 38103
☎（901）522-9700　Ⓕⓡⓔⓔ 1877-424-6423
ⒻⒶⓍ（901）522-9710
Ⓒ/Ⓒ ⒶⒹⒿⓂⓋ
URL www.sleepinn.com

Crowne Plaza Hotel

Map p.171 A1~2

◆**能欣赏美丽夜景的酒店**

　　酒店离会议中心和金字塔（竞技场）比较近，无论进行商务活动还是旅行观光都很方便。酒店前面是停车场，因而能从南边的房间欣赏市区的夜景。ⓈⒹⓉ$129~199，Wi-Fi免费。

住 300 N.2nd St., Memphis, TN 38105
☎（901）525-1800
Ⓕⓡⓔⓔ 1877-227-6963
ⒻⒶⓍ（901）524-1859
Ⓒ/Ⓒ ⒶⒹⒿⓂⓋ
URL www.crowneplaza.com

Vista Inn

Map p.171 B1

◆**位于市区的边沿**

　　从皮博迪酒店沿Untion Ave.向东1个街区。近年进行了翻新，客房也很漂亮。有微波炉和冰箱，高速互联网免费，ⓈⓉ $79~120。周边的治安不太好，要注意安全。

住 265 Union Ave., Memphis, TN 38103
☎（901）527-4305　ⒻⒶⓍ（901）528-9378
Ⓒ/Ⓒ ⒶⓂⓋ
URL www.vistainnmemphis.com

Doubletree Hotel Memphis Downtown

Map p.171 B1

◆**巴士车站隔壁**

　　酒店在皮博迪酒店和巴士车站之间，到比尔街只有2个街区，可以徒步前往（但是晚上尽量不要一个人行走）。虽然一部分建筑被指定为国家历史古迹，但是内部进行过改装，中庭装饰也很现代。ⓈⒹⓉ$107~199。

住 185 Union Ave., Memphis, TN 38103
☎（901）528-1800　Ⓕⓡⓔⓔ 1800-222-8733
ⒻⒶⓍ（901）526-3226
Ⓒ/Ⓒ ⒶⒹⒿⓂⓋ
URL www.doubletree.com

Rdsidence Inn Memphis Downtown
◆ 全部都是宽敞的套间

    酒店位于市区中心，离无轨电车站较近。90 个房间都是带厨房的套间。含早餐的套间 $169~259，有屋顶按摩浴缸、健身房、投币式洗衣机和 24 小时便利店。全馆禁烟。

Map p.171 A1

住 110 Monroe Ave., Memphis, TN 38103 ☎ （901）578-3700
Free 1800-228-9290　Fax（901）578-3999
C/C A D J M V
URL www.marriott.com

Memphis Marriott Downtown
◆ 直接连接会议中心

    酒店离金字塔非常近，有直达相邻的会议中心的通道。因为有无轨电车经过，去比尔街等景点非常方便。S D T $119~239，Wi-Fi 免费，全馆禁烟。

Map p.171 A1

住 250 N.Main St., Memphis, TN 38103
☎ （901）527-7300　Free 1888-557-8740
Fax （901）214-3711
C/C A D J M V
URL www.marriott.com

优雅园

Elvis Presley's Heartbreak Hotel
◆ 推荐给崇拜埃尔维斯的粉丝们

    这是建在埃尔维斯宅邸——优雅园隔壁的一家直营酒店，对于埃尔维斯那些疯狂的粉丝来说，这里是最好的去处。进入酒店之后，是清一色的埃尔维斯。损坏的心形游泳池很受欢迎。酒店有孟菲斯国际机场接送服务，十分便利（从机场打电话即可）。含早餐 S D T $115~138，套间 $555~。

Map 地图外

住 3677 Elvis Presley Blvd., Memphis, TN 38116
☎ （901）332-1000
Free 1877-777-0606
Fax （901）332-2107
C/C A M V
URL www.elvis.com

对于埃尔维斯的粉丝们来说，这是一家仅店名就足以让他们动心的"心碎酒店"

Days Inn Memphis at Graceland
◆ 优雅园隔壁

    酒店具有优雅园的氛围，游泳池被建造成了心形，24 小时免费观看埃尔维斯主演的电影。含早餐 S D T $75~100，Wi-Fi 免费。

Map 地图外

住 3839 Elvis Presley Blvd., Memphis, TN 38116
☎ （901）346-5500　Free 1800-225-3297
Fax （901）345-7452　C/C A D J M V
URL www.daysinn.com

🔑 机场周边的酒店

Budget Host Inn&Suites Memphis	Map 地图外　住 2745 Airways Blvd., Memphis, TN 38132　☎ （901）396-1000 Free 1800-283-4678　Fax（901）332-5726　URL www.budgethost.com 料 S D T$48~90　C/C A M V　機 位于 I-240 的 Exit 23B，机场接送，Wi-Fi 免费。
Best Western Executive Inn	Map 地图外　住 3105 Millbranch Rd., Memphis, TN 38116　☎ （901）312-7000 Free 1800-780-7234　Fax（901）312-7001　URL www.bestwestern.com 料 S D T$80~100　C/C A D M V　機 含早餐，有冰箱，机场接送免费。
American Best Value Inn Memphis Airport	Map 地图外　住 3875 American Way, Memphis, TN 38118　☎ （901）363-2335 Free 1888-315-2378　URL www.bestvalueinn.com　料 S D $38~55 C/C A M V　機 位于 I-240 的 Exit20 的南侧，步行约 10 分钟可到机场，Wi-Fi 免费。
Super 8 Memphis Airport East	Map 地图外　住 4060 Lamar Ave., Memphis, TN 38118 ☎ （901）362-0011　Free 1800-454-3213　Fax（901）362-1001　URL www.super8.com 料 S D T$76~85　C/C A D J M V　機 含早餐，步行约 3 分钟可到机场，Wi-Fi 免费。
Comfort Inn Airport American Way	Map 地图外　住 4225 American Way, Memphis, TN 38118　☎ （901）369-8005　Free 1877-424-6423 URL www.holidayinn.com　料 S D $90~149　C/C A D J M V 機 所有房间都有冰箱和微波炉，含早餐，乘坐机场接送班车约 15 分钟，Wi-Fi 免费。

密西西比三角洲 Mississippi Delta

一定不能错过 B.B.King 博物馆。查询与蓝调有关的地方请登录 🖥 www.msbluestrail.org

密西西比河西北部形成了密西西比三角洲。蜿蜒曲折的密西西比河时常泛滥，在肥沃的土地上种植的广阔的棉花田里，黑人奴隶们像牛一样辛勤地工作着。他们灵魂的呼喊声融合了从祖先那里听到的歌声以及福音音乐之后形成的音乐就是蓝调。起初只是在自家的门廊里手拿吉他独自歌唱而没有听众，后来发展成许多人在一起歌唱，在相互影响之下，就形成了一种新的音乐。一把吉他、偶尔发出呻吟的带着乡土气息的音乐成为三角洲蓝调。马迪·沃特斯、罗伯特·约翰逊等传说中的蓝调音乐人都出生在三角洲。

三角洲蓝调的故乡离孟菲斯不远，如果一两个景点的话，晚上还能返回三角洲。蓝调音乐人为了找工作北上的时候，沿着布鲁斯高速公路（US-61）寻找"南部之心"。

这里也有灰狗巴士，但是从巴士车站没有到景点以及汽车旅馆街的交通工具。建议在孟菲斯租车。

蓝调音乐人就是从这里出发的

南部的象征——棉花田

南部重要的农作物棉花与扶桑和秋葵同属葵科，夏季会开像芙蓉花一样的白花，10月的某一天，果实破裂后形成的棉花染白了棉花地。棉花是保护

机械化的棉花产业融入了黑人奴隶的血汗和泪水

种子的纤维，棉花壳可以用来喂养家禽，种子可以榨棉籽油。

棉花的种植很讲究，生产期的春季到夏季需要充足的阳光和水分，收获季的秋季最好干燥。现在95%都是机器采摘的，但过去都是一朵一朵人工摘下来的，是一项很辛苦的工作。

虽然最近大家都重新认识了有机棉，但是绝大部分棉花田还是使用农药。除了使用除草剂、除虫剂，甚至为了让棉花的叶子整齐而在收获前使用枯叶剂。

图尼卡 Tunica

Map p.130

从孟菲斯驾车向南行驶30分钟就能到达图尼卡。越过州边界后一进入密西西比，周边就是宁静的三角洲地带。有鲇鱼养殖池以及广阔的玉米田、棉花田和小麦田的图尼卡近些年已经成为全美最贫困的地区。1994年图尼卡为了摆脱困境而选择了经营赌场。在这个此前连20多间客房的住宿设施都没有的城市一下子出现了6300个赌场，在仅仅10年时间里，图尼卡急剧发展成为仅次于拉斯维加斯和大西洋城的全美第三大赌场胜地。但与拉斯维加斯相比，经营者和客人都相对平民化。看一看这个美国的新兴城市吧！

图尼卡在布鲁斯高速公路US-61沿线，建议从这里开始密西西比三角洲音乐之旅。

线路

孟菲斯专线车巴士公司有许多开往图尼卡的专线车。除了接送孟菲斯国际机场，还接送市内的酒店。根据乘客人数，每人单程票价$40~60。如果乘坐出租车的话，从孟菲斯国际机场到图尼卡单程$77~100。

如果驾车的话，从孟菲斯上I-55 South，在Exit 7往US-61行驶，下来之后一直南下。从市区到图尼卡约40分钟，从机场到图尼卡约30分钟。

虽然赌场在图尼卡郡的Robinsonville街，但是现在人们往往把赌城和图尼卡画等号。

赌场 Casino

原先只允许在密西西比河上的船上赌博，所以赌场就在河对面。但是密西西比河边只有Fitzgeralds，所以赌场又扩大到小河和沼泽等的对面。

赌场24小时营业，和拉斯维加斯一样，有自助餐和巨星秀，没有电影院和运动设施。赌场一律禁止不满21岁的人入内。平日的住宿费用极低，但是到了周末就会飞涨。

河滨公园 River Park

这里有可以眺望密西西比河的瞭望台，是图尼卡受欢迎的地方之一。还有有关密西西比河和密西西比三角洲历史的博物馆。体验型的展示让游客在娱乐中了解历史。还能乘坐"图尼卡女王"号游轮从河滨公园前出发，开始密西西比河的游轮之旅。

河滨公园 Tunica Riverpark
开 9:00~17:00、3~10月~19:00
休 周一、12/25　费 $10

Tunica Queen
Free 1866-805-3535　URL www.tunicaqueen.com
出航 3~11月 14:30　$17.50、5~12岁 $8.75

河滨公园

悠闲地享受蓝调

Horseshoe Casino

主要的集游乐场与娱乐设施于一体的酒店　　（地址都在 Robinsonville, MS 38664）

Harrah's Tunica	住 13615 Old Hwy. 61 N.　☎ (662)363-2788　FAX (662)357-3355　Free 1800-946-4946　URL www.harrahstunica.com　费 ⑤ⓓⓣ$24~500　CC ＡⒹＭＶ　招 图尼卡规模最大的酒店，有高尔夫球场和水疗馆。	
Tunica Roadhouse	住 1107 Casino Center Dr.　☎ (662)363-4900　FAX (662)363-4925　Free 1800-391-3777　URL www.tunica-roadhouse.com　费 ⓓⓣ$36~300　CC ＡⒹＭＶ　招 所有客房都带按摩浴缸的高级酒店。	
Horseshoe	住 1021 Casino Center Dr.　☎ (662)357-5500　FAX (662)357-5600　Free 1800-303-7463　URL www.horseshoetunica.com　费 ⓓⓣ$60~325　CC ＡⒹＭＶ　招 位于市区的14层酒店，有 Living House。	
Gold Strike	住 1010 Casino Center Dr.　☎ (662)357-1111　Free 1888-245-7829　URL www.goldstrikemississippi.com　费 ⓓⓣ$45~179　CC ＡⒹⒿＭＶ　招 密西西比州最高大厦内的大型酒店。	
Fitzgeralds	住 711 Lucky Ln.　☎ (662)363-5825　Free 1800-766-5825　URL www.fitzgerakdstunica.com　费 ⓓⓣ$35~139　CC ＡⒹＭＶ　招 以中世纪的城堡为主题。	
Sam's Town	住 1477 Casino Strip　☎ (662)363-0711　Free 1800-456-0711　URL www.samstowntunica.com　费 ⓓⓣ$46.55~189　CC ＡⒹＭＶ　招 有瀑布的中庭里有游泳池和按摩浴缸，并且会在能容纳1600人的会场里举办巨星音乐会。自助烧烤很受欢迎。	
Hollywood	住 1150 Casino Strip　☎ (662)357-7700　Free 1800-871-0711　URL www.hollywoodtunica.com　费 ⑤ⓓⓣ$39~139　CC ＡⒹＭＶ　招 这里主要播放好莱坞电影，并且展示《泰坦尼克号》的游轮模型、De Lorean 和蝙蝠侠车等。	

克拉克斯代尔 Clarksdale

Map p.130

有很多关于马迪·沃特斯的展示

从图尼卡沿 US-61 南下约 1 小时就能到达的克拉克斯代尔是三角洲蓝调的发祥地。在 US-61 和 US-49 的十字路口立着纪念碑，周边是广阔的机械化棉花地和鲇鱼养殖池。在马迪·沃特斯低声吟唱、"嚎叫野狼"（Howlin' Wolf）引吭高歌的这片土地上，寻找他们的灵魂。

在火车站原址有三角洲蓝调博物馆，里面有许多关于三角洲蓝调和棉花产业的展示。马迪·沃特斯出生和长大的小屋被移走了。不要忘记去 CD 店逛一逛。

博物馆斜对面的归零地蓝调俱乐部是演员摩根·弗里曼经营的 Living House。乍看上去像间破旧的小屋，却散发出不错的韵味。

克拉克斯代尔周边有蓝调音乐人的墓地等几处景点，但是去的时候一定要注意安全。

虽然从孟菲斯到克拉克斯代尔一天可以往返，但还是建议您住在三角洲蓝调故乡的旅馆。Shack Up Inn 是棉花种植园的谷仓或者铁皮屋顶小屋，里面只有淋浴设施和空调，但简陋正是它的特点，ⒹⓉ$65~90。从市区沿 US-49 向南行

驶约 4 英里（约 6.4 公里）即可到达，它在田地的正中央。US-61 沿线有 Comfort Inn（ⓈⒹⓉ $84~140）等 10 多家酒店。

Delta Blues Museum
住 1 Blues Alley　☎（662）627-6820
URL www.deltabluesmuseum.org
开 9:00~17:00，11 月~次年 2 月 10:00~
休 周日　费$7、6~12 岁$5
归零地蓝调俱乐部 Ground Zero Blues Club
住 0 Blues Alley　☎（662）621-9009
URL www.groundzerobluesclub.com
营 周一、周二 11:00~14:00，周三、周四~23:00，周五、周六~次日 1:00
Shack Up Inn
住 1 Commissary Circle, Clarksdale, MS 38614
☎（662）624-8329　URL www.shackupinn.com
Comfort Inn
住 818 S.State St.　☎（662）627-5122
Free 1877-424-6423　URL www.comfortinn.com

规模虽小，但很有名的俱乐部

格林维尔 Greenville

Map p.130

格林维尔是密西西比三角洲最大的城市，从克拉克斯代尔沿 US-61 南下约 2 小时后，再沿 US-82 向西行驶，看到密西西比河，就到了格林维尔。1927 年，这一带在决堤后又遭受了洪水的袭击。此后，堤防加高加固，据说现在的堤防比中国的万里长城还长。站在 Warfield Point Park 的瞭望台看一看密西西比大河吧！

格林维尔还是棉花装运港。市区的 Main St. 和 Poplar St. 一带是一间间被称为棉花楼的古老建筑形成的画廊。

另一个独特的景点是 Leland 小镇上的青蛙卡米特博物馆，芝麻街的布偶制作者吉姆·汉森就是在这度过他的童年时代的。博物馆里面是

还有初期青蛙卡米特等稀有布偶展示

为了汉森和堂兄弟玩水和垂钓而开辟的鹿溪。
US-82 沿线有 14 家酒店。

青蛙卡米特博物馆 Birthplace of Kermit the Frog
☎（662）686-7383　开 10:00~16:00，周日 14:00~17:00　费 免费

格林伍德 Greenwood

Map p.130

从格林维尔沿 US-82 向东行驶约 1 小时即可到达格林伍德。格林伍德是棉花之都，市区到处是棉花商人建的宅邸。这个城市和架在亚祖河上的铁桥一样，是一个具有南部腹地风情的城市。蓝调泰斗罗伯特·约翰逊就出生在这里。

一定要去看一看市区西部的 US-82/49 沿线的 Cottonlandia Museum，这里有许多棉花种植的展示。

US-82 沿线等处有 13 家酒店。

格林维尔西部的印第安诺拉有 B.B.King 博物馆，展示了出生于印第安诺拉郊区的 B.B.King 成为"蓝调之父"的成长历程，还有再现的录音棚以及能体会到音乐人心情的体验型展示。

另外，还可以看到木吉他音乐工作室。

印第安诺拉立志成为音乐家的 B.B.King 此后活跃在孟菲斯、全美乃至全世界。在博物馆里能深刻地体会到连知名音乐家也崇拜的 B.B.King

B.B.King 博物馆是密西西比三角洲最受欢迎的景点之一

的伟大。

Cottonlandia Museum

住 1608 Hwy 82 W. ☎（662）453-0925
开 9:00~17:00、周六 14:00~　休 周日、节假日
费 $5、3~18 岁 $2

B.B.King Museum and Delta Interpretive Center

住 400 2nd St., Indianola ☎（662）887-9539
网 www.bbkingmuseum.org
开 10:00~17:00、周日、周一 12:00~
休 11 月的第四个周四、冬季的周日

牛津 Oxford

Map p.130

市区的标志、市政厅

深爱 Ole Miss 青睐的密西西比大学

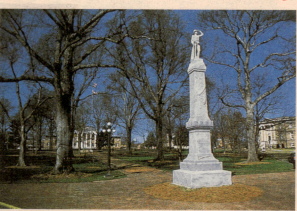

牛津虽然不在三角洲地区，但是也一定不要错过。从格林伍德沿 MS-7 北上不到 2 小时（从孟菲斯去牛津的话，需 1 小时 30 分钟）就能到达这座美丽的城市，这里以诺贝尔文学奖获得者威廉·福克纳而著名。威廉·福克纳的大半生都是在这里度过的，而且发表了许多以这个城市的人们为原型的作品。城市里有他在儿童时代住过的房子以及从 33 岁一直住到去世的宅邸 Rowan Oak。

福克纳死于 1962 年，就在这一年，牛津发生了一件重大的事情。大学和州长坚决不接受要

编入密西西比大学的黑人学生，他们无视联邦政府和法院的决定并最终导致了波动，并出现了死亡。该大学就位于市区，1848 年建成的校园非常漂亮，值得一看。

市区等地有 12 家酒店。

Rowan Oak

住 Old Taylor Rd. ☎（662）234-3284
开 10:00~16:00、周日 13:00~16:00
休 周一、节假日　费 免费

阿肯色州

小石城 *Little Rock*

阿肯色州的首府——小石城

人口	约 19.35 万人
消费税	7.5%
酒店税	11.5%
时区	中部时区

　　密西西比河西部广阔的阿肯色州的别名是自然之州（Natural State）。大自然赋予了阿肯色州开满红叶的森林、被石灰岩地层净化过的水形成的湖泊、全美屈指可数的美丽的河川以及肥沃的密西西比河流域，大地则赋予了它钻石等矿物和农产品，而且这里是粳米的知名产地。

　　在民权运动初期，将黑人学生编入公立高校这个决策而引发的"小石城危机"使阿肯色州首府小石城的名字深深地铭刻在了全美人民的心里，事发地点——中央高等学校被指定为美国国家历史古迹。而令小石城的人们津津乐道的是第 42 任合众国总统比尔·克林顿，请不要错过有关克林顿的景点。

前往方法 Access

飞机

　　机场位于市区东南方向约 6 公里处，联合航空每天 4 个航班从芝加哥到小石城（约需 110 分钟），美国航空每天 7 个航班从达拉斯到小石城（约需 70 分钟），达美航空每天 3 个航班从孟菲斯到小石城（约需 50 分钟）、9 个航班从亚特兰大到小石城（约需 100 分钟）。

　　因为机场离市区较近，所以一些主要的酒店提供机场接送服务。如果乘坐市区巴士 CAT 12 路，约 20 分钟就能到达市区。

长途巴士

　　灰狗巴士每天有 7 班车从孟菲斯到小石城（需 2 小时 30 分钟），除此以外，还有俄克拉荷马城、达拉斯等地到小石城的灰狗巴士。巴士车站在阿肯色河对岸。如果要去市区的话，就乘坐经过 Washington St. 的 CAT 18 路或者 River Rail 市区电车。步行的话，需要 15 分钟左右。

比尔希拉里克林顿国际机场
Bill & Hillary Clinton National Airport（LIT）
☎（501）372-3439
www.fly-lit.com

CAT 12 路
☎（501）375-6717
每隔 35~55 分钟一班。
周日的运营时间为 9:00~16:00，每隔 45 分钟一班。
$1.35

出租车
到市区约 $20
Yellow Cab
☎（501）537-4952

灰狗巴士
Greyhound
Map p.190 A2
118 E.Washington Ave.
☎（501）372-3007
4:30~21:00

CAT 18 路
每隔 30~45 分钟一班。
周日 9:00~17:00，每隔 60 分钟一班。
$1.35

美铁车站
Amtrak
Map p.190 A1

🏠 1400 W.Markham St.
☎ （501）372-6841
🕐 周二～周日 22:30～次日 8:00、周一 22:30～次日 18:00

Texas Eagle		每天运行		可能变化，仅供参考
13:45	出发	Chicago	到达	13:52
20:00	出发 ↓	St Louis	↑ 到达	次日 7:19
次日 3:10	到达 ↓	Little Rock	↑ 出发	23:39
11:30	出发	Dallas	到达	15:40

铁路

连接芝加哥和达拉斯、俄克拉荷马城并且每天往返1次的美铁"得州之鹰"号（Texas Eagle）在小石城停车，车站在市区西郊，这栋建于1921年的壮观的建筑是全美最大的单线车站。列车一般在深夜或者黎明发车，必须乘坐出租车或者接送班车前往车站。

租车

AAA
🏠 9116 Rodney Parham Rd.
☎ （501）223-9222
🕐 8:30～17:30、周六9:00～13:00
🛑 周日、节假日
24小时道路救援
📞 1800-222-4357

奥沙克国家森林
Ozark National Forest
🌐 www.fs.usda.gov/osfnf

布法罗国家河流
Buffalo National River
🌐 www.nps.gov/buff/
🚗 无论从小石城到奥沙克国家森林还是布法罗国家河流，都沿I-40、US-65向北行驶，约2小时30分钟即可到达。

从孟菲斯先通过密西西比河，然后沿I-40西行约135英里（约217公里），约2小时即可到达小石城。这条线路容易走，而且周围的绿色非常漂亮。如果开车的话，可以绕着阿肯色州内兜一圈感受感受。温泉（→ p.196）是一定要去的，北部还有奥沙克国家森林和布法罗国家河流等许多自然风景优美的地方，建议最好红叶季节去游览。

满足市民饮食需求的河滨市场

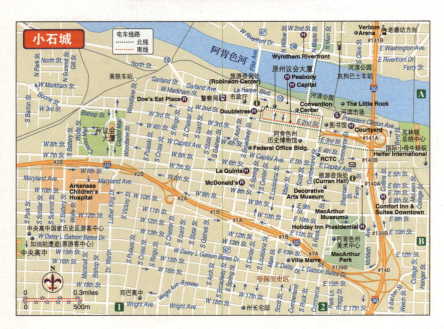

小石城　漫 步

　　阿肯色州首府小石城是一座商业城市，有许多政府机关和企业的办公大楼，街道井然有序。城市不算大，旅游的话，1 天就足够了。

■旅游咨询处■

● Little Rock Convention &Visitors Bureau

　　分别位于市区北侧、河对面的 Robinson Center 内和市区东侧的 Curran Hall 内。

■市区交通工具■

线路巴士 CAT（Central Arkansas Transit Authority）

　　这是连接小石城和近郊的市区巴士，共有将近 30 条线路，开往主要线路的巴士从阿肯色州历史区旁的 RCTC（River Cities Travel Center）发车，也可以在这里购票。

市区电车 River Rail

　　虽然绿线和蓝线都环绕 President Clinton Ave. 和 2nd St. 行驶，但是蓝线从河对面的 North Little Rock 向 3rd St. 东侧的克林顿总统中心附近方向行驶。

小石城　主要景点

中央高中国家历史区 Central High School NHS　`Map p.190 B1`
向世界传递种族歧视的不合理性

　　这所美丽的学校建成于 1927 年，位于市区西南方向约 3 公里处。1957 年，小石城危机（→ p.192）就发生在这里，并且通过电视向全美播放了阻止黑人学生入学引起的骚动，从而也导致了民权运动的蔓延。现在的中央高中有很多黑人学生，而且接收了许多来自世界各地的交换留学生。学校的斜北边有游客中心和博物馆，里面有小石城九勇士（Little Rock Nine）的采访录像等有关小石城危机的展示，一定要去看一看。

有"全美最漂亮的学校"之称的中央高中

旅游咨询处

Robinson Center
Map p.190 A2
🏠 Markham & Broadway
☎（501）376-4781
　1800-844-4781
🖥 www.littlerock.com
🕐 8:30~17:00
休 周六、周日、11 月的第四个周四、12/25、1/1

Curran Hall
Map p.190 B2
🏠 615 E.Capitol Ave.
☎（501）371-0076
🕐 周一~周六 9:00~17:00，周日 13:00~
休 11 月的第四个周四、12/25、1/1

CAT 巴士
☎（501）375-6717
🖥 www.cat.org
🚌 $1.35、换乘 5 ¢

RCTC
Map p.190 A2
🏠 310 E.Capitol Ave.
☎（501）375-1163
🕐 周一~周五 7:00~18:00

River Rail
☎（501）374-5354
🖥 www.cat.org/rrail/
🕐 周一~周三 8:30~22:00、周四~周六 24:00、周日 11:00~17:00
🚌 $1、5~11 岁和 64 岁以上 50 ¢、1 日巴士 $2。

便于观光的市区电车

中央高中国家历史区
🏠 2120 Daisy Bates Dr.
☎（501）374-1957
🖥 www.nps.gov/chsc/
🕐 9:00~16:30
休 11 月的第四个周四、12/25、1/1
🚌 从 RCTC 乘坐 3 路等巴士约 15 分钟可到达，每隔 30~45 分钟一班。

有关治安
　　乍一看小石城是一座宁静而美丽的城市，但实际上有些地方治安不太好。2011 年的犯罪发生率在全美 405 个城市中是第 13 位。尽量避开人流量小的时间和地点，千万不要在人前翻看钱包等。

小石城危机

1927年小石城号称"美国最美丽"高中的校舍建成，学生和老师是清一色的白人。两年后，黑人学校邓巴高中建校，其建设费仅为中央高中的1/4。

1954年，最高法院做出了具有划时代意义的裁决："分离但平等"原则是不正确的，种族隔离教育也是违法的。1957年，在全美有色人种协进会（NAACP）的帮助下，邓巴高中成绩最优秀的9名学生转入中央高中。但市民们得知这一消息后，发生了一场骚乱，他们强烈抵制自己的孩子与黑人坐在一排，最终组成了以PTA为中心的市民评议会。

8月，市民评议会以"如果允许黑人入学，就会有黑人和我们的孩子结婚，不同种族的人结婚可能会生病"的理由召开了反对黑人学生入学的群众大会，在法布斯州长的支持下运动日益高涨，并且在黑人入校前一天聚集在学校门前一边挥舞着南北战争时的旗帜一边高唱《美国南部》。

9月4日，3名男学生和6名女学生（人们称他们为富有勇气的Little Rock Nine）冒着生命危险进入中央高中。但是州长以"保护黑人学生"为由出动武力，阻止他们进入校内。白人至上主义者和NAACP一直僵持着，斗争形势日益紧张。

14日，州长请求艾森豪威尔总统出面，斗争形势还是没有变化。

23日，在1000多名群众的辱骂声中，这9名黑人学生再次入校，虽然进了教室，白人学生却从窗户跳了出去，9名黑人学生最终还是被其他学生赶了出来。艾森豪威尔总统以"州长没有控制事态的能力"为由，出动了1200人空降部队，保护这9名黑人学生入校。这就是"小石城危机"，是联邦政府和州政府的较量。

9名学生在驻扎了1200名武装士兵的学校里平静地过着学生生活，但两个月后部队撤走之后，学生之间的斗争激化。12月在学校食堂，白人学生故意将一把椅子挡在黑人学生面前，使黑人学生的汤洒到白人学生身上，校长却给予黑人学生1个月的停课处分。教师队伍里也有白人至上主义者。该黑人学生1959年返校之后，因接二连三地被欺负，最终转到了纽约的高中。

5月，9人当中唯一的一位三年级学生Ernest Green在军队和金牧师的保护下从中央高中毕业。

9月，法布斯州长关闭了市区所有的公立学校，并解雇了大量的人权派教师。两个月之后，市民给予很多高中大量的捐款，再次创立白人专用的私立高中。

1959年，联邦法院判决："关闭公立学校的州法律无效"，8月中央高中的大门再一次打开。4名黑人学生重新返回学校学习，在警察和消防队员的保护下直到高中毕业。

这几场骚动通过电视在全美转播。尤其是因家里没有电话而联系不上从而没能和NAACP成员一起入校的Elizabeth Eckford在开学第一天受到了沉重的打击。一个女孩独自进入学校，被群众辱骂并押到巴士车站，最终在一位白人老妇人的帮助下乘坐巴士回家。据说她是9名黑人学生中唯一一位住在市区的。

50年后

2007年，"小石城危机"50周年，克林顿夫妇和Little Rock Nine的9名黑人学生参加了纪念典礼。但现在的中央高中，想进名校的白人学生与没有就业志向的黑人学生仍然存在着一定的差别。白人和白人坐在一起，黑人和黑人坐在一起，很少有交流，一座校园像是两所学校。虽然半个世纪过去了，教室里却还存在着一堵无形的墙。

阿肯色州议会大厦区域内的 Little Rock Nine 肖像画

克林顿总统中心 Clinton Presidential Center Map p.190 A2

下一个目标是诺贝尔和平奖?

美国第42任总统比尔·克林顿出生于阿肯色州,克林顿博物馆和资料馆都在小石城。除了华盛顿时代的业绩和竞选等相关展示以外,再现的白宫办公室也非常值得一看。卸任后,克林顿和南部出生的前辈们一样积极投身于和平外交事业并且亲自前往朝鲜和地震后的海地进行援助。

再现的白宫总统办公室

阿肯色州议会大厦 Arkansas State Capitol Map p.190 A1

不要错过蒂凡尼门

阿肯色州议会大厦始建于1899年,参考了华盛顿D.C.的国会议会大厦样式并使用阿肯色州产的石灰岩,历经16年才建成。议会大厦内有各语种的语音向导出租,不仅能带领游客参观有历代州长肖像画的会议室、圆形大厅、原州最高法院、参议院议会室、众议院议会室等,还为游客解说关于阿肯色州的成立以及州旗的由来等。入口处的蒂凡尼青铜门和参议院议会室天花板的彩色玻璃非常别致。

典雅的州议会大厦

原州议会大厦 Old State House Map p.190 A2

壮观的希腊风格建筑

这儿是一栋白色的希腊复古风格的建筑(多里斯风格),它的四根圆柱会让人联想到古代希腊神殿。从1836年阿肯色州加入合众国开始,到1915年现州议会大厦建成之前,这里一直作为议会大厦。内部是博物馆,展示了克林顿总统竞选胜出表明心迹的形象以及第一夫人的礼服和1936年众议院议会室等。

河滨市场 River Market Map p.190 A2

小石城繁荣的河滨

这儿是阿肯色河对面类似市场的大型购物中心,位于市区中心。购物中心的屋顶很高,里面有许多商店和餐厅。5~10月的周二和周六有农贸市场,里面有很多新鲜的水果和蔬菜出售。市场附近的河滨有The Little Rock,城市的名字就来源于此。以前是供游客做标记的石头,现在一不留神就会错过。

阿肯色州历史博物馆
Historic Arkansas Museum Map p.190 A2

详细了解阿肯色州的历史

这里能让游客了解阿肯色州从夸保(Quapaw)印第安人时代到民权运动时期的这段历史,博物馆的中庭内是移建并复原的19世纪的房屋和

克林顿总统中心
- 1200 President Clinton Ave.
- (501) 374-4242
- www.clintonpresidentialcenter.org
- 9:00~17:00、周日13:00~
- 11月的第四个周四、12/25、1/1
- $7、62岁以上$5、6~17岁$3

阿肯色州议会大厦
- 1 Capitol Mall
- (501) 682-5080
- www.sos.arkansas.gov
- 周一~周五8:00~17:00,周六、周日、节假日10:00~15:00
- 周一~周五9:00~16:00(语音向导可以从网站上下载)
- 免费

原州议会大厦
- 300 W.Markham St.
- (501) 324-9685
- www.oldstatehouse.com
- 9:00~17:00、周日13:00~
- 11月的第四个周四、12/24、12/25、1/1
- 免费

河滨市场
- 400 President Clinton Ave.
- (501) 375-2552
- www.rivermarket.info
- 食品店周一~周六7:00~18:00,农贸市场5~10月周二、周六从7:00一直到中午。
- 周日、11月的第四个周四、12/25、1/1

阿肯色州历史博物馆
- 200 E.3rd St.
- (501) 324-9351
- www.historicarkansas.org
- 9:00~17:00、周日13:00~每天的整点,12:00除外,最后一次16:00出发
- 复活节、11月的第四个周四、12/24、12/25、1/1
- $2.50、65岁以上$1.50、18岁以下$1

仓库，身穿当时服装的工作人员将会为游客演示手工印刷的报纸印刷方法和药草的入药工序等。

国际小母牛组织 Heifer International Map p.190 A2
为了帮助忍受饥饿的人摆脱贫困而努力的团体

国际小母牛组织
🏠 1 World Ave.
📠 1800-422-0474
💻 www.heifre.org
🕐 周一～周六 9:00~17:00
　　周日 12:00~
💤 7/4、11月的第四个周四、复活节、12/24、12/25、1/1
💰 免费

帮助发展中国家自强的国际机构

国际小母牛组织是一个致力于改善全世界贫困状况的非营利性团体，它向发展中国家提供怀孕的家畜以及果树，并且派遣了相关人员指导家畜饲养和果树种植，从而帮助贫困家庭在社会上立足。国际小母牛组织的本部在小石城，人气很旺。自1944年成立以来，已经向128个国家提供了动物和指导人员，并且作为真正的国际贡献者而受到很高的评价。馆内展示了世界饥饿惨状以及小母牛的活动状况。而这里的建筑也很特别，采用了环保材料，屋顶使用了密西西比三角洲松树，外墙壁使用了阿肯色州产的石灰石，绝热材料使用了本地棉花和大豆。

阿肯色州美术中心 Arkansas Arts Center Map p.190 B2
在麦克阿瑟公园里鉴赏美术作品

阿肯色美术中心
🏠 501 E.9th St.& Commerce
☎ （501）372-4000
💻 www.arkarts.com
🕐 10:00~17:00、周日11:00~
💤 周一、主要节日
💰 捐款随意

阿肯色州美术中心在麦克阿瑟公园内，里面收藏了伦勃朗等中世纪欧洲巨匠的作品以及现代美术作品等约1.7万件，其中马蒂斯、塞尚、凡·高、保罗·克利、费尔南德·莱热、乔治亚·欧姬芙等的素描和水彩画最多，约200件。

夸保历史区 Quapaw Quarter Historic District Map p.190 B2
漫步在19世纪雅致的街道上

夸保历史区
🏠 事务所：615 E.Capitol Ave.
☎ （501）371-0075
💻 www.quapaw.com
🚍 乘坐CAT 16路约10分钟即可到达。周一～周五每隔30分钟一班，周日每隔1小时一班。

麦克阿瑟公园南部、穿过公路之后就是幽静的住宅街，街上有近30处南部战争前后的古老宅邸。绝大部分宅邸是不对外开放的，但仅看外观或者在周边逛一逛，就能真实地感受到怀旧的南部氛围。州长宅邸是阿肯色州州长的公馆，正门附近有克林顿的半身像。Villa Marre 是在美国很受欢迎的电视节目 *Designing Women* 中出现过的1881年维多利亚风格的宅邸。

州长宅邸
Governor's Mansion
🏠 1800 Center St.
☎ （501）324-9805
💻 www.arkansasgovernorsmansion.com
🎬 周二10:00、周四13:00（免费）
Villa Marre
🏠 1321 S. Soott St.

老磨坊 Old Mill Map p.190 A2 地图外
《乱世佳人》中出现的磨坊

老磨坊
🏠 Lakeshore Dr. & Faiway Ave., North Little Rock
🕐 日出～日落
💰 免费
🚍 乘坐CAT 10路约30分钟即可到达。在McCain Blvd. 和 Lakeshore Dr. 的街角下车后，向南步行15分钟即可到达，每隔30~45分钟一班。

您注意到了电影《乱世佳人》开场的字幕背景中只出现3秒钟的石磨坊了吗？它是在小石城郊区拍摄的老磨坊。这里重现了19世纪的磨坊，园内四季开满鲜花、湖里浮着天鹅，别有一番风情。很多人在这里举行结婚典礼，也有许多《乱世佳人》的影迷来这里参观。

很多游客因喜爱电影《乱世佳人》而来这里参观

酒店
Hotel

　　市区约有 10 家酒店，B&B 有数家。如果驾车的话，最好住在河北侧和机场周边，那里有很多汽车旅馆，价格低廉而且便利。

Holiday Inn Presidential

◆克林顿中心旁

　　酒店位于总统中心附近的市区，距离河滨市场 6 个街区。客房虽然简单，但是非常整洁而且设计比较人性化。寝具讲究，能舒服地睡上一觉。Ⓢ Ⓓ Ⓣ $124~158，Wi-Fi 免费，全馆禁烟。

住 600 1-30, Little Rock, AR 72202
☎ （501）375-2100
FAX （501）374-9045
C/C Ⓐ Ⓓ Ⓙ Ⓜ Ⓥ
URL www.holidayinn.com

Crowne Plaza Hotels and Resorts Little Rock

◆周边是聚集了许多餐厅的繁华街

　　酒店位于小石城西部，周边有许多新开的餐厅和商店，如果从市区驾车去的话，10 分钟就能到达。附近公司和医院很多，受到商务人士以及医院相关人员的好评。酒店提供 32 英寸的平板电视机、CD 播放器和 iPad、咖啡机等，酒店里有联邦快递，还有两家餐厅和酒吧。Ⓢ Ⓓ Ⓣ $109~127。

住 201 S.Shackleford Rd., Little Rock, AR 72211
☎ （501）223-3000
FAX （501）223-2833
C/C Ⓐ Ⓓ Ⓙ Ⓜ Ⓥ
URL www.ichotelsgroup.com/crowneplaza/

SIDE TRIP

全美唯一能挖掘钻石的公园
钻石坑州立公园 Crater of Diamonds State Park

这就是钻石原石，不全是透明的，也有很多是茶色和褐色的

　　阿肯色州是全美唯一产出钻石的州，州旗就是钻石图案。

　　在钻石坑公园内挖出钻石之后可以带走，这样的地方实在非常稀少。从小石城开车约 2 小时就能到达钻石坑州立公园。

　　95 亿年前，地下 110 公里的地幔部发生了爆炸，爆炸使碳原子结晶，从而形成钻石。钻石是在地表发现的。

　　最初在阿肯色州发现钻石是 1906 年，这块土地的所有者农夫约翰·哈道尔顿最先发现一种会发光的石头，这就是钻石。

挑战钻石采掘

　　采掘钻石有两种方法，一种方法是通过在公园内行走寻找反射太阳光的石头，在雨天更容易发现钻石。另一种方法是先连土一起挖出来，然后用筛子筛，最后再用水清洗。公园内有两个地方可以洗涮。

　　1972 年这一带被指定为州立公园，平均 1 天能发现两三颗钻石，多的时候发现了 22 颗，仅 2009 年就发现了 918 颗钻石。最大的是居住在得克萨斯州阿马里洛的约翰逊在 1975 年发现

的 16.37 克拉钻石。此前所采集的钻石平均大小是 0.25 克拉，因此这就算是相当大的钻石了。

采掘的矿物鉴定也 OK

　　在游客中心，鉴定完是否是钻石并且确定有几克拉之后，会为游客发鉴定书。钻石实际上有 6~7 种颜色，阿肯色州的钻石多为茶色、黄色和白色。公园内还埋藏着紫水晶、橄榄石、石榴石、水晶等。

　　无法保证一定能发现钻石，但是也许能有意外之喜。

Crater of Diamonds State Park
Map p.130

住 209 State Park Rd., Murfreesboro, AR 71958
☎ （870）285-3113
URL www.craterofdiamondsstatepark.com
开 8:00~17:00（暑期~22:00）
休 11 月的第四个周四、12/25、1/1
费 $7、6~12 岁 $4
交 从小石城沿 I-30 西行 56 英里（约 90 公里），在 Exit 73 沿 AR-51 西行 6 英里（约 9.7 公里），然后从 AR-26 向 Murfreesboro 方向行驶。如果从市区进入 AR-301，就能看到公园的标志。

清洗掉泥土之后就会看到钻石的原石

阿肯色州

温泉 *Hot Springs*

人口	约 3.5 万人
消费税	8%
酒店税	13%
时区	中部时区

从小石城驾车西行约 40 分钟即可到达温泉。最初发现这片被森林、湖泊和平缓的山包围着的土地上有温泉是在 1541 年。从那以后，温泉就作为疗养地而受到人们的喜爱。这块区域也是全美屈指可数的水晶产地之一，水晶以二氧化硅的形式溶于无色无味、柔滑的温泉中。为了最大限度地发挥温泉的功效，出现了公共温泉浴室这种独特的沐浴法，在最繁荣的 19 世纪有 24 间公共温泉浴室。南北战争中受伤的士兵甚至 F.D. 罗斯福总统、贝比·鲁斯和艾尔·卡彭都曾来过这里泡温泉。现在，8 间公共浴室以及周边山区的 47 个泉源一带被指定为国家公园。

通过具有古老历史的公共浴室消除旅途的疲劳，并且悠闲地生活在这个被温泉热气所包围的柔和的城市中，是一件令人非常期待的事情。

🌀 前往方法 Access

飞机

郊区也有个小型机场，但实际上小石城机场（→ p.189）才是航空门户。从机场到温泉［阿灵顿酒店（Arlington）］的专线车每天 4 班，分别是 7:30、9:30、12:30、16:30 发车。机场内托运行李提取区的最边缘有个接待处。如果要去机场，必须提前一天预约。

长途巴士

灰狗巴士每天 2 班往返小石城和温泉，需 1 小时，车站在市区南郊，步行 15 分钟可到达市中心。

温泉—小石城机场专线车
Hot Spring–Little Rock
Airport Shuttle Service
☎（501）321-9911
💰 单程 $65
※ 温泉地区在 Arlington、Embassy Suites、Austining 停车。

灰狗巴士
Greyhound
Map p.197
🏠 100 Broadway Terrace
☎（501）623-5574
🕐 8:00~17:00
🚫 周六、周日、节假日

这里就是被称为美国温泉疗养地的温泉，至今仍保存着古老的公共浴室

租车

从小石城沿 I-30、US-70 西行约 50 英里（约 80 公里）即可到达温泉，约需 40 分钟。因为市区中心停车场较少，可以将车停在公共浴室对面的停车场上层的免费停车处（下层收费），徒步就可以逛遍市区。

AAA
🏠 227 Hobson Ave.
☎ （501）624-1222
🕐 9:00~17:30
休 周六、周日、节假日
24 小时道路救援
✉ 1800-222-4357

温泉 漫 步

景点大都集中在市区主街（Central Avenue）沿线，可以徒步游览。在传统公共浴室聚集的大街东侧全部是被小心保护和管理的国家公园区域。但是，隔着一条街的对面不属于国家公园区域，因而建了许多礼品店和餐厅。

在有温泉涌出的独特的温泉国家公园，比起普通的观光游览，还是进"公共浴室"最有趣。这里的温泉与其他地方的温泉稍有不同，需要在入浴前了解一些准备常识。仔细阅读温泉国家公园 Bathhouse Row（浴室街）的说明，一旦发现喜欢的公共浴室，就快去享受温泉浴吧！

涌出温度是 62℃，是经过了 4000 年之后又涌出地面的深层地下水型温泉

也可以去温泉市享受温泉浴。市区有 5 处饮用温泉水的地方 Thermal Water Jug Fountain，城市里的人经常会来这里饮用温泉水，还有的人开着卡车带着水桶来这里装温泉水。

温泉市也是美国前总统克林顿的故乡，他从小学二年级到高中毕业前都是在这里度过的。这里有许多与克林顿有关的地方，有兴趣的人可以参观一下。但如果没车的话，有很多地方就去不了。

■旅游咨询处■

● Visitor Center

位于温泉国家公园 Bathhouse Row 南端，资

温泉水富含镁、铁等矿物质，非常适合饮用。市区有 5 个温泉饮水处，每个地方的温泉水温区别很大

旅游咨询处
Visitor Center
Map p.197
629 Central Ave. & Spring St.
☎（501）321-2835
1800-772-2489
www.hotsprings.org
9:00~17:00
纪念日～劳动节 ~19:00
11 月的第四个周四、12/25

国家公园鸭子之旅
418 Central Ave.
☎（501）321-2911
www.rideaduck.com
3~10 月 每 天 11:00、
12:30、14:00、16:00、18:00。
暑期 9:30、19:30。风大的日
子或者参加人数不多就取消
$18，3~12 岁 $10、2 岁以
下 $5

料丰富，工作人员也非常亲切。这里为游客提供酒店和餐厅等信息。有关公共浴室的信息在后面 Fordyce 内的国家公园游客中心有详细的说明。

位于温泉国家公园 Bathhouse Row 南端的便利的旅游咨询处

■旅行指南■
国家公园鸭子之旅

乘坐第二次世界大战中开发的水陆两用车从陆地游览到水上，历时 75 分钟。从夸保浴 & 水疗（Quapaw Bath & SPA）对面出发，绕市内一圈之后去汉密尔顿湖航行。一直在陆地上行驶的车辆现在行驶到湖面上，真是一次非常有趣的体验。

坐在水路两用车里欣赏湖面的景色

温泉 主要景点

温泉国家公园
位于城市正中央的国家公园

为什么没有火山的地方会涌出温泉？温泉市的温泉是约 4000 年来雨水从地层的裂缝里渗入地下，经过过滤之后溶入了丰富的矿物质，在地下 2500 米附近被地热和放射性物质爆炸产生的热量加热后，又从地层的裂缝涌出来。在 SPA 里能体验到喷射浴、桑拿、热敷等独特的入浴法。有些地方和中国的温泉浴场一样，有全身浴和半身浴等设施，最后还可以按摩。

公共浴室集中在 Central Avenue 东侧对面的温泉国家公园 Bathhouse Row。这里保存了 8 间传统的公共浴室，其中 1 间作为国家公园游客中心和博物馆，还有两家仍作为公共浴室经营。北端（阿灵顿酒店前）有温泉瀑布，背后的山都作为国家公园被保护了起来。

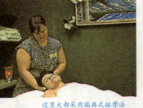

这里大都采用瑞典式按摩法

美国式公共浴室

● 福代斯 Fordyce

这是一家从 1915 年一直营业到 1962 年的公共浴室。虽然后来被关闭了，但是在被国家公园局购买之后，1989 年又作为游客中心和博物馆对外开放。可以参观这里不分男女的豪华浴室和淋浴室、蒸汽浴室、康复疗养浴室等，入浴后不要忘记去饮茶室放松放松。更衣室有温泉浴视频。

温泉鼻祖 Buckstaff

● Buckstaff

创立于 1912 年，是一家有着 100 年历史的公共浴室。体验这家从 20 世纪初开始营业至今的浴室能让人想起过去温泉浴场的样子。市区的酒店里也有公共浴室，Buckstaff 的游客较多，因而有点喧闹，如果喜欢安静，建议去阿灵顿酒店或者莫扎迪斯酒店。

● 夸保 Quapaw

它是温泉国家公园里最漂亮的公共浴室，西班牙风格的大型圆顶格外引人注目。从 1922 年开始对外营业，1968 年一度被关闭，2008 年作为消除疲劳的大型矿物浴、有常驻治疗师的真正的公共浴室和 SPA 重新对外营业。

重新开放的夸保具备完整的现代化设施

Fordyce
Map p.197
🏠 101 Reserve St.
☎ （501）620-6715
🌐 www.nps.gov/hosp/
🕐 9:00~17:00
🈳 11 月的第四个周四、12/25、1/1
💰 免费

Buckstaff
Quapaw
※费用参考→ p.200

曼登维里温泉公司
🏠 150 Central Ave.
☎ （501）624-1635
📠 1800-828-0836
🌐 www.mountainvalleyspring.com
🕐 9:00~16:30、周六 10:00~16:00、周日 12:00~16:00
🈳 11 月的第四个周四、12/25
💰 免费

曼登维里温泉公司
Mountain Valley Spring Company

Map p.197

历代总统饮用过的水

从距离温泉市约 50 公里的森林中涌出的矿泉是一种富含钙等矿物质的泉水，在全美出售，从 1925 年开始白宫办公室也一直饮用这种矿泉水（被布什总统中止）。

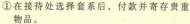

COLUMN

温泉浴的入浴步骤

①在接待处选择套系后，付款并寄存贵重物品。

②在更衣室里脱掉衣服，男性进男浴室，女性进女浴室，用毛巾裹住身体。

③在浴帘隔开的单独浴缸里享受 15~20 分钟 38℃ 水温的喷射浴，为了促进发汗，再喝 2~3 杯矿泉水。

④坐在稍高的浴缸边沿，用膝盖以下部分感受水温，然后坐浴，有种臀部浴的感觉，这个姿势真有点不雅观。

⑤在像冰箱一样的银色房里蒸 2 分钟桑拿，然后

在箱形桑拿桶里坐 5 分钟，露出头部。

⑥在身体慢慢暖和起来时，会被带进摆放了很多床的屋子里，用热毛巾敷在身体酸痛的地方，然后全身盖上毛巾睡上 20 分钟，此时用凉毛巾敷在脸部周围。

⑦最后淋浴，整个过程需 1 小时 15~1 小时 30 分钟。如果按摩的话，还需要另交钱，但价位还能够接受，可以考虑享受浴室的全套服务。

在坐浴时，注意不要让臀部或者毛巾堵住排水口，否则会很麻烦。

介绍矿泉水的游客中心

温泉国家公园北侧是曼登维里温泉公司的总公司，一层是对外开放的小型博物馆。看了展板上的公司历史之后，发现瓶子的变迁等都非常有趣。每周二 9:00 和 10:00 有游览活动。

山岳之塔 Mountain Tower　　Map p.197 地图外
从塔顶能眺望 200 公里内的景色

山岳之塔海拔 380 米，是温泉国家公园东侧山顶上高达 66 米的瞭望台。从这里不仅能看到被森林和湖泊包围的城市，天气好的时候，还能观赏到 200 公里内的全景。

虽然塔建在山上，但是很容易爬

山岳之塔
🏠 401 Mountain Dr.
☎ （501）623-6035
🕐 9:00~18:00
💰 $7、5~11 岁 $4、老人 $6
🚗 在 Fordyce 的游客中心索取地图后游览。到达的山顶的路有很多，需 15~30 分钟。山中非常安静，女性最好不要独自前往。

酒　店
Hotel

酒店、汽车旅馆和维多利亚风格的 B&B 等共有 2000 多间。如果住在有公共浴室的酒店，从早晨开始就能享受温泉乐趣。即使是设备齐全的高级酒店，因为建筑本身有点旧，价格还是比较合理的。

Arlington Resort Hotel & Spa（阿灵顿酒店）　Map p.197

◆ **温泉市的老字号酒店**

酒店创立于 1875 年，SPA、餐厅等设施齐全，客房内还有咖啡机。⑤Ⓓ $82~175、Ⓣ $99~175、套间 $145~ 450。

🏠 239 Central Ave., Hot Springs, AR 71901
☎ （501）623-7771
📠 1800-643-1502
URL www.arlingtonhotel.com
C/C Ⓐ Ⓓ Ⓙ Ⓜ Ⓥ

即使不在在阿灵顿酒店，也可以来这里享受温泉浴

 主要的公共浴室

浴室名称	住宿设施	内　容
Quapaw Baths & SPA	×	Map p.197　🏠 413 Central Ave.　☎ （501）609-9822　URL www.quapawbaths.com　🕐 10:00~18:00（周日 ~15:00）　周二、11 月的第四个周四、12/25　温泉浴 $30、按摩 $50（25 分钟）、$80（50 分钟），面部按摩 $55（2.5 分钟）等　在公共浴室中，关注度至今仍是 No.1。SPA 的内容非常丰富，还有环境幽雅的咖啡厅。
Buckstaff	×	Map p.197　🏠 509 Central Ave.　☎ （501）623-2308　URL www.buckstaffbaths.com　周一～周六 7:00~11:45、13:30~15:00。周日 8:00~11:45，节假日 7:00~10:30　冬季的周六和周日下午、复活节、11 月的第四个周四、12/25、1/1　温泉浴 $30、含按摩 $64　1912 年开业，温泉国家公园 Bathhouse Row 内经营多年的传统公共浴室。
Arlington	○	Map p.197　🏠 239 Central Ave.　酒 店（501）623-7771　1800-643-1502　www. arlingtonhotel.com　周一～周三 7:00~17:00、周四～周六 7:00~21:00、周日 7:00~14:00　12/25　温泉浴 $38、含按摩 $62、按摩 $34（20 分钟）、$70（40 分钟）、$95（60 分钟）
Austin	○	Map p.197　🏠 305 Malvern Ave.　☎ （501）623-6600　URL www.theaustinhotel.com　预约时间 9:00~ 18:00（预约只限周日、周一）　11 月的第四个周四、12/25　温泉浴 $30、含按摩 $55（40 分钟）
The Springs Hotel&SPA	○	Map p.197　🏠 135 Central Ave.　☎ （501）624-5521　URL www.thespringshotelandspa.com　周一 8:00~13:00、周二 13:00~17:00、周四和周日 8:00~17:00、周五和周六 800~19:00　周三、12/25　温泉浴 $25、按摩 $30（25 分钟）。住宿 ⒹⓉ$99.95~139.95，只限 ⒶⓂⓋ 卡支付

阿巴拉契亚地区

田纳西州 ★ 肯塔基州 ★ 北卡罗来纳州

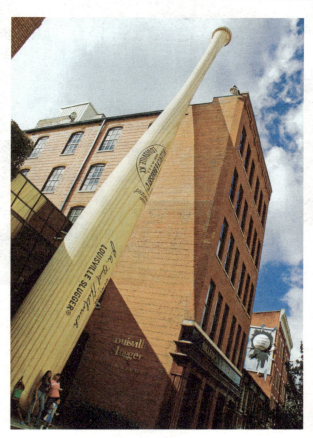

Appalachian States

田纳西州

纳什维尔 *Nashville*

全美最老牌的广播节目《大奥普里》公开录制时的情景

人口	约 60.1 万人
消费税	9.25%
酒店税	15.25%+$2.50 / 晚
时区	中部时区

　　说起纳什维尔，就不得不提起乡村音乐。乡村音乐起源于纳什维尔，男女老少都喜爱，在它最流行的时候，90% 的唱片都是在纳什维尔市内的工作室里录制完成的，因此纳什维尔也被称为 "Music City U.S.A（美国乡村音乐的故乡）" "Country Music Capital of the World（世界乡村音乐之都）"。

　　在纳什维尔的市区，一到傍晚，就会传来吉他、班卓琴和小提琴合奏乐以及从 Living House 里传来的蓝草音乐和酒吧音乐等欢快的演奏声。大街上人们身穿便装，悠然自得地跳着舞。让我们也加入这个圈子去感受美国吧！

🌀 前往方法 Access

飞机

　　纳什维尔国际机场位于市区东南方向约 12 公里处，开车的话，15 分钟就能到达，非常方便。新奥尔良、孟菲斯、纽约等美国国内外约 50 个城市有直达纳什维尔的航班。

纳什维尔国际机场
Nashville International
Airport（BNA）
☎（615）275-1675
🖳 www.nashintl.com

■从机场到市区■

●机场专线车

　　从机场到市区和西区酒店的机场专线车是灰线机场特快专线车，在行李托运提取区 D 下行电梯处的服务台购票，约需 30 分钟。如果要去机场，请在前一天 19:00 之前预约。

机场专线车——灰线巴士

灰线机场特快专线车
Gray Line Airport
Express Shuttle
☎（615）275-1180
🖳 www.graylinetn.com
🕐 4:00~23:00。每隔 15~20
分钟一班。
🎫 单程 $14、往返 $25

奥普瑞兰巴士专线车
Gaylord Opryland Shuttle
☎（615）883-2211
🖥 www.gaylordhotels.com
（点击 Opryland → Direction）
🕐 5:00~23:00、每隔 20 分
钟一班。
💰 单程 $30、往返 $40

MTA
☎（615）862-5950
🖥 www.nashvillemta.org

出租车
Allied Cab
☎（615）883-2323
Yellow Cab
☎（615）256-0101

灰狗巴士
Greyhound
Map p.204 B2
🏠 709 5th Ave.S.
☎（615）255-3556
📠 1800-231-2222
🖥 www.greyhound.com
🕐 24 小时

AAA
🏠 2501 21st Ave.S.
☎（615）297-7700
🕐 9:00~18:00
✖ 周六、周日、节假日
24 小时道路救援
📠 1800-222-4357

还有直达位于音乐谷的奥普瑞兰度假酒店（Graylord Opryland Restort，原奥普瑞兰大酒店）的巴士专线车。下行的两个自动扶梯之间有服务台，在那里购买巴士专线车车票和"大奥普里"门票。

● 线路巴士

MTA18 路一直开到市区的巴士总站。单程 $1.70（早晚的快车 $2.25），需 60~80 分钟，非常不方便。最好乘坐机场专线车，30~50 分钟就能到达市区。

● 出租车

到达市区和音乐谷一律 $25，每位乘客加 $1 的服务小费。

长途巴士

灰狗巴士每天 4~5 班车从孟菲斯到纳什维尔（约需 4 小时）、3 班车从新奥尔良到纳什维尔（需 14~19 小时）、9 班车从肯塔基州路易斯维尔到纳什维尔（需 3 小时）等。虽然步行 20 分钟就能到市中心，但是车站在市区南郊，而且周边比较冷清，夜间和凌晨最好乘坐出租车。

租车

从孟菲斯沿 I-40 行驶 213 英里（343 公里，约需 3 小时 30 分钟）可到纳什维尔，从亚特兰大沿 I-40 行驶 250 英里（402 公里，约需 4 小时 30 分钟）可到纳什维尔。从纳什维尔到肯塔基和阿巴拉契亚地区沿途也有许多值得一看的景点。

纳什维尔 漫 步

纳什维尔不仅是乡村音乐圣地，也是一个商业城市，舒适而整洁，

到处能感受到城市的活力。纳什维尔主要景点集中在市区和音乐谷，可以乘坐 MTA 巴士往返于市区和音乐谷之间，如果只在市区的话，步行就能玩个遍。白天去音乐谷参观奥普瑞兰度假酒店或者去逛大型购物中心，晚上去 Living House 听音乐。如果时间允许的话，还可以参加美国最老牌的广播节目《大奥普里》的制作。

■旅游咨询处■

● Nashville Visitors Information Center

咨询处在市区中心的普利斯通竞技场里，里面的礼品店内有各种纳什维尔的商品，还设立了 MTA 巴士服务台。

纳什维尔国际机场的托运行李提取区出口处也有服务台，大大方便了从这里下飞机的人。

■市区交通工具■

线路巴士 MTA（Metropolitan Transit Authority）

MTA 是覆盖整个市区的巴士系统。虽然有将近 40 条线路，但是很多线路有班次限制，因此最好在旅游咨询处购买一份巴士时刻表或者通过网站等事先确认时间表。MTA 费用 $1.70、特快 $2.25、一日券 $5.25。主要线路的始发站和终点站在州议会大厦附近的巴士总站 MTA Music City Central。开往音乐谷的 34 路巴士从二层的 Bay 10 发车，开往机场的 18 路从一层的 Bay 18 发车。

● 音乐城环线 Music City Circuit

这是绕市区环行的免费专线车。有南北走向的 Blue Circuit、东西走向的 Green Circuit、坎伯兰河边的 Purple Circuit 三条线路。往返于乡村音乐殿堂博物馆和州议会大厦的 Blue Circuit 周一～周五 6:30~11:00 每隔 30 分钟一班，周一～周六 11:30~18:00 每隔 15 分钟一班。Green Circuit 是 6:30~23:00 每隔 15 分钟一班。Purple Circuit 是周一～周五 11:30~14:00 每隔 20 分钟一班。但是夜间最好不要乘坐这些环线车，周日停运。

灰线奥普里米尔斯专线车

灰线奥普里米尔斯专线车开往位于音乐谷的大型购物中心（大奥普里隔壁）。专线车票价比 MTA 巴士高。

出租车

基本费用是 $3，每英里加 $2。

■旅行指南■

灰线旅行

有十几条旅游线路，每条旅游线路都到酒店接游客。请仔细确认出发时间并且提前在酒店门前等待。需要预约。

● Discover Nashville

参观赖曼礼堂、乡村音乐殿堂、州议会大厦等景点，晚上看乡村音乐现场演出。

旅游咨询处
Nashville Visitors Infomation Center
Map p.206 B2
🏠 Broadway & 5th Ave.
☎（615）259-4747
📠 1800-657-6910
🌐 www.visitmusiccity.com
🕐 8:00~17:30（周日 10:00~17:00）
🚫 12/25

MTA Music City Central
Map p.206 A2
🏠 Charlotte Ave. & 4th Ave.
☎（615）862-5950
🌐 www.nashvillemta.org
📞 语音电话 6:30~18:30、周六 8:00~17:00、周日 10:30~14:30
🚫 节假日

灰线奥普里米尔斯专线车
Gray Line Opry Mills Shuttle
📠 1800-251-1864
🌐 www.graylinenashville.com
🕐 周一～周六 10:30、14:00（根据季节会有所变更）
🎫 往返 $15、6~11 岁 $7.50，需要预约。

出租车
Allied Cab
☎（615）883-2323

American Muisic CityTaxi
☎（615）865-4100

灰线旅行
Gray Line of Nashville
🏠 市区的电车站台：2nd & Broadway
📠 1800-251-1864
🌐 www.graylinetn.com
Discover Nashville
🕐 约 3 小时 30 分钟
🚌 9:00、13:30
🎫 $47、6~11 岁 $23.50

Grand Legends
🚐 约 3 小时 30 分钟
🕐 1:30
💰 $45、6~11 岁 $22.50
Nashville Nights & Lights
🚐 约 4 小时 30 分钟
🕐 18:00
💰 $40、6~11 岁 $20

LP Field
Map p.206 A3
🏠 1 Titans Way
☎ （615）565-4200（购票）
🔗 www.titansonline.com
💰 $100~6000

大牌音乐家使用过的物品

● Grand Legends
　　在奥普瑞兰度假酒店划船，参观大奥普里博物馆和后台等。
● Nashville Nights&Lights
　　晚上参观灯火通明的赖曼礼堂、河边公园、交响音乐厅、州议会大厦、帕台农神殿等景点，含 BBQ 晚餐。

■ 观看体育比赛 ■
美国橄榄球联盟（NFL）

● 田纳西巨神队 Tennessee Titans（AFC 南区）
　　前身是得克萨斯州油人队。由于巨蛋体育场的老化和纳什维尔的招揽，1977 年转到了纳什维尔并改了名，巨神是希腊神话中的太阳神。虽然在 1999 年的超级碗中进行了很好的攻击和防守，但最后还是失败了。巨神队近年没有参加季后赛，主场是河对岸的 LP Field。

纳什维尔　主要景点

市区

乡村音乐殿堂博物馆
Country Music Hall of Fame and Museum
Map p.206 B2
学习乡村音乐的历史

　　博物馆位于市区中心、圆形竞技场的南侧，其奇特的外观特别引

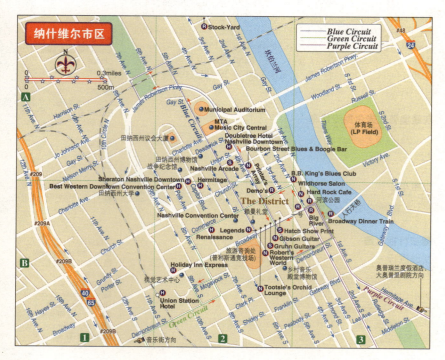

乡村音乐特别受欢迎，乡村音乐博物馆也是人气最旺的景点之一

乡村音乐殿堂博物馆
住 222 5th Ave. & Demonbreun St.
☎ （615）416-2001
网 countrymusichalloffame.org
开 9:00~17:00
休 1 月和 2 月的周二、11月的第四个周四、12/25、1/1
费 $20、6~17 岁 $12

乡村音乐殿堂博物馆的收藏品种类丰富

　　在全美 8000 家博物馆中，乡村音乐殿堂博物馆是全美博物馆协会（American Associations of Museum）认证的 750 家之一。游客对展示内容和展示方法评价很高。它不仅仅是乡村音乐的殿堂，更是一家值得参观的博物馆。

人注目，因其有使用了大量音乐和影像的展示而成为纳什维尔首屈一指的旅游景点，同时成为保存乐谱、唱片等珍贵藏品的资料馆。

　　从天空往下看，"低音谱"号形建筑的外壁上是钢琴键盘形态的巨大窗户。体现从慢转唱片到 CD 的变迁的屋顶也很独特。

　　在观看完 25 分钟的电影后上三层。里面除了深棕色的海报以及热门歌曲的初版、巨星的舞台服装和乐器、舞台内幕等展示外，还有 3000多件珍贵的藏品，即使不是乡村音乐迷，来这里也是一种享受。

　　其中埃尔维斯的凯迪拉克是价格最高的收藏品。从乡村音乐角度来说，他算是乡村摇滚乐歌手。埃尔维斯和纳什维尔有着千丝万缕的联系。

　　下了旋转楼梯之后进入二层，里面主要是一些作词家、作曲家的相关展示和名人堂。

窗户是钢琴键盘的样子

　　2012 年以拉斯维加斯定期举办公演的人气歌手加斯·布鲁克斯为代表的 3 位音乐家进入了名人堂。此前进入名人堂的约 200 人也享受了这种荣誉，汉克·威廉姆斯（Hank Williams）、约翰尼·卡什（Johnny Cash）、葛伦坎伯（Glen Campbell）也进入了名人堂。

　　参观之后，乡村音乐迷们可以去博物馆商店逛一逛，还可以去 222 Grill，那里能以很便宜的价格品尝到南部菜。

老街区 The District　　　　Map p.206 B2
古老的街道上充满了音乐声

　　The District 地区位于市区东南角，以 Broadway 和 2nd Ave. 为中心跨几个街区，保留着古老的街道。1860 年人口就达到了 1.7 万人的纳什维尔是南部屈指可数的产业城市，而且在南北战争时，纳什维尔的北部和南部都成了战略基地，一直进行着维护纳什维尔的运动。

Hatch Show Print
Map p.206 B2
🏠 316 Broadway
📞 （615）256-2805
🌐 www.hatchshowprint.com
🕐 9:00~17:00、周六 10:00~
🚫 周日

天黑才想去的百老汇

赖曼礼堂
🏠 116 5th Ave.
📞 （615）889-3060
🌐 www.ryman.com
🕐 9:00~16:00
🚫 11 月 的 第四个周四、
12/25、1/1
🎫 游览 $13、4~11 岁 $6.50、
带后台 $17、4~11 岁 $10.50

● 古老的百老汇 Historic Broadway

从 1st Ave. 到 5th Ave. 的百老汇一带有许多古老的夜总会、乐器店和礼品店，而最古老的要数 5th Ave. 街角附近的俱乐部 "Tootsie's Orchid Lounge"。破旧的店内虽然狭窄却装饰着来这里演出过的明星们的照片及他们的签名。3rd Ave. 和 4th Ave. 之间的印刷厂 "Hatch Show Print" 创立于 1879 年，它长期为《大奥里普》印刷海报而且出售古老的经典海报。在百老汇能欣赏到古老的印刷工艺，并且可以买一些明信片当作礼物送给朋友。

● 印刷胡同 Printer's Alley

这条连接 Church St. 和 Union St. 的狭窄胡同位于 3rd Ave. 和 4th Ave. 之间。"印刷胡同"的名字来源于附近的 2 家报社、10 家印刷厂和 13 家出版社。现在有 "Bourbon St. Blues &Boogie Bar" 等 Living House。

● 古老的第二大道 Historic Second Avenue

从 Broadway 上 2nd Ave. 的坡道，道路两侧有很多餐厅、礼品店和夜总会，到了晚上，这里非常热闹。这里很好叫出租车。

Hatch Show 印刷商店还使用古老的印刷方法

赖曼礼堂 Ryman Auditorium　　Map p.206 B2

"纳什维尔之声"发源地

在被市区的高层建筑和时尚的会议中心包围的区域内，有一栋被定格在某一时刻的砖红色的建筑，它就是帮助纳什维尔成为"音乐之都"的"南部的卡内基音乐厅"。

1892 年，蒸汽船船长汤姆·赖曼为了做礼拜和集会等而建造了这栋建筑，渐渐地开始在这里进行各种各样的表演。初期，查理·卓别林和凯瑟琳·赫本也曾在这里登台表演。不久，这里就成为乡村音乐的舞台。从

略显孤寂的乡村音乐圣地

在市区西 2 公里处有一片唱片公司和录音棚集中的地区，它就是美国音乐产业中心地 Music Row。虽然现在市场份额变低，但是曾经全美唱片发行量的 50%、乡村音乐的 90% 以上都出自这里。但自从 2001 年乡村音乐殿堂博物馆搬迁到市区之后，游客大减，礼品店也陆陆续续闭店，又变回了安静的住宅街。不过，这里还有很多工作室，经常有人录制唱片。如果有兴趣的话，可以参加 2 小时的巴士之旅，出发地是乡村音乐殿堂博物馆。还可以去参观普雷斯利和桃莉·巴顿多次录制唱片的 RCA 工作室 B。

Music Row 完全不同于奥普瑞兰度假酒店所在的音乐谷（→ p.210），千万不要混淆。

RCA 工作室 B 之旅
RCA Studio B Tours
🕐 10:30~14:30、每隔 1 小时 1 次
🎫 $12.99、6~12 岁 $10.99

普雷斯利录音的工作室 B

1943年开始从这里播放的音乐节目《大奥普里》捍卫了乡村音乐的地位。这档音乐节目从1925年开始播放，87年从未中止过，是世界上最长寿的广播节目。1974年以后虽然舞台转移到了大奥普里剧院，但是主要仍然是乡村音乐表演，还举办明星演唱会和音乐剧的公演等。现在，每年11月到次年2月在这里录制《大奥普里》，没有节目的时候可入内参观。

礼堂的大厅和走廊成了小型历史博物馆，陈列了曾在这里演出的明星们使用过的物品。

现在除了是《大奥普里》舞台，还作为演唱会的会场

视觉艺术中心 Frist Center for the Visual Arts　Map p.206 B2
由艺术风格的邮局改装而成

它是由联合车站酒店（Union Station Hotel）前的传统邮局改装成的美术馆。不是普通的收藏艺术品，而是每年举行15次以上的视觉艺术策划展。不仅能感受到策展人很强的能力，而且20世纪30年代建造的艺术风格的建筑也非常漂亮。长走廊、高天花板、使用玻璃和铝的墙壁上的装饰品也非常漂亮。二层能体验雕刻、印刷、水彩画等。

视觉艺术中心
- 🏠 919 Broadway
- ☎ （615）244-3340
- 🌐 fristcenter.org
- 🕐 10:00~17:30（周四、周五~21:00）、周日 13:00~17:30
- 🚫 11月的第四个周四、12/25、1/1
- 💰 $10、18岁以下免费、65岁以上 $7

昔日的邮局氛围也很好

全年举办丰富多彩的活动和演讲

田纳西州议会大厦 Tennessee State Capitol　Map p.206 A2
能瞭望整个市区的塔是议会大厦的标志

议会大厦建在市区地势最高的地方，完成于1859年。古代希腊神殿风格建筑的中心位置是设计独特的塔。议会大厦已被指定为美国国家历史古迹。它是著名的建筑家威廉·斯特里克兰（William Strickland）最后一件作品，在工作中殉职的他被埋葬在这栋建筑的东北角。议会大厦所在的山丘是第11任总统詹姆斯·诺克斯·波尔克夫妇的墓地，还有第7任总统安德鲁·约翰逊的铜像。

田纳西议会大厦北侧是与华盛顿D.C.国家广场相似的绿化带，有约60m花岗岩州地图和野外剧场等。

田纳西州议会大厦与其他的州议会大厦稍有不同

田纳西州议会大厦
- 🏠 Charlotte & 7th Aves.
- ☎ （615）741-0830
- 🌐 www.capitol.tn.gov/about/capitolvislt.html
- 🕐 8:00~16:00
- 🚫 周六、周日、节假日
- 💰 免费
- 🎫 在一层的信息台，9:00~15:00 整点出发

田纳西州博物馆
Deaderick St. & 5th Ave.
（615）741-2692
tnmuseum.org
10:00～17:00、周日 13:00～
周一、复活节、11月的
第四个周四、12/25、1/1
免费，但有些特别展示是
收费的

军事博物馆
Military Museum
Map p.206 A2
10:00～17:00（13:30～
14:30休息）
周日、周一、复活节、
11月的第四个周四、12/25、
1/1
免费

音乐谷
Map p.204 B2 地图外
乘坐 MTA34 路巴士，
30～55 分钟可到达（每隔 90
分钟一班车），票价 $1.70（特
快 $2.25）。

Gray Line Opry Mills
Shuttle
周一～周六 9:30、14:00
发车（根据季节会有变动）。
往返 $15，需要预约。
1800-251-1864

奥普瑞兰度假酒店
2800 Opryland Dr.
（615）889-1000
www.gaylordhotels.com
小舟之旅 1 人 $10，10:00～
22:00，住宿费用→p.215

田纳西州博物馆 Tennessee State Museum　Map p.206 A2
介绍田纳西州丰富的历史

从议会大厦出发，在 6th Ave. 下车，第一个拐角的建筑就是田纳西州博物馆。博物馆深刻地挖掘了有关纳什维尔周边及田纳西州的历史和文化，重现了从石器时代到 19 世纪田纳西人的生活方式以及南部战争前开拓者们优雅的豪宅等，有关民权运动的展示也十分有趣。

州立博物馆的分馆——军事博物馆在隔着广场的战争纪念馆（War Memorial Bldg.）中，展示了从 1898 年对西班牙的战争到第二次世界大战的记录。

音乐谷

从市区往东北方向行驶 30 多分钟就能到达音乐谷。以奥普瑞兰度假酒店为中心，周边有 10 家酒店、音乐厅和奥特莱斯商品折扣店等。

奥普瑞兰度假酒店　Map p.204 B2 地图外
Gaylord Opryland Resort
酒店中的小舟之旅

说它是纳什维尔最大的酒店，一点也不为过。据说半数以上的游客都是专程来参观酒店的，晚上不住在这里。虽然在 2010 年受到了洪水的袭击，但是重新大修之后，依然十分漂亮。

2881 间客房的酒店完全被玻璃巨蛋包围着。有 2 个巨大的会议中心、6 个展

能乘坐小舟四处游览

最长寿的广播节目《大奥普里》

美国广播界最长寿的节目是《大奥普里》（Grand Ole Opry）。从 1925 年开始播放，87 年以来从未间断，而且为美国人奉上的都是以乡村音乐为主的蓝草音乐、福音音乐和传统摇滚乐等温暖人心的音乐。节目在每周周六和周日晚上通过 WSM 电台的 AM650 播放，周日通过有线实况转播。夏季周二的晚上也会播放。会场曾是市区的赖曼礼堂，但从 1974 年开始迁到了大奥普里剧院。这里有 4424 张座席，这在当时算是世界上最大的剧院了。而在这里制作的节目也都是现场直播。在这里能看到穿着休闲装上台表演的歌手以及在舞台上来回走动的工作人员，这些都不同于电视录像。从年轻的人气歌手到资深的老歌手，每次有超一流的歌手演出，都会观众爆满。近年来，不断有年轻的歌手在这里演出。想看演出的人需要预先拨打 1800-733-6779 预约或者通过 www.opry.com 预约。周二没有录制，当天很可能让游客入内参观。

能让游客进一步了解美国的文化

示空间以及购物商场和十几家餐厅，而巨大的室内花园还种植了 1 万多
种植物。酒店分为 4 个区域，有正面玄关的叶棚（Cascades）、河流交
汇的三角洲（Delta）、有水塘的木兰花区（Magnolia）和温室（Garden
Conservatory）。酒店很大，如果不带酒店地图的话，就很可能会迷路。
最值得一看的是有河流和瀑布的三角洲地区。坐在 15 分钟环绕一周的游
船上，能感受到南部湿地的氛围。每个整点能观看到喷泉秀。

玻璃巨蛋里像世外桃源

大奥普里剧院 Grand Ole Opry House Map p.206 B3 地图外
世界最长寿广播节目的舞台

从奥普瑞兰度假酒店渡船口旁的玄关出来之后，有一条通往 Opry
Mills 的小路。大约 5 分钟后，就能到达制作美国最长寿的广播节目《大
奥普里》（→ p.210 专栏）的剧场。一定要观看一场这里的表演秀，因为

它能让游客真实地体会到
人们对美国乡村音乐有多
么的狂热！

如果晚上看不了表演
秀的话，建议白天参团参
观大奥普里的后台。可以
看看经常来这里表演的 18
个人的服装间，也能在真
正的舞台上拍照留念。

美国人尽皆知的大奥普里剧院

大奥普里剧院
🏠 2804 Opryland Dr.
☎ （615）871-6779
预约 📞 1800-733-6779
🌐 www.opry.com
🕐 周五 19:00、周六 19:00、
21:30、3 月~12 月中旬周三
19:00，11 月~次年 2 月在市
区的赖曼礼堂进行录制
💰 主楼 $39~55

Opry House Tour
💰 $17.50、4~11 岁 $12.50
🕐 10:00~16:00，每隔 30 分
钟一班车

愉快的坎伯兰河游船之旅和表
演秀

杰克逊将军演艺船
General Jackson Showboat Map p.204 B2 地图外
能看现场表演秀并享用美食的游轮

杰克逊将军演艺船是坎伯兰河上一艘有着 4 层甲板的外轮船。在这
艘全长约 82 米、能容纳 1100 人的大船上，能够一边欣赏现场演出并享

杰克逊将军演艺船
☎ （615）458-3900
📞 1866-567-5225
🌐 www.generaljackson.com
🕐 12:00 和 19:00（ 周 日
18:00）
🚫 11 月中旬~次年 2 月中旬

用美食，一边顺流游览。音乐人和艺人展示出纳什维尔的水准。除了含午餐（需 2 小时 30 分钟）和晚餐（需 3 小时）的巡游以外，还有含福音午餐等特别为孩子们设计的巡游。

威利・尼尔森＆朋友博物馆 Willie Nelon&Friends Museum

Map p.204 B2 地图外

如果去欢乐谷的话，可顺道参观

沿奥普瑞兰度假酒店东西走向的 Mcgavock Pike 有乡村音乐巨星威利·尼尔森博物馆和礼品店。里面摆满了他的乐器、服装、爱车以及他与朋友之间的一些纪念品，威利·尼尔森的粉丝们可千万不要错过。

其他区域

帕台农神殿 The Parthenon

Map p.204 B1

在南部还原的希腊神殿

驾车从市区向西行 10 多分钟后就会看到市民休闲森林公园——百年公园，而公园里最值得一看的景点就是帕台农神殿。这是世界上唯一的按照实物大小还原的古代希腊神殿。神殿完成于 1931 年，里面现在已经变成美术馆。除了雕刻、绘画等展示以外，还有关于雅典帕台农神殿的展示。

纳什维尔的帕台农神殿现在已成为美术馆

梅亚德庄园 Belle Meade

Map p.204 B1 地图外

仍保留着美丽姿态的庄园女王

梅亚德是至今仍保留着往日风采并且被人们称为“田纳西庄园女王”的一栋宅邸。庄园的历史从 1807 年约翰·哈丁（John Harding）买下 1790 年建造的原木小屋开始。这里起初是纳奇兹公路小道街道交易所，不久成为纯种马牧场并因此而出名。1881 年在英国德比比赛中获胜的美国马易洛魁（Iroquois）就出生在这里。

希腊复古风格的宅邸建于 1820 年，后来又重复进行了增建和改建，直到 1853 年才建成现在的样子。馆内有身穿 19 世纪服装的导游为游客讲解。

也能参观庭园

费 午餐 $58.42、4~11 岁 $36.78，晚餐 $86.68/$90.67、4~11 岁 $56.85/$59.73
交通 Opry Mills（→p.214）里侧，灰线旅游也有（→p.206）。

威利 · 尼尔森 & 朋友博物馆
住 2613 McGavock Pike
☎（615）885-1515
URL www.willienelsongeneralstore.com
营 8:30~19:00、周日 ~20:00
休 11 月第四个周四、12/25、1/1

帕台农神殿
住 West End & 25th Aves.
☎（615）862-8431
URL www.parthenon.org
开 9:00~16:30，6~8 月周日 12:30~16:30
休 周一、11 月第四个周四、12/24、12/25
费 $6、65 岁以上和 4~17 岁 $4
交通 乘坐 MTA3 路巴士，15 分钟即可到达。

梅亚德庄园
住 5025 Harding Pike
☎（615）356-0501
Free 1800-270-3991
URL www.bellemeadeplantation.com
开 9:00~17:00、周日 11:00~17:00（最后一批团体参观 16:00 出发）
休 复活节、11 月的第四个周四、12/24、12/25、1/1
费 $16、6~12 岁 $8
交通 乘坐 MTA3 路巴士，30~40 分钟即可到达，每 30~50 分钟一班。

Gray Line “Historic Tennessee”
每天 9:00 发车，需 5 小时，费用 $59（电话号码 1800- 251-1864）

租车
从市区沿 Broadway 向西南方向行驶 7 英里约（11 公里），从 West End Ave. 向 Harding Rd.（Memphis Bristol Hwy.）方向行驶，再沿 Leake Ave. 左转。

夜总会
Night Spot

Tootsie's Orchid Lounge
◆纳什维尔首屈一指的休闲场所

这是百老汇对面的一家有名的酒店，由老妇 Tootsie 经营，长期以来，她一直很关照那些落魄的歌手，让他们来这里演出，直到现在，还有很多乡村音乐迷经常来这里。店内摆满了 Tootsie 照顾过的歌手的照片和古老的涂鸦，能感受到梦想成为歌手的音乐的歌声笑声和泪水。从白天就开始有人拿着吉他现场演奏。

Map p.206 B2
- 住 422 Broadway
- ☎（615）726-0463
- URL www.tootsies.net
- C/C Ⓐ Ⓜ Ⓥ
- 營 10:00~ 次日 2:00（有时延长）

这是纳什维尔老字号中的老字号，白天就开始营业，自由进出

Wildhorse Salon
◆深受男女老少喜爱的舞厅

宽敞的舞厅里都是跟着乐队的演奏翩翩起舞的人。小费 $3~6（有的演出者小费多达 $15~230），即使不跳舞，也可以在二层享用美食（~22:00）。这里的纪念品商店很受欢迎。

Map p.206 B3
- 住 120 2nd Ave. North
- ☎（615）902-8200
- URL www.wildhorsesaloon.com
- 營 11:00~23:00（周一 16:30~、周五、周六 11:00~ 次日 2:00）
- C/C Ⓐ Ⓓ Ⓜ Ⓥ

不仅晚上，白天客人也很多，非常热闹

Bourbon Street Blues&Boogie Bar
◆纳什维尔蓝调音乐也很盛行

这家新奥尔良风格的餐厅兼酒吧自开业以来，一直深受纳什维尔人的喜爱。这里的卡津菜非常美味，服务员也非常热情。小费 $5~10，现场演出通常在 21:00 以后开始。

Map p.206 A2
- 住 220 Printer's Alley
- ☎（615）242-5837
- URL www.bourbonstreetblues.com
- 營 16:00~ 次日 3:00
- C/C Ⓐ Ⓓ Ⓜ Ⓥ

B.B.King's Blues Club
◆孟菲斯有名的俱乐部

俱乐部位于古老的第二大道（Historic Second Avenue），小费 $5~10。除了孟菲斯有名的烤猪排外，还能品尝到牡蛎、秋葵汤等新奥尔良风味菜。人们对它的评价也很高。

Map p.206 A2~3
- 住 152 2nd Ave.North
- ☎（615）256-2727　URL nashville.bbkingclubs.com
- 營 11:00~ 次日 1:00，周五~周六~次日 3:00，周日 ~24:00　C/C Ⓐ Ⓜ Ⓥ

The Station Inn
◆蓝草音乐名店

这是位于市区西郊的 Living House，以蓝草音乐而出名，经常有许多蓝草音乐迷来这里，非常热闹。现场演出从 20:00 或者 21:00 开始。小费 $10~20，周日免费听蓝草音乐，21 岁以下禁止入内。必须开车或者乘坐出租车来这里。

Map p.204 B2
- 住 402 12th Ave.South
- ☎（615）255-3307
- URL www.stationinn.com
- 營 19:00~ 次日 2:00、周日 ~24:00
- C/C Ⓐ Ⓜ Ⓥ

Robert's Western World
◆能听到各种各样的乡村音乐

虽然是乡村音乐 Living House，但是乡村音乐种类很多，也像个俱乐部。与其他 Living House 不同的是，来这里的人主要就是来听音乐的。这里没有服务小费。

Map p.206 B2
- 住 416 Broadway
- ☎（615）244-9552
- URL www.robertswesternworld.com
- 營 11:00~ 次日 3:00（周日 12:00~）
- C/C Ⓐ Ⓜ Ⓥ

推荐给初学者的乡村音乐 Living House

购 物
Shopping

Gruhn Guitars

◆购买典雅的吉他

　　这家古老的店里挂着一排排的吉他，从电吉他到木吉他，种类齐全。店里只出售吉普森、芬达、马丁等美国产吉他。吉普森莱斯鲍尔型电吉他价格高达 15 万美元。也有人认为，这里比其他小型博物馆更吸引人。

Map p.206 B2

住 400 Broadway
☎（615）256-2033
URL www.gruhn.com
營 9:30~17:30（周六 ~14:30）
休 周日、节假日
C/C A M V

实际上这也是纳什维尔的景点之一

Opry Mills

◆人们经常谈论的奥特莱斯折扣店

　　从奥普瑞兰度假酒店步行 5 分钟就能到达这家奥特莱斯折扣店，店内有 Coach（包等）、Rainforest Café（热带雨林餐厅）、Bass Pro Shop（户外用品）、Tommy Hilfiger（休闲时尚）、IMAX 剧场、电影院、美食街等约 150 家店，休闲品牌的折扣店比较多。商场有很多出入口，如果要去奥普瑞兰度假酒店的话，走电影院前的 6 号出入口近一些，如果去大奥普里剧院，则走 7 号出入口近一些。

Map p.206 B3 地图外

住 433 Opry Mills Dr.
☎（615）514-1000
URL www.oprymills.com
營 10:00~21:00
　　周日 11:00~ 18:00
休 复活节、11 月的第四个周四、12/25

这里有美食街，非常方便

餐 厅
Restaurant

Stock-Yard　　　　　　　　　　美国菜

◆历史悠久、味道独特的餐厅　　这是一家进入美国前 40 名的牛排 & 海鲜餐厅。店铺位于市区北郊，是由古老的历史建筑改装而成的。有免费班车，需电话预约。
住 901 2nd Ave. North

Map p.206 A2

☎（615）255-6464
URL stock-yardrestaurant.com
營 17:00~22:00，周五、周六 ~23:00，周日 ~21:00
休 节假日　　C/C A M V

Big River Grill&Brewing Works　美国菜

◆备受好评的自制啤酒　　餐厅位于 2nd St. 街角，以 6 种自制啤酒而出名，并且在各种各样的啤酒比赛中获得了冠军。特别向您推荐的是棕色 Sweet Magnolia 和深棕色的 Iron Horse Stout。餐费 $10~25，非常实惠。

Map p.206 B3

住 111 Broadway
☎（615）251-4677　C/C A M V
URL www.bigrivergrille.com
營 11:00~24:00，周五、周六 ~次日 1:00

Demo's　　　　　　　　　　　意大利菜

◆午餐只需 $6 就能吃饱　　餐厅距古老的第二大道（Historic Second Avenue）1 个街区，是一家休闲餐厅，主要菜品都在 $10 以下，就连牛排也只有 $15 左右。除此以外，还有意大利面、汉堡、三明治和希腊菜。
住 300 Commerce St. & 3rd Ave.

Map p.206 B2

☎（615）256-4655
URL www.demosrestaurants.com
營 11:00~22:30，周五、周六 ~23:00　休 11 月的第四个周四、12/24、12/25
C/C A D M V

Nashville Arcade　　　　　　　美食街

◆午餐时间非常混乱

　　市区的中央从 1903 年开始就有了整洁明亮的商场。用保鲜膜将菜品包好后出售的商店以及熟食店、咖啡店、希腊餐厅、热狗店以及中国餐厅等一家挨着一家，像个美食街。这里的餐费最便宜。

Map p.206 A2

住 4th & 5th Aves.bet.Church & Union Sts.
☎（615）255-1034
營 大都是平日的白天营业

一号 Ichiban

日本菜

Map p.206 B3

◆位于市区的日本料理店　位于 Broadway 附近，午餐 $8~14、晚餐 $10~38，经济实惠。

🏠 109 2nd Ave.North　☎ （615）244-7900　C/C Ⓐ Ⓓ Ⓜ Ⓥ

URL www.ichibanusa.com

🕐 11:30～14:00&17:00～22:30，周六 17:00～23:00，周日 17:00～22:00

酒店
Hotel

Graylord Opryland Resort（奥普瑞兰度假酒店）

Map p.206 B3 地图外

◆值得参观的一家酒店

它是纳什维尔有名的酒店，有 2881 间客房、室内花园、10 多个餐厅和咖啡厅，还有美食街和购物广场，这是纳什维尔任何一家酒店都无法与其相比的。从客房里能看到整个庭园，圣诞节时灯光灿烂特别浪漫。Ⓢ Ⓣ$160~414，酒店内有赫兹租车和联邦快递。

🏠 2800 Opryland Dr., Nashville, TN 37214
☎ （615）889-1000
Free 1866-972-6779
FAX （615）871-7741
C/C Ⓐ Ⓜ Ⓥ
URL www.gaylordhotels.com

即使不住在酒店里，也可以参观

Union Station Hotel（联合车站酒店）

Map p.206 B2

◆古典风格的经典酒店

酒店是建于 1900 年的美丽的石造建筑，本来是个车站，1986 年改造成了酒店。宽敞的车站大厅内的装饰是古典风格，氛围相当好。客房天花板高是酒店的特征，而且是马略特设计的时尚酒店。Ⓢ Ⓣ $189~419，套房 $239~469。

🏠 1001 Broadway, Nashville, TN 37203
☎ （615）726-1001
FAX （615）248-3554
URL www.unionstationhotelnashville.com
C/C Ⓐ Ⓓ Ⓜ Ⓥ

酒店非常典雅，建议您住在这里

🔑 其他酒店

Holiday Inn Express Downtown	Map p.206 B2　🏠 920 Broadway,Nashville,TN 37203　☎ （615）244-0150　FAX （615）244-0445　URL www.hiexpress.com　💰 Ⓢ Ⓓ Ⓣ$123~249　C/C Ⓐ Ⓓ Ⓙ Ⓜ Ⓥ　🚶 在 10th Ave. 街角，步行 10 分钟就可到达 The District。
Doubletree Hotel Nashville Downtown	Map p.206 A2　🏠 315 4th Ave.North,Nashville, TN 37219　☎ （615）244-8200　Free 1800-222-8733　FAX （615）747-4897　URL www.doubletree.com　💰 Ⓢ Ⓓ Ⓣ$166~299　C/C Ⓐ Ⓓ Ⓙ Ⓜ Ⓥ　🚶 在 Deaderick St. 街角，距离州议会大厦 2 个街区。
Sheraton Nashville Downtown	Map p.206 A~B2　🏠 623 Union St., Nashville, TN 37219　☎ （615）259-2000　Free 1800-325-3535　URL www.starwood.com/sheraton/　💰 Ⓢ Ⓓ Ⓣ$170~299　C/C Ⓐ Ⓓ Ⓙ Ⓜ Ⓥ　🚶 位于市区中央，在议会大厦前。
Best Western Downtown Convention Center	Map p.206 B2　🏠 711 Union St., Nashville, TN 37219　☎ （615）242-4311　Free 1800-627-3297　FAX （615）242-1654　URL www.bestwestern.com　💰 $108~160　C/C Ⓐ Ⓓ Ⓜ Ⓥ　🚶 位于市区中央，和喜来登酒店并排。
Red Roof Inn Nashville Airport	Map p.204 地图外　🏠 510 Claridge Dr., Nashville, TN 37214　☎ （615）872-0735　Free 1800-733-7663　URL www.redroof.com　💰 $58~63　C/C Ⓐ Ⓓ Ⓜ Ⓥ　🚶 位于 I-40 的 Exit 216 北侧，到机场 5 分钟车程，有酒店接送服务，Wi-Fi 免费。
Holiday Inn Express Nashville Airport	Map p.204 地图外　🏠 1111 Airport Center Dr., Nashville, TN 37214　☎ （615）883-1366　FAX （615）889-6867　URL www.hiexpress.com　💰 Ⓢ Ⓓ Ⓣ$98~133　C/C Ⓐ Ⓓ Ⓙ Ⓜ Ⓥ　🚶 到机场 5 分钟车程，有酒店接送服务，Wi-Fi 免费。

阿巴拉契亚地区　●纳什维尔　购物／餐厅／酒店

肯塔基州

猛犸洞国家公园

Mammoth Cave National Park

指定为国家公园	1941 年
（认定为世界遗产 1981 年）	
年参观者人数	约 48 万人
时区	中部时区

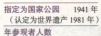

注意时差

　　虽然猛犸洞国家公园属于肯塔基州，但是和田纳西州纳什维尔一样，都采用中部时区（CST），比路易斯维尔、霍金维尔、巴兹敦等城市晚 1 小时。

钟乳石不多，但是像冰冻尼加拉瀑布的巨形钟乳石非常漂亮

　　美国的很多国家公园都能看到大自然的神奇，而猛犸洞国家公园因隐藏在美丽的森林底下的世界最长的洞窟而成为最独特的国家公园。洞穴内部分支复杂，向四面八方延伸，仅仅知道的就总共延长了 624 公里。现在仍在进一步调查，有些研究者认为还有 900 公里左右。

　　1790 年一位追捕熊的白人猎人意外发现了猛犸洞，但实际上土著在 4000 多年以前就已经知道这个洞窟的存在了。在 1812 年爆发的美英战争中，美军将这个洞窟当作存放兵器和火药的仓库。自从战后作为公园对外开放以来，已经有很多人参观了猛犸洞。1941 年被指定为国家公园，并为了保护洞窟而进行了整备，现在一年参观者多达 48 万人。1981 年被世界教科文组织认定为世界自然遗产。

　　如果从纳什维尔去欣赏这神奇的大自然的话，晚上还能赶回来。一定要参加大人和小孩都喜爱的地底世界冒险之旅。

虽然这是世界最长洞窟的一部分，但走起来还比较轻松

醒目的茶色标志

　　美国公路中地名标志一般是绿色的，但国家公园和历史古迹标志统一为茶色。

AAA

🏠 1770 Scottsville Rd. Bowling Green

☎ （270）781-7235

🕐 9:00~17:30

🚫 周六、周日、节假日

24 小时道路救援

📠 1800-222-4357

🌀 前往方法 Access

　　让人感到遗憾的是，没有到猛犸洞国家公园的公共交通工具。虽然有灰狗巴士到达公园旁边的 Cave City，但是 Cave City 里没有出租车，所以从 Cave City 去不了公园内，因此只能在纳什维尔或者路易斯维尔租车。道路非常好走，不用担心会迷路。

租车

　　从纳什维尔沿 I-65 北上 1 小时，在 Exit 48 根据 "Mammoth Cave National Park" 标志下公路后左转。进入公园之后，再行驶 30 分钟就能看到 "Visiter Center" 的标志，需约 1 小时 30 分钟。

从路易斯维尔沿 I-65 南行 86 英里（约 140 公里），从 Cave City 的 Exit 53 下公路，再向西行驶约 15 分钟就到了公园入口。再往前行驶约 10 分钟就能到"Visitor Center"，共需 1 小时 40 分钟。

猛犸洞国家公园　漫　步

猛犸洞的景点在地下，只能参观现已发现的 624 公里洞窟中的其中一部分，但地面以下广阔的世界也足以让人感到惊奇。洞窟内部最宽的地方达 60 米，最高的地方达 58 米。地下 110 米处的河流里生活着全白色的虾和没有眼睛的鱼，完全不同于地上的世界。内部的平均温度全年约 12℃。如果夏季去的话，会感到有点凉，最好准备一件外套。

洞窟占公园很大一块区域，到处都有入口，但是为了保护珍贵的洞窟，不允许在洞窟内随便转悠。可参加从 Visitor Center 出发的猛犸洞旅游团。

很多人来猛犸洞国家公园只看洞窟，其实园内的绿河和周围的森林也非常美丽，而且有许多野生动物。登登山、坐坐独木舟或者在四周转转都不错。因此，一定也不要错过地面上的景色。

■旅游咨询处

● Visitor Center

为游客提供介绍洞窟地理和历史的电影、各类活动等信息，所有的旅行都从这里出发，隔壁是餐厅和咖啡厅。

先去 Visitor Center

猛犸洞国家公园　主要景点

洞穴之旅 Cave Tour
走向未知的世界

在公园管理员的带领下参观洞窟。参观线路多种多样，有 1 个多小时的参观线路，也有 6 小时的参观线路。在 Visitor Center 确认游客人数，如果人太多的话，必须提前预约。洞穴之旅有名额限制，4~10 月热门旅行线路的游客人数很快就会爆满，因此最好提前预约。

以下是可供参考的旅行信息，实际情况可能会变化，请在当地再次确认。9 月以后（尤其是平日）旅行的种类和次数明显减少，请通过网站确认。所有旅行都从 Visitor Center 前出发。

猛犸洞国家公园
Mammoth Cave National Park
☎（270）758-2180
🌐 www.nps.gov/maca/
🚫 12/25
💰 免费

园内常见的动物
常见动物有白尾鹿、浣熊、白尾灰兔、臭鼬、郊狼、狐狸等，洞窟内还有 10 多种蝙蝠。

白色斑点的小白尾鹿

Visitor Center
☎（270）758-2180
🕐 夏季 8:00~18:15
　　冬季 8:45~17:10
🚫 12/25

注意圣诞节期间的时间安排
12/25 Visitor Center 闭馆，也没有旅行团。

⬚⬚ ⬚ **SIDE TRIP** ••

雪佛兰科尔维特博物馆

位于猛犸洞国家公园和纳什维尔之间的 Bowling Green 以雪佛兰名车科尔维特的故乡而闻名。从 I-65 的 Exit 28 下来之后，会看到圆锥形黄色屋顶，那就是诞生约半世纪以来成为美国跑车代表的科尔维特的博物馆。馆内整齐地停放着昂贵的名车，礼品店的纪念品种类也很丰富。周一~周五的 8:30、11:30、12:45、14:00 参观工厂（另收费 $7、禁止携带照相机，人多的时候需要预约）。

National Corvette Museum
🏠 350 Corvette Dr.,Bowling Green
☎（270）781-7973
🌐 www.corvettemuseum.com
🕐 8:00~17:00（和猛犸洞一样，都是 CST）
🚫 复活节、11 月的第四个周四、12/24、12/25、1/1　💰 $10、6~16 岁 $5

旅行的提前预约

☎ （518）885-3639

📠 1877-444-6777

🌐 www.recreation.gov

CC A M V

注意：为了防止感染上使大量蝙蝠死去的白鼻综合征（WNS），2005 年以后禁止在美国参观过洞窟的人以及接近过蝙蝠生存地的人穿着当时的衣服、鞋子以及携带当时所带物品参观旅行。

历史之旅

💲 $12、6~12 岁 $8

🕐 8:45、9:30、12:00、15:00
周六、周日 12:45、15:45
冬季 1 天 2 次

⏱ 2 小时

📏 3.2 公里

👥 120 名

新入口之旅

💲 $12、6~12 岁 $8

🕐 9:00、11:30、13:45、
14:45、14:45、 周六、周日
9:30、 冬季 10:00、12:00、
14:00

⏱ 2 小时

📏 1.2 公里

👥 114 名

冰冻尼加拉瀑布之旅

💲 $10、6~12 岁 $8

🕐 8:45、12:00、13:00、
15:15、16:15，冬季 1 天 2 次

⏱ 1 小时 15 分钟

📏 0.4 公里

👥 36 名

格兰德大道之旅

💲 $24、6~12 岁 $18

🕐 10:00，冬季主要是周六、
周日

⏱ 4 小时 30 分钟

📏 6.4 公里

👥 78 名

桔梗市灯笼之旅

💲 $15、6~12 岁 $11

🕐 夏季 14:00

⏱ 3 小时

📏 4.8 公里

👥 38 名

野生洞穴之旅

💲 $48

🕐 9:00。除了盛夏以外，
主要是周六、周日

⏱ 6 小时

📏 8 公里

👥 14 名

● 历史之旅 Historic Tour

这是最受欢迎的旅行种类。从 Visitor Center 里面的猛犸洞唯一的自然入口 Historic Entrance 进入洞窟，参观 1812 年前后使用的硝石采掘场遗迹 Rotunda、宽阔的百老汇、土著遗迹以及洞窟顶上先人们的蜡烛灰涂鸦（现在禁止涂鸦），中途经过被称为“胖人的烦恼（Fat Man's Misery）”（对于胖人来说，这是个令人痛苦的地方）的狭窄的地方，它是因地下水的流动而形成的。

如果去地下 85 米处的厕所，就顺便去看看这次旅行的亮点——卡纳克神殿。巨大而壮观的地下圆顶令人窒息。上了 130 级台阶之后从神殿出来，就又回到了原来的入口。旅行中虽然看不到什么钟乳石，但是能大概知道洞窟到底有多大。

格兰德大道等旅行中会去的地下餐厅

● 新入口之旅 New Entrance Tour

20 世纪 20 年代建造的入口

这次旅行能看到像冰冻尼加拉瀑布似的巨大钟乳石。从 Visitor Center 乘坐巴士到入口处。下了 300 多级陡峭的台阶之后，会看到无底洞等。途中能体验到身处没有一丝光亮的环境中的感觉。旅行途中没有厕所。

● “冰冻尼加拉瀑布”之旅 Frozen Niagara Tour

省略新入口之旅的前半部分，只参观“冰冻尼加拉瀑布”。途中的台阶也不那么陡，适合小孩、老人、体力不太好或者时间紧张的人。但是坦白地说，还是有不足之处。大老远的来这里一趟，只是看看“冰冻尼加拉瀑布”就回去，实在可惜。

● 格兰德大道之旅 Grand Avenue Tour

此旅行适合能走路的人。乘坐巴士到 Carmichael Entrance，经过“克里夫兰大街”洞窟，在地下吃午饭（饮料和盒饭 $8.5）。然后穿过德纳里、大峡谷（当然都在洞窟内），一直走到“冰冻尼加拉瀑布”。如果中途再转回去的话，时间就有点紧张。参加者限 6 岁以上，途中有厕所。

● 桔梗市灯笼之旅 Violet City Lantern Tour

缅怀先人，手里拿着灯笼游览洞窟。前半部分的行程和历史之旅行程相同，接着经过主要洞穴（Main Cave），从桔梗市入口（Violet City Entrance）出来。有很多历史说明，懂英语的人能获得许多历史知识。途中没有厕所，参加者限 6 岁以上。

● 野生洞穴之旅 Wild Cave Tour

这是最冒险的旅行，适合能走路的人，需要预约。戴上头盔、头灯和护膝攀岩，爬进高 23 米的狭窄的洞穴，像支十足的探险队。必须穿易于活动并且即使破了也没关系的衣服，鞋子要穿到脚踝的登山鞋。在地下吃午餐（可购买盒饭）。最后能看到“冰冻尼加拉瀑布”。参加者必须 16 岁以上（18 岁以下必须有监护人）并且胸围和臀围在 106 厘米以下。必须携带能证明年龄的身份证件。出发前 30 分钟在售票处点名，如果没到场的话，视为放弃此次旅行。

参加旅行时的注意事项

★ 洞窟内必须走人行道，不得出界。

★ 尽量不要落后于跟在旅行队伍最后的指导员。

务必穿好胶底运动鞋

★ 里面有些地方顶部较低而且比较狭窄，请穿轻便的衣服。
★ 不能触摸钟乳石，即使看到虫子等，也不能捕捉。
★ 可以拍照，但是闪光灯不要影响别人参观。禁止携带三脚架。
★ 禁止吸烟。
★ 因为是铺成的人行道，容易滑倒，请穿防滑鞋。
★ 洞窟内人行道的台阶比较陡，建议有恐高症的人不要参加，有幽闭恐惧症的人也请慎重参加。

不能带入洞穴内的物品
- 双肩背包、单肩背包
- 腰包、小袋
- 大钱包
- 刀具、剪刀等
- 相机包、三脚架
- 婴儿床

有关住宿
　　Visitor Center 里有 Mammoth Cave Hotel$59~104 和露营场所$17。I-65 沿线有许多汽车旅馆。
☎（270）758-2225
 foreverresorts.com

COLUMN

猛犸洞穴是如何形成的？

　　关于这个问题，要追溯到 3.5 亿年前，那是时候这片区域还在海底。在那段遥远的日子里，生物的尸体残骸和贝壳等堆积在海底，产生了厚度达 150 米以上的石灰岩地层，石灰岩地层上还形成了数百米的砂岩层，这就是现在突出地表的部分，也是北美大陆最古老的地基之一。到了 7000 多万年前，这片区域的海慢慢开始退去，变成了陆地，经过隆起、反复褶皱，互相重叠的地层逐渐变复杂。

　　不仅自然力将陆地往上推，而且有一股来自陆地上的力量改造着地层。下雨时，雨水从裂缝渗入地面，柔软的地层部分被浸湿，形成了空洞。雨水变成地下水，不久就在地下开始流动。重叠无数层的复杂的猛犸洞钟乳石就是地下水流动的痕迹。直到现在地下水也一直在地下流动着，而且能看到地下水流动的样子。

　　最具代表性的、复杂的冰冻尼加拉瀑布钟乳石归功于很久以前堆积的石灰层。经过地层流出来的水里渗入了大量的钙质，钙质一点点附着到其他岩石上，岩石越变越大，这就是钟乳石。从顶部往下滴的水滴一点点凝结，变成吊灯下垂的样子，如果水滴在落下的地方凝固，慢慢就会形成耸立在地面的石柱。钟乳石以每年 1 毫米的速度生长。人们只是轻轻触碰一下，钟乳石有可能就停止生长。这是大自然为后人创造（现在仍在创造着）的艺术品。

顽强的生物、惨不忍睹的生物

　　人们常认为昏暗的洞窟内是个死亡的世界，而事实上已确定的就有 130 多种生物生活在这里。不仅有蜘蛛、蟋蟀等

在漆黑的世界里生存的洞窟小龙虾

昆虫，地下河流里还生活着 3 种鱼。这里大部分生物的身体是纯白色的，而且没有眼睛，它们是在没有光亮的世界里进化成的独特生物。

　　这些顽强的生物在进入 19 世纪后面临了一场巨大的危机，即人类（尤其是白人）的侵入。因为当时人们保护自然的意识比较薄弱，大量采掘硝石，游山玩水的游客在墙壁上乱涂乱画，从地方挖掘到洞窟的入口等，这些都破坏了洞窟中的生态。

　　这些行为对长期不接触地上世界而生存着的珍贵的动植物造成了巨大的伤害。寂静的世界里有了喧闹，漆黑的世界里出现了光亮，而人类也带来了各种各样的细菌。

　　在察觉到洞窟的宝贵性以及人类对其造成的巨大影响后，美国终于在 1941 年将这里指定为国家公园。为了保护洞窟，游客只能跟着向导进入洞窟内参观。而在地下河流进行的泛舟之旅因为严重污染水资源，也在 20 世纪 90 年代被中止。参加者必须遵守各种注意事项，旅行队伍的最后必须有一名管理员，等全部队伍通过之后，关掉电灯。游客必须爱护生活在这黑暗世界里的动植物。

　　让更多的人了解洞窟的精彩，加深对自然的理解，并且将人类的影响控制到最小，这就是美国国家公园的基本宗旨。

高达约 59 米的猛犸洞顶

林肯的故乡霍金维尔 Hodgenville, KY

猛犸洞国家公园和巴兹敦（→ p.221）之间有一个人口不足 3000 人的城市，这个典型的肯塔基田园城市就是美国最受敬仰的第 16 任总统亚伯拉罕·林肯的故乡。Lincoln Blvd. 和 Lincoln Pkwy. 纵贯这个城市，中心环岛建有林肯的巨大铜像、林肯银行和林肯博物馆，礼品店摆放了许多林肯纪念商品，这是一座十足的林肯城。可以去城市周边与林肯有关的地方或者去林肯的出生地转一转。虽然从纳什维尔到霍金维尔开车需要 2 小时，但也可以当天返回。这座城市没有公共交通工具而且景点都在郊区，所以必须租车。霍金维尔几乎没有酒店，可以在 I-65 沿线的 Elizabethtown 等地找找看。

从猛犸洞沿 I-65 北上，在 Exit 81 往 KY-84 方向行驶，之后就会看到标志，约 50 分钟能到达霍金维尔。途中有时区变化，不要忘记将表调快 1 小时。从巴兹敦沿 US-31 EAST（EAST 不表示方向而是道路的名称）往西南方向行驶，约 30 分钟就能到达霍金维尔。途中右侧有林肯少年时代的家。

林肯博物馆 Lincoln Museum

林肯博物馆在市区中心环岛对面，隔壁是旅游咨询处。馆内除了使用蜡像通过 12 个场景重现了林肯的一生以外，还展示了许多林肯肖像画以及有关南北战争的资料。

☎（270）358-3163　开 8:30~16:30、周日 12:30~
休 复活节、11 月的第四个周四、12/25、1/1
费 $3、5~12 岁 $1.50

林肯出生地国家历史遗址
Abraham Lincoln Birthplace National Historic Site

从市区的环岛沿 US-31 EAST 向南行驶 3 英里（约 4.8 公里），右侧就是林肯出生的地方。

1809 年 2 月 12 日，林肯出生在泉边的一所简陋的原木小屋内。2 年以后，林肯举家搬迁，

林肯像背后有博物馆

这个地方林肯没有记忆。但是，现在这所小木屋在大理石神殿般的建筑之中，像神庙里供奉的神体那样被精心保存着。

上台阶进入馆内，只有一间喷了漆并加固的小屋。真正让人感到神圣的东西其实是隐藏在林肯这个名字背后的东西吧？室内是泥地房间，只有 1 个入口和 1 个窗户。林肯就出生在暖炉旁铺着熊皮的床上。建筑旁至今还保留着泉。

小屋由国家公园局管理，游客中心会上映关于林肯成长历程的电影。

☎（270）358-3137
开 8:00~16:45、夏季~18:45
休 11 月的第四个周四、12/25、1/1
费 免费

林肯少年时代的家
Lincoln Boyhood Home

林肯从 2 岁到 7 岁生活的家 Knob Creek Farm 在霍金维尔和巴兹敦之间，在这个少年时代的家，林肯了解了农场的生活和奴隶们辛苦劳动的样子，也去了学校和教堂。虽然有小屋和博物馆，但是小屋是 1931 年改建的，现在作为"林肯出生地国家历史遗址"由国家公园局管理。

开 8:00~16:30（冬季只有周六、周日开放）
休 11 月的第四个周四、12/25、1/1
费 免费

林肯出生的地方真像个神殿

小屋在国道旁，经过的时候留意一下

肯塔基州

巴兹敦 *Bardstown*

从路易斯维尔南行约1小时，就能到达被森林包围着的小城巴兹敦。巴兹敦以肯塔基州的州歌《我的肯塔基故乡》（*My Old Kentucky Home, Good Night*）的诞生地而知名。作曲家斯蒂芬·福斯特被这座城市朴素的美所打动而创作出的这首曲子，至今还为很多人所喜爱。很多人不知道福斯特这个人，但是一提起肯塔基炸鸡（在中国名肯德基炸鸡）的曲子，应该都知道。

诞生于1770年的巴兹敦是肯塔基州第二个古老的城市。城市里到处是古老的住宅和教堂，充满了复古氛围。市区内的景点不需要乘坐交通工具，游览非常方便。而郊区有一大片肯塔基风格的牧歌风景。可以去著名的波旁威士忌酒厂转转，或者开车兜风。

人口	约1万人
消费税	6%
酒店税	10.24%
时区	中部时区

前往方法 Access

租车

巴兹敦比较小，景点比较分散，因而车是必不可少的，建议最好在路易斯维尔等地租车。

从路易斯维尔沿US-EAST（EAST不表示方向而是道路名）南行40英里（约64公里），约40分钟可到达巴兹敦。从列克星敦沿Blue Grass Pkwy西行约60英里（约97公里），约1小时可到达巴兹敦。

AAA
🏠 2914 Ring Rd. Elizabethtown
☎ （270）765-4109
🕐 9:00～17:30
🚫 周六、周日、节假日
24 小时道路救援
📠 1800-222-4357

在波旁威士忌酿造厂周边转转也很有趣

旅游咨询处
Bardstown-Nelson
Country Visitor Center
Map p.222

⌂ 1 Court Sq.
☎ （502）348-4877
🖷 1800-638-4877
🖳 www.bardstowntourism.
com
🕐 8:00~17:00（夏季~18:00），
周六 9:00~、周日 11:00~15:30
🚫 10月～次年5月的周日
💰 免费

巴兹敦 漫 步

　　市区中心是砖红色原法院所在的环岛——法院广场，现在已经变成旅游咨询处。

　　商店街是环岛向北延伸的 Third Street。主要酒店以及汽车旅馆和餐厅分布在从环岛向东西方向延伸的 Stephen Foster Ave. 沿线。

巴兹敦 主要景点

斯伯丁大厅 Spalding Hall　　　　Map p.222
了解巴兹敦和波旁王朝的历史

距离旅游咨询处 3 个街区

　　圣约瑟夫大教堂里侧的砖造建筑，里面有巴兹敦历史博物馆 Bardstown Historical Museum 和巴兹敦式威士忌历史博物馆 Museum of Whiskey History。

　　历史博物馆内从土著的服装开始，展示了南北战争后至 20 世纪人们的生活变迁。

　　威士忌博物馆里摆放了许多独特的藏品，例如林肯为自己的餐厅办理的酒精饮料许可证、禁酒令时代合法的药用威士忌瓶、促销商品等。

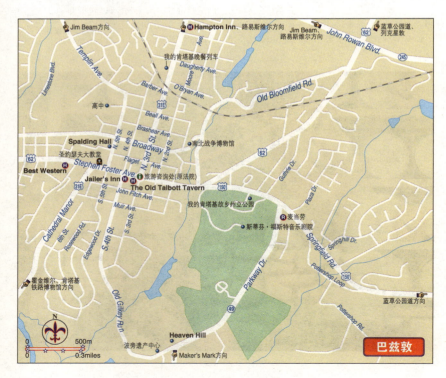

斯伯丁大厅
🏠 114 N.5th St.
☎（502）348-2999
🕐 10:00~17:00（11 月~次年 4 月~16:00），周六~16:00，周日 12:00~16:00
休 10 月~次年 4 月的周一、11 月的第四个周四、12/25、1/1

我的肯塔基故乡州立公园
My Old Kentucky Home State Park
肯塔基州歌诞生的地方

　　这栋位于巴兹敦郊区并建在被树林包围的山丘上的宅邸就是福斯特创作肯塔基州歌《我的肯塔基故乡》（*My Old Kentucky Home, Good Night*）的地方。法官约翰·罗文（John Rowan）一家三代人曾住在这栋建于 1818 年的住宅里。他是福斯特父亲的堂兄弟，福斯特来过许多次。1852 年，福斯特 16 岁时来到这里自己作词、作曲，创作了《我的肯塔基故乡》（*My Old Kentucky Home, Good Night*）。

　　现在这里已经变成了州立公园，如果参加旅游团的话，将会有身穿南部礼服的南部美女导游为游客讲解。

我的肯塔基故乡州立公园
🏠 501 E.Stephen Foster Ave.
☎（502）348-3502
🖥 www.parks.ky.gov
🕐 9:00~16:45
休 1~2 月的周一~周二，11 月的第四个周四、圣诞周、12/31、1/1
费 $5.50、6~12 岁 $3.50
交 从市区沿 Foster Ave. 东行约 5 分钟即可到达。

斯蒂芬·福斯特音乐剧院
Stephen Foster the Musical
用音乐剧诠释福斯特的人生

　　夏季位于州立公园一角的野外剧场会上演诠释福斯特半生的音乐剧。就连不知道福斯特的人，都会来看。音乐剧持续了 54 年，为了看它，来巴兹敦旅游的人也变多了。舞台的背后是一大片茂密的森林，初夏时，还会有萤火虫在飞舞。请注意，有时可能上演其他音乐剧。

如果夏天来巴兹敦的话，一定不要错过音乐剧!

斯蒂芬·福斯特音乐剧院
☎（502）348-5971
📠 1800-626-1563
🖥 www.stephenfoster.com
🕐 6/9~7/4 和 8/7~8/11 周二~周日 20:30，7/6~8/5 周二、周三、周五 20:30，6/16~8/4 周六 14:00，以上安排可能变动，请事先确认。
注意：日场演出和雨天时的公演在市区的高中举行。
费 $18、6~12 岁 $10
交 在我的肯塔基故乡州立公园前的信号处右转。

南北战争博物馆 Civil War Museum
感受不同的南北战争

　　有关南北战争的博物馆各地都有，而这里是美国第四大南北战争博物馆。提起南北战争，立刻就会想到佐治亚州和北卡罗来纳州，在这里可以了解站在微妙的立场上的肯塔基的南北战争。博物馆内还有当时女性生活的展示角。周边是重现开拓时代巴兹敦的乡村，还有土著住宅和磨坊。

南北战争博物馆
🏠 310 E.Broadway
☎（502）349-0291
🖥 www.civil-war-museum.org
🕐 3~12 月中旬 10:00~17:00
休 12 月下旬~次年 2 月下旬
费 $6、7~12 岁 $2。含乡村等地 $10，7~12 岁 $4

美国人心中的旋律（斯蒂芬·柯林斯·福斯特）

充满爱的"梦中人"

美国的每个州都有不同的州歌，只有福斯特的作品被两个州用作州歌。一个是肯塔基州的《我的肯塔基故乡》（My Old Kentucky Home），另一个是佛罗里达州的《斯瓦尼河》（Old Folks at Home）。他短暂的人生中留下的许多作品至今为许多人所喜爱。从电视的背景音乐到电话铃声，到处能听到他的作品。

1826年，斯蒂芬·柯林斯·福斯特（Stephen C. Foster）在匹兹堡出生。从很早以前，被大家认为有音乐才能的他就一直从事着音乐活动，而他也作为《哦！苏珊娜》（Oh! Susanna）的作曲者出道。他初期的绝大部分作品是为白人吟游艺人扮成黑人的音乐剧而创作的。后来，歌颂南部农场生活的作品慢慢开始受欢迎，不久，年轻的福斯特在美国声名大噪。

24岁时，他不顾周围人的反对，与19岁的富家女简结婚。她是一位活泼开朗的女孩，比任何人都看好福斯特的才华。她是"金发珍妮"的原型，就像歌曲的名字一样，她有着浅棕色的头发，这首曲子在翻译时，将"浅棕色"译成了"金色"。

结婚2年后，夫妻二人去拜访住在巴兹敦的堂兄弟，在那里他创作了《我的肯塔基故乡》（My Old Kentucky Home）。

很多人支持福斯特的音乐是因为它是美国人自己的音乐。当时美国还没有爵士乐，尤其是在东部，人们接触的音乐大都来自欧洲。而福斯特的音乐描写了美国人的日常生活而且旋律丝毫没

有受到欧洲音乐的影响，是一种新颖的音乐。

它的旋律简单、容易理解，温暖人心。既有《康城赛马》（De Camptown Races）这种耳熟能详的作品，也有接近赞美歌的作品，歌词之中都充满了对恋人、友人、大自然和爱犬的爱。而像世界名曲《老黑奴》等，以一起长大的黑人奴隶为原型的作品也很多。

虽然成名之后福斯特的确过了一段真正的幸福生活，但是《著作权法》并没有给创作者带来好处，福斯特只能得到微薄的收入。他的一生绝大部分都在与贫困抗争。不久他就与爱妻分居，但此后福斯特还继续为珍妮创作歌曲。

1861年，南北战争爆发，福斯特所处的环境越来越严峻，美国最有名的作曲家从此变得穷困潦倒。在他生命的后期，福斯特独自住在纽约贫民街包厘街地区，1864年因肺炎无钱医治而死亡，当时他只有37岁。

3个月之后，他的遗作被出版。200多个作品中最美的当数《美丽的梦想家》（Beautiful Dreamer）。

创作出世界名曲的键盘不是用象牙而是用贝壳制作而成的

我的肯塔基晚餐列车
My Old Kentucky Dinner Train

Map p.222

享受牧歌式风景和晚餐

运营日期不确定，请事先确认

一边从列车车窗眺望肯塔基广袤的田园风景，一边享用套餐美食。穿过森林、越过牧场、渡过河流、驶向玉米地，看到的悠闲风景与以时速约 30 公里行驶的 20 世纪 40 年代的列车的晃荡感觉非常搭，约 2 小时。必须提前 1 天预约，未满 5 岁不可参加。

我的肯塔基晚餐列车
- 602 N.3rd St.
- ☎（502）348-7300
- 📠 1866-801-3463
- 🌐 www.kydinnertrain.com
- 🕐 午餐 12:00、晚餐 17:00，主要在周六运营，平日有时也运营。详细情况通过网站确认。
- 💰 午餐 $59.95（5~12 岁 $34.95）、晚餐 $74.95（5~12 岁 $44.95）
- C/C Ⓜ Ⓥ

肯塔基铁道博物馆
Kentucky Railway Museum

Map p.222 地图外

如果您是 SL 迷，就来这里

从市区开车约 15 分钟即可到达，博物馆位于往霍金维尔方向去的途中一座叫作 New Haven 的城市，它重现了昔日的火车站。馆内展示了 9 辆机车，夏季允许游客驾驶。周末运营的 SL 特别受欢迎。在 SL 旅行过程中，能从车窗看到美丽的蓝草，往返 1 小时 30 分钟，即使不是铁路迷，也会觉得是一种享受。

肯塔基铁道博物馆
- 136 S.Main St.,New Haven
- ☎（502）549-5470
- 📠 1800-272-0152
- 🌐 www.kyrail.org
- 🕐 10:00~16:00
- 周日 10:00~16:30
- 休 1~3 月的周日、周一、周四，主要节日，5 月的第一个周六、周日，12/20~1/3
- 6 月中旬~8 月上旬的周二和周五 13:00、周六 11:00&14:00、周日 14:00。冬季只有周六和周日 14:00。其他时间表请通过网站确认。1 月和 2 月停运。
- 💰 $17（2~12 岁 $12），博物馆 $5（$2）

酒　店
Hotel

巴兹敦内外有数十家汽车旅馆和 B&B，而 Stephen Foster Ave. 最多。

Jailer's Inn

Map p.222

◆**体会囚犯心情的 B&B**

　　酒店位于从 Court Square 向西 1 个街区处。这家 B&B 是由 1819 年建造的建筑改装而成的，铁格子窗户、厚厚的墙壁，这种独特的体验是其他酒店所没有的。含早餐 ⓈⒹ $100~155。

- 住 111 W.S.Foster Ave., Bardstown, KY 40004　☎（502）348-5551
- Free 1800-948-5551
- 🌐 www.jailersinn.com
- C/C Ⓐ Ⓜ Ⓥ

Hampton Inn

Map p.222 地图外

◆**就餐很方便**

　　从市区沿 3rd St. 向北行驶，在 John Roman Blvd.（KY-245）左转，2~3 分钟之后在加油站左转，左侧就是 Hampton Inn。

位于市区北端

含早餐 $88~169，Wi-Fi 免费。周边有许多快餐店和家庭餐厅，就餐非常方便。

- 住 985 Chambers Blvd., Bardstown, KY 40004
- ☎（502）349-0100
- Free 1800-560-7809
- FAX（502）349-1191
- 🌐 www.hamptoninn.com
- C/C Ⓐ Ⓓ Ⓙ Ⓜ Ⓥ

The Old Talbott Tavern

Map p.222

◆ Court Square 有名的旅店，200 年前这里还是生意兴隆的酒吧兼旅店，而现在已经变成一家有名的经济实惠的餐厅，不过楼上 5 个房间是 B&B。Ⓢ$59~69，ⒹⓉ$68~109。

推荐的餐厅

- 住 107 W.S.Foster Ave., Bardstown. KY 4000
- ☎（502）348-3494
- Free 1800-482-8376
- 🌐 www.talbotts.com
- C/C Ⓐ Ⓜ Ⓥ

在肯塔基波旁威士忌酿造厂周边逛一逛

说起肯塔基，就不能不提起炸鸡、赛马以及合众国独立时产生的波旁威士忌。以玉米为主要原料的波旁威士忌制造地在源源不断地出现被石灰质土壤过滤过的水源的巴兹敦周边。在飘出白橡树桶和酿成的波旁威士忌香气的酿造厂有工厂参观旅行（除了1个地方，其他全免费）和免费品尝威士忌（禁止司机参加）等，欢迎游客前来参加。参加者年龄必须在21岁以上，复活节、11月的第四个周四、12/25~1/1大都歇业，请事先确认。

游览酿造厂的行车路线被命名为Bourbon Trail。第一次来酿造厂要领取通行证，如果在下述6个地方收集邮票，就能得到纪念T恤（1个月之后送到家）。

以前虽然《肯塔基法》禁止周日提供和出售酒精，但有的郡更改了此规定，下面的酿造厂所属的郡都废弃了酒精限制规定。

Heaven Hill（Bourbon Heritage Center）

位于巴兹敦郊区，在酿造厂隔壁的遗产中心能看到有关波旁威士忌酿造的展示。桶形的品酒间和礼品店也非常好。

如果只参观1个地方的话，那么建议您来这里

Map p.222　1311 Gilkey Run Rd.
（502）337-1000　www.heavenhill.com
10:00~17:00，周日12:00~16:00
1~2月的周日，主要节日
在我的肯塔基家乡州立公园前沿KY-49右转，2分钟后即可到达。

Jim Beam

没有工厂旅行，只能自由参观制造过程的展示。
Map p.222 地图外
526 Happy Hollow Rd., Clermont
（502）543-9877　www.jimbeam.com
9:30~15:30，周日12:30~
复活节、11月的第四个周四、12/24、12/25、1/1
沿着向城市北边延伸的KY-245向西行驶，从巴兹敦和路易维尔来这里都约需20分钟。

Maker's Mark

成为商标的红色封蜡是手工制作而成，旅行的最后会让游客亲自体验。
Map p.222 地图外

有的酿造厂也同时设立博物馆展示

3350 Burks Springs Rd., Loretto
（270）865-2099　www.makersmark.com
每个整点的30分出发：10:30~15:30、周日13:30~　1~2月的周日、11月的第四个周四、12/24、12/25、1/1　从KY-49往南，在Loretto往东，距离巴兹敦约30分钟的路程。

Four Roses

1224 Bonds Mill Rd., Lawrenceburg
（502）839-3436　www.fourroses.us
每个整点出发：周一~周六9:00~15:00、周日12:00~　7/4、11月的第四个周四、12/24、12/25、12/31、1/1　沿Blue Grass Pkwy.向列克星敦方向行驶约40分钟，从Exit 59出来之后沿US-127向北行驶，不久之后沿KY-513左转，行驶1英里（约1.6公里）即可到达。

Wild Turkey

1525 Tyrone Rd., Lawrenceburg
（502）839-4544　www.wildturkey.com
9:00、10:30、12:30、14:30，周日13:00、14:00、15:00　1~2月的周日、11月的第四个周四、12/25　从Four Roses回到US-127后左转，约5英里（8公里）后向KY-44右转，沿US-62向郊区行驶，沿地方道路1510右转。

Woodford Reserve

创立于1797年，是肯塔基最古老的酿造厂，被指定为德比比赛的正式波旁威士忌酿造厂。
7855 McCracken Pike,Versailles
（859）879-1812　www.woodfordreserve.com
10:00、11:00、13:00、14:00、15:00，周日下午
$5　周一、1~3月的周日、节假日
从Wild Turkey回到US-62向东行驶约4英里（6.4公里），向Steel Rd.（地方道路1685）右转，在约3英里（4.8公里）处向McCracken Pike（1659）左转后行驶2英里（3.2公里）即可到达。

列克星敦 *Lexington*

列克星敦是肯塔基州第二大城市，周边有大小不一450多个牧场，每挪动一步，放眼望去，都能看到一望无垠的蓝草（Bluegress）形成的绿色绒毯。周边是良种马的一大产地，在全美举办的马术比赛中，1/3的获胜者产于列克星敦。

1775年一批开拓者在此地扎营并且以打响美国独立战争第一枪的波士顿郊区的古战场列克星敦命名。目前，列克星敦的高新技术企业等共有300多家，长期居住在列克星敦的外国人约1200人，商业小城之名当之无愧。保持传统的同时不断接受新鲜事物的列克星敦正是当今的肯塔基州的象征。

人口	约29万人
消费税	6%
酒店税	13.42%
时区	中部时区

前往方法 Access

飞机

从市区驾车向西行驶10多分钟即可到达。周边是一片牧草地，如果乘坐飞机的话，能真实地感受蓝草乡村。达美航空公司航班每天有9个航班从亚特兰大直飞列克星敦（需1小时15分钟），有1个航班从纽约直飞列克星敦（需2小时16分钟）。美国联合航空公司每天有4个航班从芝加哥直飞列克星敦等（需1小时15分钟）。租车或者乘坐出租车去

列克星敦蓝草机场
Lexington Blue Grass Airport（LEX）
Map p.228 B1
🏠 4000 Terminal Dr.
☎ （859）425-3100
🌐 www.bluegrassairport.com

出租车
Wildcat Taxi
☎ （859）225-2227

位于郊区的肯塔基马场是人气最旺的景点

建议对赛马不太感兴趣的人去
科尼赛马场

参加巴士旅行的话，一定要去赛马牧场转一转

灰狗巴士
Greyhound
Map p.228 A2
 477W.New Circle Rd.
☎（859）299-0428
开 7:45～16:00、21:30～22:30
休 节日的 10:00～12:00

市区需 10 分钟左右，约需 $15。平日 6:53～18:33 市区电车沿 #21 行驶，需 $1，1 小时 1 班。

长途巴士

　　巴士车站位于市区东北方向 3 公里处，在环绕列克星敦的 KY-4（州道 4 号线）沿线。从路易斯维尔到列克星敦每天 2 班（需 1 小时 40 分钟），从亚特兰大到列克星敦每天 3 班（约需 9 小时）。从巴士车站对面的大型购物中心开往市区的市区巴士 4 路每 30 分钟一班车（周日 1 小时一班）。费用是 $1。

✉ 1930 年开业的 KFC
的 1 号店
Colonel Harland Sanders
Cafe & Museum

　　KFC 美国唯一的博物馆位于肯塔基州的 Corbin，看了馆内当时的厨师和年轻时的哈兰·山德士的照片，能更深刻地了解 KFC 的历史。不需要特意去参观，有机会的话顺便去就好了。

☎（606）528-2163
🕐 10:00～22:00
休 12/25
🚗 从列克星敦沿 I-75 向南行驶 80 英里（128.7 公里）。从 Exit 29 沿 US-25E 向南行驶 1.6 英里（约 2.6 公里），沿 US-25W 右转，行驶 1 英里（约 1.6 公里）后，右侧就是博物馆。

没有车的人也要步行到纯种马公园看一看

租车

从路易斯维尔沿 I-46 向东行驶 79 英里（约 126 公里），约 1 小时 15 分钟可到达列克星敦。如果从巴兹敦沿 Bluegrass Pkwy. 向东行驶 60 英里（约 97 公里），不到 1 小时就能到达列克星敦。

列克星敦 漫 步

城市中西北、东南走向的 **Main St.** 和东北、西南走向的 **Broadway** 的交叉口就是市中心，大型购物中心、市民中心、舞台等都集中在这里。列克星敦是著名的文教城市，市区有两所南部著名的大学 University of Kentucky 和 Transylvania University。

但是城市最耀眼的景点在郊区，在美丽的蓝草草原上能看到英姿飒爽的骏马。如果没有车的话，最好乘坐旅游巴士。

■旅游咨询处■

● **Visitor Information Center**

位于市区东端，如果有马场旅游地图的话，会非常方便，千万别忘记出门前带上一份。这里也能了解酒店的空房状况。

■市区交通工具■

线路巴士 LEXTRAN

市区的主要交通工具有巴士、无轨电车等，共 26 条线路，市区的运输中心是所有巴士的始发站和终点站，非常方便。费用是 $1，换乘免费，可在运输中心领取一份交通线路图。

■旅行指南■

蓝草旅行／马场旅行

4~10 月两家旅行社的巴士旅行安排基本相同，主要就是一些市区的景点、纯种马公园、科尼赛马场以及郊区的赛马牧场，有酒店接送服务，约 3 小时，需要预约。

AAA
🏠 3008 Atkinson Ave.
☎ （859）233-1111
🕐 周一 ~ 周五 9:00~18:00
　　周六 ~14:00
🚫 周日、节假日
24 小时道路救援
📠 1800-222-4357

旅游咨询处
Visitor Information Center
Map p.228 B2
🏠 301 E.Vine St.
☎ （859）233-1221
📠 1800-845-3959
🌐 www.visitlex.com
🕐 周一 ~ 周五 8:30~17:00
🚫 周六、周日、节假日

Transit Center
🏠 200 Vine St.
☎ （859）253-4636
🌐 www.lextran.com

Blue Grass Tours
☎ （859）252-5744
📠 1800-755-6956
🌐 www.bluegrasstours.com
🚌 4~10 月的周一 ~ 周六
9:00 & 13:30、周日 13:30
💲 $35、12 岁以下 $25

Horse Farm Tours
☎ （859）268-2906
📠 1800-976-1034
🌐 www.horsefarmtours.com
🚌 8:30、13:00
💲 $36、12 岁以下 $25

市区

林肯夫人的家 Mary Todd Lincoln House

`Map p.228 B2`

第一夫人在这里长大

玛丽没有从林肯被暗杀的打击中恢复过来，晚年一直与精神病抗争

美国第16任总统亚伯拉罕·林肯的妻子玛丽的家位于市区正中央的列克星敦中心西侧，她的学生时代就是在这里度过的。这栋砖造宅邸建于1803年，夫人是在14岁时搬到这里的。虽然有人说她脾气暴躁、嫉妒心强、浮华，但是出身肯塔基名门托德家族的她在列克星敦受过高等教育并经常出入社交圈，后来与林肯相识。

1977年这栋宅邸重新装修过，玛丽的晚年就是在装修过的房子里度过的。从豪华的装饰当中能看出她的富有。如果参加45分钟的有导游的旅行，可以到宅邸内参观。

纯种马公园 Thoroughbred Park

`Map p.228 B2`

奔驰的纯种马青铜像非常逼真！

纯种马公园是位于市区东部的一个市民休闲场所，园内的5个区域都有以"比赛"为主题的纪念碑，尤其是East Main St. 和 Midland Ave. 交界处的"The Track"，一定不要错过。从7匹纯种马冲出球门线瞬间的实物大小的青铜像能看出它们的赛跑不分胜负，真是一件充满跃动感的作品！

整个城市到处能看到马

郊区

马场驾车旅行 Horse Farm Driving Tour

一边看马一边兜风

一定要租车体验一下在马场驰骋的感觉。在列克星敦周边的450个牧场上驰骋，春夏能看到一望无垠绿色的蓝草，秋天能看到红色和黄色的红叶。如果抓紧时间的话，半天就能玩遍，但还是要停下车来看看英姿飒爽的纯种马，所以还是需要整整一天的时间。

来往车辆比较少，可以无拘无束、逍遥自在地驾驶！

肯塔基马公园 Kentucky Horse Park

能了解人与马的关系

Map p.228 A2

左／博物馆里有很多值得看的展示
右／摆满了德比优胜奖杯

肯塔基马公园
4089 Iron Works Pkwy.
（859）233-4303
1800-678-8813
www.kyhorsepark.com
9:00~17:00
11月～次年3月的周一、周二，11月的第四个周四及其前一天，12/24、12/25、12/31、1/1
春～秋 $16（7~12岁 $8）冬季 $10（7~12岁 $5）
从 Main St. 向西行驶，沿 Newtown Pike 右转，经过 I-64 沿 Iron Works Pike 左转，公园就在 I-75 的 Exit 120 前，约需 20 分钟。

因为公园很大，最好带一份地图

肯塔基马公园是驾车旅行途中位于 I-75 的 Exit 120 附近最大的景点。在这偌大的区域内，以多角度介绍人类和马的关系的马博物馆（International Museum of the Horse）为中心，有展示马具藏品的画廊、屋内和野外舞台、饲养了40多种马的马厩和马场、赛马场、餐厅、露营场所等，可徒步或者乘坐马车游览公园。

信息中心每隔30分钟会上映一部约15分钟的电影。沿着博物馆螺旋式斜坡，有许多不同主题的展示。不仅从生物学角度分析马，还详细地说明了马作为交通工具、劳动力、战斗力所起到的作用。

园内每天都有马队游行等各种各样的活动，千万不要错过。

科尼赛马场 Keeneland Race Couse

在有来历的赛马场享受比赛

Map p.228 B1

这是一个被指定为美国国家历史古迹的有渊源的赛马场，周边美丽的绿色中是一片片的牧场。科尼赛马场是福斯特的《康城赛马》的世界。即使眺望没有奔驰只是疾走的纯种马，也是一种享受。在4~10月没有比赛的日子里，也能在赛场旁边眺望驯马的情景。

如果正好在比赛日来这里游览，就一定不要错过围场

科尼赛马场
4201 Versailles Rd.
（859）254-3412
1800-456-3412
www.keeneland.com
比赛一般会在4月和10月的周二～周日举行，第一场比赛从 13:05 开始
门票 $5，指定席位平日 $8、周六和周日 $10
沿机场方向的 US-60 向西行驶约10分钟即可到达。

亚什兰 Ashland-The Henry Clay Estate

了解列克星敦著名政治家的生活

Map p.228 B2

亚什兰是亨利·克莱的宅邸，里面有个美丽的庭园。亨利·克莱担任了15年的联邦参议院议员，在亚当斯担任总统时成为国务卿，也3次成为总统候选人。在南北战争前，他制止了好几次南北冲突，至今他的政治手腕还受到很高的评价。宅邸内展示了他的子孙们所收集到的他的个人物品，而所重现的亨利·克莱当时的生活氛围也与意大利风格的内部装修相辅相成。

亚什兰
120 Sycamore Rd.
（859）266-8581
www.henryclay.org
10:00~16:00、周日 13:00~。旅行整点出发，约1小时。最晚的旅行 16:00 出发
周一、节假日。1月和2月全部休馆
$9、6~18岁 $3
沿 Richmond Rd. 向东南方向行驶约5分钟，右侧就是宅邸的招牌。

阿巴拉契亚地区

列克星敦 主要景点

在科尼赛马场，第一场比赛前齐唱美国国歌

亚什兰位于寂静的住宅街

酒 店
Hotel

这里经常召开会议，市区的酒店很少有空房，如果没车的话，最好提前预订。汽车旅馆主要集中在 I-75/64 的 Exit 110、115。

Gratz Park Inn

Map p.228 B2

◆位于市区，非常便利

　　酒店建于 1906 年，内部是 19 世纪装饰风格，非常时尚。市区的景点都可以徒步游览。⑤Ⓓ $179~309，共 44 个房间，免费停车。

住 120 W.2nd St., Lexington, KY 40507
☎（859）231-1777　📠 1800-752-4166
FAX（859）233-7593　CC ⒶⓂⓋ
URL www.gratzparkinn.com

Lyndon House B&B

Map p.228 B2

◆雅致的 B&B

　　这座建于 1888 年的维多利亚式建筑位于市区北郊，2002 年进行了重新装修后，现在环境非常幽雅舒适。含足量早餐和下午茶的⑤Ⓓ $169~279，举办德比赛马比赛等活动时另收费。共 5 个房间，Wi-Fi 免费。

住 507 N.Broadway,Lexington,KY 40508
☎（859）420-2683
CC ⒶⓂⓋ
URL www.lyndonhouse.com

Four Points Sheraton

Map p.228 A2

◆位于 I-75 出口处，非常方便

　　酒店位于 I-75/64 的 Exit 115 前，除了酒店内有餐厅以外，周边还有快餐店等。ⒹⓉ $80~129，Wi-Fi 免费，提供机场接送服务，全馆禁烟。

住 1938 Stanton Way, Lexington, KY 40511　☎（859）259-1311
📠 1800-368-7764　FAX（859）233-3658
CC ⒶⒹⒿⓂⓋ
URL www.fourpoints.com

有机场接送服务，建议没车的游客选择这家酒店

 其他酒店

Hilton Lexington Suites	Map p.228 B1　住 245 Lexington Green Circle, Lexington, KY 40503 ☎（859）271-4000　📠 1800-445-8667　FAX（859）273-2975 URL www.hilton.com　⑤ⒹⓉ $98~239　CC ⒶⒹⒿⓂⓋ　图 US-27 和 KY-4 交接处。
Red Roof Inn Lexington	Map p.228 A2　住 1980 Haggard Court, Lexington. KY 40504　☎（859）293-2626 📠 1800-733-7663　URL www.redroof.com　图 ⑤Ⓣ $55~75　CC ⒶⒹⓂⓋ 图 沿 Broadway 北上，在 I-75/64 的 Exit 113 前。Wi-Fi 免费。
Motel 6 Lexington East	Map p.228 B2　住 2260 Elkhorn Rd., Lexington, KY 40505　☎（859）293-1431 📠 1800-466-8356　FAX（859）293-8349　URL www.motel6.com 图 ⑤Ⓓ $38~64　CC ⒶⒹⓂⓋ　图 从市区向东行驶，在 I-75 的 Exit 110 前。

肯塔基州

路易斯维尔

Louisville

　　路易斯维尔是密西西比河支流俄亥俄河沿岸最大的城市。市区中心高楼林立，离"宁静的肯塔基"非常遥远。出生在路易斯维尔的名人有很多，包括穆罕默德·阿里、爱迪生、汤姆·克鲁斯以及肯德基的创始人哈兰·山德士等。1778 年 120 名士兵构筑的殖民地是城市的开始，并以当时的法国国王路易十四命名。进入 19 世纪后，随着西部的开发，俄亥俄河成为为开拓者补给物资的水路，与此同时，路易斯维尔也在不断发展着。现在路易斯维尔之所以那么有名，是因为它是最高级别的赛马比赛——肯塔基德比的举办地。每年 5 月的第一个星期六，很多来自世界各地的人为了观看这次比赛而来到路易斯维尔。

◎ 前往方法 Access

飞机

　　机场在市区南部约 8 公里处，如果开车的话，15 分钟就能到达。达美航空每天有 8 个航班从亚特兰大到路易斯维尔（约需 1 小时 30 分钟），联合航空每天有 5 个航班从芝加哥到路易斯维尔（约需 1 小时 20 分钟），

人口	约 59.73 万人
消费税	6%
酒店税	15.01%
时区	中部时区

路易斯维尔国际机场
Louisville International
Airport（SDF）
☎（502）367-4636
🖥 www.flylouisville.com

旅游咨询处
Visitor Center
☎（502）368-6524
🎫 周二、周三　8:00~20:00
　　周一、周四、周五
　　　　　　　8:00~24:00
　　周六、节假日
　　　　　　　12:00~20:00
　　周日　　　12:00~24:00

这是位于市区中心的肯塔基中心，音乐会和音乐剧等都在这里举行

有 10 多家航空公司的国内航班从全美各个城市起降。机场内的旅游咨询中心会提供酒店介绍等服务。

从机场到市内

●机场专线车
乘坐 Executive 公司的机场专线车到市区约 15 分钟，Executive 公司还有到列克星敦机场的巴士。

●线路巴士
乘坐 TARC 市区巴士 2 路的话，约 30 分钟可到达机场。运营时间为 5:31~23:21，几乎每隔 1 小时（周末每隔 90 分钟）才有一班车。

●出租车
从机场到市区的费用是固定的，4 人 $17，约需 15 分钟。

长途巴士

位于 Muhammad Ali Blvd. 和 7th St. 交接处的巴士车站是灰狗巴士的始发站和终点站，距离市区中心的长廊 Galleria 有 4 个街区，步行 6~7 分钟就能到达巴士车站。

每天 5 班车从辛辛那提到路易斯维尔（需 1 小时 45 分钟），每天 9 班车从纳什维尔到路易斯维尔（约需 3 小时），有到达各州主要城市的巴士，班次比较多。

租车

路易斯维尔位于中西部的中心位置，即东部（弗吉尼亚方向）的 I-64 和南部（田纳西方向）的 I-65 的交叉点。市区周边是环状公路，开车很方便。从辛辛那提到路易斯维尔约需 2 小时，从纳什维尔到路易斯维尔约需 3 小时。

路易斯维尔　漫　步

市区中心是 4th St. 沿线的大型购物中心 Fourth Street Live！。主要

Executive
☎ (502) 897-2835
🌐 www.louisvilletransport.com
🚌 单程 $18、2 人 $20

TARC
☎ (502) 585-1234
🚌 $1.50

出租车
Yellow Cab
☎ (502) 636-5511

灰狗巴士
Greyhound
Map p.234 B1
🏠 720 W.Muhammad Ali Blvd.
☎ (502) 561-2805
🕐 12:30~19:30、22:30~次日 10:00

AAA
🏠 445 E.Market St.
☎ (502) 581-0665
🕐 8:30~17:00
🛑 周六、周日、节假日
24 小时道路救援
☎ 1800-222-4357

路易斯维尔有名的 Hot Brown
肯塔基很受欢迎的 Hot Brown 产生于路易斯维尔的酒店，是在浓浓的奶酪酱里放入西红柿、火鸡、火腿、土司，然后再加奶酪和腊肉烤制而成，一定要尝一尝。

Reader's Voice
当地人对我说："如果想吃 Hot Brown，就一定要去 Lynn's Paradise Cafe。虽然外观比较华丽，但一家人在一起品尝美食，气氛会更好。无论 $12 的 Paradise Hot Brown，还是 $14 的 Jambalaya Pasta 味道都很好。
🏠 984 Barret Ave.
☎ (502) 583-3447
🕐 7:00~22:00、周六、周日 8:00~ 从市区南部沿 Broadway 向东行驶，穿过铁路，沿 Barret Ave. 右转后再行驶 6 个街区即可到达。

味道香浓，量也很足

路易斯维尔市区
⋯⋯ Main Street Trolley
⋯⋯ 4th Street Trolley
俄亥俄河　Ohio River
印第安纳波利斯方向
列克星敦、辛辛那提方向
#5A
Bell of Louisville
#4
Galt House
#5B
糖罕默德·阿里博物馆
KFC Yum! Center（舞台）
托马斯·爱迪生之家
#137
路易斯新维尔、强兰旱博物馆
Courtyard Downtown
Main St.
Washington St.
21c Museum
Market St.
AAA
路易斯维尔科学馆
旅游咨询处
Hampton Inn
Jefferson St.
Liberty St.
Fourth Street Live!
Econo Lodge
Hyatt Regency
The Seelbach Hilton Louisville
巴士站
#136B
Muhammad Ali Blvd.
Chestnut St.
Broadway
#150
联合车站
邮局
丘吉尔赛马场、斯皮德艺术博物馆方向
0.3miles
500m

景点集中在 Fourth Street Live！和河之间，所以可以走着去。如果走累了的话，可乘坐无轨电车。因为郊区的景点比较分散，最好利用市区巴士，不过租车会更方便。

■旅游咨询处■

● Visitor Information Center

位于市区中央 Fourth Street Live！北侧。这里有很多关于市内外的资料，也可以在这里预约酒店。如果去郊区的酒店，最好带份巴士交通图。里面有一个介绍路易斯维尔历史和肯塔基名品的小型博物馆，在哈兰·山德士 &KFC 角落展示了熟悉的白色工作服。

■市区交通工具■

线路巴士 TARC（Transit Authority of River City）

TARC 有区域费用制度，市区周边最低费用只有 $1.50，旅游咨询处等处提供各条线路的线路图和时间表。

无轨电车

● Main Street Trolley

TARC 无轨电车，费用 50 ¢，绕 Main Street、10th St.、Market St.、Waterfront Park 一圈，市区的景点基本上都能到。周日停运。

● 4th Street Trolley

TARC 无轨电车，费用 50 ¢。4th Street Trolley 在南北走向的道路上行驶，从河边的码头到市区南部的中心公园，主要往返于 4th St.。

旅游咨询处
Visitor Information Center
Map p.234 B1
🏢 301 S.4th St.
☎ （502）584-2121
🌐 www.gotolouisville.com
🕐 10:00~18:00（11 月~次 年 3 月~17:00），周 日 12:00~17:00
🚫 11 月 的 第 四 个 周 四、12/24、12/25、1/1

TARC
☎ （502）585-1234
🌐 www.ridetarc.org
💰 $1.50，换乘免费

Main Street Trolley
🕐 周一～周五 6:00~20:00、周六 10:00~18:00，每隔 10~15 分钟一班车。

4th Street Trolley
🕐 周一～周五 8:00~19:00、周六 10:00~18:00，每隔 10~15 分钟一班车。

COLUMN

扔掉金牌的男人（穆罕默德·阿里）

路易斯维尔是世界最伟大的拳王穆罕默德·阿里的故乡。阿里出生于 1942 年，原名卡修斯·克莱，是人权运动家为他取的名。颂扬阿里功绩的博物馆 2005 年 11 月在路易斯维尔诞生，地点在河滨大厦，他就是在俄亥俄河河畔扔掉他的金牌的。

1960 年，阿里在罗马奥林匹克运动会上获得了金牌，但当他满怀欣喜地回到故乡时，餐厅以"禁止黑人入内"的理由将他赶了出来。即使获得世界第一却还受到种族歧视，他气愤地将金牌扔到了俄亥俄河里（也有人说，扔掉金牌实际上是人们杜撰出来的，多半是他自己丢了）。

在穆罕默德·阿里中心回顾他曲折的半生

在亚特兰大奥林匹克运动会担任最后一名火炬手时的火炬

市区

穆罕默德・阿里中心

144 N.6th St.
（502）584-9254
www.alicenter.org
9:30～17:00、周日 12:00～
周一、复活节、11月的
第四个周四、12/24、12/25、
1/1
$9、65岁以上 $8、6~12
岁 $4

免费欣赏现代艺术
21c Museum

700 W.Main St.
（502）217-6300
www.21 cmuseumhotels.
com

一年 365 天 24
小时可免费欣赏现代
艺术。展示内容从常
设展的体感艺术到本地艺术
家的作品，都非常有观赏价
值。同时设立的酒店内的餐
厅也非常时尚。

路易斯维尔强击手博物馆

800 W. Main St.
（502）588-7228
1877-775-8443
www.sluggermuseum.org
9:00～17:00、周日 12:00～。
7月、8月中旬～18:00。12/24～
15:00。1/1 12:00～17:00
11月的第四个周四、
12/25
$11、60岁以上 $10、6~
12岁 $6

即使工厂休息，也可以
参观。最后旅行要在闭馆前
1小时出发，但是即使是在
平日，工厂生产线也可能已
经停止了。

迷你球棒携带注意事项
路易斯维尔机场的安检
大门有"禁止携带迷你球
棒"的告示，小孩也不可以
携带。

穆罕默德・阿里中心
Muhammad Ali Center

Map p.234 A1

直击世界最伟大的拳击手的一生

罗马奥运凯旋后，被赶出这座城市的餐馆重新营业

博物馆建在市区中心，
让人印象最深刻的是外壁
上浮现出的阿里的样子。
作为拳击手，他的成绩是
有目共睹的，他还以人权
运动家的身份而成为焦点。
这里能让游客从世界重量
级冠军、越南战争时拒绝
服兵役、被逐出拳击界、
与福尔曼的精彩对决、引
退后的慈善活动、与帕金森综合征做斗争等各个方面了解阿里充满曲折
的人生，是"像蝴蝶一样飞舞，像蜜蜂一样蜇人"的人生，商品里摆放
了很多的蝴蝶和蜜蜂作为设计元素的商品。

路易斯维尔强击手博物馆
Louisville Slugger Museum

Map p.234 A1

美国职业棒球大联盟的球棒是路易斯维尔制造的

如果您是棒球迷，一定
注意到了，美国职业棒球大联
盟绝大部分选手都使用印有
"Louisville Slugger" 的球棒。
球棒制造工厂位于路易斯维尔
市区，隔壁是深受大人和小孩
喜欢的博物馆。

博物馆门前有世界最大的
球棒，长度为36米，是贝比·鲁
斯球棒的钢质模型。进入馆内，
先到剧院里欣赏美国职业棒球
联盟比赛中的精彩瞬间，拉上
屏幕，会看到博物馆的入口。
这里最值得看的就是制造工序。
除此以外，馆内陈列着贝比·鲁
斯和汉克·阿伦等重量级棒球选
手使用过的球棒、能近距离观
看著名球员快球的舞台等，棒
球迷们一定会非常喜欢。最后
博物馆会赠送每位游客迷你球
棒作为纪念。

上／可观看球棒制作过程　下／路易斯维尔市
区到处能看到手拿球棒的孩子

托马斯·爱迪生的家 Thomas Edison House

Map p.234 A2

寻找伟大发明家的足迹

位于市区东郊、爱迪生在电信公司上班时住的房子现在已经作为博物馆对外开放。通过留声机、放映机等展品，追忆堪称 20 世纪最伟大发明家爱迪生的功绩。

规模虽小，但能看到珍贵的藏品

非裔美籍肯塔基中心
Kentucky Center for African American Heritage

令人期待的活动大厅

这是位于市区西郊的博物馆。19 世纪 70 年代，路易斯维尔人勇敢地对市区电车分白人座席和黑人座席提起了诉讼，联邦法院判决这种行为是违法的。后来在黑人和白人一起工作的无轨电车修理厂建造了博物馆。因为资金问题，建了 12 年总算开馆了，现在最大的亮点是活动中心的特别展。

郊区

丘吉尔赛马场 Churchill Downs

Map p.234 B1 地图外

世界最高级别的肯塔基德比舞台

位于市区南部 6 公里处的丘吉尔赛马场以作为世界最高级别的赛马比赛——肯塔基德比的举办地而世界闻名。它建于 1874 年，历史悠久，从 1875 年开始德比在这里举行。每年 5 月的第一个周六 3 岁马争夺 2000 米冠军决赛被称为"体育世界里最伟大的 2 分钟"。如果当时在路易斯维尔的话，无论如何都是要去看的，但是票价竟然可以涨到定价（$40）的 100 倍。如果只参观赛马场的话，可以在后面的博物馆报团。

去看看有过无数次精彩对决的舞台

托马斯·爱迪生的家
住 729 E.Washington St.
☎ （502）585-5247
url www.edisonhouse.org
开 10:00~14:00
休 周日、周一、节假日
费 $5、60 岁以上 $4、6~17 岁 $3
交通 在 Market St. 乘坐 Main Street Trolley。因为在住宅街，需要步行进去。

非裔美籍肯塔基中心
住 1701 W.Muhammad Ali Blvd.（17th St. 街角）
☎ （502）583-4100
url www.kcaah.org
开 需要咨询

丘吉尔赛马场
住 700 Central Ave.
☎ （502）636-4400
传真 1800-283-3729
url www.churchilldowns.com
开 比赛一般在 4 月下旬~7 月上旬、10 月下旬~11 月的周四~周日举行
费 $10~60
交通 乘坐沿市区 4th St. 向南行驶的 4 路巴士，20 分钟后在 Central Ave. 下车，再走 5 分钟即可到达马场。如果开车的话，沿 3rd St. 向南行驶，沿 Central Ave. 右转。

德比小知识
● 按惯例，参赛前全体观众齐唱《我的肯塔基故乡》。
● 官方指定的鸡尾酒是薄荷茱莉普（Mint Julep），加上前一天举行的欧克斯赛马比赛总共要喝掉约 12 万杯。
● 获胜的赛马会被赠予用深红色的玫瑰编织的足有 400 圈的花环，因此获胜的赛马也称为"Run for the Roses"。花环是用鲜花编织而成的，最近有些赛马的主人会将花环冷冻干燥后保存或者用银质器皿保存。
● 优胜奖杯的正面有向下的铁蹄，但从 1999 年大会开始，"为了不让幸运丢失"，而将铁蹄改为向上。

肯塔基德比博物馆

肯塔基德比博物馆
- ☎（502）637-1111
- 🌐 www.derbymuseum.org
- 🕐 8:00~17:00（冬季 9:00~）、周日 11:00~
- 休 11 月的第四个周四、12/24、12/25、德比和欧克斯赛马比赛举办日
- 💰 博物馆 $14、5~12 岁 $6，含 Walking Tour。Barn and Backside Tour $11

肯塔基德比博物馆
Kentucky Derby Museum

Map p.234 B1 地图外

赛马迷们一定不能错过

这是和丘吉尔赛马场同时设立的博物馆，馆内展示了德比的历史、所有比赛记录、有名的赛马和骑手的照片、服装和奖杯等。博物馆最大的亮点是在中央大厅里播放的 20 分钟的幻灯片。德比的一天展示在 360 度的屏幕上，画面每时每刻都在发生着变化，音响效果也让人有身临其境的感觉，真实地重现了赛马奔跑瞬间紧张的氛围，精彩的节目能让游客真实感受到富有戏剧化色彩的一天。

看完节目之后，参加由导游带领的约 30 分钟的赛马场徒步旅行，参观白绿对比强烈的美丽的赛马场建筑和宽敞的观众席。可以顺便去一下礼品店，那里有很多漂亮的小玩意儿。

如果想要仔细地观看赛马场，就参加 90 分钟的 Backside Tour，还能参观跑道和马厩。3~11 月平日 6 次，周日 3 次旅行，定员 12 名，需要预约。

也有与驯马师和饲养员有关的角落

斯皮德艺术博物馆
- 🏠 2035 S.3rd St.
- ☎（502）634-2700
- 🌐 www.speedmuseum.org
- 🕐 10:00~17:00、周五~21:00、周六~17:00、周日 12:00~17:00
- 休 周一、周二、德比举办日、主要节假日
- 💰 $10、65 岁以上 $8、3~17 岁 $5
- 🚌 从市区乘坐 4 路巴士，20 分钟后在 University of Louisville 下车。

斯皮德艺术博物馆 Speed Art Museum

Map p.234 B1 地图外

在大学的美术馆里欣赏艺术作品

如果仔细参观的话，需要半天的时间

"斯皮德"是人名，与赛马和车没有关系。博物馆建于 1927 年，在路易斯维尔大学贝尔纳普校区内，是肯塔基最大、最古老的美术馆。馆内藏品非常丰富，有从伦勃朗、鲁本斯、毕加索等的作品到现代绘画以及亨利·摩尔的雕刻和装饰工艺品，还有埃及、希腊和罗马的古代美术等。

法明顿
- 🏠 3033 Bardstown Rd.
- ☎（502）452-9920
- 🕐 10:00~16:00 的整点
- 休 周日、周一、节假日、德比举办日
- 💰 $9、6~18 岁 $4
- 🚌 从市区乘坐沿 Bardstown Rd. 行驶的 17 路巴士，30 分钟后在高速公路 I-264 下车。如果从住宅街走的话，要步行 6~7 分钟。如果有车的话，就从 I-264 Exit16 出来后，向北行驶。

法明顿 Farmington

Map 地图外

托马斯·杰弗逊设计

路易斯维尔至今仍保留着几处古老的建筑，而市区南部建于 1810 年的宅邸——法明顿就是其中之一。法明顿是由第 3 任总统兼建筑家托马斯·杰弗逊设计、路易斯维尔名流及法官约翰·斯皮德建造的，总共 14 个房间。托马斯·杰弗逊设计的独特的八角形房屋以及林肯在成为总统前居住的房屋都在 1820 年前统一进行了内部装修。参加旅行看看 19 世纪人们的生活状况吧！

郊区自然风景中的法明顿

肯塔基德比博物馆

酒 店
Hotel

　　肯塔基德比期间任何一家酒店都会满员，但其他季节酒店非常好找。如果有车的话，沿 I-64 向东行驶，在 Exit 15 和前面的 Exit 17 周边以及机场周边有很多汽车旅馆。

The Seelbach Hilton Louisville

Map p.234 B1

◆ 路易斯维尔历史最悠久的酒店

　　在这家位于市区中心历史悠久的酒店里，酒店常客菲茨杰拉德发表了他的小说《伟大的盖茨比》。从阿尔·卡彭到国家总统，来过这里的名人不计其数，不过给人印象最深刻的是 20 世纪初风格的内部装修。Ⓢ①Ⓣ$103~255，Wi-Fi 每天 $9.95。

住 500 4th Ave., Louisville, KY 40202
☎（502）585-3200　Free 1800-333-3399
FAX（502）585-9239
URL www.seelbachhilton.com
C/C ⒶⒹⒿⓂⓋ

Galt House

Map p.234 A1

◆ 河边 25 层楼的酒店

　　这是肯塔基最大的酒店，隔着 4th St. 跨 2 个街区。套房比较多，而且浴室也很宽敞。有美容室、明亮的健身房和商务中心，大厅 Wi-Fi 免费。①Ⓣ$175~575。

住 140 N.4th St., Louisville, KY 40202
☎（502）589-5200
Free 1800-843-4258
URL www.galthouse.com
C/C ⒶⓂⓋ

客厅宽敞的开放式客房

 其他酒店

Courtyard Downtown	Map p.234 A2　住 100 S.2nd St., Louisville, KY 40202　☎（502）562-0200 Free 1800-321-2211　FAX（502）562-0211　URL www.marriott.com 料 ①Ⓣ$99~269　C/C ⒶⒹⒿⓂⓋ　交 市区中心，Main St. 南侧。
1888 Historic Rocking Horse Manor B&B	Map 地图外　住 1022 S.3rd St., Louisville, KY 40203　☎（502）583-0408 Free 1888-467-7322　FAX（502）583-6408　URL www.rockinghorse-bb.com 料 含早餐Ⓢ①$105~195　C/C ⒶⓂⓋ　交 市区南部的古希腊风格的宅邸。
Days Inn Lousiville Central	Map 地图外　住 1620 Arthur St., Louisville, KY 40208　☎（502）636-3781 Free 1800-225-3297　FAX（502）634-9544　URL www.daysinn.com　料 Ⓢ①$59~69 C/C ⒶⒹⒿⓂⓋ　交 市区至机场的中间位置，I-65 的 Exit 134 前，含早餐。
Rodeway Inn Airport	Map 地图外　住 571 Phillips Ln., Louisville, KY 40209　☎（502）361-5008 Free 1877-424-6423　FAX（502）361-0037　URL www.choice.hotels.com　料 ①Ⓣ$54~85 C/C ⒶⒹⒿⓂⓋ　交 距离机场 5 分钟车程，提供机场接送服务。

COLUMN

肯塔基属于南部还是北部？

　　1792 年肯塔基州从弗吉尼亚州分离，成为美国的第 15 个州。肯塔基州的支柱产业是烟草生产。肯塔基州大规模的种植园使用了大量的奴隶劳动力，因而理所当然被称为"奴隶州"。但是南北关系日益紧张，由于地理位置的原因，南部受到来自北部的强大的政治压力，而且和其他南部各州相比，肯塔基的种植园势力薄弱，就在其他州纷纷脱离联邦政府时，肯塔基州不得不留在北部，这导致了肯塔基许多悲剧的发生。

　　与南部文化渊源深厚和在政治上效忠于北部的两股势力，将肯塔基州一分为二。

　　在从肯塔基州派遣到南北战争战场上的士兵之中，17 万人（包括 2.9 万名黑人士兵）加入北军，4 万人加入南军，也有兄弟各自分到南军和北军而不得不相残杀的情况发生。结果导致南部和北部共 1/3 生存下来的年轻人不能重新踏上肯塔基的土地。

　　可笑的是，南北两军的指挥者都出生于肯塔基州，他们分别是北部的亚伯拉罕·林肯和南部美利坚联盟国第一任和最后一任总统杰弗逊·戴维斯。

　　说了这么多，感觉肯塔基既不属于南部也不属于北部。

在赛马产地观看比赛

要想到纯种马的产地尽情地观看比赛，必须先要掌握赛马投注的方法，但不必担心，投注方法并不难。能够轻松地投注赛马，也是一件兴奋的事。

1. 信息收集

购买会场出售的小册子了解比赛距离、赛马名字和该马的比赛记录以及这场比赛应该采用什么赌法等当天比赛信息。然后再去看看会场内的电视监控，了解下一场比赛的胜算，再去牧场看马。对于熟悉马的人来说，这些只是作为参考。不过凭直觉赌马，也是一件很有趣的事，而且初学者一般会赌中（新手的运气）。

购买赛马彩票后，请在酒吧品尝薄荷朱利酒

2. 赌法

赛马编号没有外框，不太复杂。这里介绍的是肯塔基式赛马，有些叫法和其他州不同。

Win（独赢） 所赌的马跑第一。

Place（位置） 所赌的马跑第一或者第二。

Show（表现） 所赌的马跑第三或者更好。

Exacta（正序连赢） 所赌的2匹马必须按顺序获得前两名。这种赌法适用于所有比赛。

Trifecta（三重彩） 在一场赛事中，按顺序选中第一名、第二名及第三名马匹。在1天的比赛中，这种赌法适用于第四、第五场比赛。

Trifecta Box（三连胜式箱） 与顺序无关，只要所选的3匹马获得前三名就行。所选的3匹马获得前3名，有6种排列，因此与投6注Trifecta是一样的，因此投注金额也是Trifecta的6倍。Box最多可选择7匹马。如果选择4匹，其中3匹获得前3名，有24种排列，投注金额就是Trifecta的24倍。同样，如果选择7匹马，3匹获得前3名，就有210种排列方法，金额也是Trifecta的210倍。

Pick Three（三宝） 在连续三场比赛中选中第一名马匹，这种赌法只在规定的比赛中使用。

3. 赛马彩票

不懂英语也没关系，只要知道选中赛马的编号和赌法就行，到窗口说清楚赌金、赌法、赛马编号的顺序就可以了。

例1：选中4号赛马，Place、赌金$5
"Five Dollars, Place, Four"

例2：按顺序选择9、2、10，Trifecta、$10
"Ten Dollars, Trifecta, Nine, Two, Ten"

例3：按顺序选择9、2、10，Trifecta Box、$10
"Ten Dollars, Trifecta Box, Two, Nine, Ten"（与顺序无关），赌金就变成$10×6=60

列克星敦的科尼赛马场

田纳西州

查塔努加

Chattanooga

　　查塔努加 1815 年起源于一个小型的交易所，位于田纳西河畔，它的名字在土著语里是"岩石逼近的地方"的意思。"岩石"是指城市南部的卢考特山。19 世纪前半期，随着人口的增加，居住在阿巴拉契亚山脉周边的彻罗基族人被强制要求搬迁到西部，查塔努加成为"血泪之路（ Trail of Tears ）"的中转站。而且查塔努加也以南北战争中斗争最激烈、后来又被北军占领而知名。

　　南北战争结束后，田纳西州的水上运输发展起来，而山脉周边产出的铁矿石也使这个城市的重工业有了巨大的发展，但查塔努加也因此成为全美污染最严重的城市。不过在查塔努加人的共同努力下，丰富的自然环境充分得以利用，查塔努加成为一个旅游观光胜地。现在查塔努加是"全美最宜居的城市"，来自世界各地的许多公害和城市环境专家都来这里参观考察。

人口	约 16.8 万人
消费税	9.25%
酒店税	17.25%
时区	中部时区

🌀 前往方法 Access

　　查塔努加位于田纳西州南部与佐治亚州的交界处，乘坐飞机的话，从亚特兰大到查塔努加需要约 50 分钟；如果开车的话，需要约 2 小时。而且从其他城市到查塔努加的公共交通也很方便。但是，查塔努加目前只有一趟用于观光的火车。

飞机

　　机场位于市区东 6 公里处，开车约 20 分钟就能到达。达美航空每天

查塔努加机场
Chattanooga Airport (CHA)
☎ (423) 855-2200
🖥 www.chattairport.com

市区有全美屈指可数的田纳西水族馆

10 个航班从亚特兰大到查塔努加（约需 50 分钟）、1 个航班从底特律到查塔努加（约需 1 小时 40 分钟）。美国航空每天 2 个航班从芝加哥到查塔努加（需 1 小时 30 分钟）。从机场乘坐出租车到市区约需 15 分钟，$20 左右。

长途巴士

灰狗巴士车站在机场附近，灰狗巴士每天 6 班车从纳什维尔到查塔努加（需 2~3 小时）、每天 8 班车从亚特兰大到查塔努加（约需 2 小时）。沿 Airport Rd. 向南走约 15 分钟，在 Lee Hwy. 乘坐 CARTA4 路巴士（每隔 10~40 分钟一班）即可前往市区。

租车

州际公路连接了查塔努加和美国其他主要城市。从纳什维尔沿 I-24 向东南方向行驶 140 英里（约 225 公里，约需 2 小时 30 分钟）可到达查塔努加。从亚特兰大沿 I-75 向北行驶 125 英里（约 201 公里，约需 2 小时 20 分钟）可到达查塔努加。I-24 横穿查塔努加市，I-75 是城市东侧一条南北走向的公路。

灰狗巴士
Greyhound
Map p.242 地图外
🏠 960 Airport Rd.
☎ （423）892-1277
🕐 6:30~11:15、14:30~22:00

AAA
🏠 2111 Gunbarrel Rd.
☎ （423）490-2000
🕐 9:00~18:00
🈵 周六、周日、节假日
24 小时道路救援
📠 1800-222-4357

查塔努加　漫　步

城市的中心位于田纳西河呈大 S 形蜿蜒前行的南侧，南北方向横断市区的 Market St. 以及西侧与 Market St. 平行的 Broad St. 为主要街道，市区的主要景点和酒店、购物中心等都集中在其沿线。市区北端、田纳西河边有旅游咨询处和田纳西水族馆，附近集中了美国艺术猎人博物馆等文化和艺术景点。市区南部有查塔努加重新开发的象征性景点查塔努加酷酷（Chattanooga Choo Choo）。

另一个景点是位于市区以南 6 公里处的海拔为 700 米的卢特考山。可纵览全市的自然瞭望台上有南北战争的古战场、梦幻般的地下瀑布以及自然形成的摇滚城市花园等。

■旅游咨询处■

● Chattanooga Convention and Visitors Bureau
位于田纳西水族馆南侧，距离田纳西水族馆 1 个街区，

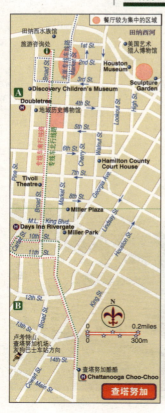

站在卢考特山上，能清楚地看到美国 7 个州

咨询处中央是服务站，服务站旁边摆放了酒店、餐厅和旅行信息手册以及市区巴士线路图等，也可以从这里购买查塔努加的景点门票。还有简单介绍查塔努加历史的幻灯片、周边景点的图片展板以及礼品店，工作人员热情大方。服务站里有厕所。

■市区交通工具■

线路巴士 CARTA
Chattanooga Area Regional Transportation Authority

　　CARTA 是市区巴士，虽然市区观光不需要乘坐巴士，但是要到卢考特山等景点的话，乘坐 CARTA 会很方便。可以从旅游咨询处索取巴士线路图和时间表。

●免费专线车

　　查塔努加引以为豪的免费电动专线车，从田纳西水族馆出发，在经过 Broad St. 和 Market St. 后，分成两条线路，一条线路通往 Chattanooga Choo Choo，另一条线路通往北边的对岸，而且市区观光也非常方便。绿色和黄色标记是巴士车站。

乘坐免费电动专线车去 Chattanooga Choo Choo 吧！

旅游咨询处
Chattanooga CVB
Map p.242 A
住 215 Broad St.
☎（423）756-8687
🆓 1800-322-3344
🌐 www.chattanoogafun.com
开 9:00～17:00
休 11 月 的 第 四 个 周 四、12/25、1/1

CARTA
☎（423）629-1473
🌐 www.carta-bus.org
💰 $1.50

免费专线车
Free Downtown shuttle
开 6:30～23:00、周 六 9:30～周 日 9:30～20:30、每 隔 5 分钟一班。周一～周日 10:00～18:00，北岸专线车每隔 15 分钟一班。
休 11 月 的 第 四 个 周 四、12/25、1/1

查塔努加　**主要景点**

市区

田纳西水族馆 Tennessee Aquarium　　Map p.242 A

能够仔细地观察水下世界

田纳西水族馆
住 1 Broad St.
🆓 1800-262-0695
🌐 www.tennis.org
开 10:00～18:00
休 11 月 的 第 四 个 周 四、12/25
💰 $24.95、3～12 岁 $14.95，含 IMAX$30.95、3～12 岁 $20.95

　　田纳西水族馆位于田纳西河对面，是查塔努加最醒目的建筑物。它的外观自然是没得说的，但它更大的独特之处在于它主要饲养在淡水中生活的动物，品种较多，进入了全美水族馆前 5 位。

　　先乘自动扶梯上四层。旅行从眼前的田纳西河开始。一边漫步于螺旋状的画廊，一边观察鱼类以及哺乳类、鸟类、爬行类等生活在水边或者水里约 350 种 1 万只以上的动物。田纳西水族馆的另一

全美屈指可数的水族馆

也可以从下面仰望鲨鱼

个特征是能在不同的深度观察相同的水箱，例如在重现田纳西河流域生态系的水箱的 4 层看到生活在水边的生物，也能在 3 层看到生活在深水里的生物。

其他景点中，重现了阿巴拉契亚山河流的 Moutain Stream 以及世界上最大的淡水水箱 Nickajack Lake 等比较有趣。在这里既能看到淡水里的生物也能看到海水里的生物，这是田纳西水族馆的又一个特征，而且馆里有企鹅，总之展示内容非常丰富。

馆内有特别受欢迎的 IMAX 剧院，经常上映一些以海底生物为主题的电影。除此以外，还积极举办水族馆露营等活动。

美国艺术猎人博物馆
Hunter Museum of American Art
Map p.242 A
收藏了美国近代、现代美术作品

博物馆位于田纳西河畔，馆内收藏了大量 19 世纪、20 世纪美国艺术家的作品。外观时尚的新馆与建于 1904 年的古典宅邸连在一起，但各自的展示内容不同。古典宅邸是常设的展示场所，主要展示玛丽·卡萨特的人物画、托马斯·科尔的风景画、安塞尔·亚当斯的照片以及雕刻和蚀刻等作品。虽然博物馆的展览室里的展品不太多，但它是由昔日豪宅改装而成的，因此内部装饰非常优雅。

收藏了许多美国印象派作品的美国艺术猎人博物馆

新馆主要展示一些现代美术作品和照片，地下大厅是一个特别展览室。如果从二层出去的话，会看到一个室外雕刻展览台，从田纳西河吹来的风也让人感到心情舒畅。

查塔努加酷酷 Chattanooga Choo Choo
Map p.242 B
90 多年前的火车站的现代变身

Chattanooga Choo Choo 原本是位于市区南端、Market St. 对面的火车站。虽然这个 1909 年投入使用的火车站还保留着当时的氛围，但是已经变成集酒店和大型购物中心于一体的建筑，像一个小型铁道模型博物馆。在这里能看到总长度超过 900 米的铁路，120 辆机车、约 1000 辆出租汽车以及 80 辆客车（15:00~19:00、周五~周日 10:00。$4）

屋顶很高的古典火车站已经成为酒店大堂

美国艺术猎人博物馆
住 10 Bluff View
电 （423）267-0968
网 www.huntermuseum.org
开 10:00~17:00，周三、周日 12:00~，周四~20:00
费 $9.95、3~17 岁 $4.95
交 从旅游咨询处沿田纳西河边的步行街 River Walk 步行 7 分钟即可到达。

查塔努加酷酷
住 1400 Market St.
电 1800-872-2529
网 www.choochoo.com

建议 SL 粉丝们去郊区
在市区是乘坐不到观光 SL 的，因而孩子们都爱在新奥尔良乘坐绕场一周的叮当车。如果很想乘坐 SL 的话，就开车去 Ground Junction 车站。
网 www.tvrail.com

郊区

卢考特山 Lookout Mountain

Map p.242 地图外

景点丰富的岩石山

卢考特山耸立在查塔努加南部，在山顶和半山腰有很多景点，但是各景点都离得比较远，如果没车的话，非常不方便。

● 观光电车

观光电车从山麓到卢考特山半山腰全长 1.6 公里，需 45 分钟，据说这是世界上斜度最大的观光电车，终点附近斜度最大的地方，前行 100 米，高低点相差 72 米以上，感觉像在垂直前行。从缆车上看到的像盆景一样的查塔努加，非常美丽。

● 红宝石瀑布

红宝石瀑布是位于卢考特山北端的钟乳洞，里面高达 44 米的瀑布是美国最大的地下瀑布。

美国东部，尤其是阿巴拉契亚山脉周边是地质学上比较古老的一片土地，在这里发现了很多洞窟，红宝石瀑布就是其中之一。每 15 分钟 1 次约 1 小时的洞窟之旅，会乘电梯到达 390 米的地下，洞窟内部全年保持 15℃，如果盛夏去的话，会感觉非常凉爽。

世界上最陡峭的缆车有点惊险

在看完各种各样的钟乳石后，最后来到红宝石瀑布前。越接近瀑布，水声越大，但因为洞窟内漆黑，所以看不到瀑布的样子。如果突然照亮的话，立刻就会看到瀑布的全貌。从地底深处欣赏瀑布，既美丽又神奇。站在游客咨询处上面的瞭望台上，查塔努加的景色一览无余。

● 岩石城市花园

这是一座位于卢考特山的与众不同的自然庭园，是拥有这块土地的 Garnet Carter 夫妇灵活地利用土地上巨大的岩石群、400 种植物以及眺望台而造的庭园。从 20 世纪 20 年代后半期开始，历经几年的时间而建造的约 40468 平方米的庭园于 1932 年完成并对公众开放。但是，那时正处于美国大恐慌最严重的时期，没有什么人来这里游览。在开放 5 年后，Carter 夫妇开始为岩石公园进行独特的宣传活动。最后与查塔努加对面的道路沿线的农家达成协议，如果允许在储藏室的屋顶写广告语，就免费给储藏室刷油漆，最多的时候有 900 多家的储藏室屋顶上写有 "See Rock City"。岩石公园变得热闹起来。到现在还有几家屋顶上有这句广告词呢。

虽然钟乳洞很小，但是也非常值得一看

卢考特山

🌐 www.lookoutmountain.com

🎫 下述 3 项都有效的通票 $45.90、3～12 岁 $23.90。

Incline Railway

🏠 3917 St Elmo Ave.（山麓车站）

☎ （423）821-4224

🕐 夏季 8:30～20:00，春季和秋季 9:00～18:00、冬季 10:00～18:00

🚫 11 月的第四个周四、12/25

🎫 往返 $14、3～12 岁 $7

🚌 在市区的 6th St. 和 Broad St. 乘坐 CARTA15 路巴士，约 20 分钟可到达，每隔 40～60 分钟一班。周日和节假日休息。

Ruby Falls

🏠 1720 Scenic Hwy.

☎ （423）821-2544

🕐 8:00～20:00

🚫 12/25

🎫 $17.95、3～12 岁 $9.95

🚗 沿 Broad St. 向南行驶约 10 分钟，进入 Cummings Hwy 后不久就会看到招牌。

Rock City Gardens
🏠 1400 Patten Rd., Lookout
Mtn., GA 30750
☎ （706）820-2531
🌐 www.seerockcity.com
🕐 夏季 8:30~20:00、春季和
秋季 ~17:00、冬季 ~16:00
💰 $18.95、3~12 岁 $10.95
🚗 沿 I-24 向西行驶，在
#178/Rock City 下车后就会
看到招牌。

观赏红叶的游客也很多

园内有利用自然景观和造型独特的岩石修建的铁路。在入口处领取
旅行指南后，穿过巨大的岩石，走过岩壁上的步行道，渡过吊桥，就来
到能一览 7 个州的瞭望台。

南北战争

奇克莫加 & 查塔努加国家军事公园
Chickamauga&Chattanooga National Military Park

南北战争战斗最激烈的地方

奇克莫加 & 查塔努加国家
军事公园
☎ （706）866-9241
🌐 www.nps.gov/chch/
🕐 8:30~17:00
🚫 12/25、1/1
💰 $3, Cravens House 免费
🚗 从市区沿 US-27 向南行
驶约 15 公里。

该公园位于市区西南方向约 15 公里处，是佐治亚州境内南北战争战
斗最激烈的地方，它和葛底斯堡、维克斯堡一起第一批被指定为国家军
事公园。

1863 年 11 月这里进行了一次激烈的战役，在短短两天内竟然导致 1.6
万人死亡。如果想看 30 分钟的电影和武器等，就绕园内一周。行车线路
两旁有大炮和各种各样的纪念碑，能让游客想起往昔。

酒 店
Hotel

市区约有 15 家酒店，而市区周边约有 30 家酒店。机场酒店位于 I-75 的 Exit 5 附近。I-75 的
州边界附近和 US-24 的 Exit 174 一带比较多。

Chattanooga Choo Choo
Map p.242 B

◆ 感受一下住在客车里的感觉吧

这是位于查塔努加酷酷的历史悠久的酒店，酒店前就有专线车，
即使没车，也能观光和购物。总共 363 个房间中有 98 个房间在客车
里。ⒹⓉ$145~180，由客车改造的房间 $117~180。

🏠 1400 Market St., Chattanooga, TN
37402
☎ （423）266-5000 📠 1800-872-2529
FAX （423）265-4635
CC ADJMV
URL www.choochoo.com

Days Inn Rivergate
Map p.242 B

◆ 免费专线车车站旁

从旅游咨询处乘坐免费专线车，在 M.L.King Blvd. 下车步行 2
分钟即可到达，无论去哪里都很方便。ⒹⓉ$72~85，有投币式洗衣
机，Wi-Fi 免费。

🏠 901 Carter St., Chattanooga, TN
37402
☎ （423）266-7331 📠 1800-225-3297
FAX （423）266-8611 CC ADJMV
URL www.daysinn.com

阿巴拉契亚地区

北卡罗来纳州 & 田纳西州

大雾山国家公园

Great Smoky Mountains National Park

大雾山国家公园位于阿巴拉契亚山脉南端、田纳西州和北卡罗来纳州交界处，是美国游客最多的公园，每年有大约 900 万游客，是美国游客人数第二位的大峡谷的 2 倍以上。美国东部的国家公园比较少，又因为游览比较方便而且经常能遇见黑熊等野生动物，所以很受欢迎。

一眼望去，一定会觉得大雾山是一片平缓的山和森林，其实不尽然，下车以后走在山间的小道就会有所体会了。

阿巴拉契亚山脉诞生于 2 亿~3 亿年前，这座世界上最古老的山脉之中据说有近 2 万种动植物，如果进一步调查的话，预计能达到 4 万种，包括主要生长在加拿大的树种以及大雾山特有的树种。这里在冰河期没有被冰河淹没，因而动植物生存了下来。因物种的多样性而在 1983 年被联合国教科文组织列入《世界遗产名录》。

大雾山国家公园有 4000 多种植物，四季的景色各有不同，而秋天的红叶是最美丽的。还有自由自在生活着的哺乳动物、野鸟、生活在无数溪流中的山椒鱼以及雾霭缭绕群山的壮丽风景。大雾山国家公园是美国人最易亲近自然的国家公园。

指定为国家公园	1934 年
（认定为世界遗产 1983 年）	
年参观者人数	约 900 万人
时区	中部时区

大雾山国家公园
☎ （865）436-1200
🖥 www.nps.gov/grsm/
🎫 免费

◎ 前往方法 Access

租车

没车的话很难前往，建议在亚特兰大和纳什维尔租车，或者在离公

世界上最古老的山脉——阿巴拉契亚山脉日落后的景色

查塔努加　主要景点/酒店　大雾山国家公园　前往方法

AAA

📍 1000 Merrimon Ave., Asheville

📞 （828）253-5376

🕐 8:30~18:00、周六 10:00~16:00

🚫 周日、节假日

24 小时道路救援

📞 1800-222-4357

到达公园所需的时间

加特林堡	约 1 小时
诺克斯维尔	约 1 小时
阿什维尔	
经由 I-40	约 1 小时 30 分钟
经由 Blue Ridge Pkwy	约 3 小时
亚特兰大	约 4 小时
纳什维尔	约 4 小时

加特林堡的旅游咨询处

📍 272 Pkwy.

📞 1800-588-1817

🌐 www.gatlinburg.com

🕐 周一 ~ 周五 9:00~17:00

园最近的大城市田纳西州诺克斯维尔（Knoxville）租车，也可以从亚特兰大或者纳什维尔乘坐飞机或者灰狗巴士。从大雾山国家公园沿 US-441 向东行驶 38 英里（约 61 公里），约 1 小时可到达加特

一定要在新绿或红叶季节前来游览

林堡（Gatlinburg）。加特林堡是与大雾山国家公园区域邻接的度假城市，US-441 沿线有礼品店、餐厅、汽车旅馆等，一直热闹到深夜，还有瞭望塔、建在山上的游乐园以及水族馆等景点。

　　北卡罗来纳州一侧的大城市是阿什维尔（Asheville，→p.254），也可以从亚特兰大等城市乘坐飞机或者灰狗巴士来这里。如果在阿什维尔租车去大雾山国家公园的话，有两条线路。如果赶时间的话，就从 I-40 West 和 US-19 South 往彻罗基（Cherokee，→p.253）方向行驶，进入 US-441 后向北行驶，就到大雾山国家公园了。如果时间充裕的话，最好走蓝岭公园路（→p.253），可以领略道路两旁的风景。

加特林堡非常繁华

加特林堡的旅游咨询处和公园游客中心合二为一

大雾山国家公园　漫　步

公园沿阿巴拉契亚山脉延伸，US-441（Newfound Gap Rd.）横穿区域中央。虽然开车的话，1 小时就能通过 US-441，但是途中可以花一点时间站在瞭望台上欣赏克灵曼斯峰上的景色，也可以在短短的山间小道上走一走。如果您是动物爱好者的话，千万不要错过田纳西州一侧的开字山凹。如果清晨或者傍晚来的话，一定能看到黑熊。

■旅游咨询处■

● Sugarlands Visitor Center

这是位于田纳西州一侧的游客中心，距离加特林堡 2 英里（约 3.2 公里），约 7 分钟路程。不仅提供一些公园信息，还能看到生活在大雾山的动物们的幻灯片和标本。最好索取一份登载有公园内景点和旅行信息的报纸 *Trip Planner*。

● Oconaluftee Visitor Center

这是位于北卡罗来纳州一侧的山林小屋风格的建筑，距离彻罗基 12 英里（约 19 公里）。除了有关于公园的各种信息，还展示了园内的动物以及地理和历史情况。

在游览公园前去看看吧

小心塞车

在加特林堡北边的 Pigeon Forge，US-441 沿线有许多能听乡村音乐的剧场，而且有乡村音乐女王桃莉·巴顿经营的"Dollywood"游乐场，因此一到周末就会非常拥堵，请尽量错过。

加满汽油

园内没有一个加油站。

旅游咨询处
Sugarlands VC
🕐 夏季 8:00~19:00
　冬季 8:00~16:30
休 12/25

夏季漫游者计划

到了夏季，公园每天会执行"漫游者计划"，就是在专业人员的带领下观察野生鸟类或者到河里寻找山椒鱼等一个人所无法体验到的活动。免费参加，日程安排贴在旅游咨询处的告示栏上。

Oconaluftee VC
🕐 夏季 8:00~19:00
　冬季 8:00~16:30
休 12/25

SIDE TRIP

鸽子谷（Pigeon Forge）和塞维尔镇（Sevierville）

公园田纳西州一侧的鸽子谷（Pigeon Forge）和塞维尔镇（Sevierville）有许多便宜的汽车旅馆和景点，有 Dollywood 游乐场、喜剧表演、乡村音乐、魔术表演、水上乐园等，不过最受欢迎的是来自上海的马戏团（Cirque de China）。少男少女们表演得非常精彩，最后游客们都站起来鼓掌。

Ziplines 有在森林的树木之间用轻绳通过滑环悬吊在钢索上滑行的惊险娱乐项目。钢索长短都有，两个人同时下来的话，会比较费劲，远景也非常美。

这片区域内有两个大型的折扣商场，购物狂们总会觉得时间不够。旅游局和酒店里摆放了很多特价书，还有详细的地图和优惠券。

从加特林堡到 Pigeon Forge 约 10 分钟，到 Sevierville 还需要 10 分钟。营业时间和休息日每月都有变动，请通过网站确认。
Map p.248
Dollywood
🌐 www.dollywood.com　费 $60.60
Cirque de China
🌐 www.smokymountainpalace.com
费 $32.95 项目
🕐 19:30，周二、周六 14:00
Ziplines
🌐 www.smokymountainziplines.com
费 14 座 $84.95，所需时间 2 小时 30 分钟

钮芳隘口是世界遗产吗？
在钮芳隘口停车场一个不易看到的角落里有一块被联合国教科文组织认定为世界遗产的金属板。在美国绝大多数人都不知道它是世界遗产，只有公园管理人员才知道。美国的国家公园具有号称世界最高水平的自然保护系统，成为国家公园，就意味着无上的价值。而这块金属板即使被认定为世界遗产，也没太大的意义。

钮芳隘口
山顶上的休息处

州边界经过阿巴拉契亚山脉的山脊

钮芳隘口海拔 1529 米，位于 US-441 中央的山巅。游客们可以在阿巴拉亚山脉的中央稍作休息，尤其是在夏季，凉爽的风令人感到愉快。州边界从停车场里穿过，有厕所。

克灵曼斯峰 Clingmans Dome
无边无际、层层叠叠的山群令人无限遐想

克灵曼斯峰
积雪期（往年 12/1~ 次年 3/31）关闭

克灵曼斯峰海拔 2025 米，是园内最高的山峰。从钮芳隘口南侧到山顶正下方有单程 20 多分钟的柏油路。将车停在柏油路尽头的停车场，爬上单程 800 米的斜坡，会看到山顶上的瞭望塔，站在塔上能看到 360 度全景，非常漂亮。

由于受到外来昆虫的侵袭而枯萎的冷杉树

开字山凹 Cades Cove
也许会看到熊宝宝和他的爸爸妈妈？！

开字山凹
5~9 月的周二和周六早上 10:00 前禁止机动车辆和摩托车通行。如果您不介意噪声或者尘土的话，可以在旅游咨询处租辆脚踏车兜风，每小时 $4~6。

从田纳西侧旅游咨询处往 Little River Rd.、Laurel Creek Rd. 方向前进，就会看到有着一片宽阔草原的开字山凹。草原周围有一圈 11 英里（约 18 公里）的未铺柏油的道路，虽然一般的车辆都能通过，但因为道路太过狭窄，所以只能单向行驶。这里最有趣的就是能遇见黑熊和鹿。虽然理论上需要 2 小时，

小心黑熊
这片区域内生活着大约 500 头黑熊。熊是一种好奇心强并且容易与人类发生矛盾的动物，最好不要将垃圾和吃剩的食物留在野餐区、不要在其他地方吃东西、不要将有香味的东西（食品、果汁、化妆品等）放在屋外。
如果遇到黑熊，必须在 45 米以外静静地观察，如果靠近的话，黑熊听到声音，就会知道附近有人类，那就很危险了。

清晨遇见动物的概率较大

但是如果途中出现动物的话，游览车就会大拥堵。尤其是暑假以及 10 月红叶最漂亮的时候，游客尤其多，如果是周末的话，游览一周可能需要花费 4 小时。道路边是开拓者们遗留下来的磨坊等。

活动

远足

区域内的远足路径总长度实际有 850 英里（约 1360 公里），是美国东部最受徒步旅行者欢迎的地方。因为许多登山道没有什么海拔差，距离也不长，即使没有什么徒步旅行经验，也不成问题。

地面湿滑，要注意脚下

但是，不要忘记穿防滑鞋，而且天气反复无常，最好穿防水外套。可以在旅游咨询处买本旅行指南选择旅行线路。

● Alum Cave Trail

这条登山道景致非常好，一般住在 Le Conte Lodge（山林小屋）的客人会走这条道。虽说是 Cave，但却不是洞窟，而是像头顶上突起的巨石。

● Laurel Falls Trail

从前往开字山凹方向途中的停车场出发（有点难以理解，最好事先咨询一下旅游咨询处）。上了美丽的森林间的坡道之后，就会看到一条清澈的小型瀑布。

不要喂食动物！
严禁给松鼠、野鸟等动物投喂食物！如果喂食或者虐待野生动物，将被处以 $5000 以下的罚款和 6 个月以下的拘禁。

Alum Cave Trail
距离 往返 8 公里
标高差 340 米
时间 往返约 3 小时
难易度 初中级
出发点 US-441 中途，距离 Sugarlands Visitor Center8.6 英里（13.8 公里），距离钮芳隘口 4 英里（6.4 公里）

Laurel Falls Trail
距离 往返 4.2 公里
标高差 61 米
时间 往返约 1 小时
难易度 初级
出发点 在 Laurel Falls Rd. 中途，从 Sugarlands Visitor Center 向西约 4 英里处（6.4 公里）

骑马
费 1 小时 $30
休 12 月～次年 3 月、11 月的第四个周四、12/23～12/25

国内最受欢迎的瀑布 Laurel Falls

骑马

和登山道一样，也有很多骑马道。可以在 Smokemont、Sugarlands、Cades Cove 等租马，有几小时的山间游，也有带导游的全天游，种类丰富。

酒店
Hotel

国家公园内的住宿设施只有露营场所和山林小屋。加特林堡因为是度假地，所以酒店数量和种类都非常多，不过价格较高。到了周末或者活动期间更是人满为患，必须提前预订。彻罗基有 40 多家汽车旅馆，价格也便宜。

公园内的露营场所有十来个，并且配备了厕所和自来水等。夏季人较多，需要提前预约。

[Free] 1877-444-6777　[URL] www.recreation.gov

Le Conte Lodge
◆景致极好的山林小屋

在 US-441（Newfound Gap Rd.）途中停车，沿登山小道就能到达 Le Conte Lodge。Le Conte Lodge 位于 Mt. Le Conte，海拔 2000 米，景色非常美。虽然有很多条山间小道到达这间山林小屋，但是，即使从 Alum Cave Trail 前来，单程只有 8 公里，也需要 4 个多小时。来这里的人比较多，从 10 月上旬到来年接受预约。无浴室含两餐 $121，营业时间是 3 月下旬到 11 月下旬。

[住] 250 Apple Valley Rd., Sevierville, TN 37862
[☎] （865）429-5704
[FAX] （865）774-0045
[C/C] [M][V]
[URL] www.leconte-lodge.com

Bearskin Lodge
◆到处弥漫着原木小屋的氛围

Bearskin Lodge 位于加特林堡北端，周围环境舒适。酒店外观自不用说，前台和室内都是原木设计，大部分房间都有暖炉、淋浴设施和阳台。含早餐 [D][T]$80~180。

[住] 840 River Rd., Gatlinburg, TN 37738
[☎] （865）430-4330　[Free] 1877-795-7546
[FAX] （865）430-4334　[C/C] [A][D][M][V]
[URL] www.thebearskinlodge.com

Best Western Twin Islands
◆加特林堡中央

和 Hardrock Coffee 在道路同一侧，无论到哪里都很方便。从房间里能看到溪流，有投币式洗衣机。[D][T]$75~150。

[住] 539 Pkwy., Gatlinburg, TN 37738
[☎] （865）436-5121　[Free] 1800-223-9299
[FAX] （865）436-6208
[URL] www.bestwestern.com
[C/C] [A][D][M][V]

Comfort Suites
◆彻罗基入口附近

位于 US-441 沿线，含早餐 [D][T]$80~170，所有房间配备微波炉和冰箱，有投币式洗衣机。Wi-Fi 免费。全馆禁烟。

[住] 1223 Tsali Blvd., Cherokee, NC 28719
[☎] （828）497-3500　[Free] 1877-424-6423
[FAX] （828）497-9375
[C/C] [A][D][J][M][V]
[URL] www.comfortsuites.com

COLUMN

阿巴拉契亚山道 The Appalachian Trail

这是纵贯阿巴拉契亚山脉的长而宽的山道，横跨从缅因州到佐治亚州 14 个州，全长 3488 公里，但海拔低于落基山脉和内华达山脉，美丽的山林中盛开着各种各样的鲜花，前来游览的游客非常多。登山口处有接送班车，途中也有露营场所和休憩小屋。既有多年来每年暑假都来此 1 个月的游客，也有辞去工作、半年时间都待在这里的游客。这儿是

山道的标志

「A」形路标是阿巴拉契亚

有的人半年时间都在这条山道上行走

全世界登山爱好者的向往之地。

这条山道南北贯穿大雾山公园，在纽芬兰山口和克灵曼斯峰前与车道交错。

[URL] www.appalachiantrail.org

蓝岭公园路 Blue Ridge Parkway

→ p.336

如果空气污染不严重的话，能看到 150 公里远

　　虽然美国有几个由国家公园局管理的风光明媚的周游道，但是最有名的要数从弗吉尼亚州的谢南多厄国家公园（→ p.335）沿阿巴拉契亚山脉的山脊到达大雾山国家公园，全长为 469 英里（约 750 公里）的蓝岭公园路。

　　虽然是单侧 1 个车道，但是交通流量很小，道路已经足够宽，尽管安心驾驶，而且没有通行费。道路上到处设立了瞭望台，可以停下车来观赏周边美丽的风景。路边设立了距离标，可以通过地图确认当前所处的位置。山路弯道比较多，请减速慢行，比公路费时间，所以行程不能安排得太紧。公园路到处与普通道路交叉，只有一部分可以走。沿途没有加油站、餐厅和汽车旅馆等，如果需要的话，必须将车开到普通公路上。

　　如果从南端开始行驶的话，大雾山国家公园的 Oconaluftee Visitor Center 的正南方向有公园路入口。弯道尤其多，到阿什维尔需要 3 个多小时。

景色优美的地方设立的瞭望台，禁止在其他地方停车

　　如果从阿什维尔到大雾山国家公园，沿 US-25 向南行驶，会看到有一个入口。如果沿 I-26 行驶的话，就进入不了公园路，请务必注意。

　　如果从阿什维尔向北的话，就从市区沿 I-240 向东行驶，或者沿 US-70 向东行驶，不久就会看到路标。如果从这里进入公园路，一定要顺便去一下民间艺术中心（里程标 382，9:00~17:00）。这里不仅是工艺品画廊，也是公园路的旅游咨询处。

　　公园路冬季也可通行，但要小心道路结冰。积雪期道路封锁，有关公园路北侧→ p.336。

🔗 www.nps.gov/blri/
道路信息 ☎ （828）298-0398

彻罗基 Cherokee

　　彻罗基是位于大雾山国家公园北卡罗来纳州一侧入口处的一座小城，是阿巴拉契亚山脉周边区域的美国土著彻罗基族的居住地。1540年，西班牙探险家初次进入阿巴拉契亚区域时，从现在的肯塔基北部到佐治亚州、亚拉巴马州的广阔区域内都居住着彻罗基族。但是，1838 年，他们被强制搬到西部，4000~8000 人发生了"血泪之路"的悲剧。至今彻罗基还保留着彻罗基族的传统和文化并且努力将这些文化流传给后人。可以顺便去一下讲述了彻罗基族 100 多年历史的彻罗基族博物馆、能观看彻罗基族的舞蹈以及传统工艺现场表演的奥克那露提印第安村，接触另一种美国历史和文化。

每年都举行土著的节日

彻罗基印第安博物馆 Museum of Cherokee Indian
☎ （828）497-3481
🔗 www.cherokeemuseum.org
开 9:00~17:00、夏季平日 ~19:00
休 11 月的第四个周四、12/25、1/1
费 $10、6~12 岁 $6
交通 沿 US-441 行驶

奥克那露提印第安村 Oconaluftee Indian Village
☎ 1800-438-1601
🔗 www.cherokee-nc.com
开 5 月上旬 ~10 月中旬的 9:00~17:00
休 周日　费 $22、6~12 岁 $12
交通 从彻罗基族博物馆前的交叉口进入，登山口处

阿什维尔 Asheville

市区不大，可以徒步游览

全美范围的调查显示，位于阿巴拉契亚山脉南侧、北卡罗来纳州西北端的阿什维尔是宜居的城市之一，它有丰富的自然景观、四季分明的气候条件、公害较少的环境以及良好的社会治安等，综合了宜居城市的所有优点。

市区景点是很多在 19 世纪末到本世纪初建造的古老建筑，1880 年铁路开通，阿什维尔进入快速发展的时期，出现了各种风格的建筑。例如 1924 年建造的炮台公园酒店 Battery Park Hotel（Battle Sq. & Page Ave.，现在是公寓）是新乔治亚风格，1912 年建造的圣劳伦斯教堂 Church of St. Lawrence（Flint St. & Haywood St.）是西班牙巴洛克风格，1929 年建造的 S&W Steak 里的大楼（56 Patton Ave.）是装饰艺术风格等。青铜制品到处可见，如果绕这个城市转一圈的话，一定非常有趣。

可以顺便去参观一下 38 岁就早逝的小说家托马斯·沃尔夫幼年时期居住的家。

郊区一定不能错过的是美国最大的私人住宅比特摩尔庄园，约 6533 平方公里的区域内分布着牧场、酿酒厂和植物园等。而大富豪范德比尔特（George Vanderbilt）利用 5 年时间建造而成的豪宅（需要预约）有 255 个房间，像一座城

堡。门票费用很高，里面也很大，即使按照平常的线路游览，也有可能迷路。从草坪的斜坡上一眼望去，非常漂亮。

回来时顺便去一下酿酒厂，能品尝到调酒师喜欢的葡萄酒。

如果预算和时间还有富余的话，可以住在 Inn on Biltmore Estate 酒店（$189~599）。

旅游咨询处
🏠 36 Montford Ave.　☎（828）258-6114
🖥 www.ashevillechamber.org
🕐 8:30~17:30、周六、周日 9:00~17:00
🚫 主要节日
🚌 未从 I-240 的 Exit 4C 下来之后，北侧就是

托马斯·沃尔夫故居
Thomas Wolfe Memorial
🏠 52 N.Market St.　☎（828）253-8304
🖥 www.wolfememorial.com
🕐 9:00~17:00、周日 13:00~　🚫 周一　💰 $1
🚫 周日　🚌 位于市中心，从 Collage St. 沿 Market St. 向北 2 个街区

Biltmore Estate
🏠 1 Lodge St.　☎（828）225-1333
📠 1800-411-3812　🖥 www.biltmore.com
🕐 9:00~16:30　🚫 无　💰 取决于季节和日期
💰 $49~69，10~16 岁半票
🚌 沿甲市区的 Broadway 往南行驶约 10 分钟，从 I-40 的 Exit 50 出来之后，沿 US-25 向北行驶，不远处就会看到标志牌。

托马斯·沃尔夫儿童时期居住 10 年的家

亚特兰大

佐治亚州

Atlanta

人　口	▶ 约42万人
消费税	▶▶8%
酒店税	▶ 13%~16%
时　区	▶ 东部时区

月份	1	2	3	4	5	6	7	8	9	10	11	12
最高气温（℃）	11	14	18	23	27	30	32	31	28	23	18	13
最低气温℃	1	3	7	11	16	20	22	22	18	12	7	3
降水量（mm）	107	123	122	85	93	100	134	99	114	87	104	99

美国南部最大的商业城市亚特兰大是一个充满活力的城市。

这一点从它诞生之日起，一直未发生变化。

铁路的建造促使一些充满野心的人集中到这个新兴的城市，为了实现自己的梦想而努力。

而且至今还因作为第一支美国职业棒球大联盟球队的亚特兰大勇士队、泰德·特纳领导的CNN以及可口可乐等而闪耀着光辉。

亚特兰大人落落大方，整个城市也充满了不同于其他城市的能量。

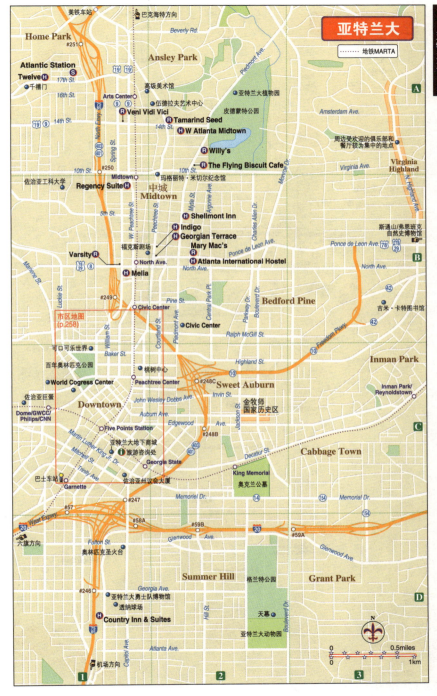

亚特兰大

地铁MARTA

Home Park
美铁车站
巴克海特方向
Beverly Rd.
Ansley Park

#251
Atlantic Station
Twelve
千禧门
17th St.
16th St.
Arts Center
高级美术馆
伍德拉夫艺术中心
Veni Vidi Vici
Tamarind Seed
14th St.
W Atlanta Midtown
Willy's
The Flying Biscuit Cafe
10th St.
#250
10th St.
玛格丽特·米切尔纪念馆
Midtown
佐治亚科技大学
Regency Suite
中城
Midtown
5th St.
Shellmont Inn
Indigo
Georgian Terrace
Mary Mac's
福克斯剧场
Varsity
North Ave.
Atlanta International Hostel
North Ave.
Melia
#249
Pine St.
Civic Center
市区地图
(p.258)
Civic Center
可口可乐世界
Baker St.
百年奥林匹克公园
桃树中心
World Cogress Center
Peachtree Center
佐治亚巨蛋
#248C
Sweet Auburn
Downtown
John Wesley Dobbs Ave.
金牧师
国家历史区
Dome/GWCC/
Philips/CNN
Auburn Ave.
Five Points Station
Edgewood
Ave.
亚特兰大地下商城
#248B
旅游咨询处
Georgia State
巴士车站
佐治亚州议会大厦
King Memorial
奥克兰公墓
Garnette
Memoriel Dr.
#247
#57
#58A
#59B
六旗方向
Fulton St.
Glenwood
Ave.
#59A
奥林匹克圣火台
Summer Hill
格兰特公园
Grant Park
Georgia Ave.
#246
亚特兰大勇士队博物馆
透纳球场
Country Inn & Suites
天幕
亚特兰大动物园
Atlanta Ave.
机场方向

Amsterdam Ave.
周边受欢迎的俱乐部和
餐厅较为集中的地点
Virginia
Highland
Virginia Ave.
Ponce de Leon Ave.
斯通山/弗恩班克
自然史博物馆
North Ave.
North Ave.
Bedford Pine
吉米·卡特图书馆
Ralph McGill St.
Freedom Pkwy
Inman Park
Highland Ave.
Inman Park/
Reynoldstown
Decatur St.
Cabbage Town
Memorial Dr.
Memorial Dr.
Glenwood Ave.

N
0   0.5miles
0   1km

257

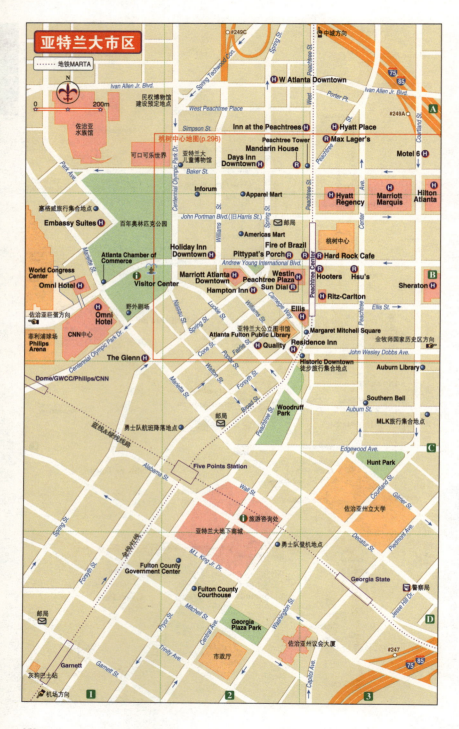

亚特兰大市区

地铁MARTA

0   200m

N

A

B

C

D

I   2   3

#249C

中城方向

West Peachtree Pl.

Spring St.

Spring Technwood Con.

Ivan Allen Jr. Blvd.

West Peachtree Place

Peachtree St.

West Peachtree St.

75
85

Ivan Allen Jr. Blvd.

W Atlanta Downtown

Porter Pt.

#249A

民权博物馆
建设预定地点

佐治亚
水族馆

Simpson St.

Inn at the Peachtrees

Hyatt Place

Courtland St.

可口可乐世界

桃树中心地图(p.296)

亚特兰大
儿童博物馆

Days Inn
Downtown

Peachtree Tower

Mandarin House

Max Lager's

Motel 6

Centennial Olympic Park Dr.

Baker St.

Peachtree St.

Peachtree St.

Center Ave.

塞格威旅行集合地点

Inforum

Apparel Mart

Hyatt
Regency

Marriott
Marquis

Hilton
Atlanta

Embassy Suites

百年奥林匹克公园

Williams St.

Spring St.

John Portman Blvd.(旧Harris St.)

邮局

桃树中心

World Congress
Center

Atlanta Chamber of
Commerce

Americas Mart

Fire of Brazil

Hard Rock Cafe

Omni Hotel

Holiday Inn
Downtown

Pittypat's Porch

Marietta St.

Visitor Center

Marriott Atlanta
Downtown

Hampton Inn

Westin
Peachtree Plaza
Sun Dial

Hooters

Hsu's

Peachtree Center

Sheraton

Omni
Hotel

野外剧场

Ritz-Carlton

Ellis St.

Philips
Arena

菲利浦球场

CNN中心

Nassau St.

Spring St.

Luckie St.

Williams St.

Carnegie Way

Ellis

Ellis St.

佐治亚巨蛋方向

Atlanta Fulton Public Library

亚特兰大公立图书馆

Margaret Mitchell Square

金牧师国家历史区方向

Centennial Olympic Park Dr.

Cone St.

Poplar St.

Fairlie St.

Quality

Residence Inn

John Wesley Dobbs Ave.

The Glenn

Marietta St.

Warren St.

Forsyth St.

Broad St.

Peachtree St.

Historic Downtown
徒步旅行集合地点

Auburn Library

Dome/GWCC/Philips/CNN

Woodruff
Park

Southern Bell

Auburn St.

勇士队航班降落地点

邮局

MLK旅行集合地点

Edgewood Ave.

Alabama St.

Five Points Station

Hunt Park

Spring St.

Wall St.

旅游咨询处

佐治亚州立大学

Courtland St.

Gilmer St.

Forsyth St.

M.L. King Jr. Dr.

亚特兰大地下商城

勇士队登机地点

Decatur St.

Piedmont Ave.

Fulton County
Government Center

Fulton County
Courthouse

Georgia State

Georgia State

Jesse Hill Dr.

警察局

邮局

Pryor St.

Mitchell St.

Central Ave.

Georgia
Plaza Park

Washington St.

佐治亚州议会大厦

#247

Garnett

Garnett St.

Trinity Ave.

市政厅

Capitol Ave.

75
85

灰狗巴士站

机场方向

258

前往方法 Access

飞机

位于市区西南部约 16 公里处的亚特兰大哈兹菲尔德－杰克逊国际机场是世界上最大的机场，1 天的乘客数量约 24 万人（连续 12 年客流量世界第一），1 天平均约 2700 个班次起降。机场巨大，但功能性比较强，出了托运行李提取区之后，30 分钟就能到达市中心。这里也是达美航空的主机场，从北京飞往这里的航班需中转 1 次，最快约 17 小时。还有从洛杉矶（约需 4 小时 30 分钟）、芝加哥（约需 2 小时）、纽约（约需 3 小时）等美国国内各地飞往这里的航班。

机场分为候机大厅 A~F、T 和主候机楼。国际航班大多数使用 E、F 候机大厅。E、F 候机大厅有独立的检票口、托运行李提取处、出租车和专线车车站等，但没有 MARTA 车站。如果想乘坐 MARTA 去市区，就先到主候机楼。从候机大厅 F 到主候机楼和汽车租赁中心有专线车。

连接各候机大厅到主候机楼的单轨铁路称为 Plane Train（2 分钟 1 班）。主候机楼的托运行李提取区按航空公司分成南、北两处，中间是旅游咨询处、兑换处、餐厅和礼品店等。MARTA 等开往市区的交通工具集中在托运行李提取区西端。

眼前是开往汽车租赁中心的 Sky Train，里面是开往各车站的 Plane Train

■从机场到市区■

●地铁　MARTA Rail

地铁 MARTA 红线和金线的终点是机场站，到市区中心的 Five Points 站约需 16 分钟。车站在出了托运行李提取区之后的最西边，有自动扶梯和电梯，即使携带重物也没关系。车内有行李架而且有警察巡逻，比较安全，请放心乘坐。

●机场专线车

Atlanta Airport Shuttle 公司有机场到市区、中城、巴克海特主要酒店的专线车。

●出租车

从机场到市区和巴克海特为均一票价，但会根据乘车人数加价。

长途巴士

亚特兰大是南部的代表性城市，因此，全美很多城市都有到亚特兰大的灰狗巴士。灰狗巴士每天 3 班（1 班直达车、需 10~12 小时）从新奥尔良到亚特兰大，6 班（需 19~24 小时）从纽约到亚特兰大，4 班从迈阿密到亚特兰大（1 班直达车，需 13~17 小时）。

巴士车站在市区南郊，旁边是地铁（也在地面上行驶）Garnett 车站，如果乘坐向北（与机场相反的方向）行驶的地铁，下一站就是市区的中心 Five Points 车站。

巴士车站周边非常安静，尤其是晚上，最好不要出门。

哈兹菲尔德－杰克逊国际机场
Hartsfield－Jackson
Atlanta International
Airport（ATL）
Map p.290 B1
☎ 1800-897-1910
www.atlanta-airport.com

关于机场名
亚特兰大机场名字中有两个人的名字。哈兹菲尔德是在 20 世纪 30 年代整顿机场并计划进一步发展亚特兰大的白人市长。杰克逊是促使奥运会成功举办的亚特兰大第一位黑人市长。

机场内的旅游咨询处
☎（404）305-8426
开 周一～周五 9:00~21:00，周六 ~17:00、周日 13:00~17:00
位于主候机楼中央的钟楼内。

汽车租赁中心 RCC
租车公司的服务台集集在离机场较远的新设的 RCC。从托运行李提取区出来之后按着 Ground Transportation 标志走，乘坐 ATL SkyTrain。ATL SkyTrain 是 24 小时运营的免费专线车，每隔 3~10 分钟一班，经由国际会议中心到 RCC 需要 5 分钟。
还车时，如果向市区方向行驶，就在 I-85 Exit 72 下来，沿左车道并入 Airport Blvd. 转向机场方向。在经过 North Terminal 方向的分岔口后，并入右车道，向 Jet Rd. 右转。

MARTA Rail
☎（404）848-5000
开 4:45~次日 1:00，周末 6:00 发车。白天每隔 15 分钟一班，晚上每 20 分钟一班。
图 $2.50+ 卡费 $1，详细情况参见→ p.263

机场专线车
Atlanta Airport Shuttle
☎（404）941-3400
图 1877-799-5282
图 到市区单程 20 分钟，$16.50、往返 $29。到巴克海特单程 30 分钟，$20.50、往返 $37。

Taix
图 市区 $30/ 人、中城 $32/人、巴克海特 $40/ 人，每增加 1 人加 $2。

灰狗巴士
Greyhound
Map p.258 D1
232 Forsyth St.
（404）584-1728
1800-231-2222
www.greyhound.com
24 小时
从地铁 MARTA Rail 的 Garnett 车站南侧出口出来之后右转。

美铁车站
Amtrak
Map p.257 A1
1688 Peachtree St.NW
（404）881-3067
1800-872-7245
www.amtrak.com
7:00～21:30

赫兹
Hertz Rent A Car
（404）237-2660
7:30～19:00
周六、周日 9:00～17:00

AAA
4540 Roswell Rd.
（404）843-4500
9:00～18:00
周六、周日、节假日
24 小时道路救援
1800-222-4357

铁路

从纽约开往新奥尔良的"新月号"列车每天 1 班，经停亚特兰大。从新奥尔良到亚特兰大需要 11～13 小时，车站在市中心西部。在没有列车始发和到达的时间比较冷清，最好在车站内的赫兹租赁租车（需要预约）或者乘坐出租车。

出了车站就是灰狗巴士总站

新月号 Crescent					（可能变化，仅供参考）
14:15	出发		New York	到达	13:46
18:30	出发	↓	Washington D.C.	↑	出发	次日 9:53
次日 8:13	到达	↓	Atlanta	↑	到达	19:35
8:38	出发			出发	20:04
19:38	到达		New Orleans	出发	7:00

租车

美铁的布鲁克菲尔德车站

通往很多城市的道路都经过亚特兰大，州际高速公路由 I-75（加拿大国境－迈阿密）、I-85（里士满－蒙哥马利）、I-20（南卡罗来纳－得克萨斯）这 3 条公路会合而成，因此是复杂的复式公路枢纽。很多地方单侧就有 10 车道。最好事先看一下地图，确认好公路序号、方向和出口序号。新奥尔良到亚特兰大大约有 480 英里（约 772 公里）（除去休息时间，约需 8 小时），从 Washington D.C. 到亚特兰大大约有 650 英里（约 1046 公里，约 12 小时）。

COLUMN

亚特兰大 & 佐治亚州小辞典

★ 亚特兰大市成立于 1847 年，市徽上 1847 旁印有 RESURGENS（复活、重生）1865，表示在南北战争中败北之后一个崭新的亚特兰大市重生。

★ 亚特兰大位于北纬 33.45 度，海拔 330 米，在美国的主要城市中仅次于丹佛。

★ 亚特兰大的名字起源于 Western & Atlantic 铁路，佐治亚的名字是英国国王乔治亚二世所取的。

★ 州别名　桃树州 Peach State

★ 州花　金樱子 cherokee rose

★ 州鸟　棕鸫 brown -thrasher

★ 州木　槲树 live oak

★ 州菜　维达利亚甜洋葱 vidalia onion

★ 州歌　Georgia on my mind

★ 特产　桃子果酱、果仁点心、调味汁

★ 有名的食物　炸鸡、玉米面包

★ 位于亚特兰大郊区的斯通山的雕刻是世界上最大的。

★ 亚特兰大哈兹菲尔德－杰克逊国际机场的航站楼是世界上最大的（有 45 个美式足球场那么大）。

城市的区域划分

亚特兰大分为三大区域。一区域是以地铁南北线和东西线交叉点 Five Points 车站为中心的市区，是亚特兰大的政治和经济中心，而且景点也很多。另一个区域是市区北边、从 North Ave. 站到 Arts Center 站附近办公大楼和商务酒店林立的中城。第三个区域就是中城北侧 Buchhead 车站和 Lenox 车站周边的高级住宅街巴克海特，巴克海特周边的郊区也有很多景点。

亚特兰大是南部最大的城市，到处分布着景点。因为亚特兰大的公共交通设施非常完善，即使没有车，也可以去主要的景点，但是乘坐公共交通工具比较费时间，最好缩小游览范围。

为了使这个城市井然有序，亚特兰大修建了 70 多条名字里含有 "Peachtree" 的大街。事先通过地图查看目的地的大致位置，就可以通过门牌号推断出具体位置。

旅行最值得庆幸的是能体验到"南部人的待客之道"。当您在某个街角翻看地图时，就会有人热情地问您"您去哪里呀"、"怎么了，遇到什么麻烦了吗"。

主题旅行

提起亚特兰大，很多人会联想起《乱世佳人》吧？但是现在，作为美国屈指可数的商业城市的亚特兰大已经完全没有了《乱世佳人》中的影子，不过还有几个与这部电影有关的地方，例如中城的玛格丽特·米切尔纪念馆（→p.279）和巴克海特的亚特兰大历史中心（→p.286）。如果有车的话，最好去看看郊区的塔拉之路博物馆（→p.293）和玛丽埃塔《乱世佳人》博物馆。

加入探寻伟人足迹之旅吧！金牧师国家历史区（→p.277）有民权运动的最高领导者、诺贝尔和平奖获得者马丁·路德·金的出生地以及幼年生活过的街道、

《乱世佳人》创作者玛格丽特·米切尔纪念馆

资料馆、墓碑。卸任后仍为了和平外交而努力并在 2002 年获得诺贝尔和平奖的原总统吉米·卡特也出生于佐治亚州。传颂他的功绩的吉米·卡特图书馆（→p.288）就在亚特兰大近郊。在这里我们可以一边回顾这位总统的丰功伟绩，一边思考"和平"到底是什么。

■旅游咨询处■

● AVCB Visitor Center

AVCB Visitor Center 在市区中心的大型购物中心 Underground Atlanta 的地上一层，从地铁的 Five Points 车站步行 2 分钟就能到达。旅游咨询处一角有计算机终端 TraveLink，可以查询天气、巴士线路及时刻表、旅游景点等信息。除此以外，还有达美航空的飞机驾驶舱的实物尺寸模型以及上映有关亚特兰大历史电影的剧院。

亚特兰大的治安

亚特兰大的犯罪率曾居全美第一。虽然治安状况有所改善，但还是不能松懈。游客和商务人士多的地方治安没有问题，但人少的地方，最好不要独自前往。市区外的治安情况比较差，只要踏出市区，哪怕距离非常近，最好也要乘坐地铁或者出租车等。晚上出门一定要乘坐出租车。

也许不仅仅是热情的人？

Readr's Voice

当我正在寻找 MARTA 车站时，有个男人大声问我"您在找什么地方"，还把我带到了车站。但是到了车站之后却向我要 $10，被我拒绝了。后来又降到 $3、$2，最后给了他 $1。在亚特兰大旅行期间，的确也感受到了南部人的热情，但确实也存在这类人。

亚特兰大的市内通话

● 市区有 404、470、770、678 这 4 个电话区号。
● 即使是同一个区号拨电话，也不能省略区号。
● 拨打不同的区号的电话时，如果是市区的 4 个区号的电话，就无须在前面加拨"1"。
● 市区的 4 个区号之间的通话费用全部为 50 ¢，没有时间限制。

旅游咨询处
ACVB Visitor Center
Map p.258 C2
65 Upper Alabama St.
（404）577-2148
1800-285-2682
www.atlanta.net
10:00~18:00、周日 12:00~

model course 1 游览
主要的景点

第一天：上午
- CNN 中心（p.272）
- 佐治亚水族馆（p.271）

第一天：下午
- 可口可乐世界（p.268）
- 百年奥林匹克公园（p.273）

次日：上午
- 参加斯通山公园之旅

次日：下午
- 金牧师国家历史区

亚特兰大历史中心有从南北战争到民权运动、奥运会的丰富展示

model course 2 探寻
伟人的足迹

第一天：上午
- 玛格丽特·米切尔纪念馆
- 亚特兰大历史中心
- 到巴克海特购物

次日：
- 金牧师国家历史区
- 吉米·卡特图书馆

亚特兰大历史中心有从南北战争到民权运动、奥林匹克等内容的展览

COLUMN

遍地"桃树"的亚特兰大

亚特兰大有很多名字里有"Peachtree"的大街，以贯穿市区南北的 Peachtree Street 为主，共有 Peachtree Drive、Peachtree Plaza、Peachtree Way、Peachtree Avenue 等 70 多条大街。尤其是市区的 Peachtree St. 与东侧和它平行的 Peachtree Center Ave.，特别容易混淆。Peachtree St. 在向北 1 个街区处分成 West Peachtree St.，在下一个交叉口，和先前的 Peachtree Center Ave. 合并。在中城，Peachtree St. 和 West Peachtree St. 平行，不久之后合并，改为 Peachtree Rd. 后向巴克海特延伸。

亚特兰大市内到处是桃树，"桃"正是佐治亚州的特产。如果去礼品店的话，你会看到桃子果酱和甜点、以桃为主题的 T 恤等商品，琳琅满目。桃是佐治亚州的象征。

实际上佐治亚州最具代表性的农畜产品第一位是鸡肉，其次是因原总统卡特而出名的花生。亚特兰大市内最常见的花也不是桃花而是四照花（dogwood）。

事实上 Peachtree Street 上一棵桃树都没有。土著彻罗基族将作为街道标记的树木称为"像桃树的树木"，而白人殖民者却误译为"桃树"，因此流传下来。

■市内交通工具■

亚特兰大都市圈交通系统 MARTA（Metropolitan Atlanta Rapid Transit Authority）

以亚特兰大为中心的区域有沿东西方向行驶的蓝线和绿线及沿南北方向行驶的红线和金线共 4 条地铁线路以及 93 条巴士线路。市内和近郊的旅游景点 MARTA 基本都能到。全美也只有极个别的城市只需乘坐公共交通工具就能到达旅游景点，好好利用吧！

MARTA 采用均一票价 $2.50，但如果是初次乘坐，$2.50 是不够的，必须花 $1 购买预付卡（Breeze Card）。成人每人 1 张，可免费带两个身高不足 117 厘米的儿童随行。

可以在车站的售票机购买。初次购买按 Buy，以后充值按 Reload，余额确认按 Check Balance，也可以使用信用卡支付。

在车门门口将卡贴到蓝色区域（数据读取区），就会立刻显示余额，门自动打开。提醒一下，光是举一下卡是不行的，必须接触蓝色区域。

白天乘坐 MARTA 的商务人士较多

● 地铁　MARTA Rail

地铁以市区中心、Five Points 车站为起点向东、西、南、北方向延伸。南北方向分为红线和金线，往南端的机场延伸，到市区及其周边地区非常方便。MARTA Rail 只有市区的中心位置在地下行驶，其他地方沿高架铁路行驶。

● 巴士　MARTA Bus

巴士线路很多，甚至还能到相对狭窄的区域，这极大地方便了广大市民。白色的车体上印有蓝色、黄色、橘色的线。巴士的很多线路从地铁车站发车，换乘也非常方便。巴士车站有两种，一种的柱子上面印有"MARTA"符号，另一种是白色的混凝土矮柱子。有的线路巴

MARTA

时刻表咨询
☎ （404）848-5000
🖥 www.itsmarta.com
🕐 7:00~19:00
周六、周日 8:00~17:00
休 11 月的第四个周四、12/25

参观证
可以自由乘坐 MARTA 的地铁和巴士。参观证不是独立发行的，而是读进 Breeze Card 的。

1 日—$9	4 日—$19
2 日—$14	7 日—$23.75
3 日—$16	30 日—$95

打不开车门怎么办？
准备上车时，如果站在机器旁边就会遮住感应光束，即使触碰，也有可能打不开车门。必须站在机器的前面，用卡触碰蓝色区域。

地铁
MARTA Rail
🕐 5:00~次日凌晨 1:00，周日、节日 6:00~次日凌晨 0:30，白天每隔 15 分钟一班，夜间和周末每隔 20 分钟一班。
💰 $2.50，换乘免费，如果还要继续乘坐地铁或者巴士，只需要触碰一下蓝色区域就可以。费用不自动划转。

第一次乘车时必须购买 Breeze Card

巴士

MARTA Bus

🕐 5:00~深夜 0:30，周末运行时间缩短，巴士的间隔时间也不同。

💲 $2.50，换乘地铁免费。如果想继续乘坐巴士，需花 $2.50 购票。

有关 MARTA 的治安

无论乘坐地铁还是巴士，只要在车内，就绝对安全。但是地铁和巴士车站不一定安全，天黑之后最好不要乘坐了，建议您乘坐出租车。但是机场车站、Five Points 车站和 Lenox 车站等地，即使到了晚上，也很热闹，非常安全。

出租车

Checker Cab

☎ （404）351-1111

在市区的规定范围内为均一票价 $8

美国亚特兰大观光之旅

☎ （404）233-9140
📞 1800-572-3050
💻 www.americansightseeingatl.com

Tour 1

🕐 9:00~13:00
📅 11 月~次年 3 月
💲 $45，3~11 岁 $40

Tour 2

🕐 14:00~18:00
💲 $43，3~11 岁 $40

Tour 3

🕐 9:00~18:00
💲 $85，3~11 岁 $77

士的班次较少，请购买一份巴士时刻表或者通过电话确认时间，也可以通过 MARTA 的网站查询。车票可用现金支付，但不找零钱。

有的线路巴士班次有限

出租车

如果是在晚上或者行李较多的情况下，最好乘坐出租车。在亚特兰大，街上行驶的出租车非常少，最好通过电话预约出租车。基本费用是 $2.50，每 1/8 英里加收 25 ¢，每增加一个人加收 $2。

市区和巴克海特也实行均一票制（全部含税）。

★ 市区的 Boulevard、North Ave.、Ashby St.、Ashby St. 和透纳球场（Turner Field）所包围的区域为均一票价 $8，加 1 人追加 $2。

★ 巴克海特均一票价 $8，加 1 人追加 $2。

★ 从机场到市区 $30，加 1 人追加 $2。

★ 从机场到巴克海特地区 $40，加 1 人追加 $2。

■旅行指南■

美国亚特兰大观光之旅 American Sightseeing Atlanta

这是一个小型巴士旅行，提供主要酒店接送服务，需要预约。

● **Tour 1 Stone Mountain Park**

从到山顶的缆车、南北战争前的庄园、外轮船旅行、资料馆中任选 2 项。

● **Tour 2 Rich in History**

参观金牧师国家历史区、天幕、亚特兰大历史区等地，途中可在巴士车内看看 Underground Atlanta、州议会大厦、福克斯剧场、高等美术馆和玛格丽特·米切尔纪念馆。

因山腰处的石雕而为人所知的 Stone Mountain（石头山）

● **Tour 3 Combination**

包含 Tour 1 和 Tour 2 的参观内容，需要整整一天，时间非常紧张。

COLUMN

正义的力量 Ambassador Force

在市区街角，人们经常会看到戴着头盔、身着警察制服的 Ambassador Force，67 名成员骑着山地自行车或者赛格威在市区巡逻，负责改善治安状况、清扫市区以及为游客指路。

Ambassador Force 是 1996 年奥运会时诞生的组织，他们的活动经费来源于市区商业用地的不动产税收，组织成员经过 200 多小时的严

格训练，一旦发现犯罪行为或者扰乱公共秩序的行为，Ambassador Force 成员有权拘留他们。在他们的巡逻之下，市区的治安情况得到了大幅度的改善。The Westin Peachtree Plaza 前的交叉口（Peachtree St. & A.Y.International Blvd.）处有个向导亭，最好在那里购买地图或者旅游指南。

赛格威旅行 Segway Tour

骑着通过转移重心来前行或者转弯的小轮摩托车或者赛格威旅行。在听完 30 分钟的情况说明之后，游览奥林匹克公园等市区景点。需要预约。

从 2012 年开始新增市中心旅游项目，如玛格丽特·米切尔纪念馆、高等美术馆（仅限外观）、皮德蒙特公园等。

亚特兰大徒步旅行

徒步旅行是由保护具有历史价值的建筑并号召市民、儿童以及游客加入保护活动的一个非营利团体——亚特兰大典藏中心主办的。该项目将带领游客去游览与众不同的景点以及游客个人去不了的景点。除了后面提到的景点以外，还有几条游览路线。旅游时间约需 90 分钟，无须预约，但必须在旅行前进行确认。

吸引行人眼球的古典式酒店——爱丽丝酒店

● Historic Downtown

一边游览，一边欣赏市区内维多利亚风格、装饰艺术风格等不同风格的建筑。

● Sweet Auburn/MLK Historic District

这里的一切都与金牧师和民权运动有关，可以去金牧师国家历史区等地游览。

● Druid Hills

Druid Hills 是亚特兰大一处高级住宅街，深绿色的森林当中是一座座高雅而富有个性的豪宅。获得奥斯卡奖的电影《为戴茜小姐开车》中的家就是参考这里的建筑外观。

● Ansley Park

高楼林立的市区中心是在 20 世纪初才发展起来的一块区域，这里原是亚特兰大第一个通车的郊区。如今，这里仍然保留着玛格丽特·米切尔的住宅（外观）等古老的建筑，已被指定为历史保护区。

■观看体育比赛■

美国职业棒球大联盟（MLB）

●亚特兰大勇士队 Atlanta Braves（东部赛区）

作为投手王国，勇士队可以说是 20 世纪 90 年代最强的队伍。从

由奥运会主会场改装而成的透纳球场（左）、为精彩的比赛呐喊助威（右）

赛格威之旅

☎（404）588-2274
📠 1877-734-8687
🌐 www.citysegwaytours.com
🕐 10:00 和 14:00。市中心 11:00，都需要 3 小时，雨天行程不变，仅限 12 岁以上的人参加。
💲 $70（需要 $500 押金）
🚇 奥林匹克公园西侧
Map p.258 B1

Atlanta Preservation Center

☎（404）688-3353
🌐 www.preserveatlanta.com
💲 $10，60 岁以上 $5。如果有城市通票（→p268），2 人 $10。
注意：如果遇到雨天或者节日，则终止活动。导游是志愿者，请不要忘记给小费。

● Historic Downtown
🕐 不定期，需要确认
🚫 12 月～次年 2 月
🏛 Candler Bldg.
Map p.258 B3
🏠 127 Peachtree St.
🚇 MARTA Five Points 车站和桃树中心之间。

● Sweet Auburn / MLK Historic District
🕐 不定期，需要确认
🏛 APEX Museum
Map p.258 B3
🏠 135 Auburn Ave.
🚇 从 Peachtree St. 进入 Auburn Ave. 向东，过了 Courtland St. 之后的右侧。

● Druid Hills
🕐 周六 14:00
🚫 12 月～次年 2 月
🏛 St John's Lutheran Church
🏠 1410 Ponce de Leon Ave.
🚇 从 MARTA Decatur 车站乘坐向北行驶的 2 路巴士，在 Ponce de Leon Ave. 或者 Oakdale Ave. 下车。

● Ansley Park
🕐 夏季的周六、周日 14:15，出发日期请通过网站确认。
🏛 First Church of Christ, Scientist 前
🏠 1235 Peachtree St.
🚇 从 MARTA Art Center 车站沿 15th St. 向东 1 个街区。

透纳球场 Turner Field
Map p.257 D1
🏠 755 Hank Aaron Dr.
📞 1800-745-3000（售票热线）
🌐 www.atlantabraves.com
💲 $1～70
🚇 从 MARTA Five Points 车站旁边的亚特兰大地下城东侧广场乘坐赛前 90 分钟前出发的 "Braves Shuttle"，十分方便。从下车的地方乘坐回来的班车，并且在地铁 Five Points 车站前下车。
需要 Breeze Card（$1），往返 $5，继续乘坐 MARTA 免费。

佐治亚巨蛋
Georgia Dome
Map p.257 C1
🏠 1 Georgia Dome Dr.
☎ (404)223-844(售票热线)
🖥 www.atlanta falcons.com
💰 $29~180
在 MARTA Dome/GWCC/
Philips / CNN 车站或者 Vine
City 车站下车后步行 5 分钟

菲利浦球场 Philips Arena
Map p.258 B1
🏠 1 Philips Dr.
☎ (404) 878-3000
🖨 1800-745-3000
🖥 www.hawks.com
💰 $10~165
在 MARTA Dome/GWCC/
Philips/CNN 车站下车即到。

伍德拉夫艺术中心交响音乐厅 Woodruff Arts Center Symphony Hall
Map p.257 A2
🏠 1280 Peachtree St., bet. 15th & 16th Sts.
☎ (404) 733-5000
🖥 www.atlantasymphony.org
💰 $15~85。电话预约只限信用卡 Ⓐ Ⓜ Ⓥ

售票处
🕐 周一 10:00~18:00、周二～周五~20:00、周六 12:00~、周日 12:00~17:00
🚆 在 MARTA Arts Center 车站下车，东侧即是。

Atlanta Opera
Map p.290 A1
☎ (404) 881-8885
🖨 1800-356-7372
🖥 www.atlantaopera.org
🕐 周一～周五 9:00~17:00
💰 $45~250
🚆 位于亚特兰大西北部，在 I-75（Exit 258）和 I-285 交叉口附近，最好驾车，距离市区 15 分钟车程。

1992 年开始，连续 14 年取得赛区比赛的胜利，但从 2006 年开始，成绩不再理想。明星球员是著名的击球手奇伯·琼斯。赛季是 3 月下旬到 9 月，队服是红色。体育场的左侧是勇士队博物馆，也有参观球场的旅行项目。

美国橄榄球联盟

● 亚特兰大猎鹰队 Atlanta Falcons（NFC 南区）

佐治亚巨蛋是猎鹰队的主场。这支队伍的成绩不算太理想，但是在 1998 年的超级碗中取得了胜利。后来，在 2004 年和 2010 年又取得了赛区比赛的胜利。期待他们获得更好的成绩。

Falcon 是鹰的意思，赛季是 8 月下旬到 12 月，队服是黑色。

美国职业篮球联赛（NBA）

● 亚特兰大老鹰队 AtlantaHawks（东部联盟东南赛区）

老鹰队以 CNN 旁边的菲利浦球馆为主场。虽然它是一支较弱的队伍，但是 2008 年涌现出了许多有潜力的年轻选手，在时隔 9 年之后再次进入了季后赛。约什 - 史密斯的防守非常干净利索。赛季是 10 月下旬到次年 4 月。

老鹰队的主场——菲利浦球场

■休闲娱乐■
古典音乐

亚特兰大交响乐团　Atlanta Symphony Orchestra（ASO）

它是由罗伯特·斯帕诺率领的美国首屈一指的交响乐团。2011~2012 它迎来了 67 岁的生日。乐团业绩璀璨，是格莱美古典奖项的常胜将军，拥有超过 27 座格莱美奖杯。每年举行 200 多场音乐会，内容丰富。在周六下午举行日常音乐会、孩子们喜爱的家庭音乐会以及夏季的流行音乐会。演出季为 9 月到次年 5 月，伍德拉夫艺术中心的交响音乐厅是主要的音乐会场地。

歌剧

亚特兰大歌剧院 Atlanta Opera

自 1979 年创立以来这里一直进行着各种各样的表演，10 月～次年 4 月的演出季中共有 4 场公演，有许多像《唐乔凡尼》等人们熟悉的演出节目，主要表演场地在具有最先进设备的 Cobb Energy Performing Arts Center。

亚特兰大的诞生和风土人情

亚特兰大没有大河，因为土地不太适于耕作，所以特产并不丰富。亚特兰大只有茂密的森林和花岗岩山。

处于这种地理位置的亚特兰大成为南部大城市的唯一理由就是铁路，它是随着铁路的发展而发展起来的城市。

在从东海岸向内陆开拓的 19 世纪 30 年代，为了避免翻越阿巴拉契亚山脉，在位于阿巴拉契亚南端的彻罗基族村落修建了铁路。在短短的几年间，铁路不断向各个方向延伸，来自萨凡纳的港口、纽约、芝加哥、佛罗里达和西部的很多物和人汇集在这里。不久因为作为交通要道而繁荣起来的城市就是亚特兰大，它的名字包含"通过 Western & Atlantic 铁路前往大西洋的城市"的意思。

亚特兰大从诞生之日起一直充满了活力，很多精力充沛、充满野心的人都涌向了亚特兰大，因为他们相信这个因铁路的建造而发展起来的新城市还有更加美好的未来，他们也想通过自己的双手实现自己的梦想。

迄今为止，亚特兰大还继续保留着南部人的豁达和温柔，充满了一股不同于南部其他城市的力量，也体现着亚特兰大在代表美国举办奥林匹克奥运会时的"BIG A"的力量。

从铁路城市发展为商业城市

亚特兰大和美国的其他地区一样，随着南部机动化的发展，铁路逐渐被废弃。但是，亚特兰大的发展势头并未减退。来自各个方向的公路汇集在亚特兰大，形成了一个复式公路枢纽，亚特兰大交通要道的作用显得越来越重要。

不久，飞机时代来临，亚特兰大又开始向"天空中的十字路口"发展。现在不仅已经成为达美航空的总部，而且有来自世界各地的飞机在这个世界最大的机场起降。

20 世纪 70 年代，亚特兰大成功转型，借国际线飞机起航之机实施了企业招商引资。调查结果显示，目前全美前 500 名的大企业当中有 450 家企业总部设在亚特兰大。可口可乐、达美航空、AT&T 移动（手机）、UPS（宅急送）等很多公司的总部在亚特兰大。另外高新技术产业和外国企业也大批进驻。

近代高楼大厦和大型会场集中的市区充满了商业城市的氛围。

19 世纪末的市区

民权（Civil Rights）城市

很多人因为亚特兰大是《乱世佳人》的创作者玛格丽特·米切尔（Margaret Mitchell）和金牧师（Martin Luther King, Jr.）的出生地而知道这个城市的。《乱世佳人》中采摘棉花的奴隶们虽然随着南北战争的失败而被解放，却历经了 1 个世纪的种族歧视。正是金牧师通过不懈的努力，最终推动了《民权法》的颁布，大大地改善了这种社会状况。亚特兰大是衡量"美国良心"的舞台。来亚特兰大旅游时，不要忽略关于民权运动和金牧师的景点。

南部的中心不在南部

亚特兰大是南部代表性城市，所以亚特兰大奥运会带有浓厚的"南部"色彩。毫无疑问亚特兰大是南部的中心，可南部人却认为亚特兰大不属于南部。

在现代化急剧发展的市区，商务人士健步穿梭于高楼大厦之间。他们并不全是具有高雅的动作、南部独特的口音以及文雅交流方式的南部人。

南部人认为亚特兰大不属于南部的另一个原因是自然环境。亚特兰大海拔约 330 米，在南部主要的城市中，海拔高度仅次于丹佛。亚特兰大周边根本看不到南部风景诗中的寄生藤（从大树枝上垂下来的寄生植物），而到处都是茂密的森林。亚特兰大是美国大城市当中最美的一个城市。当春天来临的时候，整个城市到处是白色和粉色的四照花以及五颜六色的杜鹃花，而秋天则可以去森林中看红叶。

在亚特兰大，不仅能体验到大城市繁荣的商业贸易、高级酒店和一流的娱乐设施，回到家之后，还能光着脚在宽阔的庭园里烧烤或者走进大自然，享受小城的惬意。所以亚特兰大也称为"大型小城"。

市区

可口可乐世界 World of Coca Cola | Map p.258 A1
世界上最大的可口可乐博物馆

可口可乐世界

📍 121 Baker St.
☎ （404）676-5151
📠 1800-676-2653
🖥 www.worldofcocacola.com
🕐 10:00~18:30（6~8 月 9:00~
20:30），淡季时间会缩短。
必须在闭馆前 90 分钟入馆。
🚫 11 月的第四个周四、12/25
💰 $16、65 岁以上 $14、3~
12 岁 $12、停车费 $10
🚇 在 MARTA Peachtree Center
车站下车，沿 Baker St. 向西
步行 5 分钟。
注意：来参观的游客非常多，
最好平日一大早去。暑假和
周末有入场人数限制，在窗
口购票时会指定入场时间，
有可能等待 1~2 个小时，旺
季时，有可能到次日才能入
馆参观。如果从网站购票的
话，自己可以选择入馆时间。

5 个景点的城市通票

📠 1888-330-5008
🖥 www.citypass.com
💰 $69、3~12 岁 $49
城市通票的有效期为 9
天，可以在以下景点购买：
1. 可口可乐世界（不可优先
入园）
2. 佐治亚水族馆（可优先入
园）
3. CNN 工作室
4. 亚特兰大历史中心或者亚
特兰大动物园
5. 弗恩班克自然史博物馆或
者高等美术馆

　　曾听过这么一个故事：在某秘境，美国人递给土著可口可乐说"喝喝看，味道不错！只有我们国家才有这么好喝的饮料"。

　　虽然这位美国人的语气有点自以为是，但一杯软饮料也的确不足以成为美国的象征。

　　亚特兰大最受欢迎的景点是起源于这个城市的可口可乐的展览馆。可口可乐总公司在中城，但为了方便可口可乐追捧者和游客，将展览馆建在了市区中心。2007 年，展览馆迁到奥林匹克公园对面，规模约为原来的 2 倍，参观至少需要 2 小时。

看一看可口可乐 120 多年的历史

　　展览馆在佐治亚水族馆对面，入口在冰箱里巨大的可口可乐的正下方。

　　如果有时间的话，可以去预演厅看一看。那里到处是各种各样的展板和海报，千万不要错过克拉克·盖博的海报和诺曼·洛克威尔的油画。然后去剧院看 8 分钟的动画片 *Happiness Factory*，说的是一旦喝了可口可乐就会变快乐的魔法故事。

　　看完动画片之后是自由活动时间。大厅周围也有很多景点，可以先从一层的右侧开始参观。

● Level ONE
　　先去 Vault of the Secret Formula，这里重现了位于可口可乐公司总部

Happiness Factory 的配音演员是这里的工作人员

位于百年奥林匹克公园对面

从这些物品中能发现可口可乐的秘密吗?

的"秘密配方保管室"。可口可乐的制作方法,尤其是香料的配比,至今仍是一个秘密,流传着许多诸如"全世界只有两个人知道可口可乐的配方"、"这两个人每人只知道其中一半的配方"的传言。当然,这仅仅是供大家娱乐的传言而已,不过配方的确是绝对不可能公开的。

然后去 Milestones of Refreshment,这是一个收藏了来自世界各地的徽章和配送卡车等1200多件可口可乐物品的画廊,绝大部分物品是初次展示,只有50件物品是从原可口可乐世界搬运过来的。这里不仅有展示,还有触摸屏、游戏以及装载到航天飞机上返回宇宙的可口可乐服务器。

在隔壁的 Bottle Works 能看到最先进的机器人制作的罐瓶的样子。

● Level TWO

参观完一层之后,从中央的楼梯上二层。在 Secret Formula 4D Theater 进行一次探寻神秘的可口可乐制造方法的旅行。戴上 3D 眼镜看电影,感觉座位好像在动,水仿佛就在身边流过。

隔壁的 Pop Culture Gallery 摆放了很多以可口可乐为主题的艺术品。游客也可以自己制作艺术品,将完成的作品通过电子邮件形式发送,这项

民权博物馆

可口可乐世界北侧是正在建造的民权博物馆,土地是可口可乐公司捐赠的,预计2014年开放。

这里汇集了各国的自动售货机

Pop Culture Gallery

这里经常会展示出生于佐治亚州的民间艺术巨匠霍华德的作品以及与圣诞老人相关的一些作品。

1985 年可口可乐改变了持续了 1 个世纪的风格，因为不受欢迎，3 个月后又回到了原先的风格，这就是"新可乐事件"。关于这个事件，讲解员会为游客做详细的讲解。

活动令大人和小孩都很着迷。

另一个剧场 Perfect Pauses Theater 也非常受欢迎，这里会上映最新 TVCM 的幕后花絮、过去的动画 CM 集、世界各国的杰作 CM 集，各 10 分钟。

每个国家芬达和雪碧的味道都不同

在 Tast It！可以品尝到全世界由可口可乐公司生产的饮料，听说包括矿泉水和运动饮料共有 2600 种，约有 60 种可以试饮。喝饱之后，可以看一看屋顶。一层刚建好的装瓶室的屋顶上都是可口可乐。每一位游客都会得到可口可乐经典玻璃瓶装可乐。

礼品店的商品琳琅满目，尤其是古董的品种最为丰富。

COLUMN

以经典玻璃瓶而称霸世界

1886 年，亚特兰大药剂师约翰·斯蒂斯·彭伯顿在研发感冒药的过程中发现糖浆的味道不错，于是决定将糖浆当作饮料出售。当时冷饮柜中 1 杯加糖浆的水卖 5 ￠，但有一天他误将糖浆加入了碳酸水，尝了一下，发现味道竟然更好。

可口可乐就这样产生了！

现在只要一提起可口可乐，即使看不到你也能想起中间凸出的长长的瓶子。这种 1915 年投入使用的瓶子虽然是模仿可可豆的形状，但其实也很像下摆褶皱的长裙。绿色的瓶子代表佐治亚州的自然之色。

这种性感的可口可乐经典玻璃瓶即使是在黑暗中触摸也能区分出来，手感不错，能抓牢，因而可口可乐的销售越来越火爆。在灌装时代来临之前，40 年来可口可乐公司一直出售这种瓶子的饮料。

可口可乐公司进行了大力的宣传。不仅成为奥林匹克的赞助商，还签约一线艺人出演将可口可乐推向时代尖端的广告片。

1931 年，周六晚报登载了可口可乐的广告，是一位胖胖的身体、花白胡子、一身红装和蔼可亲的圣诞老人正在喝着可口可乐。自从这个广告获得好评以后，圣诞老人就经常出现在广告上，成了可口可乐广告中的固定形象，此形象与画这幅画的画家 Sand Brom 一模一样。

可口可乐公司又陆续开发了其他产品，可以说世界上 50% 的软饮料都是由可口可乐公司生产的，包括南极和宇宙，也都离不开可口可乐。据说全世界在 1 秒钟内要喝掉 1.94 万瓶可口可乐公司的产品，真是太不可思议了。

Trivia of Coke

★ 全世界 98% 的人认识可口可乐的商标。

★ 可口可乐公司给佐治亚州亚特兰大等城市捐赠了巨款，其中以对埃默里大学的捐款最有名，因此这个学校还有个别名，为"可口可乐大学"。

圣诞老人也喜欢喝可口可乐？！

佐治亚水族馆 Georgia Aquarium

观赏世界上最大的鱼和鲸鲨

海豚表演非常受欢迎

2005 年 11 月全美最大的水族馆——佐治亚水族馆对外开放。虽然是"佐治亚"水族馆，但它并不是州立水族馆，而是由接受 Home Depot 的 DIY 连锁创始人捐款的财团运营。水族馆的布局非常独特。中央的广场有美食区，周围有 6 个展区，纪念品商品店里有个出口。

先去有鲸鲨的 Ocean Voyager。

这里的水箱约为芝加哥谢德水族馆的 2 倍，里面约有 10 万条鱼，4 头能长到 10 米以上的鲸鲨（Whale Shark），4 头鲸鲨的震撼力相当于鲸鱼。虽说鲸鲨也属于鲨鱼，但它们以浮游生物作为主食而且非常温驯。鲸鲨身体上群游的黄鱼是竹荚鱼。优闲游荡的双髻鲨和蝠鲼优雅而美丽。可以通过亚克力隧道到水箱底下从侧面欣赏这些鱼类。巨大的亚克力窗口大小为世界第三位，厚度达到 61 厘米却还有很高的透明度，真是难以置信。

除此以外，还有能看到珊瑚礁生物的 Tropical Diver，云集世界淡水鱼的 River Scout、能看到白鲸的 Cold Water Quest 以及以佐治亚州海域的海为主题的 Georgia Explorer 等，不过一定不能错过的是海豚馆（Dolphin Tales）的海豚表演。

如果还有时间的话，可以看看立体影像加特殊效果的 4D 电影（注意会有飞溅的水花）。

在世界最大的水箱中鲸鲨正自由自在地游泳

大量的锯鳐以及蝠鲼和鼬鲨

佐治亚水族馆

- 🏠 225 Baker St.
- ☎ （404）581-4000
- 🌐 www.georgiaaquarium.org
- 🕐 10:00~17:00、暑假等旺季 9:00~21:00
- 休 无
- 💰 $34.95（3~12 岁 $28.95），冬季平日 5 折优惠。使用可优先入馆的通行证 $39.50（3~12 岁 $29.50）
- 🚊 从 MARTA Peachtree Center 车站出来之后向北行驶，往 Baker St. 方向左转后再行驶 4 个街区。
- 注意：因为佐治亚水族馆非常受欢迎，因此周末游客太多，秩序混乱。闭馆前 1 个小时停止售票，如果游客过多，时间还会提前。如果打算周末或者休息日去的话，最好通过电话或者网站购票。

使用城市通票优先入馆

即使游客再多，持有城市通票（→ p.268）也可以优先入馆。

Behind the Scenes Tour

Behind the Scenes Tour 需要 1 个小时的时间。可以从上俯视主池，也可以参观鱼手术室和解剖室以及海水过滤器。需要预约。

💰 根据参观内容，另收费 $15~550

亚克力窗的大小对比

迪拜水族馆
8.3m × 32.9m=273m²
佐治亚水族馆
7m × 18.6m=130.2m²

CNN 中心

🏠 190 Marietta St.
☎ （404）827-2300
📠 1877-426-6867
🖥 www.cnn.com/Studio Tour/
🕐 9:00~17:00，间隔 20 分钟
🕐 50 分钟
📋 周一～周五 9:00~17:00，通过上述电话或者网站预约，不过只能预约到次日以后的门票。
🚫 复活节、11 月的第四个周四
💰 $15、65 岁以上 $14、4~12 岁 $12
🚇 在 MARTA Come/GWCC/Philips/CNN 车站下车。上了出口的自动扶梯向右前行。如果从 Underground Atlanta 去的话，至少需要 15 分钟。

VIP 之旅

可以进入实际制作新闻的工作室内参观，包含纪念照片 $35，不满 12 岁禁止入内。周一～周六 9:30、11:10、14:10

CNN 的网络

亚特兰大本部的网络除了 CNN，还有每 30 分钟播报 1 次世界最新消息的 HLN（原 Headline News）、面向国外的 CNN International、专门播报旅行和航班信息的 Airport Network、西班牙语播报的 CNN En Espanol 等。

CNN 中心 CNN Center

Map p.258 B1

全天候 24 小时滚动播出

如果住在美国的酒店或者汽车旅馆，打开电视搜索一下频道就不难发现，无论多小的城市都有 CNN 频道。CNN 是美国有线电视新闻网 Cable News Network 的简称，是全天候 24 小时滚动播出新闻的电视频道。

1980 年，关注有线电视未来发展可能性的特德·特纳创立了专门播报新闻的电视频道。这一先见之明使 CNN 闻名全世界。尤其是在海湾战争中，当其他的报道记者逐渐撤离时，CNN 的记者彼得·阿奈特一直留在巴格达向全世界报道最新战况，这使 CNN 的名字变得更加响亮。

亚特兰大最受欢迎的旅游景点之一就是 CNN 工作室。24 小时滚动播报新闻的电视台实行 1 天 8 小时的 3 班倒工作制，在这里能看到工作人员现场制作向全世界发布的新闻，非常有趣。旺季时游客很多，请尽早出行。

●旅行指南

在接受安全检查之后，先乘坐长长的自动扶梯去控制室（Control Room Theater），控制室的工作人员以正在播放的画面为中心，通过监控器确认转播地和字幕等。

然后去主新闻编辑室（Main Newsroom Floor）。能看到在光鲜亮丽的主播背后，监看来自全世界的新闻的工作人员、决定播报新闻的制作人、绘图室以及写新闻原稿的工作人员的样子。如果发生什么重大事件，会有 200 多名工作人员参加这项工作。

二层还有 HLN 的专用工作室。如果参加平日上午的观光游览的话，也许会遇见主播罗宾·米多。

一层中庭有美食街、CNN 的纪念品商店、MLB 勇士队的纪念品商店。即使不参加观光游览，也可以自由出入

在发生重大事件时，有时会中止游览

有很多关于奥林匹克的纪念碑，游览的时候留意一下

百年奥林匹克公园 Centennial Olympic Park　Map p.258 B1

城市绿洲，喷泉表演值得一看！

　　CNN 中心北侧、Marietta St.、Park Ave.、Baker St. 包围的区域是 1996 年夏举办的奥林匹克运动会纪念公园。因为是纪念近代奥林匹克 100 年的公园，不仅位于市区中心，而且占据了很大的一片区域，足以证明亚特兰大人的热情。公园南侧奥运会五环标志模样的喷泉是公园的标志。每天 12:30、15:30、18:30、21:00 有 4~5 曲音乐喷泉表演。到了晚上，公园里的路灯都被打开，251 个喷泉口同时喷出水来，场面非常壮观，千万不要错过（如果水不足的话，就会中止）。

　　喷泉西侧有游客中心，里面有休息室和咖啡厅，还能看到火炬形状的雕像、顾拜旦像以及近代奥林匹克 100 年纪念像。注意一下脚下的砖。地面上有 80 多万块这样的砖，上面刻有买砖人的名字。园内有 1200 个座席的野外剧场，经常举办演唱会。

亚特兰大儿童博物馆

Imagine It!-The Children's Museum of Atlanta　Map p.258 A2

能让孩子们尽情玩耍的博物馆

　　亚特兰大儿童博物馆位于奥林匹克公园东北部、主要面向 2~8 岁的儿童。在这里孩子们可以使用各种各样的绘画工具在透明的亚克力板上随意绘画，或者在像沙滩一样的区域内用黏土进行手工制作，或者将管子连接起来制作某个东西等，还展示了许多孩子们在学习、玩耍和探险等体验中完成的富有想象力的作品，而且能参加杂货店店员和农场工人

的模拟体验。虽然博物馆的规模不大，但是展品比较丰富，尤其是周末，来参观的人特别多。

这里能看到孩子们丰富的表情

百年奥林匹克公园

住 265 Park Ave.West
☎ （404）222-7275
网 www.centennialpark.com
开 7:00~23:00
交通 从 MARTA Peachtree Center 车站沿 International Blvd. 向西行驶，然后再步行约 5 分钟。或者从 Dome/GWCC/Philips/CNN 穿过 CNN 中心，然后再步行约 5 分钟。

11 月中旬~次年 1 月下旬滑冰场开放

亚特兰大儿童博物馆

住 275 Centennial Olympic Park Dr.
☎ （404）659-5437
网 www.imagineit-cma.org
开 10:00~16:00
周六、周日~17:00
休 11 月的第四个周四、12/25
费 $12.75、2 岁以下免费
交通 从 MARTA Peachtree Center 车站后向北，往 Baker St. 方向左转后再向前走 3 个街区。

佐治亚州议会大厦

214 State Capitol

(404) 463-4536

www.sos.state.ga.gov

周一～周五 8:00~17:00
(17:00 前必须离开)

1~4月 13:00, 5~12月次
数会增加

周六、周日、节假日

免费

距离 MARTA Georgia State
1 个街区，从 Underground
Atlanta (→ p.296) 步行 5 分
钟即可到达。

佐治亚州议会大厦 Geogia State Capitol   Map p.258 D2~3

诉说南部历史

从 1889 年 7 月 4 日战败后复兴的标志是建立州议会大厦。贴着佐治亚州金箔的圆顶是亚特兰大的标志。整个圆顶采用大理石构造，内部则充分利用了大理石的白色，设计简单大方。

议会大厦周边有"自由女神"和"自由钟"的复制品等，但一定不能错过的是 Capitol Avenue 的广场上题词为"因为肤色而驱逐他们（Expelled Because of Their Color）"的纪念碑。此纪念碑源于

朝着金色的圆顶前进

南北战争结束后，通过选举产生的 33 位黑人议员被赶出州议会的事件。虽然奴隶被解放，并且被联邦政府赋予选举权，但是这个事件暗示了在黑人实际参与政治活动前经历了 1 个世纪的苦难。

议会大厦对面的 Washington Street 也有 2002 年获得诺贝尔和平奖的第 39 任合众国总统吉米·卡特的雕像。没有系领带，这似乎不太像吉米·卡特的风格。

在 Washington Street 一侧入口的接待处登记后接受安全检查，1 天有 3~4 次的观光游览活动。

●馆内指南

大厅内有华盛顿等美国建国元勋的雕像，里面的大厅和二层有历代州长以及出生于佐治亚州的名人的肖像画，有金牧师、玛格丽特·米切尔和吉米·卡特等。

四层可以参观会场，蓝色的地毯代表参议院（56 名议员），红色的地毯代表众议院（180 名议员）。每年 1 月的第二个周一定期开始进行为期 40 天的议会，可以参观会场。

四层大厅是佐治亚议会大厦博物馆（Georgia Capitol Museum），虽然感觉像主要面向来参观议会大厦的孩子们，但也非常适合那些不懂英语以及不了解佐治亚州历史的游客。通过大量使用立体模型和绘画等易于理解的展品，让游客了解土著的生活、种植园、佐治亚州著名特产桃的收成与出口、以特产蛋白石为主的矿物质、品种丰富的动植物（不要错过世界最大的棉花）等。除此以外，还展示了不同时代的建筑风格。当然，工作人员还将为游客详细地讲解议会大厦的历史以及佐治亚州的政治史。

议会大厦的圣诞节

进入 12 月以后，议会大厦到处充满了圣诞节的氛围，而亚特兰大最具特色的是议会大厦大厅内高达 12 米的圣诞树。

也能参观州议会会场

NFL 勇士队的根据地——佐治亚巨蛋

佐治亚巨蛋 Georgia Dome `Map p.257 C1`

奥林匹克运动会和超级碗赛场

　　橄榄球 NFC 亚特兰大猎鹰队（→ p.267）的主场就是佐治亚巨蛋。除此以外，佐治亚巨蛋既是 1994 年和 2000 年的超级碗赛场，也是亚特兰大奥运会的篮球和体操赛场。

　　佐治亚巨蛋高 275 英尺（约 84 米），相当于 27 层大楼，特氟龙加工而成的纤维玻璃屋顶将近 9 英亩（约 36421 平方米），重达 68 吨，宽 187 米，最大的地方宽度达 228 米。太阳光能直接照射进来，因为巨大，里面特别明亮。曾在演唱会时容纳过 8.1 万人，在足球比赛时容纳过 7.115 万人。

　　如果参加观光游览的话，可以参观后台、年票购买者的专用套间、广播席、比赛场地，有时还能参观猎鹰队的更衣室。如果佐治亚巨蛋里举行重大活动，观光游览就会中止，请事先通过网站确认。

透纳球场和亚特兰大勇士队博物馆
Turner Field and Atlanta Braves Museum `Map p.257 D1`

如果您是大联盟的忠实粉丝，千万不能错过！

　　这里是大联盟亚特兰大勇士队的根据地，是由亚特兰大奥运会的主体育场改建而成的，古典而雅致，使用了天然草坪而非人造草坪，据说这些草坪来源于著名球员格雷格 - 诺曼的农场。博物馆里有供游客观看比赛的餐厅并装有冷暖空调，还设立了托儿所和儿童乐园，以方便带孩子前来观看比赛的球迷。

　　球场的一角是勇士队博物馆，向游客展示了从波士顿时代开始的勇士队辉煌的历史以及汉克阿龙等与大联盟有关的展品。有参观球场特别观众席、广播席、记者席、更衣室等地的观光游览，一定要参加哦！

佐治亚巨蛋

🏠 1 Georgia Dome Dr.
☎ （404）223-4636
🌐 www.gadome.com
💰 $6、65 岁以上 $5、12 岁以下 $4
🚇 MARTA Dome/GWCC/Philips/CNN 车站或者 Vine City 车站下车，再步行 5 分钟，售票处在巨蛋南侧的 Gate A 和 GateD 之间。

套间

　　套间（单间）费用 1 场比赛 $2400~，配备 TV、厨房、厕所和专属服务员的服务，能容纳 20~95 人。

透纳球场和亚特兰大勇士队博物馆

🏠 755 Hank Asron Dr.
☎ （404）614-2311
🌐 www.atlantabraves.com
🕐 9:00~15:00、周日 13:00~、淡季 10:00~14:00、观光游览团每小时整点出发
休 10 月～次年 3 月的周日、11 月的第四个周四、1 月的第三个周一
💰 $12、3~13 岁 $7。博物馆 $5（比赛期间 $2）
🚌 在 MARTA Five Point 车站乘坐 32、49、55 路巴士，位于透纳球场偏西北部的 Aisle 134。

天幕

📍 800 Cherokee Ave.
☎ （404）658-7625
🌐 www.atlantacyclorama.org
🕐 周二～周六 9:15～16:30,
开演为每小时的30分（12:30除外）
🚫 周日、周一、11月的第四个周四、12/25、1/1
💲 $10、65 岁以上 $8、4～12岁 $8
🚌 在佐治亚水族馆北侧、CNN 中心前、MARTA Five Point 车站西侧 Forsyth St. 等地乘坐南行的 32 路巴士，在格兰特公园下车，每隔30～40分钟一班。

白瑞德在哪里？

当《乱世佳人》首次在亚特兰大上映时，演员和工作人员都看了天幕。当时白瑞德的饰演者克拉克·盖博开玩笑说"怎么白瑞德不在呀"，后来就加了克拉克·盖博的模型。

在观众席旋转第二圈的时候会介绍克拉克·盖博模型的位置，请注意听！

亚特兰大动物园

📍 800 Cherokee Ave.
☎ （404）624-9453
🌐 www.zooatlanta.org
🕐 9:30~17:30
🚫 11月的第四个周四、12/25
💲 $20.99、3~11 岁 $15.99
🚌 在佐治亚水族馆北侧、CNN 中心前、MARTA Five Point 车站西侧 Forsyth St. 等地乘坐南行的 32 路巴士，每隔30～40分钟一班。

天幕 Cyclorama Map p.257 D2

运用独特的手法重现南北战争时的情形

天幕是市区东南部的格兰特公园里与众不同的景点。360 度的全景画描绘了南北战争中亚特兰大激战的情形，中央的观众席会自动旋转，约30 分钟旋转一周。在灯光和音响效果下有种身临其境的感觉，而且能感受到古典当中的惊喜。

18~19 世纪欧洲等地特别流行天幕，亚特兰大的天幕是伊利诺伊州参议院议员约翰·洛根为了成为副总统候选人而做宣传时，在南北战争结束20 年后从德国请来 11 位画家所画。绘画中央马背上高举利剑的士兵就是约翰·洛根本人。

选举后，杂技团买下了天幕，在各地巡演之后来到了亚特兰大。但是这幅画从北部人的角度描绘了亚特兰大最丑恶的一面，因而在亚特兰大遭到了恶评，马戏团解散了。此时利用被出售的马戏团的动物们增设了亚特兰大动物园，在隔壁建筑了天幕展览馆。

之后，在高达 13 米、周长 109 米堪称世界最大的画布上画了油画，并通过士兵和马的立体模型增强了油画的立体效果。规模如此之大，这在当时一定令不少人震惊。

但是，眼前的立体模型上使用的真正的红土促进了虫和细菌的滋生，一度将画布损坏得十分严重。20 世纪 70 年代，历经两年的时间进行了彻底的修复，终于又恢复了当时的样子。

天幕上重现了1864 年 7 月 22 日亚特兰大被毁灭的情形，不仅有旁白，还配了灯光、音乐、大炮和马蹄声，将这个场面推向高潮。在这场战役中，南军牺牲 8000 人，北军牺牲 3700 人。

绘画和模型已难以分辨

亚特兰大动物园 Zoo Atlanta Map p.257 D2

增加人气的还是熊猫

亚特兰大动物园在格兰特公园内，曾因是美国环境最差的动物园而受到动物保护团体的责难，但是在经过重新修整之后，环境有了很大的改善，现在的环境已经非常适于动植物的生存。和其他动物园一样，这里也为稀有动物的繁殖和保护倾注了大量的心血，还饲养了苏门答腊虎、黑犀、大猩猩等。不过人气最旺的还要数 4 只大熊猫，它们是 1999 年从中国借来的伦伦（1997 年生）和洋洋（1997 年生）以及它们分别在 2008 年和 2010 年诞下的两个宝宝西兰和 Po。

金牧师国家历史区
Martin Luther King Jr.National Historic Site

Map p.257 C2

民权运动之父出生和成长的地方

金牧师国家历史区
🏠 450 Auburn Ave.
☎ （404）331-5190
🖥 www.nps.gov/malu/
🕐 9:00~17:00（夏季~18:00）
🚫 11 月 的 第 四 个 周 四、12/31、1/1
🚆 在 MARTA Five Point 车站乘坐 3 路东行巴士，8 分钟之后在 Jackson St. 下车。每隔 30 分钟一次观光游览。

民权运动的最高领导人马丁·路德·金出生在亚特兰大，他的家在市区东郊的 Sweet Auburn，现已被指定为国家历史古迹。这里至今还保存着其出生的家、开始成为牧师的教堂、他与夫人的墓碑以及古老的房屋等，也是爱好自由和平等的人们心灵的归属。到了观光季节，这里会停泊几辆大型的观光旅游车，是亚特兰大必去的旅游地点之一。整个区域全长 1 公里，可徒步游览。

让我们从游客中心开始参观吧！这里通过照片和视频来介绍金牧师的活动，能看到民权运动时珍贵的照片以及在有名的华盛顿 D.C. 林肯纪念馆前著名的"I have a Dream"演讲胶片等。

参观者要认真地看一块一块的展板。眼前的广场上有水池、花坛和野外剧场，可以小憩一下。

乘坐巴士或者出租车
金牧师国家历史区附近有些区域的治安情况不太好，如果人不多，最好不要从市区或者 MARTA King Memorial 车站走到这里，最好乘坐出租车。

亚特兰大的市区电车
亚特兰大大市区在 2012 年开始金牧师国家历史区到桃树中心、百年奥林匹克公园的市区电车铺设工程。

● 金牧师中心

从游客中心穿过 Auburn St. 后，左侧就是金牧师中心（King Center）的 Freedom Hall，这里展示了金牧师的资料和遗物等，以及他在 1964 年 12 月 10 日获得的诺贝尔和平奖奖牌，还使用了整间屋子展示有关影响了金牧师一生的非暴力运动提倡者圣雄甘地的物品。

一层有礼品店，出售有关金牧师和民权运动的书籍和录像带以及其在华盛顿 D.C. 著名的"I have a Dream"演讲录像。别忘记在这里购买参观金牧师出生地的观光游览票。

大厅前有一个围绕细长形水池并通往埃比尼泽浸礼会教堂的人行道。水池中央安放着金牧师的棺椁，20 世纪 70 年代初棺椁被移到 King Center 内。

金牧师中心 King Center
🏠 449 Auburn Ave.
🕐 9:00~17:00
💰 免费

金牧师与死于 2006 年的夫人长眠于此

金牧师的出生地
Birth Home

🏠 501 Auburn Ave.
⏰ 10:00~17:00，如果不参加观光游览团的话，就参观不了这里。游览团每个整点出发，夏季开放时间是 9:30~17:30，每隔 30 分钟一次。
🚫 11 月的第四个周四、12/25、1/1
🎫 免费。参加观光游览团的票在 King Center 的 Freedom Hall 购买。夏季和周末游客较多，最好上午来参观

埃比尼泽浸礼会教堂
Ebenezer Baptist Church

🏠 407 Auburn Ave.

奥克兰公墓

🏠 248 Oakland Ave.SE
☎ （404）688-2107
oaklandcemetery.com
⏰ 墓地日出～日落，管理处周一～周五 9:00~17:00
🎫 3 月下旬~11 月的周六 10:00、14:00、16:00，周日 14:00。需要事先通过网站确认。
💰 墓地免费，观光游览团 $10，6~17 岁和 65 岁以上 $5，需 30 分钟
🚇 在 MARTA King Memorial 车站下车，沿 Grant St. 向南走，沿 M.L.King Dr. 左转。

● **金牧师的出生地**

　　金牧师出生在一栋建于 1895 年的安妮女王风格的住宅里。这栋房子是金牧师的祖父购买的，金牧师从 1929 年 1 月 15 日出生之日到 12 岁以前一直居住在这里。现在这栋住宅无论外观还是内部装饰都还原了金牧师居住时的样子。里面有金牧师的钢琴、全家照片、儿童房、其喜爱的餐具以及玩具等。儿童时代的金经常在厨房，特别喜欢吃奶奶做的苹果派和炸鸡。据说冬季给炉子点火是金的任务。

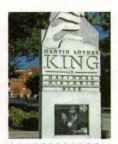

● **埃比尼泽浸礼会教堂**

　　埃比尼泽浸礼会教堂是 1914~1922 年建造的哥特式复古风格的教堂，同时也是社区活动场所。金牧师的父亲 1931~1975 年在这个教堂里担任牧师，金牧师从 5 岁开始，就经常和姐姐一起来教堂，17 岁时就和父亲一起传教。金牧师被暗杀以后，遗体曾安放在这里一段时间。1974 年，金牧师的母亲在教堂的风琴旁被暗杀。

奥克兰公墓 Oakland Cemetery　　　Map p.257 C2
很多伟人长眠于此

　　King Memorial 车站南边是有着悠久历史的奥克兰公墓。公墓建于 1850 年，占地 35 万平方米，《乱世佳人》的创作者玛格丽特·米切尔和她的父母、著名球员鲍比·琼斯、3900 名南北战争中牺牲的南军士兵、6 位佐治亚州州长、25 位历任亚特兰大市市长等约 7 万人长眠于此。黑人和白人的墓地间的分界线是昔日南部的痕迹。公墓中央有钟的建筑是游客中心。可以在这里购买一份地图，但如果是在夏季的话，也可以参加观光游览团。墓地比较冷清，在天气较好的周末游客较多的时候来参观比较好。

福克斯剧场 Fox Theatre

Map p.257 B1

受人喜爱的具有异国情调的剧场

福克斯剧场是 1929 年建造的结合了伊斯兰教和古代埃及建筑风格的名胜古迹，位于格鲁吉亚阳台的对面，电影《乱世佳人》的首映曾在格鲁吉亚阳台举行。福克斯剧场名副其实地属于福克斯电影公司，在全盛时期曾以上映好莱坞电影为主。

据说福克斯剧场全盛之时，其周围是富裕区域，维多利亚风格房屋鳞次栉比。洋葱形圆顶上加有尖塔这样的颇具异国情调的电影院一度为追逐新事物的亚特兰大人所津津乐道，然而由于受到

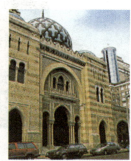

市区个性鲜明的阿拉伯世界

1929 年 10 月开始的大萧条的影响，电影院还没有开放就于 1932 年被暂时关闭。时隔 3 年才被作为也可以上演歌剧或者古典音乐会的剧场重新开放。斯托科夫斯基和梅纽因都曾贡献于这个舞台。

20 世纪 50 年代引进了大型屏幕和音响系统，但是视频时代的到来使观众持续减少，最终于 1975 年关闭，受益于想要保留住历史性剧场的市民运动，福克斯剧场才免于被拆毁。经过大规模的修复而恢复了完成时的样子，并且为了也能够上演音乐剧等而使用了最新设备，于 1978 年重新开放。随后因邀请来了丽莎明妮莉、滚石乐队这样的顶级明星以及作为百老汇音乐剧的剧场而受到人们的喜爱。另外，具有美国最古老历史的亚特兰大芭蕾舞团交响乐团也将福克斯剧场作为了主剧场。

关于剧场内部的参观，只能参加一周 5 次的观光团，或者是去观看在福克斯剧场举行的音乐剧和电影。

观光是从剧场的大门开始出发。首先请将目光注视在青瓷砖大厅或者大理石售票厅与马赛克舞厅吧。

● 埃及大厅 Egyptian Ballroom

在场内的 3 个大厅中，埃及大厅是最大的。

有精细的雕刻，并且后台装饰着拉美西斯二世的黄金板。在观光的过程中会结合此为观众说明埃及的历史和传说。

● 豪华大厅 Grand Room

气氛完全不同的伊斯兰大厅，有着灯光昏暗而又神秘的神殿。

● 主剧场 Main Theatre

能容纳 4700 人的主剧场好像用城墙围成的一样，阳台上安装有贝都因式的防晒装置。由于利用了高新技术，云、落日和星星都能够投影到天花板上。

玛格丽特 · 米切尔纪念馆 Margaret Mitchell House & Museum

Map p.257A2

《飘》的诞生地

在办公大楼鳞次栉比的市区，Peachtree St. 和第十大街交会处会留有一座舒适的房屋，经典电影《乱世佳人》的原著小说《飘》就诞生于此。

亚特兰大
● 主要景点

福克斯剧场

🏠 660 Peachtree St.NE

☎（404）881-2100

🖥 www.foxtheatre.org

售票处

🕐 周一～周五 10:00~18:00
　周六 ~15:00

🎫 周一～周四 10:00
　周六 10:00 或 11:00 出发

💲 $10，60 岁以上 $5

※ 当地集合。参观有可能因突发事件等中止，请通过亚特兰大保藏中心 ☎（404）688-3353 或者登录网址 🖥 www.preserveatlanta.com 进行确认。

🚇 从 MARTA North Avenue 车站到了 North Ave. 向东走到 Peachtree St. 向左拐。大约 5 分钟。

不要忘了给小费

观光导游是志愿者，观光费用用于福克斯剧场等历史性建筑物的保护。

要上到第二层啊

到福克斯剧场观赏演出时，如果座位是在一层，那么推荐您趁休息的时间到二层俯瞰剧场的全貌。

玛格丽特·米切尔纪念馆

990 Peachtree St.

☎ （404）249-7015

🖥 www.gwtw.org

🕐 10:00~17:30、周日/节日 12:00~（每30分钟一次巡演）

🚫 11月的第四个周四，12/24、12/25、1/1

💰 学生$13、60岁以上的老人$10、4~12岁$8.5（有和亚特兰大历史中心的通票，网上购票有折扣）

🚇 从MARTA MidTown沿第十大街，向东走3分钟。

被市区城市建筑包围的Down House

都铎王朝的都铎式原始建筑建于1899年，当时是独门独院，在1919年被改建成10居室的公寓，于1925年完婚的玛格丽特随丈夫John Robert Marsh一同搬到了这里。

到1932年为止，两人在这座房屋里度过了7年。玛格丽特开始创作《飘》是在刚搬来不久，那时她由于脚受伤无法出门。1929年完成了初稿，1936年出版。

从此之后，这座房屋被作为公寓保留了下来，但是由于房屋的老化，1978年前后也就无人居住了。1989年，在亚特兰大市首次被指定为国家历史遗址，然而修复工作并未展开，1994年，由于被不明人员放火，此房屋遭到了巨大的损害。

之后，当时的Daimler-Benz公司收购了土地，修复工作才得以开展。当初预定借亚特兰大奥运会之际开放纪念馆，然而在奥运会开幕之前的1996年5月，再次的火灾烧毁了大部分房屋。Benz公司重建了此建筑，于1997年开放为玛格丽特·米切尔纪念馆。

玛格丽特·米切尔纪念馆的琐事

● 身高1.47米的小个子
● 女性中第一个穿男士裤子的先进人士
● 父亲是亚特兰大护士协会的首任代理会长
● 亚特兰大的伟人金牧师出生的地方离她出生的地方只隔5个街区
● 在亚特兰大日报社上班时，曾以Peggy Mitchell为笔名执笔
● 写信迷，据说一生写了1万封书信
● 致力于志愿者活动
● 在去电影院的途中，晕倒在出租车内，5天后离世

相关专栏→ p.282，294

●参观

大约30分钟的参观首先从建筑物后面Crescen Ave.边一层的Gift Shop开始，馆内陈列着玛格丽特的画像，和家人朋友的合影，玛格丽特在此居住时市区的照片等。

纪念馆的正面门廊和大厅恢复了改建前的模样。玛格丽特

米切尔及其常用的打字机

的房间在公寓的1号室，房间内再现了玛格丽特居住时的样子，玛格丽特经常在布满霞光的窗边写作，室内陈设的物品虽然不是玛格丽特使用过的东西，却是研究者基于玛格丽特的信精心收集起来的物品，所以室内充满了当时的气氛。

其他房间都是展览室，装饰于此的打字机是玛格丽特常用的东西。

在展览室里还有一处引人注目的角落，那就是玛格丽特晚年为提高

黑人地位而进行的慈善事业。《飘》并不是一部受到所有美国人喜爱的作品，如果站在非裔美国人的立场上读这本小说的话，就可以理解为什么有些人批判这部小说美化了奴隶制，也许是考虑到这样的声音，玛格丽特将小说获得的巨大收入的一部分用在了没有得到恩惠的人们身上。结果是小说受到了大家的欢迎，看看有多少人参加了这次观光就了然于胸了。当然也不要错过了位于庭院对面的电影画廊。

世界畅销书

大西洋站
☎（404）733-1221
🖥 www.atlantiostaton.com
🚍 从位于 MARTA Arts 的 MARTA 车站可以乘坐免费穿梭巴士，也可免费乘坐 MARTA37 路。经过桥后，第二站是在购物中心前，第五站是宜家前，运行时间为：每天 5:00～凌晨 1:00 每 15～25 分钟一趟（周末 20～30 分钟一趟）。

千禧门
Millennim Gate
🏠 395 17th St.
☎（404）881-0900
🖥 www.thegateatlanta.com
🕐 周一～周五 10:00～16:00
🚫 周六、周日、节假日
💰 $13（冬季 $10）

大西洋站 Atlantic Station　　Map p.257 A1
拥有博物馆的大型卫星城

这是市中心再次开发后的热闹区域。拥有集百货商店和精品店于一体的购物中心（→ p.297），20 家西餐厅和美食广场、电影馆（上映 16 部）、宜家，甚至酒店等一应俱全。周末在广场会开放一个市场，举行马拉松等赛事。商场的高层是办公楼，住宅区有独栋别墅、低层公寓及高层公寓，大约有 1 万人生活在这里。住宅区和公司相邻，购物娱乐非常方便，也成为"保护环境，开发城市"的楷模，居民之间车辆共享体系也很完善，街道、步行街，绿地等的布局也吸引了人们的眼球。

在这里，办公、住宿、购物、娱乐设施一应俱全

从贯穿中央的 17th St. 向西走的话，就会看见高 25 米的千禧门，是古罗马凯旋门的再现，内部有亚特兰大和佐治亚的历史博物馆。

建于中央隔离带的千禧门。周围建筑全是公寓

《飘》 *Gone With The Wind*

诞生于亚特兰大的小说《飘》堪称电影的成功母本，成为世界范围内长期畅销书。
据说在出版 80 年以后的今天，依然占据着"仅次于《圣经》的畅销书"的宝座。
满是高楼大厦的现代亚特兰大虽然没有郝思嘉的面容，但还是《飘》能代表亚特兰大。

玛格丽特的故乡查尔斯顿如今成了可供参观的种植园

玛格丽特和郝思嘉和 lett

《飘》（*Gone With The Wind*）的作者玛格丽特·米切尔（笔名 Peggy Mitchell）是地道的亚特兰大人，生平 48 年中只有一年离开过亚特兰大。玛格丽特出生于这座城市，死于这座城市。《飘》是玛格丽特一生中唯一的作品，作品中郝思嘉的原型与玛格丽特自身有很多共通之处。

玛格丽特于 1900 年 11 月 8 日出生于亚特兰大的杰克逊维尔（出生地已被烧毁）。小时

宴会中 20 岁美丽的玛格丽特

候就很活跃，非常喜欢骑马，据说经常从马背上摔下来（《飘》中郝思嘉的父亲和女儿都从马背上摔下致死），是和郝思嘉一样的美丽女性。比如像影片开头的场景：总是被男朋友围着，宴会时在桌子上跳舞皱眉，是有话题的女性。

18 岁去往新英格兰的史密斯学院学医，但是次年由于母亲的离世而退学返乡。21 岁进入亚特兰大日报社工作，成为一名活跃的记者。第一次婚姻并没有维持很久。

公寓中诞生了世纪小说家

25 岁时，玛格丽特和同事 John Robert Marsh 再婚搬到了市区的公寓。此后不久，玛格丽特因脚痛在家静养数月，其间为了打发时间而开始创作《飘》。曾经的公寓成了如今的纪念馆（→ p.280）。

《飘》一出版就受到了热烈欢迎，玛格丽特也一跃成为名人。但是玛格丽特此后突然一下子变得内向，不论接受何种委托，她都没有写过一篇随笔。成为交际圈明星的时光就像一场梦，据说玛格丽特在晚年过着清贫的生活，

在48岁时因遭遇交通事故而离世。按照遗言，《飘》的原稿等遗物全部被烧掉。

玛格丽特如今与众多的南方士兵们一起长眠于市内的奥克兰公墓。

从《飘》了解亚特兰大的历史

《飘》是一部以南北战争为背景，真实记录当时南部情况的历史小说。

《飘》写于南北战争结束60年之后，这时候还有健在的战争经历者，可直接了解战前的种植园和战争情况。"战争是悲惨的"，玛格丽特周围的老人们一定会讲南北战争的故事。据说是母亲和祖母告诉她当时的习惯和服装，护士出身的父亲也是故乡史研究家，家中有丰富的资料。玛格丽特就是生长在这样的环境中。

男女平等主义和《飘》

在玛格丽特的少女时代，美国狂吹着妇女参政运动之风，其母亲也参加过此运动。1919年6月，议会通过了宪法修正第19条，以第二年的总统选举为开端，授予了女性选举权，但是此时玛格丽特的母亲已经去世。这一年后，玛格丽特成为新闻记者。

经过妇女参政运动之风以及大约5年的记者生涯，玛格丽特成长为具有自由主义思想的自立女性。在当时比现在更为传统的南部，玛格丽特和母亲都是很先进的女性，在小说中这一点也被浓墨重彩地反映出来。

郝思嘉时期的南部还很保守，在乡村中，"每天舒服的午睡是女士们的爱好"，但是郝思嘉并没有被束缚在这种约定俗成的环境中，甚至穿着丧服在宴会上跳舞，偶尔不辞劳苦打理锯木厂，带锄下地劳作以收获食物。郝思嘉实践着"女子也能做到"这句话。《飘》被称为是诠释女权主义的小说。

随风而逝的奴隶们

这是因战争而破败的南部贵族的社会与文化。小说的前半部分描述的是优雅的生

据说《飘》被翻译成世界上40种以上的语言

活，但是不能忘记这是基于奴隶制度上的产物。

在小说中，郝思嘉的父亲十分看重奴隶，特别是仆人的妈妈是在郝思嘉的母亲还是孩子的时候就开始侍奉的黑人，所以甚至受到了奴隶主一家的尊重。另外以南军士兵的身份参战（被驱赶出去）的大萨姆在战争结束后成了自由人，虽然暂时离开了主人家，但是因为"北方还是不行的"，还是回到了主人家。

因此，就有了《飘》是美化奴隶制的小说的批判声，奴隶的真实生活很残酷，事实上大多数的农场主是无情的，虽然相对善良的农场主也很多，但是那位妈妈绝对不会参加宴会，也不会和郝思嘉一起围桌用餐。

假如，在小说中郝思嘉呼吁奴隶解放，《飘》的评价一定会完全不同，但可能不会如此受欢迎。

晚年，玛格丽特使用因《飘》而得到的财富，给贫穷黑人医院等大量捐款，为提高黑人的地位贡献了力量。

高级美术馆 High Museum of Art

建筑设计得到了高度评价

高级美术馆

🏠 1280 Peachtree St.
☎ （404）733-4400
🌐 www.high.org
🕐 周二、周三、周五、周六
10:00~17:00、周四~20:00、
周日 12:00~17:00
🚫 周一、节日
💰 $18，学生和 65 岁以上的
老人 $15，6~17 岁 $11（根据
特别展示的内容会有变更）
🚇 在 MARTA Arts Center 车
站下车。徒步 3 分钟。按照
导向标志走出车站。

　　亚特兰大有绝佳的美术馆。高级美术馆本身的建筑就是一件艺术品。并且在 2005 年 11 月又有了新的建筑，整个美术馆由 3 座大厦构成。主建筑是于 1983 年完成的迈尔大楼（Meier Bldg.），由理查德·迈耶设计，来自天花板的自然光发挥了间接照明的作用，内部的白色螺旋给人留下了深刻的印象。2005 年世界建筑家伦佐皮阿诺亲手增设了皮阿诺大楼，展示空间增大了 2 倍，这两座大楼都具有常设展示空间和特别展示空间。

　　建议从迈尔大楼的四层向下观赏，四层的空间主要用于特别展示，三层和二层展示的是按主题分类的收藏作品，不是按照时代分类或者按体裁进行分类，而是按照某种特定的主题，陈列着时代、体裁和风格都不同的画家以及雕刻家的作品。比如收集了雕像画或者自画像的 Identity 房间，特写花并且配置写有乔治亚·奥基夫的 Red Canna 和动植物装饰的 19 世纪内阁的 Nature 房间，经过表现主义以后的抽象美术进化的 Abstraction 房间，陈列着融入了现代都市喧嚣的写真作品和爵士乐印象的 20 世纪 30 年代陶器的 The City Seen 房间。

　　二层陈列着以常设展示为中心的名画。这里收藏包括现代美术、19 世纪的美国风景画、19 世纪~20 世纪美国家具的装饰艺术、14 世纪~19 世纪的欧洲美术、非洲面具／雕刻及装饰品等。

　　一层的看点是建筑家弗兰克·劳埃德·赖特设计的窗。用直线和曲线来区分玻璃，并且镶嵌了红、黑、黄和美国国旗。

杰作终于产生了
　　在高级美术馆，在 2012 年 10 月 13 日至 2013 年 1 月 20 日，举办了纽约现代美术馆收藏的 MOMA 收藏品的 20 世纪现代美术展。

美术馆的建筑也有观赏的价值

COLUMN

以前是棉花，现在是洋葱

　　佐治亚的农作物给人印象最深的是棉花，但是由于中南美的推广以及化学纤维的压制，失去了以往的优势。

　　取而代之，这些年受人瞩目的是洋葱，是仅栽培于位于南佐治亚、热带草原以西大约 80 英里（约 129 公里）的维达利亚地区的维达利亚洋葱。

　　维达利亚洋葱与其他洋葱无异，但是据说有世界上一流的甘甜醇厚的味道，切洋葱的时候也不会让人流眼泪。据说维达利亚洋葱如此美味的秘密是源于维达利亚地区土壤中富含的矿物质、气候以及水等。在以机械化著称的美国极为罕见的是，从播种到收获直到将洋葱装袋都是手工作业。

　　品尝美食，一定要在餐厅尝试特意邮购而来的洋葱的味道。入汤后，整个洋葱外表看起来并不美观，但是入口即化，美味至极。将全是洋葱的调味汁等作为土特产怎么样呢？

巴克海特

从市区向北大约 10 公里的郊外是被称为巴克海特的住宅区。19 世纪有着"Buck's Head Tavern"酒屋的社区，无论在现在还是在当时南部都是屈指可数的高级住宅区。茂密丛林中的豪华住宅若隐若现，被誉为南部贝弗利山庄。当你听到传说中的高尔夫选手鲍比·琼斯，可口可乐公司老板罗伯特·伍德鲁夫也是此地居民的话，就能明白此住宅区的高档了。

中心地区是 MARTA 的金线 Lenox 车站和红色线 Buckhead 车站。有兰尼克斯广场、菲浦斯大厦两座购物中心。其中蒂凡尼、古驰这样的一流精品店鳞次栉比。周围矗立着 10 座以上的高档酒店，评价较高的西餐厅也有很多。如果想在亚特兰大感受到多样风情，在巴克海特落脚是个不错的选择。

兰尼克斯广场和菲浦斯大厦

关于购物请参照 p.297

注意去往 MARTA 的线路

MARTA Rail 线路在巴克海特分为东西两条。从兰尼克斯下来的话，搭乘 Doraville，从巴克海特车站下来的话，搭乘 North Springs。

另外，如果 19:00 以后去巴克海特车站的话，首先需要搭乘 Doraville，然后在 Lindbergh Center 换乘 North Spring。

建议平日去巴克海特

建议平日拜访巴克海特。佐治亚州长府邸的参观只在周二／周三／周四，周日购物中心关门较早，不要一直不慌不忙地购物。

亚特兰大最热闹的购物中心，兰尼克斯广场

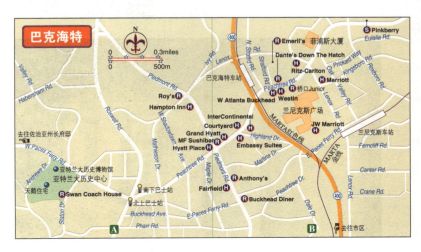

亚特兰大历史中心

住 130 W.Paces Ferry Rd.

电 （404）814-4000

网 www.atlantahistorycenter.
com

开 周一~周六 10:00~17:00，
周日、节假日 12:00~。闭馆
前 1 小时停止进馆。

休 11 月的第四个周四、12/24、
12/25、1/1

费 $16.5、13 岁以上的学
生和 65 岁以上的老人 $13，
4~12 岁 $11

交 从 Buckhead 乘坐南去的
110 路大约 5 分钟，在 Roswell
Rd. 的五岔路下车，West Paces
Ferry 向西走大约 8 分钟，巴
士每 15 分钟一班。

其他设施

　　在博物馆的博物馆商店
里，关于南北战争、黑人历
史、建筑、庭院的书琳琅满
目。还有使用了工艺品和佐
治亚产的宝石的饰品等。

　　如果口渴了，可以来一
杯模仿了 20 世纪 50 年代的
苏打水的 Coca Cola Cafe。推
荐去天鹅教练之家用午餐。

史密斯家族农场

参观 11:00~16:00，周日 13:00~

贫穷农园的奴隶们

　　像史密斯家族农场一样
贫穷的农家也会为了确保工
人数量而雇用奴隶，但是和
大的农场主不同的是，主人
孩子和奴隶们一起满身泥地
劳作，尽管如此，奴隶也不
在正房用餐，而是在其他的
厨房用餐。

亚特兰大历史中心 Atlanta History Center　Map p.285 A

豪宅就是文化设施

　　亚特兰大历史中心是一个非营利性机构，用于保存和管理本市多处
珍贵的遗产，收藏了建于南北战争之前的具有较高历史价值的建筑物、
家具、书信、照片以及武器等。

　　本部位于巴克海特高级住宅区的一角，被保存于山丘上 9 公顷的森
林中，森林中散布的建筑物都值得一看，全部参观完需要半天时间。特
别推荐的参观时间为 11 月红叶时段。

亚特兰大历史博物馆

　　亚特兰大博物馆堪称全美国最大规模的博物馆。特别有趣的是，城
市繁盛时期的种种照片。亚特兰大诞生于照片发明之后。在南北战争中
烧毁之前的市区就如同《乱世佳人》中描绘的世界一样。这些照片对游
客描绘着车站马车、消防马车、南北战争中使用的武器、军服、士兵的
遗物等。

　　如果是高尔夫爱好者的话，就一定不要错过鲍比·琼斯，能够触摸到
亚特兰大护士出身的鲍比·琼斯的光辉经历和奥古斯塔举行的名人历史。

　　2006 年新设了奥林匹克一角。1996 年在亚特兰大举行的奥运会多角
度地捕捉到了、运营、志愿者、竞技等。

史密斯家族农场

　　史密斯家族农场建于 1840 年，
1968 年被历史协会买下从而移建于
此。以房屋两端放置暖炉为特征，
晚上睡觉之后只使用蜡烛。做饭都
是趁天明时候，所以没有灯火。工
作人员用庭院中饲养的羊的毛或者
棉花做成丝，用植物印染之后制作
成衣服。除了建筑，生活风俗和技
术也被保存了下来。

矗立于森林深处的史密斯家族农场

以亚特兰大奥运
会为中心，举办
和历代奥林匹克
相关的展示

让人印象深刻的天鹅住宅的入口

天鹅住宅

这是一座容易被误认为是中世纪欧洲古城的大宅邸，但实际上是 1928 年的建筑。能够体会到当时上流社会的怀古情趣。考虑到家电制品等的室内装饰十分现代化。丝绸的室内装饰和绘画等都被色彩鲜明地完好保存。

天鹅住宅是世界上最大的棉花中介公司董事长爱德华·英曼委托 Philip T.Shutze 建造的。Shutze 是近代享有美国古典建筑最高峰荣誉的设计家，出生于佐治亚州。正门一侧是英国巴洛克风格，瀑布庭园一侧的意大利文艺复兴样式也很独特。所有者英曼在房屋建成仅 3 年后就去世了，享年 49 岁。随后艾米莉夫人在此居住直到 1965 年，死后，遵照其遗嘱将房屋出售给了亚特兰大历史协会。

天鹅教练之家

天鹅教练之家是被缩小后的舒适宅邸，曾是英曼家族的车库兼用人房屋。

如今成了西餐厅和礼品店，是午餐和下午茶的好去处。

佐治亚州长府邸 Governor's Mansion　　Map p.285 A 地图外

前总统卡特曾居住于此

亚特兰大历史中心向西大约 1 公里就是佐治亚州长府邸。位于高级住宅街，徒步大约 15 分钟就能看完全部豪宅。

州长府邸是希腊复古情调的古色古香建筑，其完成直到 1967 年都一直比天鹅住宅要新，被用作历代州长的府邸，1971~1974 年前总统卡特曾居住于此。三层建筑的大约 30 间房中充满南北战争以前家具收藏。请注意开馆时间的缩短。

天鹅住宅
Swan House
参 11:00~16:00、周日 13:00~
费 包含在入园费用中

居住于巴克海特的太太会在午饭时段前来

天鹅教练之家
Swan Coach House
住 3130 Slaton Dr.
☎ (404) 261-0636
开 西餐厅 11:00~14:30，商店 10:00~16:00，请尽量预约。
休 周日
网 www.swancoachhouse.com

佐治亚州长府邸
住 391 W.Paces Ferry Rd.
☎ (404) 261-1776
网 mansion.georgia.gov
开 周二～周四 10:00~11:30
费 免费
交通 从亚特兰大历史中心到 West Paces Ferry Rd. 向西步行约 15 分钟。

吉米·卡特图书馆 Jimmy Carter Library　Map p.257 B3
诺贝尔和平奖诞生于此

吉米·卡特图书馆
441 Freedom Pkwy.
☎（404）865-7100
🌐 www.jimmycarterlibrary.gov
🕐 周一～周六 9:00~16:45，周日 12:00~
💲 $8，学生和60岁以上的老人$6，16岁以下免费
🚌 从MARTA Five Points乘坐16路巴士大约20分钟。每隔20~30分钟一班，周日每隔50分钟一班。返回线路是从图书馆对面的巴士站出发。

吉米·卡特公立历史地区
300 N. Bond St., Plains, GA 31780
☎（229）824-4104
🌐 www.nps.gov/jica/
　　从亚特兰大坐车向南需要3小时。位于佐治亚州西南部的 Plains 市是卡特的故乡，如今已经被指定为公立历史地区。市高中变成了游客中心和博物馆，卡特的自家住宅、成为选举运动大本营的火车站、度过少年时期的家和农园、举行婚礼仪式的教堂等被保存为历史遗迹。

　　吉米·卡特图书馆位于市中心向东大约3公里处。1986年，这里成为佐治亚诞生的第39任总统吉米·卡特解任总统后的活动场所。现在作为NGO（非政府组织）致力于以环境、贫困、裁军、和平为主题的研究工作，在世界上30个国家进行了实践活动。于2002年吉米·卡特获得诺贝尔和平奖，也是整个图书馆的荣耀。

　　地基由4座建筑物和广阔的庭园构成，只有中心博物馆是由联邦政府运营的。

● 总统图书馆和博物馆

　　吉米·卡特作为前美国总统，到底是一个怎样的人、每天过着怎样的生活、从事何种工作，这些问题都可以在总统图书馆中寻找到答案。卡特是佐治亚的英雄，很多亚特兰大人前来拜谒。

　　首先在剧院观看大约25分钟的描述历任总统的视频"President"，然后就在馆内随意观赏吧。卡特的成长、从农民转身成为政治家、佐治亚州长时代及成为第39任总统，卡特的半生被收录成照片和各种资料。以花生作为象征的总统选举意味深长。卡特1977年~1981年就任总统职位。

　　在内部区域介绍了他任职总统期间的业绩，卡特政权特别为中东的和平、与中国的亲善等的和平外交及裁军贡献了力量。这里有显示核武器配备位置的世界地图、伊朗危机时的演说和萨哈罗夫来往的书信及SALT II（美苏核武器削减交涉）的地方。如今这里重现了当时在美苏冷战时期掌握核导弹按钮的人的言行。

夫妻两人都出身于佐治亚州种植花生的农家

　　内部的书库中有2700件涉及外交的文书、150万张照片和视频，并且保留有书籍。据说卡特是最后一位用纸记事的总统。

　　再现的总统办公室、作为美国领导者接受的来自世界各地的礼物以及在博物馆的一角装饰的2002年荣获的诺贝尔和平奖奖牌等都不要错过。从2005年秋天开始，也设置了第一夫人一角。第一夫人不仅仅是作为总统的妻子，更多介绍的是在白宫中发挥的作用等。卡特的妻子罗莎琳是一位很出色的女性政治家，据说对于丈夫工作态度的影响很积极。

● 庭园

　　一定要尝试漫步于长满令人赏心悦目的四季花草的庭园。装饰于卡特中心的鲜花貌似都来源于整个庭园，特别值得一看的是长满80种400株玫瑰的玫瑰园，其中也有以罗莎琳·卡特命名的橘色玫瑰。

受人瞩目的总统选举展览

斯通山公园 Stone Mountain Park

巨大的岩石浮雕是亚特兰大的名胜

Map p.290 A2

尝试从多个角度观赏世界范围内最大的浮雕

市区以东的 25 公里处，被茂密的绿色环绕的地方耸立着一座巨大的灰色岩石，突出的斯通山 Stone Mountain 面积 236 公顷，高 252 米，是世界上最大的花岗岩，是由大约 3 亿年前的岩浆冷却形成的。

此山具有雕刻在斜面的宽 58 米的南部同盟的英雄浮雕，是南部少有的旅游胜地，从左到右依次是南部同盟总司令官杰弗逊·戴维斯、罗伯特·李将军以及像石壁一样挡在北军前面的

○COLUMN

出身于花生农场主家庭的总统（吉米·卡特）

第 39 代总统吉米·卡特从佐治亚州的花生田农场主变成了总统。并非出自名门世家，也不是所谓的政客，平民出身的总统受到了大众的喜爱。优雅的举止、稳重的谈吐、非凡的温柔的笑容等被誉为南方绅士的典型。具有真诚的家庭观念的品格，得到了虔诚的黑人的支持。

据说卡特是喝黑人的母乳长大的，南部的黑人们对从正面面对种族差异的南部出身的总统寄予继肯尼迪之后的厚望（两人的笑容有些相像）。在 1977 年的总统选举中，卡特以工作衬衫、牛仔裤的形象积极地表现了花生田农场主的出身，被选为民主党候选人，并且在电视辩论中以朴实的人品和年轻的姿态出镜并当选总统（在 4 年后的电视辩论中，胜过了原电影演员里根的演技）。

当初就如同 *Jimmy Who*？这部书所写的一

样，知名度很低的卡特在历代总统中也是屈指可数的鸽派。1978 年在别墅招待了埃及的萨达特总统和以色列的贝京总理，并以《戴维营协议》为开端，其不依赖军事力量解决外交问题的态度得到了高度评价。另外，强势的美国人可能还是欠缺柔和的习惯。鹰派里根在发表了《强大的美国》并打败卡特时，就像"美国的良心"被"美国的现实"打败了一样。

在辞去总统职位 17 年之后，卡特再次受到世界的关注。在即将发生军事冲突之际，卡特乘车来到海地并且斡旋成功，避免了一场流血事件。在朝鲜半岛危机之际与金正日会谈，承担朝鲜与美国政府之间的调节工作，在利比里亚纷争中第一时间赶赴现场发挥重要的调停作用，2002 年受卡斯特罗邀请进入古巴，商讨了人权问题等，促进了美国和古巴关系的改善。2010 年进入朝鲜解救了被拘捕的美国人。

作为一个民间人士，卡特站在外交舞台上时，并不是因为有当过总统的经验，而是凭借从白宫返回亚特兰大后，或者更早之前的志愿者活动。卡特去往贫困的国家和地区，并提供了建造家园的资金和技术。在政情不稳定的国家监督其进行公正的选举，向受饥饿之苦的孩子们伸出援助之手，研究环境问题。

这并不是出钱指挥，而是前总统在流汗地工作。从遵守公民权、废除差别、消灭毒品到儿童教育问题，卡特都积极奉献，奔忙于大学和教堂的演讲，通过这样的活动将图书馆发展成了美国最大的 NGO，成为连接世界人民的桥梁。

根据 CNN 的调查，他获得的诺贝尔和平奖得到了超过 9 成美国人的支持。

缆车项目也可能受强风影响而暂停 　　从山顶放眼地平线，能够真切地感受到美国的辽阔

斯通山公园

☎（770）498-5690
📠 1800-401-2407
（亚特兰大市外）
🌐 www.stonemountainpark.com
🕐 开放时间会因季节而变化，但是一般情况下夏季10:00~21:00，冬季10:30~17:00
🚫 12/24、12/25。由于加演节目，冬季的平日里休业
💰 包含 Ride the Duck 以外的项目一天巴士 $37（小孩同额），停车费一天 $10
🚗 如乘车的话走 I-285，从 #3B 到 US-78Stone Mountain Freeway。通过 #8 方向是正门。从市中心出发大约 40 分钟。

托马斯·杰克逊。此工程始于 1923 年，中间中断了 30 年，1958 年重新开工，于 1964 年完成。浮雕部分深 3.5 米，被削下来的花岗岩据说是用于了华盛顿 D.C. 国会大厦以及巴拿马运河等。

　　网球、高尔夫、钓鱼、划船、郊游等设备一应俱全。一到周末或者暑假，远离都市，融入以大自然为背景的运动的人络绎不绝。园内设有酒店和露营场所，所以在此留宿是很享受的。

● **纪念堂　Memorial Hall**　　　　　　　　　　　　　　　　（$9）

　　这是观赏浮雕整体的绝好地方。二层是南北战争的迷你资料馆，展示着武器和南部同盟的旗帜。

● **缆车　Skyride**　　　　　　　　　　　　（单程 $5.5，往返 $9）

　　从纪念堂的隔壁乘坐缆车到达山顶，途中经过浮雕的旁边，能够真切地感受浮雕的庞大。山顶上很凉爽，360 度全景很开阔，能够漫步于岩石上。走下山也不错，但要注意雪崩和雷击。

● **激光表演　Laser Show**　　　　　　　　　　　　　　　（免费）

　　在纪念堂前举行的激光和焰火表演。也使用音乐和电影，值得一看，

亚特兰大近郊

大约需要 40 分钟。有以南北战争为主题的雕刻，也有爱国主义内容，感动流泪的观众很多。由于不包含在巴士旅行中，所以如果不利用汽车或者出租车就无法看到这项表演。

很多观众都坐在草坪上

●十字路口 Crossroads （＄9）

再现了 19 世纪 70 年代的佐治亚州街道和生活的景点。穿着当时衣服的工作人员扮演着面包店、玻璃工艺品店、冶炼店里的角色，用传统的手法表演给我们看。每逢周末和暑假街头艺人也是络绎不绝，热闹而欢乐。最新型的竞技场 Geyser Tower 面向小学生。使用了特殊效果的 4D 剧院也受到了成人们的极大欢迎。

●火车 Railroad （仅在夏季）

Railroad（＄9）

怀旧火车在山周围 7 公里的范围行驶，在向游客解说沿途风景的同时，中途还给游客看了小品，游客们都哄然大笑。

●南北战争前的种植园 Antebellum Plantation （＄9）

Antebellum 是指"南北战争前"。这里聚集了曾散布于佐治亚州的 19 世纪豪宅，从大豪宅到奴隶们的小屋，就连城市里的房屋，内部都是当时的装饰，参观活动最少需要 1 小时。

●水陆两用车 Ride the Duck （＄14）

从十字路口的停车场出发，飞驰在湖中！在水陆两用车中享受 30 分钟的巡航。

山道

从西入口大门到斯通山一路都有攀登跑山道。单程 2.2 公里。向上攀登需要 40 分钟~1 小时，如果要省劲儿的话，乘坐缆车向上，走下山也行。但是到车站或者停车场必须走 1.8 公里。

激光表演

上演时间每周都会变化，但是一般情况下春~秋的周六 20:00 左右，5 月末~8 月上旬每天 21:30，顺便说明，表演的最后是 Lee Greenwood 的 *God Bless the USA*。

西餐厅

如果只是想吃小吃的话，这个地方的咖啡店和小卖部就可以满足，在斯通小山顶也有小吃，如果想要好好享受美食的话，推荐位于十字路口的 Miss Katie's。＄10~20 就可以享受到自制的南部菜肴。

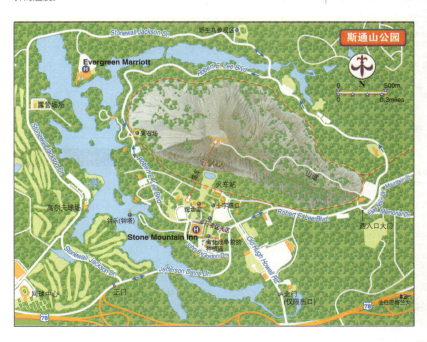

住宿设施

Marriott Stone Mountain Inn

☎（770）469-3311

🖥 www.marriott.com

　　拥有 92 个房间的古典音乐酒店。位于纪念堂的后面，参观完激光表演后，可步行返回。$99~189。

Evergreen Marriott Conference Resort

☎（770）879-9900

🖥 www.evergreenresort.com

　　走到正门后马上向左转弯，环绕湖周围的时尚快捷的度假村。如果在门口预约住宿的话，不收取停车费用。336 个房间，$159~399。

六旗

🏠 275 Rirerside Pkwy. SW, Austell

☎（770）948-9290

🖥 www.sixflags.com

🕐 除了 5 月下旬~8 月上旬以外，平时只在周日开园，由于开放的具体时间也具有流动性，所以需要确认。夏季：10:30~21:00

💰 $54.99。55 岁以上和身高在 122cm 以下的儿童 $39.99。

🚌 从 MARTA Hamilton E. Hoimes 车站乘坐市区巴士 201 路大约需要 10 分钟，每 40 分钟一班。

弗恩班克自然历史博物馆

🏠 767 Clifton Rd., NE

☎（404）929-6300

🖥 www.fernbankmuseum.org

🕐 10:00~17:00，周日 12:00~

休 11 月的第四个周四、12/25

💰 博物馆 $17.50（3~12 岁 $15.50）、IMAX$13（$11）、套票 $23（$19）

🚌 从 MARTA North Ave. 车站乘坐 2 路巴士大约 20 分钟。在 Ponce de Leon Ave. 和 Clifton Rd. 的拐角处下车。每 20~40 分钟一班。Clifton Rd. 向北步行 300 米右侧。

弗恩班克科学中心

Fernbank Science Center

Map p.290 A2

🏠 156 Heaton Park Dr.NE

☎（678）874-7102

🕐 周一~周三 12:00~17:00，周四~周五 ~21:00，周六 10:00~17:00

休 周一、12/24、12/25、12/31、1/1、主要的节日

💰 免费。天象仪 $4

🚌 从 MARTA North Ave. 车站乘坐 2 路巴士，在 Artwood Rd. 下车，步行 2 个街区。

六旗 Six Flags Over Georgia　　Map p.290 B1

在令人称奇的机器中体验快乐

　　充满多个令人称奇的机器和特技等的娱乐会场，人气第一的是从高 31 米的地方垂直落下的 Dare Davil Dive，以趴着的姿势乘坐的空中飞翔机器、超人以及从 20 层楼高的地方以 112 公里的时速落下的 Goliath。Mind Benden 是美国出产的旋转 3 圈的过山车。世界上屈指可数的长落差过山车和尖叫声也让人无法忘怀。给就算是弄得浑身湿透也毫不在乎的人们推荐乘小船从 15 米高的瀑布滑落的瀑布溅、2005 年建成的带骷髅标记的滑水以及骷髅岛。

弗恩班克自然历史博物馆　　Map p.290 A2
Fernbank Museum of Natural History

穿越到古老的美国南部

　　在很久很久以前的亚特兰大有恐龙吗？人类的祖先过着怎样的生活……弗恩班克自然历史博物馆就能为您解答关于从古至今的自然历史疑问。此建筑给人以高级酒店的感觉，您会被中庭大堂里悬挂着的恐龙的遗骨所震撼。馆内也有使用了高科技的展示，参观者也可以参与到展示中，让我们发挥想象力并试着去探索远古世界吧。

　　常设展示是佐治亚时间旅行。由 18 个画廊构成，以年代的先后为序，用透视和计算机图形这种简单易懂的方式将始于宇宙大爆炸的宇宙和地球的成长过程、佐治亚各地美丽的自然景色展示给游客看。连大人们也都着迷于沼泽地昼夜的再现（甚至连声音也可以听见）、前总统卡特对佐治亚州的展望语等。

　　独特之处在于贝壳世界的一角。稀有高价值的贝壳、五彩缤纷的贝壳、形态诡异的贝壳等都是从世界各地收集而来的，贝壳的观赏至少也要花费 3 小时。IMAX 剧院根据时期来上映电影。屏幕的高度堪比 5 层建筑物。

　　邻近森林以东 1.6 公里的地方是弗恩班克科学中心，这里拥有灭绝动物的栖息地和自然环境等的展示、阿波罗宇宙飞船、玫瑰园、西南部最大的天象仪和天文台等。在周四和周五的 21:00~22:30，如果天气好的话，可以用望远镜眺望星空。

郊外

小白宫 FDR's Little White House　　Map p.290 B2 地图外

受到国民喜爱的罗斯福总统别墅

　　给原子弹开发亮起绿灯的第 32 任总统富兰克林罗斯福，推行新政，重新振兴了经济危机中的美国，为此人气高涨。1924 年，为了小儿麻痹患者的康复，拜访了温泉。中意于南部富饶的自然环绕之地的罗斯福，1926 年买下了这块地，并于第二年设立了针对小儿麻痹的基金会（2011 年被烧毁）。1932 年在基金会的不远处建造了自己的别墅，同一年当选为总统后，其别墅被称为小白宫。此后 1945 年 4 月，罗斯福在任职期间因急病在此地离世，据说当时他已经决定向日本投放原子弹。

　　从门口走过长长的小路就能看见一眼温泉喷泉，旁边是罗斯福的爱车展示，从这儿向右是小白宫、左边是一个展示有罗斯福遗物等的博物馆。

塔拉之路博物馆 Road to Tara Museum

Map p.290 B1 地图外

回归郝思嘉的故乡

《飘》主人公郝思嘉无论遭遇了怎样的逆境，正是因为有"塔拉"这个地方才得以重新站起来。《飘》起初被命名为《塔拉之路》。塔拉是一个虚构的地方，但是据说从亚特兰大驱车向南大约 30 分钟的琼斯伯勒就是塔拉的塑造原型。

这所博物馆中收藏了《飘》相关的物品，并向大众开放。虽然是极小规模的博物馆，但是充满了小说和电影的相关物品。陈列着世界各国《飘》的最初版本、米切尔的原稿、纪念邮票、用于电影完成首映式时的镜子等，其中也有米切尔的信、电影拍摄的照片画板、

规模虽小，但展品丰富

带有克拉克·盖博和费雯丽签名的原件、描绘电影场面的图画脚本等。

如果有时间，可以顺便到很近的 Stately Oaks Plantation（住 100 Carrage Dr., Jonesboro 10:00~16:00，周日闭馆。$12）看看。

玛丽埃塔《乱世佳人》博物馆 Marietta Gone With the Wind Museum

Map p.290 A1 地图外

如果是《乱世佳人》的影迷，我们向您推荐这里。

此博物馆位于亚特兰大西北方向大约 30 英里（约 48 公里）的玛丽埃塔小城。上述塔拉之路博物馆以原作为中心，而这里是以由小说改编的电影为焦点。

陈列着大量的小道具及设计画、拍摄秘闻资料、电影小册子以及奥斯卡奖杯等。2.5 万件以上的收藏品、克里斯托弗·沙利文个人藏品都令人震惊。虽然必须驱车才能来到此博物馆，但是与电影相关的展示品丰富，值得一看。尤其是可以仔细看看郝思嘉的各种衣服，这样也能理解拍摄当时郝思嘉的腰围是 18 英尺（大约 46 厘米）。

电影的海报收藏也具有观赏价值

小白宫

住 401 Little White House Rd., Warm Springs
☎ （706）655-5870
🖥 www.gastateparks.org/littlewhite/
开 9:00~16:45
休 11 月的第四个周四、12/25、1/1
费 $10,62 岁以上的老人 $8,6~18 岁 $6
交通 沿 I-85 向南走，在 Exit 41 向 US-27A 拐并向南行驶。大约需要 1 小时 40 分钟。

塔拉之路博物馆

住 104 N. Main St., Jonesboro
☎ （770）478-4800
🖂 1800-662-7829
🖥 www.visitscarlett.com
开 8:30~17:30，周六 10:00~16:00
休 周日
费 $7，未满 12 岁儿童以及 60 岁以上老人 $6
交通 驱车沿 I-75 向南，在 Exit 228 出，途中的茶色标志是沿线的游客中心。所需时间 30 分钟，没有公共交通工具。

玛丽埃塔《乱世佳人》博物馆

住 18 Whitlock Ave., Marietta
☎ （770）794-5576
🖥 www.gwtwmarietta.com
开 10:00~17:00
休 周日、12/25、1/1
费 $7。65 岁以上老人 $6
交通 从亚特兰大沿 I-75 向北行驶，在 Exit 265 出，沿 North Marietta 向西，之后不久在和 Cobb Pkwy. 的交叉处以玛丽埃塔广场为目标，经过 5 个红绿灯，在 Mill St. 向左拐，右侧有一个停车场。需要 40 分钟，沿道路向右走就是博物馆。

亚特兰大

● 主要景点

电影《乱世佳人》
Gone with the wind
拍摄秘闻

首映日是一个休息日!

电影于1939年12月15日首映。世界首映是在亚特兰大的 Laew's Grand Theater 举行,除了米切尔、C.盖博、V.李,还有劳伦斯·奥利弗也出席了首映仪式。首映的3天像佐治亚州的节日期间一样热闹。如今这个剧场已经不复存在了,但是位于向市中心去的桃树街道的广场被命名为玛格丽特广场。首映时的明星住过的酒店就是现在的 Georgian Terrace。

《乱世佳人》放映两年后美国卷入了太平洋战争,1945年战争结束。战后《乱世佳人》在世界被放映也受到人们的热爱。所热爱的土地被北军毁坏带给郝思嘉的屈辱感和奋斗活力可能呼唤起了同南部一样的社会体制发生了某种变化的战后人们的同感。

塔拉在哪儿?

电影《乱世佳人》几乎全是在好莱坞郊外拍摄的,塔拉的房屋、阿什利的宅邸都是做出来的,但是郝思嘉紧抓着的对神起誓"难道要再次受饥饿?"的红土据说是专门从佐治亚运来的。

塔拉是一个虚构的地方,关于其原型城市也是众说纷纭,但是位于亚特兰大以南的琼斯伯勒最具说服力。在琼斯伯勒,玛格丽特总是在祖父母家听南北战争的故事,原作中的塔拉被设定成亚特兰大以南25英里的地方。另外,据说位于附近的洛夫乔伊种植园可能就是阿什利的屋子的原型。

Margaret Mitchell House(→ p.279)中展示有电影的图画脚本

亚特兰大和《乱世佳人》相关年表

1837 年	城市诞生
1845 年	改名亚特兰大。诞生了郝思嘉
1853 年	贝利的黑船驶向浦贺
1861 年 4 月 12 日	南北战争开始。《乱世佳人》拉开序幕
1861 年 5 月	郝思嘉去往亚特兰大
1863 年 1 月 22 日	林肯发表《解放奴隶宣言》
1864 年 9 月	亚特兰大被烧毁。郝思嘉去往塔拉
1865 年 4 月 9 日	南北战争结束
1865 年 12 月	阿什利复员
1866 年 1 月	郝思嘉再次前往亚特兰大
1871 年	郝思嘉第三次结婚
1873 年	《乱世佳人》结束
1900 年 11 月 8 日	玛格丽特·米切尔诞生
1914 年	第一次世界大战开始
1919 年	米切尔的母亲去世
1920 年	在美国总统选举中,女性第一次享受投票权利
1921 年	米切尔进入报社工作
1925 年 ~1929 年	创作《飘》
1936 年 2 月 26 日	2/26 事件
1936 年 6 月	《飘》出版。当天发售 5 万本
1937 年	米切尔获得普利策奖
1939 年	第二次世界大战开始
1939 年 12 月 15 日	《乱世佳人》首映
1945 年 8 月 15 日	"二战"结束
1948 年 8 月 16 日	米切尔离世

高尔夫选手的圣地奥古斯塔

为球圣和朋友们一起享受而开设的赛事

在高尔夫赛事中，享有世界知名度并具有威望的就是大师赛了吧。初春举行的赛事不是简单地比高尔夫的得分，球圣鲍比·琼斯从竞技高尔夫引退后，和知己一起享受高尔夫，设计了该赛事。

如今，算是竞技高尔夫世界四大赛事中的一个，身穿绿色夹克（曾给大师赛优胜者的夹克）是世界高尔夫爱好者的憧憬。大师赛面向的全美公开赛、全英公开赛事、全美职业选手赛过去五年间的优胜者以及世界排行榜上的高位选手等，受到大师赛邀请，对于高尔夫选手来说是莫大的荣耀。自 1934 年第一次举行以来，已经产生了多场的胜者。

在佐治亚州的第二大都市举行

这样的大师赛每年 4 月第一周的周末会在佐治亚州的奥古斯塔举行。奥古斯塔位于佐治亚州的东部，是一个约有 19 万人口的城市，是一个被绿色环绕、美丽的地方。会场是位于西北部的奥古斯塔国际高尔夫俱乐部，这个俱乐部以传统著称，俱乐部成员限定在 300 名左右，据说成为会员需要数十年。

观战大师赛

大师赛的门票只被分给成为赞助商的注册观战会员，一般人很难观战赛。

但是，据说观看练习赛还是比较容易的。通向高尔夫俱乐部的 Washington Rd. 一侧有黄牛，当然最好多人一起去交涉。需要具备英语能力，但风险也很高，不过练习赛允许拍照（在预赛和决赛中是不允许的），所以如果运气好的话，能够拍到放松的选手。

如果想要观看预赛和决赛的话，建议参加旅行团，可以拿到只有资助商才有的门票的旅行社，也有赛场的接送、观战礼仪建议，为能够安心地享受观战。请尽早预约。

鲍比·琼斯

始于大师赛的鲍比·琼斯是出生于亚特兰大。琼斯的墓地位于亚特兰大的奥克兰公墓（→ p.278），如果到了 4 月份大师赛的季节，其墓前会涌来大批的高尔夫爱好者，这些爱好者将自己的名字写在高尔夫球上然后放在琼斯的墓前。亚特兰大历史中心内的博物馆（→ p.286）有琼斯一角，展示着大满贯的奖杯（复制品）、奖牌照片。

线路

奥古斯塔有小型飞机场，从亚特兰大出发的达美航空每天大约有 10 个航班（约 1 小时）；从北卡罗来纳州出发的 US 航空公司每天大约有 8 个航班（约 1 小时）。另外从亚特兰大出发的灰狗巴士一天往返 5 次（单程时间 2.5~4 小时），到达机场后只能乘出租车到达高尔夫俱乐部。

开车的话，从亚特兰大沿 I-20 向东行驶大约 2 小时 30 分钟，约 145 英里（约 230 公里），Exit 200 下就是奥古斯塔城了。

奥古斯塔机场 URL www.flyags.com
灰狗巴士 URL greyhound.com

市内大约有 70 家酒店和汽车旅馆，在大师赛期间这里全是满员，费用也是平时的 2~3 倍，尽早安排。

奥古斯塔旅游局 URL www.augusta.org

※高尔夫四大赛事是指，大师赛、全美公开赛、全英赛事以及全美职业选手赛，也被称为四大巨头。四大赛事的全部胜利被称为"大满贯"。四大赛事中只有大师赛每年在相同的地方举行。

以棉花交易著称的奥古斯塔城

购 物
Shopping

市 区

Underground Atlanta

Map p.258 C~D2

◆ **市区中心**

　　市区中心是临近 MARTA 的 Five Points 车站的购物中心，这里也是亚特兰大的发源地。

　　1837 年，以此为起点铺设线路，建造了城市。20 世纪初，跨线路和车站建造了陆桥，其下的铁路被称为 Underground，不久随着铁路的衰退，线路也移向了郊外，Underground 成了仓库。

　　拥有这样一段历史的黄金地段在 1989 年被重新开发，巨额投资建造成了与南部大都市呼应的购物中心。购物中心分为地上、地下一层、地下二层共 3 层，大部分的商店和美食广场都在地下一层，运动商店、一元店、便宜的首饰等老百姓的商店很多，想去淘土特产的话建议去"Best of Atlanta"。位于地下一层的中心地方排列着琳琅满目的 T 恤和小物件等亚特兰大物品。

　　可口可乐世界转移后，购物中心的氛围好像也发生了变化，在游戏厅谈情说爱的年轻人多了，所以深夜不要来这里比较保险。

🏠 50 Upper Alabama St.
☎ （404）523-2311
🖥 www.underground-atlanta.com
🕐 周一 ～ 周 四 10:00~20:00，周五、周六 ~21:00，周日 12:00~18:00

无论白天还是晚上都因年轻人而热闹着

桃树中心

Map p.258 B3

◆ **商业街便利的购物中心**

　　这是位于商业街/酒店街的购物中心，临近 MARTE 的 Peachtree Center 车站，以药店、便利店、鞋店、银行等众多的实用店为特征。三层大约有 40 家租户，美食广场在正中的画廊层（7:00~18:00），一层也有布鲁克斯兄弟。

🏠 225 Peachtree St. & A.R. Tlnternational Blvd.
☎ （404）654-1296
🖥 www.peachtreecenter.com
🕐 周一 ～ 周六 10:00~18:00（因店而异）
🛑 周日固定休业的店很多

中　城

Atlantic Station

Map p.257 A1

◆新出现的卫星城

扫除市中心区的工业用地等，建成办公、公寓、独门独户住宅、商店、餐厅、电影院等综合化开发的社区。商场内有 H&M、加普、NINE WEST、Body Shop 等，也有百货商店和 IKEA（大型家具店）、Twelve Atlantic asatation 酒店。从 MARTA Arts Center 车站出来有免费的班车。

中心广场举行各种各样的活动

- 1380 Atlantio Dr.
- （404）733-1221
- www.atlanticstation.com
- 10:00~21:00、周日 12:00~19:00

巴克海特

Lenox Square

Map p.285 B

◆巴克海特的大型商场

巴克海特的大型商场位于 MARTA 的 Lenox 车站前，是高级住宅区巴克海特的大型购物中心，光商店就达 250 家，不是市区的商场能比的。和万豪酒店 JW Marriott-Lenox 相邻，其特征在于：从塔可钟到卡地亚全部都是独立店面，也有百货商店内曼·马库斯（Neiman Marcus）等，面向各个顾客层。主要商店是 Aveda、路易威登、Coach、巴宝莉、拉夫劳伦、霍利斯特、鳄鱼、菲拉格慕、欧舒丹等。

也有受到女性青睐的卖质朴的衣服和乡村杂货的 Anthropologie

在这里什么都有

- 3393 Peachtree Rd.
- （404）233-6767
- www.lenoxsquare.com
- 10:00~21:00、周日 12:00~18:00

Phipps Plaza

Map p.285 B

◆充满高档感的商场

从 MARTA 的 Lenox 车站徒步大约 7 分钟。位于兰尼克斯广场斜前方，以租户高级的阵容而著称。有蒂凡尼、古驰、范思哲、阿玛尼等，还有萨克斯第五大道等高级百货商场。100 家以上的商店中也有休闲商店，电影院以及美食广场（3 层）。

- 3500 Peachtree Rd.
- （404）261-7910
- www.phippsplaza.com
- 10:00~21:00、周日 12:00~17:30

其他地区

Mall of Georgia

Map p.290 A2 地图外

◆南部最大的购物中心

从亚特兰大驱车向北大约 30 分钟的郊外的购物中心。8 家百货商店和 JC 便士等，225 家商店。从亚特兰大沿 I-85 向北行驶，在 Exit 下，沿 GA-20 向西行驶。

- 3333 Buford Dr., Buford
- （678）482-8788
- www.mallofgeorgia.com
- 10:00~21:00、周日 12:00~18:00

餐厅
Restaurant

市 区

Pittypat's Porch 南部菜

◆**如果想要品尝南部料理的话**

　　从桃树中心到 A.Y.International 向西偏右侧，入口只有一扇小白门，所以很不容易看见。

　　此店取名为 "Pitty Pat" 是因为《乱世佳人》中郝思嘉在去亚特兰大时顺便看望了 "Pitty Pat" 伯母。在此店中能够吃到用心做的传统南部菜肴。

　　主菜中附带着排列有面包和蔬菜汤的沙拉，仅这些食物就能让人吃饱。主菜的价格为 $20~30。

住 25 A.Y.International Blvd.
☎ （404）525-8228
URL www.pittypatsrestaurant.com
営 17:00~21:00
C/C A D M V

位于停车场旁边的白门是标记

尝试南部名产炸鸡

Fire of Brazil 巴西菜

◆**大口地吃着各种肉菜**

　　这是一家提供巴西牛排（烤肉）的西餐厅，将串成串在烤架上炙烤的牛肉、猪肉、鸡肉、香料等稍微切开，放开食用，还附带有大份的沙拉。午餐大约 $17.95，很实惠，桃树中心的 A.Y.International Blvd. 一角。

住 218 Peachtree St.
☎ （404）525-5255
URL www.fireofbrazil.com
営 11:00~14:30（周六、周日~15:30）、17:00~22:00（　周　日16:00~21:30）
C/C A M V

Sun Dial 现代菜

◆**在 73 层看到的风景绝佳**

　　这是位于圆筒形高层酒店、威斯汀顶层的旋转餐厅，在 5 层大厅乘坐专用的玻璃电梯需要 85 秒到达。从高 220 米的店内到远处的石头山，能够看到 360°全景。餐厅中的菜单随季节而变，午餐的三文鱼三明治 $15、晚餐的牛排 $55 稍贵，建议只去酒吧。

　　另外，不吃饭只看看也是可以的，非住宿客人的参观费是 $6（6~12 岁 $3）。

住 210 Peachtree St.,（Westin Peachtree Plaza）
☎ （404）589-7506
URL www.sundialrestaurant.com
営 午餐 11:30~14:30、晚餐 18:00~22:00、周五~23:00、周六 17:30~23:00、周日午餐 11:30~14:30
C/C A D M V

Max Lager's 美国菜

◆**酿造着自家制的啤酒**

　　西餐厅中有酿造啤酒的工具，能够喝到酿造好的地道啤酒。有 5 个种类的啤酒，推荐传统的比尔森啤酒的 Max Gold。

住 320 Peachtree St.
☎ （404）525-4400
URL www.maxlagers.com
営 11:30~22:30、周日 16:00~
C/C A D J M V

Hooters　　美国菜

◆以猫头鹰为标记的鸡店

　　诞生于亚特兰大的猫头鹰餐厅对男人来说是 MUST 的西餐厅，加入名产香料且多汁的鸡翅有 3 种口味，另外一种名产是性感的连衣裙！

住 209 Peachtree St.
☎ （404）522-9464
URL www.hooters.com
营 周 一 ～ 周 五 11:00~24:00、周六 ～ 次日 1:00、周日 12:00~23:00
C/C A M V

2012 年 4 月改造完成后刚刚重新开张

中　城

Varsity　　快餐

◆在有名的路边餐厅吃智利热狗

　　这是一家自 1928 年起就享有盛名的店，800 个座位，日客流量达 1.6 万人，一天消费 1.4 万个智利热狗。20 世纪 50 年代，在此店的停车场，敞篷车整齐地排列着，据说年轻人很喜欢智利热狗，店内充满了 20 世纪 50 年代的气氛，在店内请食用 $1.44~2.61 的名产热狗和 $1.69 的油炸桃仁饼。从 MARTA North Ave. 车站向西走 5 分钟即到。

住 61 North Ave.
☎ （404）881-1706
URL www.thevarsity.com
营 10:00~23:00、周五 / 周六 ～ 24:30
休 11 月的第四个周四、12/25
C/C M V

热狗有 8 种口味

Mary Mac's Tea Room　　南部菜

◆南部的家常菜

　　从 MARTA North Ave. 车站向东走 3 个街区，是一家自 1945 年营业以来就享有盛名的店，前总统卡特也喜欢这里的菜肴，也是一家休闲餐厅。开业当时虽说是女性想要经营餐厅，但是因为没有融资银行，所以据说就作为茶室开张了。炸鸡、油炸绿色土豆、黑眼豌豆（豆类菜肴）、萝卜绿色（芜菁的叶子菜肴）等都是南部家常菜。$6~21 的价格也是平民化的。Georgia Peach Cobbler 桃仁饼很美味。

住 224 Ponce de Leon Ave.
☎ （404）876-1800
URL www.marymacs.com
营 11:00~21:00
休 12/24、12/25
C/C A M V

典型的南部菜营养丰富

The Flying Biscuit Cafe
南部菜 & 咖啡
Map p.257 A2

◆有机的南部菜

这是一家色彩明亮的有机美食店，午餐晚餐都有。有烧制饼干 & 肉汁、糁、有机蔬菜的薄煎饼和丰富的菜单。早饭和午饭 $5~10，晚饭 $15，从 MARTA Midtown 车站沿 10th St. 向东行驶 3 个街区。

住 1001 Piedmont Ave.
☎（404）874-8887
URL www.flyingbiscuit.com
營 7:00~22:00 C/C AMV

Willy's Mexicana Grill
墨西哥菜
Map p.257 A2

◆新鲜的手工洋菝葜很美味

从 MARTA Midtown 车站沿 10th St. 向东行驶 3 个街区，在 Piedmont Ave. 左转走 100 米右侧。自 1995 年开店以来，始终把握着亚特兰大的心脏，如今已经是有了数十家店铺的休闲健康店。成功的秘诀是：在烹调上不使用微波炉和冷冻材料，用新鲜的材料做成的洋菝葜和鳄梨酱很受欢迎。服务很及时，点心 $2.60~，克萨迪亚斯 $4~7.25，费用也很实惠。外卖食品也很好。

住 1071 Piedmont Ave.
☎（404）249-9054
URL www.willys.com
營 11:00~21:00
C/C AMV

Veni Vidi Vici
意大利菜
Map p.257 A1

◆如果想吃到正宗的意大利美食，建议来这里

此店位于 MARTA Midtown 车站和 Arts Center 车站中间，从聚集着美术馆和音乐厅的伍德拉夫艺术中心走 2 个街区即到。这里是在漂亮的亚特兰大受人欢迎的西餐厅，特别是美味的面食受到好评。一份午餐 $15 左右，晚饭 $20~30。

住 41 14th St. ☎（404）875-8424
URL www.buckheadrestaurants.com
營 11:30~22:00、周五 ~23:00、周六 17:00~23:00、周日 17:00~22:00
C/C ADMV

Tamarind Seed
泰国菜
Map p.257 A2

◆生于曼谷的女厨师的店

在幽雅的氛围中享受着正宗的泰国菜，这里的厨师曾在高尔夫大师赛的冠军晚宴上一展厨艺，味道毋庸置疑，受到了当地商人和年轻人的喜爱，这里总是很拥挤，用在亚特兰大的交响乐音乐会也是不错的。菜单很丰富：冬荫功汤 $6，泰式炒面（烤米粉）$15，绿咖喱 $20。

住 1197 Peachtree St.
☎（404）873-4888
URL www.tamarindseed.com
營 午餐 周一 ~ 周五 11:00~14:30、晚餐 17:00~22:00、周五/周六 ~23:00、周日 12:00~22:00
C/C AMV

巴克海特

Dante's Down The Hatch
火锅菜
Map p.285 B

◆以帆船为主题的店

这里是一家专门吃火锅的西餐厅 & 爵士大厦。以 1 世纪航行至地中海的帆船为主题，在店中央的船舱中演奏着爵士乐（19:00~。周五/周六/周一 18:00~），在船底饲养的三只鳄鱼也是店里的一大看点，只有船里的座位需要饮食附加费（平日 $7，周五、周六 $10）。

向您推荐的是文华火锅。将牛肉、猪肉、鸡肉、虾、蘑菇以及西葫芦穿成串然后放入火锅中，用四种调味汁来吃，附带法国面包 $25.25，也有奶酪火锅。从 MARTA Buckhead 车站走 2 分钟，从 Lenox 车站走 5 分钟。

住 3380 Peachtree Rd., NE
☎（404）266-1600
營 16:00~23:30、 周日 17:00~23:00
休 节假日
URL www.dantesdownthehatch.com
C/C ADMV

桥口 Junior
日本料理
Map p.285 B

◆居酒屋风格，评价很高

除了寿司、生鱼片、一级料理以外还有很多开胃菜。因为居酒屋一直开到深夜，所以很方便，居酒屋位于 Buckhead 车站和 Lenox 车站之间，所以无论从哪个车站出发都需要步行 5 分钟，位于 Lenox 商场旁边。

住 3400 Wooddale Dr.
☎（404）841-9229
營 11:30~22:30、 周五/周六 ~23:00 休 周日
C/C AMV

酒店
Hotel

　　亚特兰大的酒店都集中于桃树中心周边以及巴克海特地区，因为是商业城市的缘故，所以一旦遇上有大型会议时，高级酒店和中档酒店都会客满。

　　相反，在周末（周五、周六住宿）可以高级酒店为第一目标。如果利用了周末打折费用，即使是超一流的酒店房间也能以惊人的超低价格住下来。周末的费用与人数无关，而是多以房间为单位决定的，所以带上家人一起很划算。

市 区

Hyatt Regency Atlanta
◆临近桃树中心

　　这是林立于市区的一座高层酒店，至少 23 层高的中厅据说在 1967 年建成后成了亚特兰大人们口中的话题。之后又历经改造，如今拥有 1260 间客房，新建的 Radius Tower 经过中央大厅和桃树中心相连，附带浴缸（Radius Tower 的客房只有淋浴设施）、迷你酒吧、保险箱及电吹风。结账（仅限于银行卡支付）系统也很方便。ⓈⒹⓉ $159~209，拥有 2 家西餐厅，1 间休息室，游泳池（4~9 月），培训健身房。

Map p.258 A~B3
住 265 Peachtree St.NE, Atlanta, GA 30303
☎ （404）577-1234
Free 1888-594-1234
FAX （404）588-4137
URL www.hyatt.jp
C/C ⒶⒹⒿⓂⓋ

Marriott Marquis
◆以南部最大规模为骄傲

　　位于距离桃树中心 1 个街区的地方，是拥有 1663 间客房的大型酒店。天井从大厅中央贯穿至天花板，玻璃电梯将客人运送至房间，快速网络 1 天 $14.95，装有电脑的室内保险箱是免费的，ⓈⒹⓉ $149~399，有 4 家西餐厅、美容院、24 小时开放的健身中心、桑拿、室外 & 室内游泳池。全馆禁烟，有星巴克咖啡。

无论商用还是旅游都很便利

Map p.258 A~B3
住 265 Peachtree Center Ave. NE, Atlanta, GA 30303
☎ （404）521-0000
Free 1888-855-5701
FAX （404）586-6299
URL www.atlantamarquis.com
C/C ⒶⒹⒿⓂⓋ

Ritz-Carlton Atlanta
◆拥有自豪的超一流服务

　　这是一家全美排名前 20 的高规格酒店。特别是周到的服务给酒店建立了良好的声誉，447 间客房中的插花让人心情愉悦，客房服务一日两次，晚上会在床边放上巧克力。ⓈⒹⓉ $189~2500，淋浴室配备着淋浴水池和电话，有西餐厅、桑拿、健身中心。

酒店员工的接待也是超一流

Map p.258 B3
住 181 Peachtree St. NE, Atlanta, GA 30303
☎ （404）659-0400
Free 1800-542-8680
FAX （404）688-0400
URL www.ritzcarlton.com
C/C ⒶⒹⒿⓂⓋ

The Westin Peachtree Plaza

Map p.258 B2

◆西半球最高的酒店

　　从 MARTA Peachtree Center 车站步行即可到达。高 220 米、73 层建筑的圆筒形玻璃塔很引人注目。一层有购物商场，ⓈⒹⓉ $115~394。

住 210 Peachtree St. NW, Atlanta, GA 30303 ☎（404）659-1400
Free 1888-625-5144　FAX（404）589-7424
C/C ⒶⒹⒿⓂⓋ
URL www.westin.com

Omni Hotel at CNN Center

Map p.258 B1

◆邻近 CNN 中心

　　位于 CNN 中心和百年奥林匹克公园之间，原馆的旁边是 28 层的新馆，ⓈⒹⓉ $135~359。

从客房的方向可以一览 CNN 中心的大厅

住 100 CNN Center, Atlanta, GA 30303
☎（404）659-0000
Free 1888-444-6664
URL www.omnihotels.com
C/C ⒶⒹⒿⓂⓋ

Inn at the Peachtrees

Map p.258 A3

◆最佳西部往事系列

　　从 MARTA Peachtree Center 车站和 Civic Center 车站步行大约 7 分钟。温暖的早餐独具魅力，ⓈⒹ $99~159，Wi-Fi 免费，带冰箱。全馆禁烟，共 110 个房间。

住 330 W.Peachtree St. NW, Atlanta, GA 30308 ☎（404）577-6970
Free 1800-242-4642
FAX（404）659-3244
URL www.innatthepeachtrees.com
C/C ⒶⒹⒿⓂⓋ

Ellis Hotel

Map p.258 B2~3

◆位于中心的美观酒店

　　从 MARTA Peachtree Center 车站向南走 1 个街区。虽说由于火灾而被长期封锁，但是花费了 $2800 万新建成的时尚酒店，如今却得到了留宿客人的高度好评，ⒹⓉ $139~230，有女性专用的楼层，代客停车一日 $25，共 127 个房间，全馆禁烟。

住 176 Peachtree St. NE, Atlanta, GA 30303 ☎（404）523-5155
Free 1866-455-1154
FAX（404）525-7872
URL www.ellishotel.com
C/C ⒶⒹⓂⓋ

The Glenn Hotel

Map p.258 B1

◆优雅的时装酒店

　　这是改造了 CNN 中心邻近的办公大厦后的酒店，室内装饰很美，有迷你酒吧、26 英寸等离子 TV。Wi-Fi 免费，$99~314，费用因房间的位置而不同，能看到奥林匹克公园的房间价格高，有和佐治亚水族馆一起的成套费用，全馆禁烟，共 93 个房间。

住 110 Marietta St., NW, Atlanta, GA 30303 ☎（404）521-2250
Free 1888-717-8851
URL www.glennhotel.com
C/C ⒶⒹⓂⓋ

Holiday Inn Atlanta Downtown

Map p.258 B2

◆位置较好的中档酒店

　　距离桃树中心只有 2 个街区的距离，很方便。是 11 层拥有 260 个房间的酒店。ⓈⒹⓉ $139~206，有投币式洗衣机。

住 101 A.Y.lnternational Blvd., Atlanta, GA 30303 ☎（404）524-5555
Free 1800-465-4329　FAX（404）221-0702
URL www.holidayinn.com
C/C ⒶⒹⒿⓂⓋ

Motel 6

Map p.258 A3

◆实用优惠的酒店

　　从桃树中心经过 3 个街区。毫无装饰氛围的设备很实在。Wi-Fi 免费，停车免费，还有游泳池，ⓈⒹⓉ $51~69，共 71 个房间。

住 311 Courtland St. NE, Atlanta, GA 30303 ☎（404）659-4545
Free 1800-466-8356　FAX（404）659-5934
URL www.motel6.com　C/C ⒶⒹⓂⓋ

中　城

Georgian Terrace

◆ 克拉克·盖博曾在此留宿

　　1911 年建造的历史性酒店，被指定为国家历史遗迹。《乱世佳人》首映之际，在这个酒店举行了相关人物的宴会，费雯丽、克拉克·盖博等的留宿也使此店出名。如今改造了客房，变得更加舒适，Wi-Fi 免费，⑤⑩⑪$128~1500，从 MARTA North Avenue 车站出发步行 5 分钟。

Map p.257 B2

住 659 Peachtree St., NE, Atlanta, GA 30308　☎（404）897-1991
Free 1800-651-2316　FAX（404）724-0642
C/C Ⓐ Ⓓ Ⓜ Ⓥ
URL www.thegeorgianterrace.com

Melia Hotel

◆ 每个房间都带有阳台

　　从 MARTA North Ave. 出发步行 5 分钟。是 25 层 502 个房间的近代酒店，⑤⑪$99~333，每个房间都有阳台，从南面房间可以看到绝美的市区夜景。全馆禁烟。

Map p.257 B1

住 590 W.Peachtree St. NW, Atlanta, GA 30308　☎（404）877-9000
Free 1888-956-3542
URL www.melia-hotels.com
C/C Ⓐ Ⓜ Ⓥ

Twelve Atlantic Station

◆ 公寓大楼型酒店

　　这是一家位于市区受人欢迎的卫星城大西洋站一角（→ p.281）的酒店。在步行范围内就有多家商店和西餐厅，这一点让人很是高兴。因为是公寓大楼风格，整个房间都显得宽阔，并配备全套厨房设备，室内也配备着电脑。Wi-Fi 免费，有室内保险箱，浴室里有淋浴水池。⑩⑪$209~359，能够免费穿梭于大西洋站和 MARTA 的 Arts Center 车站之间很便利。

Map p.257 A1

住 361 17th St., NW, Atlanta, GA 30363
☎（404）961-1212
FAX（404）961-1221
URL www.twelvehotels.com
C/C Ⓐ Ⓜ Ⓥ

Shellmont Inn

◆ 可爱的酒店

　　建于安静市区的维多利亚风格的房屋，是被指定为市历史遗迹的古老建筑物。⑤$175~200，⑩⑪$225~350。手工制作的早餐很美味，庭院也有一定的观赏价值，全馆禁烟，Wi-Fi 免费，共 6 个房间。

Map p.257 B2

住 821 Piedmont Ave. NE, Atlanta, Ga 30308
（404）872-9290
URL www.shellmont.com
C/C Ⓐ Ⓜ Ⓥ

巴克海特

Grand Hyatt Atlanta

◆ 向商务人士推荐

　　从 MARTA Buckhead 出发步行 7 分钟的高档酒店。这里的治安很好，但是因为是商业街，所以夜晚人流会变少，可以利用巴克海特地区的接送服务。客房中有一张大桌子，Wi-Fi& 快速网络每日 $9.95，有装笔记本电脑的室内保险箱、熨斗、迷你酒吧、浴衣。还有大的大理石浴缸，商务中心可以 24 小时使用，平日 $280~449，周末 $143~269，共 438 个房间。

Map p.285 B

住 3300 Peachtree Rd., NE, Atlanta, GA 30305
☎（404）237-1234
Free 1888-591-1234
FAX（404）504-2576
URL www.hyatt.com
C/C Ⓐ Ⓓ Ⓙ Ⓜ Ⓥ

周末的费用会降低不少

JW Marriott Hotel at Lenox

◆ 车站前的古典酒店

　　是独具风格的高级酒店，距离 MARTA 的 Lenox 车站最近。按照设计建造了小型大堂，重要的是用古典音乐营造的厚重的感觉，和兰尼克斯广场相连。⑩⑪$139~750，全馆禁烟。

Map p.285 B

住 3300 Lenox Rd. NE, Atlanta, GA 30326　☎（404）262-3344
Free 1800-613-2051　FAX（404）262-8689
URL www.jwmarriottbuckhead.com
C/C Ⓐ Ⓓ Ⓙ Ⓜ Ⓥ

W Atlanta-Buckhead

◆ 时尚的时装酒店

这是一家品位优雅的时装酒店。MARTA 的 Buckhead 车站就在跟前，兰尼克斯广场也是走几步就到了。由于没有拘谨的气氛，所以建议那些不是为了谈生意而是因为旅游而想要在巴克海特留宿的人来这家店。

一定看看充满艺术感的室内装饰。每个房间里都配备 37 英寸等离子电视、浴衣及迷你酒吧。⑩⑦$159~520，快速网络每日 $10.95，有 3 家西餐厅、健身中心以及游泳池，共 291 个房间。

住 3377 Peachtree Rd. NE, Atlanta, GA 30326
☎（678）500-3100
Free 1877-946-8357
FAX（678）500-3105
URL www.starwoodhotels.com
C/C Ⓐ Ⓓ Ⓜ Ⓥ

机场周围

亚特兰大市区中便宜的酒店很少，如果想要找"这个价格还凑合"的酒店，就去机场周围看看吧。从市区乘 MARTA Rail 只需要 15 分钟。

在亚特兰大有很多同系列的酒店，光机场周围就有 4 家连锁酒店，所以在乘坐区间巴士或者出租车时，请一定要确认好酒店名称。

Westin Atlanta Airport

◆ 机场附近的优雅酒店

位于 I-85 沿线的 12 层高楼大厅很壮观，免费机场接送区间巴士 24 小时服务，有温水泳池、健身房、商务中心、西餐厅、星巴克。Ⓢ⑩⑦$82~229。室内有迷你酒吧、保险箱等。全馆禁烟，共 500 个房间。

住 4736 Best Rd., Atlanta, GA 30337
☎（404）762-7676　Free 1800-937-8461
FAX（404）559-3996
URL www.westin.com
C/C Ⓐ Ⓓ Ⓙ Ⓜ Ⓥ

Hilton Atlanta Airport

◆ 距离机场 5 分钟路程，很是方便

从亚特兰大国际机场乘坐免费区间巴士（5:00~23:00）5 分钟即到，位置优越。⑩⑦$99~240。酒店内有美国意大利西餐厅以及从 11:30 营业到 24:00 的运动酒吧。驱车的话从 I-85 的 Exit 73 到 Virginia Ave. 向东走 3 个街区后的右侧。

住 1031 Virginia Ave., Atlanta, GA 30354　☎（404）767-9000
Free 1800-445-8667
FAX（404）768-0185
URL www.hilton.com
C/C Ⓐ Ⓓ Ⓙ Ⓜ Ⓥ

🔑 机场周边的酒店

Renaissance Concourse	Map p.290 B1　住 1 Hartsfield Centre Pkwy., Atlanta, GA 30354　☎（404）209-9999　Free 1800-468-3571　FAX（404）305-2343　URL www.renaissancehotels.com　料 Ⓢ⑩$80~209　C/C Ⓐ Ⓓ Ⓙ Ⓜ Ⓥ　交 机场用地内。乘坐免费接送巴士 5 分钟即到。
Best Western Plus Atlanta Airport East	Map p.290 B1　住 301 N.Central Ave., Hapeville, GA 30354　☎（404）763-8777　Free 1800-733-0298　FAX（404）761-1171　URL www.bestwestem.com　料 ⑩⑦$75~144　C/C Ⓐ Ⓓ Ⓜ Ⓥ　交 Wi-Fi 免费，含早餐。乘坐 24 小时接送巴士 5 分钟即到。
Super 8 College Pard/Atlanta Airport West	Map p.290 B1　住 4979 Old National Hwy., Collage Park, GA 30349　☎（404）669-8616　Free 1800-454-3213　FAX（404）767-6696　URL www.super8.com　料 Ⓢ⑩$ 50　C/C Ⓐ Ⓓ Ⓙ Ⓜ Ⓥ　交 从机场乘坐 24 小时接送巴士 8 分钟即到，含早餐。
Quality Inn Atlanta Airport South	Map p.290 B1　住 2480 Old National Hwy. Collage Park,GA 30349　☎（404）761-0000　Free 1877-424-6423　FAX（404）761-1391　料 Ⓢ⑩$54~124　C/C Ⓐ Ⓓ Ⓙ Ⓜ Ⓥ　交 距离机场 8 分钟的路程。免费接送巴士 5:00~24:00。
Econo Lodge Atlanta	Map p.290 B1　住 1360 Virginia Ave., Atlanta, GA 30344　☎（404）761-5201　Free 1877-424-6423　FAX（404）763-9534　URL www.econoiodge.com　料 ⑩⑦$40~65　C/C Ⓐ Ⓓ Ⓙ Ⓜ Ⓥ　交 有早餐服务，从机场乘坐免费接送巴士 5 分钟即到。
Holiday Inn Express Atlanta Airport	Map p.290 B1　住 4601 Best Rd., Collage Park, GA 30337　☎（404）761-6500　Free 1800-465-4329　FAX（404）763-3267　URL www.holidayinn.com　料 Ⓢ⑩$79~144　C/C Ⓐ Ⓓ Ⓙ Ⓜ Ⓥ　交 从机场乘坐免费接送巴士约 3 分钟。含早餐。
Holiday Inn Atlanta Airport South	Map p.290 B1　住 4669 Airport Blvd., Collage Park, GA 30337　☎（404）763-8800　Free 1800-465-4329　FAX（404）763-8820　URL www.holidayinn.com　料 Ⓢ⑩$70~145　C/C Ⓐ Ⓓ Ⓙ Ⓜ Ⓥ　交 从机场乘坐免费接送巴士 3 分钟。含早餐，有投币洗衣机。

大西洋沿岸地区

佐治亚州 ★ 南卡罗来纳州 ★ 弗吉尼亚州

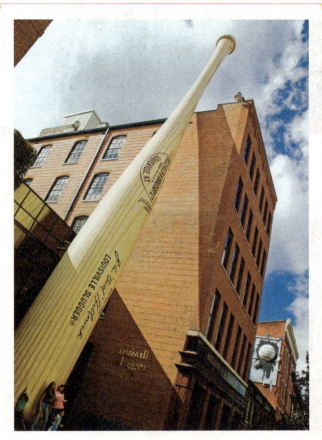

Atlantic States

佐治亚州

萨凡纳 *Savannah*

由克林特 · 伊斯特伍德导演的电影《午夜善恶花园》在佐治亚州的萨凡纳取景，残留至今的 19 世纪形态的美丽街道就那样出现在了电影里，获得奥斯卡奖项的《阿甘正传》的开头场景也是在这条街拍摄的。受这些电影的影响，萨凡纳成了美国屈指可数的观光地，全家人、年轻情侣、新婚夫妇、老夫妇等观光客络绎不绝。

萨凡纳是一座被称为"花园城市"的绿色城市。在小而整洁的市区中心，两个大公园和被称为"广场"的 22 个小公园营造出清爽的绿茵。在巨大的树木的垂枝中掩映着殖民时期浪漫的豪华私邸，如今大多数都成了 B&B，市区方圆 4 公里的区域被指定为美国最大的历史地区，街道首次在美国列入了世界遗产候补区域列表中。多花些时间去体会与其他地市不同风格的建筑以及河边的防浪石吧。

人口	约 13.6 万人
消费税	7%
酒店税	13%+$1/ 晚
时区	东部时区

每隔两三个街区就有一个广场

请注意天气情况
萨凡纳和查尔斯顿与墨西哥湾海岸一样，是飓风必经之路。6~11 月要每天通过电视等确认天气情况，在车内避难时，建议走写有 Evacuation Route 标志的道路。

堪称南部最华美的圣施洗约翰大教堂

前往方法 Access

萨凡纳位于从查尔斯顿驱车向南行驶 2 小时 30 分钟，或者从亚特兰大向东行驶 5 小时的位置，不愧为观光地，交通的确很方便。

飞机

萨凡纳希尔顿首脑国际机场位于市区向西约 8 公里的地方，各大航空公司从亚特兰大、华盛顿 D.C.、芝加哥、休斯敦等每天有定期航班前往萨凡纳，每日从亚特兰大起飞 11 个航班。有机场巴士 K Shuttle 等，但是因为飞机不多所以建议提前预约。乘坐出租车到达亚特兰大单程平均价格为 $28，需要约 15 分钟。

长途巴士

弗吉尼亚州里士满方向每天有 5 班车（需 9~10 小时），从杰克逊维尔每天有 7 班车（需 2~3 小时），从亚特兰大有 4 班车（需 5 小时左右）运营。巴士车站在市区外步行经过 Oglethorpe Ave. 至旅游咨询处大约 10 分钟的地方。

萨凡纳希尔顿首脑国际机场
Savannah Hiltonhead
International Airport
（SAV）
🏠 400 Airways Ave.
☎ （912）964-0514
🖥 www.savannahairport.com

K Shuttle
📠 1877-243-2050
🖥 www.kshuttle.com
🎫 单程 $20、往返 $30

灰狗巴士
Greyhound
Map p.308 A1
🏠 610 W.Oglethorpe Ave.
☎ （912）232-2135
🕐 24 小时

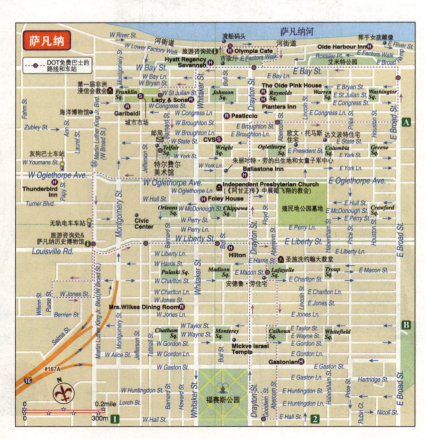

铁路

美铁车站 Amtrak
Map p.308 地图外
🏠 2611 Seaboard Coastline Dr.
☎ (912) 234-2611
🕐 16:15~次日 13:30

从纽约出发前往迈阿密的"银星"号、"银色流星"号、"棕榈"号分别一天一次经过萨凡纳，车次不同所耗费的时间也有很大的差异。没有从亚特兰大过来的车次。

美铁的车站位于市区以西约 5 公里的地方。出租车会在这里等待火车到站，到市区大约需要 10 分钟，花费 $15 左右。

"棕榈"号 Palmetto	"银星"号 Silver Star	"银色流星"号 Silver Meteor	（可能变化，仅供参考）		"银色流星"号 Silver Meteor	"银星"号 Silver Star	"棕榈"号 Palmetto
6:15	11:02	15:15	出发 ⬇	New York 到达 ⬆	11:06	19:18	23:47
9:55	15:00	19:30	出发 ⬇	Washington D.C. 到达 ⬆	7:21	15:14	19:57
12:02	17:19	21:50	出发 ⬇	Richmond 到达 ⬆	次日 4:25	12:21	17:15
19:15	⬇	次日 5:06	出发 ⬇	Charleston 出发 ⬆	21:23	⬆	10:00
21:03	次日 4:29	6:44	到达 ⬇	Savannah 出发 ⬆	19:38	次日 1:30	8:20
	6:55	9:23	到达 ⬇	Jacksonville 到达 ⬆	17:08	22:57	
	10:17	12:55	到达 ⬇	Orlando 出发 ⬆	13:35	19:24	
	18:05	18:55	到达 ⬇	Miami 出发 ⬆	8:20	11:50	

租车

AAA
🏠 712 Mall Blvd.
☎ (912) 352-8222
🕐 周一~周五 9:00~18:00
🚫 周六、周日、节假日
24 小时路上救援
📞 1800-222-4357

如果从亚特兰大出发的话，沿 I-75 向南行驶，途中转入 I-16 East 行驶 250 英里（约 402 公里），需 4~5 小时。如果从查斯顿出发的话，沿 US-17 向南行驶，途中转入 I-95 South 行驶 110 英里（约 177 公里），约需 2 小时 30 分钟。驱车在市区观光很麻烦，所以最好将车停在酒店或者旅游咨询处（平日收费）。

萨凡纳 漫 步

萨凡纳小而整洁，观光地都集中在市区，有一整天的话能粗略地逛逛，如果有两天的话就可以好好地观赏一番了。

1733 年 2 月詹姆士·奥格尔索普将军带领 144 个英国人来到这里。从大西洋沿萨凡纳河逆流而上 10 英里（约 16 公里）就来到了河边的高地上，这里整齐地建造着许多公园街道。

作为观光重点的历史地区是指市区方圆 4 公里的区域，现在正在用萨凡纳历史地区保护基金推进建筑物的修复和保存工作。维多利亚时代风格的建筑物和哥特式建筑散布其中，可以充分享受无比美丽的街道。古董店和杂货店很多，进去看看也是一件很享受的事情。走路走累了的话，可以去随处可见的广场，坐在树荫下的长椅上稍微休息一下。

如果要步行穿越历史地区的话，建议沿萨凡纳河向下，漫步河边的石级散步道以及河街道（River St.）。从也有当地人休息场所的这条街能够眺望到浮在萨凡纳河上的蒸汽船。有新鲜海鲜的西餐厅和礼品店排列整齐，从这里眺望到的风景也是值得一看的，白天的景色自不必说，夜景也很棒，所以一定不要错过。

■旅游咨询处■

● Savannah Visitors Center

位于市区以西、M.L.King Blvd. 沿线的 Louisville 和 Turner 之间的砖

圣帕特里克节

萨凡纳多居住着爱尔兰裔居民，3 月中旬的圣帕特里克节是个重大的节日，特别是从 1813 年开始持续的游行是规模仅次于纽约的盛大游行，身穿苏格兰式短裙的居民和风笛的步操乐队参加游行，象征爱尔兰的绿色三叶草充满了整个城市。观光客人也要身披绿色的服饰来参观，这是约定。

游行时间是 3 月 17 日左右，因为每年这个时候酒店都是爆满，所以请尽早预订。

礼品店也满是绿色

色建筑物就是旅游咨询处，这里有着丰富的观光信息和酒店资料，工作人员也很热情。因为可以拨打酒店的免费电话，所以在咨询处预约酒店也可以，各种观光巴士和无轨电车也从停车场出发。

　　旅游咨询处的建筑是 1860 年所建的车站，其附设的历史博物馆也值得一看，会上映关于萨凡纳的 20 分钟电影。

● River Street Hospitality Center

　　河街道的 Hyatt Regency Savannah 酒店旁边也有旅游咨询处，洗手间也很完备。有饮料出售机，可以稍作休息，资料丰富，工作人员也很亲切。

各种观光小册子也很齐全

■市区交通工具■

线路巴士 CAT（Chatham Area Transit）

　　市内观光不是特别需要乘坐巴士，但是去郊外的购物中心和酒店的时候就需要了。

● 免费往返巴士 DOT Shuttle

　　CAT公司运行的免费无轨式往返巴士，环游市区 11 个地方非常便利。可以充分利用从旅游咨询处拿到的线路地图，但是请注意运行线路经常会发生变化。

■旅行指南■

观光用无轨电车

搭乘自由这一点让人很高兴

虽然萨凡纳的城市大小可以步行参观，但是还是要将无轨小型电车观光推荐给没有时间、不想走路以及想遍览城市的人。好几家旅行社都运行着这种电车，可以自由地搭乘任何一家的电车，观光的内容大体都是相同的。和免费的无轨巴士相比，这种观光用的电车的魅力在于能够让游客在景点处自由上下，经过河街道等处都有讲解（仅限英语）。

● Oglethorpe Trolley Tours

　　将 12 个景点相连、行驶约 90 分钟 / 周的蓝色小车，从旅游咨询处的北边出发。

● Old Town Trolley Tours

　　有 15 个看点、需要 90 分钟/周，以橘色和绿色的明暗双色调为标志。从旅游咨询处等出发。

观光巴士

从旅游咨询处出发，在主要的酒店有接送服务，需要预约。

● Land and Sea Combo Deluxe

在 Oglethorpe Trolley Tour（→ p.310）2 天内自由搭乘，另外萨凡纳河的一小时邮轮（下述）、达文波特住宅（→ p.314）的参观是一起的。

● Evening Haunted Trolley Tour

萨凡纳的精神运动观光也是大受欢迎的。进入这家前身是南北战争时的俘虏收容所、之后成为精神病院的建筑，拜访在黄热病流行之际为将遗体直接运到墓地而建造的地道。

萨凡纳河观光船

● Georgia Queen

萨凡纳河观光船从河街道的 Hyatt Regency Savannah 酒店出发，从河上仰视市区也是一大乐事，也有周日早午餐观光船和晚餐观光船等。在办公室的窗口处买票。

周日人很多，不要忘记预约

马车观光

乘马车观光历史古城如何呢？大约 50 分钟游览市区中心一周。驾马车的大都是女性，并给游客解说城市的历史。从城市市场（→ p.313）出发。

Oglethorpe Tours
☎（912）233-8380
📠 1866-374-8687
🌐 www.graylineofsavannah.com
🏖 3/17、11 月的第四个周四、12/24、12/25
Land and Sea Combo Deluxe
🚌 9:00
🕐 半天～一天
💰 $44、5～11 岁 $32
Evening Haunted Trolley Tour
🚌 19:00、周五、周六 21:00
🕐 90 分钟
💰 $29、5～11 岁 $18

Georgia Queen
📍 9 E.River St.
☎（912）232-6404
📠 1800-786-6404
🌐 www.savannahriverboat.com
🚌 4～10 月每天 14:00、16:00 出发，周六、周日 12:00 出发。11 月～次年 3 月航班减少，晚餐巡航 19:00，需要预约。
💰 $19.95、4～12 岁 $9.95。晚餐巡航 $49.95、4～12 岁 $27.95

Carriage Tours
☎（912）236-6756
🌐 www.carriagetoursofsavannah.com
🚌 9:00～15:00 期间每 30 分钟一次，18:00～21:00 1 小时一次
💰 $20、5～11 岁 $10

导游的解说让游客加深了解

从黄昏到黑夜都特别热闹

河街道
🚋 多数商店都是10:00~18:00，西餐厅11:00~22:00左右

免费渡轮
　能够免费乘坐从河街道横跨萨凡纳河的渡轮。单程只需要2分钟，从河上眺望也是很享受的事情。有两条线路：从Hyatt Regency前7:00~24:00每20~40分钟出航一次，从Marriott 8:20~18:20每30~60分钟出航一次。

萨瓦纳　主要景点

河街道 River Street
Map p.308 A2

在河边一边散步一边购物是一件让人享受的事情

　沿着萨凡纳河的河街道是石级延伸、独具风情的街道。在沿河的第9街区排列着红砖建筑，有西餐厅、古玩店、工艺品店以及精品店等，萨凡纳河街道是最热闹的地方。全长4公里的散步道上，能够看到萨凡纳写生的人、遛狗的人，以及散步的情侣等。周四~周日12:00~21:00有免费的市内电车。

艾米特公园 Emmet Park
Map p.308 A2

一边眺望蒸汽船，一边稍作休息

　这是以19世纪的爱尔兰人船长艾米特命名的公园，园内有几处以爱尔兰命名的纪念碑。有南部特有的凉快的大树树荫，是休息的好场所。如果从公园往下看，能看到"挥手女孩（Waving Girl）"像，据说是等待还未归来的恋人、50年间一直在这个河岸挥手的女性的姿势（下述专栏）。

COLUMN

50年间一直挥手的女性（Florence）

　这位女性坚信在海上失踪的恋人一定会回来，不停地对着驶入港口的船挥手。白天将一条白色围巾拿在手中挥舞，晚上则拿着手提灯。

　矗立在艾米特公园的"挥手女孩"雕像有着这样一段传说，事实上好像稍有不同。

　雕像的原型——Florence曾经和哥哥两人生活在萨凡纳河的厄尔巴岛上。因为看守灯塔的双亲都去世了，哥哥在18岁的时候接班看守灯塔。

　在小岛上整日过着只有兄妹两人孤独生活的少女某一天对着经过岛附近的船只挥手，于是，

注意到少女挥手的船长按下汽笛作为回应，从此，少女开始向大型客船挥手。

　某一天，客船的客人给Florence寄来了问候的信，据说是在海外长期生活的人在归来时看到了少女的身影，好像在对自己说"欢迎回来"，因此很是感激。

　接下来，无论对拖船还是对油轮，少女对所有的船都挥手。不管是多么恶劣的天气，只要经过厄尔巴岛时都能看到门廊下挥手少女的身影。

　不久在乘客间少女出了名，有来信说"因夜晚看不到恋人的身影而感到寂寞"。之后Florence手拿手提灯，晚上也站立在门廊。

　Florence的听力非常好，即使是在暴风雨的夜晚也能够听见附近船只的引擎声，更让人吃惊的是，这一坚持就是50年。

　1931年，哥哥不再看守灯塔，兄妹两人搬到了萨凡纳郊外，站在门廊挥手的少女身影从此消失了。数年之后，萨凡纳的市民和乘船的数千名乘客聚集到厄尔巴岛上，一起庆祝了Florence的70岁生日。

每天都在不断地朝着船的方向挥手

城市市场 City Market Map p.308 A1
带着艺术的感觉来购物

在占据了4个街区的地方，聚集着新锐艺术家的画廊、古雅的古玩店、礼品店以及西餐厅。氛围非常明快，就算随便走走也很享受。

第一届非洲浸信会教堂 First African Baptist Church Map p.308 A1
非洲居民的首座教堂

1777年建于种植园附近，美国第一座黑人们的教堂。第一所黑人的周日学校建于1826年，据说现在的建筑是在1861年经过修复的。

教堂就在城市市场前

海洋博物馆 Ships of the Sea Maritime Museum Map p.308 A1
虽小但内容很丰富

以瓶中船模型的收藏为主，馆内1~4层全是泰坦尼克号和帆船的模型、船绘画等与船相关的收藏。希腊复古建筑、南部风情庭院也都有观赏的价值。

特尔费尔美术馆 Telfair Museum of Art Map p.308 A1
19世纪初期的住宅，是南部最古老的美术馆

这是1818年威廉·杰伊设计的大豪宅，曾作为佐治亚州州长的住宅，现在已经作为美术馆对外开放了，展示有美术品和家具。在一入口处有在电影《午夜善恶花园》中出现的 Bird Girl 雕像。原本是位于郊外文德墓地的雕像，但是自从电影放映之后，受到了众多游客的拜访，以致当地居民"不能安静地扫墓"，据说也担心偷盗事件的发生，就把 Bird Girl 雕像转移到了这里。在二层的大厅展示着20世纪初的绘画和雕像等，也有美国、法国、德国的印象派作品。在地下，保存着特尔费尔一家人生活时的厨房。

展示充实的特尔费尔美术馆

站在聚光灯下的 Bird Girl

城市市场
住 Jefferson & Congress Sts.
☎ （912）232-4903
🌐 www.savannahcitymarket.com

第一届非洲浸信会教堂
住 23 Montgomery St.
☎ （912）233-6597
💰 免费

海洋博物馆
住 41 M.L.King Blvd.
☎ （912）232-1511
🌐 www.shipsofthesea.org
🕐 10:00~17:00
🚫 周一、11月的第四个周四、12/25、1/1、3/17
💰 $8

位于历史地区以外

特尔费尔美术馆
住 121 Barnard St.
☎ （912）790-8800
🌐 www.telfair.org
🕐 10:00~17:00、周一 12:00~、周日 13:00~
🚫 主要节日
💰 与欧文·托马斯住宅的通票 $20

大西洋沿岸地区

● 萨凡纳　主要景点

朱丽叶特·劳的出生地和
女童子军中心

🏠 10 E.Oglethorpe Ave.
☎ （912）233-4501
💻 www.girlscouts.org/birthplace/
🕐 10:00~16:00、周日 11:00~
🚫 冬天的周三、主要节日、
年末~1月上旬长期闭馆
💰 $8、6~20岁 $7，在 Ogle-
thorpe Ave. 沿线商店出售门
票。女童子军中心有折扣。

朱丽叶特·劳的出生地和女童子军中心
Juliette Low Birthplace, Girl Scout Center   Map p.308 A2

女童子军创建者的出生地

建于 1820 年的房屋，作为美国女童子军的创建者朱丽叶特·劳的出生地很有名，1860 年~1880 年朱丽叶特·劳在这里度过了自己的少女时代。屋内保存着朱丽叶特·劳居住时的绘图室、茶室、起居室、孩子的房间等，任何一间房间都是圆形的，她的设计布满了房间的角角落落，各种各样的房间和颜色让人看着就是一种享受，礼品店也是种类丰富。

在这里能够了解到女童子军的活动和历史

欧文·托马斯住宅 The Owens Thomas House   Map p.308 A2

拉斐特将军的演讲也很出名

欧文·托马斯住宅

🏠 124 Abercom St.
☎ （912）233-9743
🕐 10:00~16:30、周一 12:00~、
周日 13:00
🚫 主要节日
💰 与特尔费尔美术馆的通票
$20

这是 1819 年为新奥尔良出生的棉花商兼银行家理查森建造的住宅。1825 年，活跃于独立战争中的法国拉斐特将军曾暂住于此，曾因在阳台演讲而出名，此建筑全为英伦风格，室内乔治亚情调的家具曾被高度评价为美国装饰美术的优雅之例。二层还有小桥，另外可以看到各种各样的小细节。

在多个豪宅之中，欧文·托马斯住宅是最具人气的

达文波特住宅 Davenport House   Map p.308 A2

一定要看装饰美术的展示

达文波特住宅

🏠 324 E.State St.
☎ （912）236-8097
💻 www.davenporthousemuseum.
org
🕐 10:00~16:00、周日 13:00~
🚫 主要节日
💰 $8、6~17岁 $5

这是 1815 年~1820 年建成的住宅，联邦风格的房屋。达文波特于 1807 年来到萨凡纳，是担任市内重要职位的其中一位。由他收集的陶器和装饰美术品很有观赏价值，石头装饰的庭院也很美丽。

建筑风格让人印象深刻的达文波特住宅

圣施洗约翰大教堂
Cathedral of St.John the Baptist

Map p.308 B2

南部最美丽的大教堂

圣施洗约翰大教堂
住 222 E.Harris St.
☎ （912）233-4709
www.savannahcathedral.org
开 7:30~17:00、周六 12:00~
费 免费

即便是在教堂较多的萨凡纳，圣施洗约翰大教堂也是一座引人注目的庄严的教堂，据说起初建于 18 世纪初，19 世纪 30 年代以后才成为现在这样的雄姿。20 世纪初加上去的彩绘玻璃呈示出来的美丽很是特别。

内部可自由参观　　　位于历史地区的中心

安德鲁·劳住宅 Andrew Low House

Map p.308 B2

位于大教堂附近的豪宅

安德鲁·劳住宅
住 329 Abercorn St.
☎ （912）233-6854
www.andrewlowhouse.com
开 10:00~16:00、周日 12:00~
休 主要节日、1 月上旬
费 $8、学生 $6

和女童子军的创立者朱丽叶特·劳结婚的威廉·M. 劳的父亲安德鲁·劳于 1848 年建造的房屋。朱丽叶特·劳曾于 1886~1927 年居住于此。仓房是朱丽叶特·劳给女童子军的礼物。据说南军的巴特·E. 李将军也曾在这里被招待。

Mickve Israel 寺 Mickve Israel Temple

Map p.308 B2

美国唯一一座哥特式风格的犹太教堂

一定要拜访的住宅

Mickve Israel 寺
住 20 E.Gordon St.
☎ （912）233-1547
www.mickveisrael.org
开 10:00~13:00、14:00~16:00
休 周六、周日，犹太教的节日
费 $5

这是 1733 年建成的美国第三大古老的犹太教堂，是美国唯一一座哥特式风格的寺院。保留着华盛顿、杰弗逊、麦迪逊等人给寺院信徒寄来的信件。

福赛斯公园 Forsyth Park

Map p.308 B1~2

白色喷泉是城市的象征

福赛斯公园是位于市区南端的大公园。从茂密的树枝上垂下的西班牙苔藓中有花一样美丽的白色喷泉，是一座充满了南部风情的安静公园。游览城市时，可以在这里的树荫下稍作休息，并可以乘坐免费往返巴士返回。

也曾在《午夜善恶花园》出现过的喷泉

Lady & Sons

南部家常菜

Map p.308 A1

◆城市中有名的西餐厅

1989 年宝丽和两个儿子一起开办的西餐厅被人们称赞"好吃"，如今的西餐厅已经在美食节目中正式亮相，除了菜肴美味以外，待客也很礼貌，在待客比赛中获奖的服务员们的服务令人心情舒畅。

向您推荐的是午餐时间的自助餐（$15.99、儿童$8）。南部风情的炸鸡和炖煮蔬菜、品种丰富的甜点等，无一不是精品。晚餐需要预约。

🏠 102 W.Congress St.
☎ （912）233-2600
🌐 www.ladyandsons.com
💳 Ａ Ｄ Ｍ Ｖ
🕐 11:00~23:00、周日 ~17:00

可以看到店铺的标志

Garibaldi

意大利菜 & 海鲜

Map p.308 A1

◆享用意大利美食

将原消防部的建筑进行改造，并于 2002 年作为西餐厅开始营业。主要菜品是 $20~30 的牛肉、鸡肉等肉类，推荐的是海鲜。面食 $15~20，种类丰富。这家西餐厅的建筑也具有观赏价值。

🏠 315 W.Congress St.
☎ （912）232-7118
🌐 www.garibaldisavannah.com
🕐 17:00~22:30
　 周五、周六 ~ 24:00
💳 Ａ Ｍ Ｖ

位于城市市场对面

The Olde Pink House

法国 & 南部菜肴

Map p.308 A2

◆在古建筑中享用豪华晚宴

这是建于 1771 年的历史性建筑物，最初作为住宅使用，之后也用作佐治亚第一家银行的办公场所、书店、茶馆等，如今是一家西餐厅。菜品的制作以法国风格为主，在萨凡纳也是首屈一指的西餐厅。用餐需要预约。

🏠 23 Abercom St.
☎ （912）232-4286
🕐 周二 ~ 周四 11:00~22:30
　 周五、周六 ~23:00
　 周日、周一 17:00~22:30
💳 Ａ Ｍ Ｖ

如果是用午餐的话，不穿正装也是可以的

Olympia Cafe

希腊菜肴 & 海鲜

Map p.308 A2

◆在河街道惬意地享用美食

这是一家在当地获取新鲜海鲜并提供希腊菜肴的西餐厅。位于热闹的河街道内、旅游咨询处以东。请品尝甜点中的 32 种口味的冰激凌和果子露。晚餐大约需要 $20。

🏠 5 E.River St.
☎ （912）233-3131
🌐 olympiacafe.us
🕐 11:00~23:00
💳 Ａ Ｍ Ｖ

位于凯悦酒店旁边，什么时候都很热闹

酒店
Hotel

在观光城市萨凡纳，从高级酒店到非常便宜的汽车旅馆，一应俱全。向您推荐位于历史地区的小 B&B。不仅能够享受到舒适的款待和南部独特的早餐，还可以在黄昏时候配上香槟酒和开胃菜谈笑风生。萨凡纳很适合过这种优雅的生活。

Gastonian

◆ 萨凡纳风格的浪漫酒店

这是获得 AAA4 钻的萨凡纳首屈一指的酒店，其外观融入了这座历史之城，很是低调。但是内部装修却保留着南北战争时代的优雅气息，尤其是 Caracalla Suite，深受来这里度蜜月或者庆祝结婚纪念日的夫妻们的好评。每个房间的装修都不同，还设有阳台。这家酒店分为主楼和分馆，其间连接的门廊和庭院也很美。这家酒店被世界很多杂志报道，人气极高。在开放式厨房中吃到的南部风味的早餐、下午茶都很美味。唯一的不足就是楼梯的台阶惊人的高，不建议腿脚不方便的人来这里。ⒹⓉ$159~375，套间 $335~，节日期间只能住宿 2 天以上，共 17 个房间，位于福赛斯公园向东 2 个街区的地方。

住 220 E.Gaston St., Savannah, GA 31401 ☎（912）232-2869
Free 1800-322-6603
FAX（912）232-0710
URL www.gastonian.com
C/C ⒶⓂⓋ

让我们一起来感受古典的气氛

天井的绝美在萨凡纳也是首屈一指的

Foley House

◆ 到处都很舒适

由 18 世纪后半期建造的房屋修复而成的优雅 B&B，床的设计沿用了当时的风格，包裹在纯白柔软的棉被中能够很快入睡。白色的浴室贴着瓷砖，草本植物的沐浴露有助于人体放松，也有带按摩浴缸的房间，提供下午茶服务。位于历史地区中央的 Chippewa Square 附近。ⒹⓉ$199~，套间 $374~。

住 14 W.Hull St., Savannah, GA 31401
☎（912）232-6622
Free 1800-647-3708
URL www.foleyinn.com
C/C ⒶⓂⓋ

位于四通八达的便利位置

The Ballastone Inn

◆ 仅此一家

仿佛又回到了古老的南部。橡树木材的家具呈现出平缓的曲线，高窗处摇曳着窗帘美丽的褶皱，在清爽的大厅中享用着大松饼和新鲜的橘汁早餐。真想尽情地享受在历史地区的 B&B 停留的时光，据说保罗·纽曼也曾在这里住过。Wi-Fi 免费。ⒹⓉ$179~365，套间 $335~。

住 14 E.Oglethorpe Ave., Savannah, GA 31401 ☎（912）236-1484
Free 1800-822-4553
FAX（912）236-4626
URL www.ballastone.com
C/C ⒶⓂⓋ

Planters Inn
◆古典音乐氛围的舒适寓所

Map p.308 A2

推荐给想要比住在 B&B 更加无拘无束地停留的人，位于历史地区中河附近的广场对面，游客只需徒步就可以美美地绕上几圈。
如果散步累了，带上一些酒和奶酪稍作休息也是很好的。早餐准备的是新月形面包和丹麦风味的果酱面包。房间内经典风格的装修和 B&B 一样。Wi-Fi 免费。ⒹⓉ$134~354。

住 29 Abercorn St., Savannah, GA 31401
☎（912）232-5678
Free 1800-554-1187
FAX（912）232-8893
C/C ⒶⓂⓋ
URL www.plantersinnsavannah.com

兼具自由自在的气氛和 B&B 的温暖

Hyatt Regency Savannah
◆位于河街道对面的地理位置优越的酒店

Map p.308 A1

2002 年开始营业，建筑物的中央是 7 层楼高的挑空设计，客房围绕其而设。由于位于河街道对面（或者说是跨越了河街道），无论沿河向下，还是沿历史地区往上，交通都很便利。酒店附近有旅游咨询处，前面还有 CAT 的巴士车站。ⓈⒹⓉ$219~304。

住 2 W.Bay St., Savannah, GA 31401
☎（912）238-1234
Free 1888-591-1234
FAX（912）944-3678
URL www.hyatt.com
C/C ⒶⒹⒿⓂⓋ

Olde Harbour Inn
◆在湾街一侧也有出入口，很方便

Map p.308 A2

这是一家建于萨凡纳河对面的浪漫酒店。建筑物有些古老，但是从房间可以观赏到萨凡纳河的景观。酒店引以为豪之处是带客厅的大客厅。几乎所有的房间都带有厨房。费用中包含在大厅享用的大陆早餐、傍晚的奶酪和酒的费用，ⒹⓉ$139~269。 全馆禁烟，Wi-Fi 免费。

住 508 E.Factors Walk, Savannah, GA 31401
☎（912）234-4100
Free 1800-553-6533
FAX（912）233-5979
C/C ⒶⒹⓂⓋ
URL www.oldeharbourinn.com

能够眺望萨凡纳河

COLUMN

萨凡纳的历史

注入大西洋的萨凡纳河边的萨凡纳的历史：始于 18 世纪，兴盛于殖民地时代。1733 年 2 月 12 日，詹姆士·奥格尔索普带领 144 名开拓者在萨凡纳登陆，开始了种植园的经营。在建造城市之际，取了威廉·布鲁总督的名字命名了 Bull Street。现在这条街道位于市区中央，另外，在 Bull Street 有 5 处广场和公园。这些都是奥格尔索普将军建造的。

之后，萨凡纳也得知了宣告独立战争开始的莱克星顿的枪声，这里充满了爱国者，1782 年，萨凡纳作为佐治亚州的首府诞生了。

1795 年左右萨凡纳一下子活跃起来，开始了烟草种植，由于轧棉机的发明使得棉花栽培也比以前繁盛起来。

1861 年南北战争爆发，1862 年 4 月 11 日位于海上的普拉斯基要塞被北军攻克。1864 年 12 月 13 日，谢尔曼将军率领的北军攻占了麦卡利斯特要塞，不久又攻入了萨凡纳，萨凡纳投降。之后，北军北上，迎来了漫长战争的结束。

这之后大约 20 年，萨凡纳作为棉花王国复活了，1882 年成立了 Cotton and Navel Stores Exchange 交易所，以棉花的销售为中心，直到第二次世界大战之前都很繁荣。

之后，直到现在，萨凡纳作为贸易港口和近代工业中心以及观光城市一直很热闹。

查尔斯顿 *Charleston*

萨凡纳　酒店　查尔斯顿

查尔斯顿作为观光地在美国一直保持着不变的人气，建国之前曾作为贸易港口繁荣一时，欧洲开拓者时代的建筑物、教会、在美国发了财的人们的豪华住宅等，观光资源很丰富。尤其是在海面上漂浮的萨姆特堡，作为南北战争爆发地在美国历史上具有重要意义。

人口	约12万人
消费税	8.5%
酒店税	13.5%+$1/晚
时区	东部时区

查尔斯顿城市的历史始于 1670 年英国 160 名开拓者登上南卡罗来纳州。殖民地向英国国王查尔斯二世表达敬意，命名为查尔斯城。1680 年随着人口的增加，将城市移到了地理条件优越的牡蛎角。仅 5 年之后，其海运规模就甚至超越了波士顿，被称为"南部最辉煌的城市"。虽然在南北战争中失败了，但种植园农业构建起来的财富和文化并没有在战争中被毁灭而是被继承了下来，古老的浪漫之城如今也继续守着当时的街道。

全美人气第一

　　在 *Conde Nast Traveler* 旅行杂志上每年发布的《读者喜爱旅行地》中，查尔斯顿经常位于榜单前列。2011 年曾位于第一，萨凡纳位于第六。

徜徉于画廊和古玩店别有一番风味

石头铺设的路上能听见清脆的马蹄声

前往方法 Access

飞机

查尔斯顿国际机场位于市区西北18公里处，每天从亚特兰大有10班达美航班（大约需要1小时）降落于此，除此之外从华盛顿D.C.、纽约、芝加哥也有直达航班来此。

可以乘坐机场往返巴士（$12）或者出租车（$25~30）到达市区。这两种交通工具的费用几乎是不会变化的。

长途巴士

位于查尔斯顿北邻的北查尔斯顿的 Dorchester Rd. 沿线的巴士总站，有灰狗巴士发抵。从弗吉尼亚州每天有1班车，需要1小时40分钟；从萨凡纳每天有1班车，需要2小时15分钟。没有从亚特兰大出发的直达班车，经由哥伦比亚需要大约8小时。从巴士总站到市区建议乘坐出租车，需10~15分钟，费用是$20~30。

查尔斯顿国际机场
Charleston International
Airport（CHS）
5500 International Blvd.
☎（843）767-7007
www.chs-airport.com

出租车
Black Cab
☎（843）216-2627

灰狗巴士
Greyhound
Map p.320 地图外
3610 Dorchester Rd.,
North Charleston
☎（843）744-4247
开 7:30~22:10

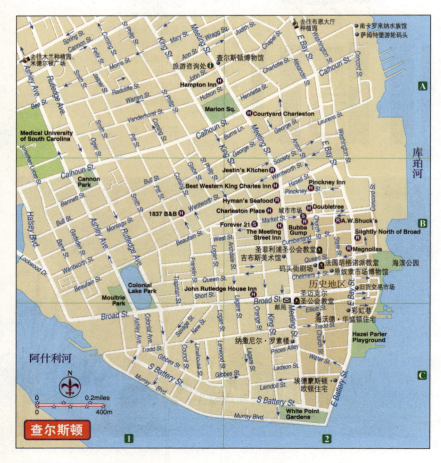

铁路

　　美铁车站也位于距离市区约 13 公里处的北查尔斯顿，从纽约去往迈阿密的"银色流星"号和"棕榈"号每天往返一次（时间表见→ p.309）。从车站没有去往市区的公共交通工具，乘坐出租车需要 10~15 分钟，费用是 $15~20。

租车

　　如果从萨凡纳出发的话，沿 US-17 北上并入 I-95，大约要走 100 英里（160 公里）再次进入 US-17，所需时间为 2 小时 30 分钟。从亚特兰大出发沿 I-20 向东行驶，在哥伦比亚转向 I-26 再行驶约 330 英里（531 公里），需大约 6 小时。

查尔斯顿　漫　步

　　查尔斯顿没有高楼大厦，相反，在这里任何一个地方都可以看到教堂的美丽轮廓。靠近海滨的地方，明亮的街道上排列着棕榈树，在这里走走心情会变得很好，也有很多古玩店和画廊，逛街也是很享受的一件事情。虽然观光游客和年轻人很多，但是晚上仍能够在简约的西餐厅里看到绅士、淑女们用餐的身影。

　　查尔斯顿的经典景点大致分为 3 个：南部风情建筑物保留至今的历史地区（Historic Site）、郊外散布的种植园（Plantations）以及阿什利河和库珀河交汇处的萨姆特堡（Fort Sumter）。

　　尤其是要看位于市区南侧区域的历史地区。东面是东湾（East Bay），北面是市场街（Market St.），西面是会议街（Meeting St.），南面是炮兵连街（S Battery St.），被这四条街所包围的是建于 18~19 世纪的教堂和住宅。白色的建筑物、宽广的庭院以及具有历史感的大树……呈现出南部独特的形态。位于各个建筑中并且以查尔斯顿独特的手法制成的家具和装饰品也吸引了众多人的眼球。East Bay&Tradd Sts. 的家家户户的外墙壁上描绘着柔和的色彩，被称为"彩虹巷"。另外，从有旅游咨询处的 Mary St. 贯穿到 Market St. 的 King Street 一带聚集着古玩店、百货商店、时装店、优雅的西餐厅等，只是休闲地散散步也很好。如果有一天的时间可以自由地步行观光市区的景点。

　　如果有更多的时间，还可以去参观模仿了电影《乱世佳人》大农场的种植园、南北战争爆发并展开激战的萨姆特堡以及南部历史遗迹等。

美铁车站
Amtrak
Map p.320 地图外
🏠 4565 Gaynor Ave.
☎ （843）744-8263
🕐 4:05~22:30
休 周五 ~ 周二 12:00~15:00

AAA
🏠 2031 Sam Rittenberg Blvd.
☎ （843）766-2394
🕐 8:30~18:00
　　周六 10:00~ 14:00
休 周日、节假日
24 小时路上救援
📞 1800-222-4357

在历史地区南端的炮兵连街排列着海滨别墅

在城市随处可见的香根草的篮子，是用禾本科植物编织而成，具有独特的香味

旅游咨询处很宽敞

旅游咨询处
Visitor Reception &
Transportation Center
Map p.320 A1
🏠 375 Meeting St.
☎（843）853-8000
🖥 www.charlestoncvb.com
🕐 8:30~17:00
🈺 11 月的第四个周四、12/25、
1/1

线路巴士
CARTA
☎（843）724-7420
🖥 www.ridecarta.com
🎫 $1.75

DASH
🎫 免费
🕐
210 路　6:33~21:25，周
六、周日 8:09~21:29。每隔
10~20 分钟一班
211 路　7:22~20:34，周六、
周日 8:22~20:28（冬季会缩短
时间）。每隔 12~40 分钟一班
🈺 11 月 的 第 四 个 周 四、
12/25、1/1

灰线旅游
Gray Line Tour
☎（843）722-4444
🖥 www.graylineofcharleston.
com
🕐 9:30~15:00（12~ 次 年 2
月 ~ 14:00），每隔 30 分钟
一次
🈺 周日
🕐 2 小时
🎫 $28、儿童 $16

查尔斯顿最好的历史性观光
Charleston's Finest
Historic Tours
☎（843）577-3311
🖥 www.historictoursofcharles
ton.com
🕐 每天 10:30
🕐 大约 6 小时
🎫 $68、4~12 岁 $34

马车观光
Carriage Tour
🎫 根据马车的不同费用也不
同。可乘坐 16 人的马车，一
个人需要 $20 左右。如果租
古老的情侣用马车，一小时
$100~200。

◾旅游咨询处◾

● Visitor Reception & Transportation Center

　　这是一家位于市区以北、将铁路车库改造而成的旅游咨询处。这里有丰富的免费小册子，还放着很多酒店打折券，可以充分利用。市区巴士从咨询处前发抵。

◾市区交通工具◾

线路巴士 CARTA（Charleston Area Regional Transportation Authority）

市区实在是很大，所以还是要好好地利用 DASH

　　以市区和靠北的北查尔斯顿为中心，有 20 多条线路。上述旅游咨询处是起始点。

　　其中尤其是观光很方便、类似路面电车的 DASH，有 3 个运行系统，免费乘坐。巴士车站也很多，所以走累的时候可以在巴士车站里歇歇脚。

● DASH 210 路 Aquarium / College of Charleston
　　旅游咨询处—查尔斯顿学院—南卡罗来纳州水族馆—旅游咨询处
● DASH 211 路 Meeting / King
　　旅游咨询处—King Street—旧货交易市场—城市市场—旅游咨询处

◾旅行指南◾

灰线旅游

　　从旅游咨询处每 30 分钟出发一次巴士观光，不需要预约。环绕市区主要的景点，参观历史住宅内部。也有萨姆特堡以及湾内游览船一角的参观。

查尔斯顿最好的历史性观光

　　在主要酒店接送游客的巴士观光，需要预约。粗略地看上一圈市区主要的景点之后，去参观木兰种植园和沼泽。也有单独的市区观光或者种植园观光。网上预约有折扣。

马车观光

　　冷漠的大型巴士和美国首屈一指的美丽街道不相称，一定要乘坐马车才行。车站位于城市市场中央北侧对面的红色小屋以及 Doubletree Hotel 等。

这儿恐怕是美国和马车最匹配的街道了

市区

海滨公园 Waterfront Park
Map p.320 B2

巨大的菠萝欢迎着游客

　　这是位于历史地区以东、库珀河对面的风光明媚的公园。位于Concord St. 一带，精心养护的花坛给游客们留下了深刻的印象。园内有很多长椅，可以坐下来享受海风。中央喷泉是一个菠萝设计，菠萝是"南方的款待"的象征，据说有欢迎和招待的意思。公园的背面有栈桥，位于这里的大椅子秋千受到了情侣们的喜爱。

菠萝也是南卡罗来纳的象征

大型油轮和货船纵横交错的库珀河

旧货交易市场 Old Exchange Building
Map p.320 B2

历经 3 个世纪的大楼

　　这是在查尔斯顿最繁荣的 1771 年建成的公共建筑物。作为贸易港口查尔斯顿的据点，所有的物资都在这里交易。之后这里也曾被用作州议会厅和邮局。建筑物外观充满了佐治亚风格，地下还有土牢，让人感觉到240 年建筑物的古老。每 20 分钟有一次带导游的参观。

旧货交易市场
住 122 E.Bay St.
☎ （843）727-2165
◻ www.oldexchange.com
◷ 9:00～17:00
￥ $8、7～12 岁 $4

位于 Broad St. 的尽头

原奴隶市场博物馆 Old Slave Mart Museum
Map p.320 B2

不可回避的查尔斯顿另一面

　　濒临大西洋的查尔斯顿曾经也是一个奴隶交易盛行的城市。从 17 世纪后半期到 1863 年，这座博物馆实际上曾被用作奴隶市场。就像捕捉野兽一样，将奴隶用锁锁在船舱，渡过大海，活下来的奴隶在这里被拍卖。根据奴隶的体力、是否能生不少孩子等将奴隶估价，再送到种植园。

　　在博物馆除了可以看到奴隶贸易的悲惨历史，还有非洲裔的美国人带给合众国的音乐以及美食的影响。

原奴隶市场博物馆
住 6 Chalmers St.
☎ （843）958-6467
◷ 9:00～17:00
休 周日、11 月的第四个周四、12/25、1/1
￥ $7、6～12 岁 $5

以前像这样的市场在各地的港口都有

生动地展示了用于束缚奴隶的锁和脚镣

136 Church St.
（843）722-4385
免费

法国胡格诺派教堂 French Huguenot Church Map p.320 B2

美国唯一的法国新教风格建筑样式

查尔斯顿的教堂是建筑样式的博览会

1845 年由爱德华·布里克尔·怀特重建的哥特式风格教堂是美国唯一一座按照法国新教风格建立的教堂。自从 1687 年建于此地到现在已经是第三代建筑了。讲坛里面放了一架管风琴，别开生面。

码头街剧场 Dock Steet Theater Map p.320 B2

带有华美包厢的传统剧场

135 Church St.
（843）720-3968

这是一座建于 1736 年、在全美也是首屈一指的古老剧场。具有佐治亚风情的建筑物是完成于 1809 年的原种植园主酒店的一部分。在从酒店改造成剧场时添加的包厢的铁艺花边很是绝美。剧场名字里的 Dock Street 成了现在的 Queen Street，包厢位于 Church Street 一侧。

音乐剧演出很多

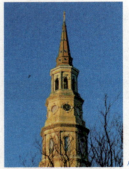

请好好看一看铁艺花边

圣菲利浦圣公会教堂 St Philip's Episcopal Church Map p.320 B2

发挥了灯塔的作用

142 Church St.
（843）722-7734
免费

自 1670 年建成后经过 2 次修建，现在的已经是第三代建筑物了，据说第一代建筑物建于现在的圣迈克尔教堂的位置，1724 年建成的第二代建筑物在 11 年后被大火烧毁，第三代建筑物建于 1838 年。传闻在南北战争时曾将此教堂的钟熔化制成了大炮。

20 世纪被用作灯塔，成了大西洋、库珀河航行船只的导向标。在教堂的墓地里长眠着南卡罗来纳州的名人们。

从海上都能看得清矗立于市区的这座尖塔

城市市场 City Market Map p.320 B2

城市的里程碑

（843）937-0920
因店而异，但是基本上是每天的 9:30~16:00 左右

建于 19 世纪初的历史性市场。从 Meeting St. 绵延至 Bay St. 的建筑物中有西餐厅、礼品店、美食广场等。尤其是东侧还保留着古时市场的气氛，陈列着装饰品的货摊有很多。巧手的妇女编织的香根草（禾本科的多年生草）的篮子是查尔斯顿的名产。

周围有很多西餐厅

吉布斯美术馆 Gibbes Museum of Art

以肖像画和微型收藏为骄傲

　　此美术馆以查尔斯顿的风景画和南卡罗来纳州出身的名人肖像画为主，以从 18 世纪到现在的美国绘画为骄傲。一定会看到伦勃朗特·皮尔、塞缪尔·莫尔斯等美国代表画家的肖像画。

　　在二层能看见彩色玻璃的圆顶，有很多设计奇特的绘画，室内装饰也很精美。

圣迈克尔圣公会教堂
St Michael's Episcopal Church

如今仍保留有 18 世纪风姿的白色教堂

　　这座教堂虽然几经修复，但是现在仍然保留有和完成时几乎一样的风姿，这在美国很少见。是建于 1761 年的查尔斯顿最古老的教堂，1791 年乔治·华盛顿也曾在这里做过礼拜。

画着大天使迈克尔的彩色玻璃使人印象深刻

海沃德·华盛顿住宅
Heyward-Washington House

华盛顿也曾停留过的宅邸

　　1772 年由大农场主丹尼尔·海沃德建造的房屋由其儿子继承，其儿子还是独立宣言署名者之一。1791 年乔治·华盛顿访问查尔斯顿期间，曾经居住于此，室内装饰以及家具是由 18 世纪著名的工匠制作的。其中很多的东洋设计也受到人们的喜爱。

不要错过独立厨房和庭院的参观

大西洋沿岸地区

查尔斯顿　主要景点

吉布斯美术馆
　135 Meeting St.
☎（843）722-2706
　www.gibbesmuseum.org
开 10:00~17:00、周日 13:00~
休 周一、主要节日
　$9、初中生 $7、6~12 岁 $5

有很多微型收藏

圣迈克尔圣公会教堂
　Meeting & Broad Sts.
☎（843）723-0603
　免费

海沃德·华盛顿住宅
　87 Church St.
☎（843）722-2996
　www.charlestonmuseum.org
　10:00~17:00、周日 13:00~（最后的参观 16:30 出发），每 30 分钟一次
　复活节、11 月的第四个周四、12/24 的下午、12/25、1/1
　$10、3~12 岁 $5
　有和查尔斯顿博物馆的通票。

纳撒尼尔·罗素楼

🏠 51 Meeting St.
☎ （843）724-8481
🖥 www.historiccharleston.org
🕐 10:00~17:00、周日 14:00~
🚫 11 月 的 第 四 个 周 四、
12/24、12/25
💲 $10

纳撒尼尔·罗素楼 Nathaniel Russell House Map p.320 C2

带有螺旋式楼梯的优雅住宅

室内装修绝美的住宅

此楼建于 1809 年。其特点是有螺旋式楼梯和圆形房屋。砖和石膏相衬的外观很美，另外，作为贸易商，纳撒尼尔·罗素的家也有中国装饰品和银餐具等。二层的 Music Room 的窗户特别大，在充满阳光的房间里，室内装饰闪耀着美丽的光辉。

埃德蒙斯顿·欧顿住宅 Edmondston-Alston House Map p.320 C2

可以眺望库珀河的豪宅

1828 年前后由成功商人埃德蒙斯顿·欧顿建造的房屋是查尔斯顿独立屋的代表。1838 年过户给了威廉·欧顿将军，屋内的装饰等全部改成希腊复古风格。因为位于库珀河沿岸，所以从二层的阳台向外眺望到的风景极好。

埃德蒙斯顿·欧顿住宅

🏠 21 E.Battery
☎ （843）722-7171
🖥 www.middletonplace.org
🕐 10:00~16:30
周日·周一 13:00~
💲 $10

能清楚地看到萨姆特堡

查尔斯顿博物馆 Charleston Museum Map p.320 A1

美国最古老的博物馆

位于旅游咨询处旁边，建筑物是新的，但是其创设于 1773 年，是美国最古老的博物馆。以美国南部和查尔斯顿的历史为中心，涉及领域（如：文化、产业、自然史等）极广的展示是其特色。

买票之后上楼向右转，依次参观从在此居住的第一批居民开始，随后是建国时代、南北战争以及奴隶时代等的相关展示。这里还有查尔斯顿重要的特产——银品质和铸铁手工艺品，还有被称为"南方淑女"的女性裙子、美国式苏格兰短裙的收藏。在自然史一角还有不可错过的奥杜邦（→p.88）的绘画。

查尔斯顿博物馆

🏠 360 Meeting St.
☎ （843）722-2996
🖥 www.charlestonmuseum.
org
🕐 9:00~17:00、周日 13:00~
🚫 复活节、11 月的第四个
周四、12/24 下午、12/25、
1/1
💲 $10。3~12 岁半价。有和
海沃德·华盛顿住宅的套票

南卡罗来纳水族馆 South Carolina Aquarium Map p.320 A2

可以眺望港口的开放式水族馆

在这家水族馆中能够近距离地看到生活于南卡罗来纳州的山、海中的生物。有森林、河川、沼泽、海岸等观赏角落，这里不仅有鱼，还有很多像水獭、小鸟、龟、青蛙等动物。吸引游客的是 2 层楼高的巨大水箱，在高超过 13 米的水箱中鲨鱼、石鲈、黑桃鱼等无数的鱼自由自在地游来游去。

南卡罗来纳水族馆

🏠 100 Aquarium Wharf
☎ （843）720-1990
🖥 www.scaquarium.org
🕐 9:00~16:00（3~8 月为 9:00~
17:00）、12/24 为 9:00~ 12:00
🚫 11 月 的 第 四 个 周 四、
12/24、12/25
💲 $19.95，62 岁以上 $18.95，
2~11 岁 $12.95
🚌 乘坐 DASH 的 210 路

水族馆位于去往萨姆特堡的游轮码头的旁边

萨姆特堡 Fort Sumter Tours
宣告南北战争开始的要塞

Map p.320 A2

宣告南北战争开始的萨姆特堡位于查尔斯顿海上，已被指定为国家公园。

1861 年 3 月 4 日林肯在华盛顿 D.C. 的国会大厦举行就任仪式，在就任演讲中林肯表示"联邦的分离是不可能的，退出联邦是无效的"。这是针对一个月前以南卡罗来纳州为首的南部 7 州退出联邦、结成南部同盟一事而说的。但是南部同盟逐渐地占领了联邦的军事设施，在萨姆特堡中，联邦军的守备队拼力一搏，粮食几乎耗尽，虽然林肯派去了救援舰队，但是在舰队到来之前的 4 月 12 日同盟军进攻了萨姆特堡，第二天萨姆特堡沦陷，由此挑起了北部联邦与南部同盟的南北战争。

去往萨姆特堡的游轮观光从水族馆旁边出发，从海上眺望查尔斯顿街道也别有情趣，船中总是坐满了游客，在游艇上经过单程 35 分钟到达萨姆特堡，之后可自由参观。萨姆特堡内的博物馆中通过显示器或者视频向游客解说着战争的经过，也展示实际使用过的枪弹和铁炮。

南北战争开始于此

布恩大厅种植园 Boone Hall Plantation
保留有南部全盛时期的景象

Map p.320 A2 地图外

在查尔斯顿附近有几处依然保留有昔日南部景象的种植园，其中最受人欢迎的是布恩大厅种植园。是 18~19 世纪拥有 6.9 万平方米规模的棉花种植园，现在的占地只有当时的 1/20，但是即便如此，从门口绵延到住宅的树木也很壮观，同时还有连在一起的奴隶们的小屋，树木的对面有美丽的花坛，其后排列着大的住宅。庄重的圆柱支撑的住宅就好似电影中的一样。室内装修豪华而优雅，从这些能看出当时上流社会的居住景象。

不要错过 1743 年种植的大树和奴隶小屋

萨姆特堡

☎ （843）722-2628
📠 1800-789-3678
🌐 www.spiritlinecruises.com
🕐 9：30、12：00、14：30。
1~2 月以及 12/1~12/24 是
11:00 & 14:30
休 11 月的第四个周四、
12/25、1/1
⏱ 2 小时 15 分钟
💲 $17、6~11 岁 $10
🚗 请参考南卡罗来纳水族
馆。在水族馆对面靠右（南
侧）有游船码头。

萨姆特堡内的展示

布恩大厅种植园

🏠 1235 Long Point Rd., Mt
Pleasant
☎ （843）884-4371
🌐 www.boonehallplantation.
com
🕐 9:00~17:00（夏季 8:30~
18:30），周日 12:00~16:00
（~17:00）。宅内参观每 1 小
时一次
休 11 月的第四个周四、12/25
💲 $19.50、6~12 岁 $9.50
🚗 从查尔斯顿沿 US-17 向
东行驶 7 英里（约 11 公里）
就能看见标志物。

住宅周围有花坛、蝶园以及西餐厅等

木兰种植园

住 3550 Ashley River Rd.
☎ （843）571-1266
🖷 1800-367-3517
🖳 www.magnoliaplantation.com
开 8:00~17:30
11月~次年2月 9:00~16:30
费 住 宅 & 庭 园 $23（6~12岁 $18），沼泽 $8
🚗 沿US-17向西行驶，行驶过桥后沿SC-61向右再行驶10英里（约16公里）

米德尔顿广场

住 4300 Ashley River Rd.
☎ （843）556-6020
🖷 1800-782-3608
🖳 www.middletonplace.org
开 10:00~16:30、周一 12:00~
休 12/25
费 庭园 $25（6~13岁 $10）
庭园 & 住宅 $44（$29）
🚗 木兰种植园稍微向前。

木兰种植园 Magnolia Plantation　Map p.320 A1 地图外
区域内也有野生生物保护区

在庭园内散步也是一件乐事

此种植园位于查尔斯顿向西北行驶大约20分钟的郊外。小河上的白桥看起来很优雅，更绝妙的是该区域内保留有大片的沼泽，被指定为野生生物保护区，无论何时来园内参观都能看到鳄鱼和天鹅的身影。

米德尔顿广场 Middleton Place　Map p.320 A1 地图外
以英国风格的庭园而闻名

白鸟嬉戏的优雅的英国风格庭园是有名的种植园。充满整洁感和开放感的庭院中线条分明地勾勒出郁郁葱葱的南部风景。当时奴隶们在过着动物一样生活的家畜小屋中从事着陶艺、冶炼、木匠等的工作。

餐厅
Restaurant

A.W.Shuck's　海鲜　Map p.320 B2
◆海鲜名店
想要轻松地享受到新鲜的海鲜，建议来这里。小虾中加入南部风味的肉汁酱油的菜品和牡蛎是最受欢迎的。午餐 $10 左右，晚餐 $15~20。
住 35 S. Market St.
☎ （843）723-1151
🖳 www.a-w-shucks.com
CC AMV　营 11:00~22:00，周五、周六 ~23:00

Slightly North of Broad　美国菜　Map p.320 B2
◆可以根据自己的口味进行选择
将南部菜、意大利菜、泰国菜等菜肴中的美味要素混合在一起做出的不拘泥于风格的菜品。是明亮、美味并且可以轻松进入的餐厅。午餐 $15~25，晚餐 $20~30。
住 192 E.Bay St.
☎ （843）723-3424
🖳 www.slightlynorthofbroad.net
营 周一~周五 11:30~15:00，每天 17:30~22:00　CC ADMV

Magnolias　南部菜　Map p.320 B2
◆优雅的南部菜肴店
这家餐厅很受当地人的欢迎。请品尝一下这里的玉米粥、Gritz。午餐 $15 左右，晚餐 $20~40。
住 185 E.Bay St.　☎ （843）577-7771
🖳 www.magnolias-blossom-cypress.com　营 11:30~22:00，周五、周六 ~23:00，周日 10:00~22:00　CC AMV

Hyman's Seafood　海鲜　Map p.320 B2
◆店前总是围有很多人
这是一家受当地人欢迎的休闲餐厅。将当天的鱼名写在板子上，一天一换，让人享受到美味的海鲜。这里也有南部菜。午餐 $10 左右，晚餐 $20 左右。

想要轻松休闲地用餐的话，请来这里

住 215 Meeting St.
☎ （843）723-6000
🖳 www.hymanseafood.com
营 11:00~80:00
休 11 月的第四个周四、12/25，9~10 月有连续数天的休息日
CC AMV

酒店
Hotel

Charleston Place

Map p.320 B2

◆ 州内唯一一家四星级酒店

　　这是一家位于市区中心的高级酒店，除了大厅，在客房楼层的廊下也有吊灯，极尽豪华。客房以南部风格的柔和色调为基调，摆放有精美的家具。浴室舒服为自然派所爱。可以免费使用配备的西餐厅、泳池、水疗和健身中心。当然，可以享受南方酒店特有的款待。Ⓓ Ⓣ $235~590。套间$355~880。Wi-Fi 免费。

🏠 205 Meeting St., Charleston, SC 29401
☎ (843) 722-4900
Ⓕ 1888-635-2350
URL www.charlestonplace.com
C/C Ⓐ Ⓙ Ⓜ Ⓥ

此四星级酒店距离历史地区和购物街都很近

Courtyard Charleston

Map p.320 A2

◆ 享受快捷方便的酒店生活

　　距离旅游咨询处很近，所以很方便。入口的通道处放置有大摇椅，一边呼吸新鲜的空气一边休息也很不错。Ⓢ Ⓓ Ⓣ $199~489。有泳池、健身房，西餐厅。Wi-Fi 免费。共 126 个房间。

🏠 125 Calhoun St., Charleston, SC 29 401
☎ (843) 805-7900
Ⓕ 1877-805-7900
URL www.charlestonhotel.com
C/C Ⓐ Ⓓ Ⓙ Ⓜ Ⓥ

Doubletree Historic District

Map p.320 B2

◆ 位于市场附近，便于观光

　　和城市市场相邻。Ⓓ Ⓣ $199~359。有商业中心、健身房、投币式洗衣机。

🏠 181 Church St., Charleston, SC 29401
☎ (843) 577-2644　Ⓕ 1800-445-8667
FAX (843) 577-2697
URL www.doubletree.com
C/C Ⓐ Ⓓ Ⓙ Ⓜ Ⓥ

John Rutledge House Inn

Map p.320 B2

◆ 极尽奢侈的精美内装修

　　这是建于 1763 年的乔治亚风格的房屋，镶嵌着手工艺品的地板、纤细的铁艺品让人想到当时的光景。Ⓢ Ⓓ Ⓣ $299~435。

🏠 116 Broad St., Charleston, SC 29401
☎ (843) 723-7999　Ⓕ 1800-476-9741
FAX (843) 720-2615
URL www.charminginns.com
C/C Ⓐ Ⓓ Ⓜ Ⓥ

1837 Bed & Breakfast

Map p.320 B1

◆ 历史地区的 B&B

　　这是位于历史地区的 1837 年的建筑。手制烤饼和享受甜点的下午茶都很不错。Ⓢ Ⓓ Ⓣ $125~209。

🏠 126 Wentworth St., Charleston, SC 29401　☎ (843) 723-7166
Ⓕ 1877-723-1837　FAX (843) 722-7179
URL www.1837bb.com
C/C Ⓐ Ⓜ Ⓥ

SIDE TRIP

美特尔海滩 Myrtle Beach, SC

　　从查尔斯顿驱车向北行驶大约 2 个小时可以到达美特尔海滩。沿海岸排列着壮观的高层酒店的美特尔海滩是每年有 1400 万游客的人气度假地。酒店和汽车旅馆大约有 500 家。景点经常人山人海，特别是 8 家剧院的乡村音乐会很受游客的喜爱，成了纳什维尔、密苏里州布兰森乡村音乐圣地。也有绵延南北 90 公里的水上运动设施、超过 100 洞的高尔夫球场、OUTLET 商城、游乐园、水上公园甚至赌场，马戏团、魔术、百老汇音乐剧等娱乐项目也是一流的。

Memphis
Atlanta •
Savannah •
New Orleans

人口	约 20.4 万人
消费税	5%
酒店税	13%
时区	东部时区

弗吉尼亚州

里士满 *Richmond*

很多人认为美国的历史是从 1620 年乘坐"五月花"号的清教徒们在波士顿登陆开始的，但实际上，那时弗吉尼亚州已经建立了不少的殖民地。弗吉尼亚州的詹姆斯城是 1607 年建立的美国最古老的殖民地。

里士满是弗吉尼亚州首府，独立后，作为烟草和棉花的中转地而迅速发展，成为美国南部为数不多的都市。而且，里士满在南北战争时期再次登上历史舞台，作为南部同盟的首都成了南部诸州的中心。但是，随着南军的战败，里士满变成了颓败之城。

如今的里士满成了以贸易和金融为首，发展高科技产业的东海岸首屈一指的产业都市，在融合着现代产业发展、美国建国历史以及苦难战争历程的里士满，只是随便走走就能感受到各种时代。

前往方法 Access

去往弗吉尼亚州首府——里士满，乘坐飞机、火车、长途巴士等任何一种交通工具都可以，而且班次也很多。从华盛顿 D.C. 乘坐小型机大约需要 50 分钟，火车需要 2 小时 40 分钟，长途巴士需要 2 小时 15 分钟。

哪里的里士满

名为里士满的城市在美国有 30 个以上。在买飞机票或者汽车票时一定要说是"Richmond, Virginial"。

里士满是弗吉尼亚州的首府。议事堂一般对外开放

飞机

里士满国际机场位于市区以东约 10 公里的地方，驱车到市中心需要 15 分钟左右。主要的航空公司都有航线运营，以东海岸的大都市为中心，有来自 15 个都市的航班抵达这里。机场内有旅游咨询处（平日 9:30~16:30）。去往市内乘坐 Groome Transportation 公司的往返巴士（也有一般的车）很方便，到市区需要 15 分钟左右，虽然也有 56 路线路巴士，但是平日早晚只有 3 个班次，不是很方便。

长途巴士

灰狗巴士的终点站位于市区西北约 5 公里的地方。这里是纽约、亚特兰大、佛罗里达方向巴士的发抵站，班次也较多。去往市区乘坐线路巴士 GRTC24 路需要 20 分钟，乘坐出租车需要 10~15 分钟。

铁路

从纽约和华盛顿 D.C. 每天各有 3 趟火车到里士满。黏土房顶和计时塔让人印象深刻的主街车站位于市区以东，1983 年曾被烧毁，2003 年恢复了其 19 世纪的样子。到市中心步行大约需要 10 分钟。

即使不乘坐火车也想到计时塔看看

租车

从华盛顿 D.C. 沿 I-95 南下大约行驶 110 英里（176 公里），约需要 2 小时。在市区附近 I-95 和 I-64 相交。如果从亚特兰大出发大约需要 10 小时，从查尔斯顿出发大约需要 8 小时。

里士满国际机场
Richmond International
Airport（RIC）
☎（804）226-3000
🖥 www.flyrichmond.com
Groome Transportation
☎（804）222-7222
📞 1800-552-7911
🖥 www.groometransportation.
com
🎫 单程 $24

灰狗巴士
Greyhound
Map p.331 A1 地图外
🚌 2910 N.Boulevard
☎（804）254-5910
🕐 24 小时

GRTC
🖥 www.ridegrtc.com
🚌 平日每隔 15~50 分钟一班车，周末每 60 分钟一班
🎫 $1.50

美铁主街车站
Amtrak Main Street Station
Map p.331 B2
🏠 1500 E.Main St.
☎（804）644-2393
🕐 9:30~18:30，周五 ~21:00，周六、周日 8:30~20:30
※在郊外 Staples Mill Rd. 站每天会有 12 班来自华盛顿 D.C. 的车

AAA
🏠 1601 Willow Lawn Dr., #700
☎（804）281-7100
🕐 9:30~17:30，周六 ~17:00
🚫 周日、节假日
24 小时路上救援
📞 1800-222-4357

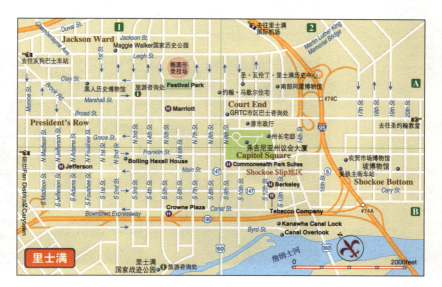

能够看到南北战争英雄雕像

去往 Fan District、
Carytown 的方法
乘坐从市区的 Main St.
向西的 GRTC 巴士 16 路
Carytown
🖥 www.carytownva.com

旅游咨询处
Richmond Region VC
Map p.331 A1
🏠 405 N.3rd St.
☎ （804）783-7450
🖥 www.visitrichmondva.com
🕐 9:00~17:00

VC at Tredegar Iron Works
Map p.331 B1
🏠 470 Tredegar St.
☎ （804）226-1981
🖥 www.nps.gov/rich/
🕐 9:00~17:00
🚫 11 月的第四个周四、
12/25、1/1

GRTC
Map p.331 A2
🏠 900 E.Broad St.
☎ （804）358-4782
🖥 www.ridegrto.com
💰 $1.50

关于治安
　　里士满是个治安不好的
城市。2011 年在全美 405
个都市中里士满的犯罪发生
率位列前十。虽然在整洁的
市区感受不到这些，但是还
是不要大意，一定要谨
慎行事。

里士满　漫　步

　　里士满也是弗吉尼亚州的首府。美国州府的都市大都给人以朴素的
印象，里士满作为商业城市以及教育城市近年来发展迅速。

　　想要了解南北战争和殖民时代的里士满的历史的话，建议参观位于
城市以东的博物馆或者教堂。其中南部同盟博物馆关于南北战争的展示
在全美是最丰富的。Shockoe Slip 是石级上排列有砖瓦房的安静地区，西
餐厅和商店也很多，在这里可以静心散步。

　　相反，想要感受里士满的现代感的话，向西出了市区的 Fan District
和 Carytown 比较有趣。Fan District 以成排的华美的房子为特征，附近就
是弗吉尼亚大学，在南北纵断城市的 Boulevard 一带散布着引人注目的博
物馆和美术馆。Carytown 没有这些看点，但是是时装店和咖啡店集聚的
热闹地区，在这里也许能够发现全新的里士满。

■旅游咨询处■

● Richmond Region Visitor
Center
　　是 Marshall St. 一角、有最
新设备的游客中心。除了观光、
酒店信息，还有丰富的郊外看点
信息，还设有礼品店。
● Visitor Center at Tredegar
Iron Works
　　位于沿河一带，能够在此获

位于市区中心便利的旅游咨询处

取到景点和酒店信息，也是保护里士满南北战争相关地的里士满国家战
迹公园的观光中心。

■市区交通工具■

线路巴士 Greater Richmond Transit Company（GRTC）

　　大多数的景点都在步行范围内，但是去往 Fan District 时线路巴士可
以派上用场。在旅游咨询处可以拿到线路图。

去详细介绍南北战争的南部同盟博物馆吧

南部同盟博物馆 Museum of the Confederacy　Map p.331 A2
另一个美国首都

　　南北分裂时，南部同盟的总统 Jefferson Davis 居住的住宅被称为"南部白宫"，里士满作为南部同盟的首都成为重要据点。在博物馆中，按顺序依次展示着从 1861 年开始持续 4 年的南北战争的历史。通过武器、500 面军旗、复原的野营等对从棉花栽培繁盛的战前南部到 1865 年 4 月里士满沦陷之间的历史进行了立体式的讲解。在导游带领的参观中可以看到 Jefferson Davis 居住的"白宫"。

圣·瓦伦丁·里士满历史中心
Valentine Richmond History Center　Map p.331 A2
了解美国的"首次"

　　美国第一个使用电力作为动力的市内电车，非洲裔美国女性首次创设银行等，里士满也是个"首次"很多的城市。这是一座以这样的里士满生活史为焦点的博物馆。从服装的变化、19 世纪和生活密切相关的陶器及玩具等中可以看到里士满当时的生活，地下为奴隶历史展示角落。

弗吉尼亚州议会大厦 Virginia State Capitol　Map p.331 A~B2
列入世界遗产候补列表

　　这是 1785 年托马斯·杰弗逊设计的议会大厦。建筑物内外陈列着弗吉尼亚出身的历代大总统和英雄们的肖像。原市政厅的钟表给人留下了印象深刻。2008 年加设了民权纪念馆。

坡博物馆 Poe Museum　Map p.331 B2
怪异小说诞生的城市

　　此博物馆收藏有被称为推理小说家、著名诗人、评论家的埃德加·爱伦·坡的作品。埃德加·爱伦·坡 3 岁时母亲去世，被里士满一位富裕的烟草商爱伦夫妇收养。在埃德加·爱伦·坡短暂的 40 年人生中，据说在里士满度过的时光最长，博物馆中展示着埃德加·爱伦·坡的手写原稿、书信以及出版物等。

博物馆中收藏着里士满时代埃德加·爱伦·坡的作品

南部同盟博物馆
🏠 1201 E.Clay St.
☎ （804）649-1861
🖥 www.moc.org
🕙 10:00~17:00
🚫 11 月的第四个周四、12/25、1/1（12/24 14:00 闭馆）
💰 $15。62 岁以上 $13，7~13 岁 $8，如果只参观博物馆或者白宫费用是 $10，62 岁以上 $8，7~13 岁 $6

也有如下记述的展示
　　有战场上用的医疗器具、失去手脚的士兵用的假手假脚等，传递给游客真实的战争。在此顺便提一下：有 85 万人参加了南军，据说其中有 26 万人战死。

圣·瓦伦丁·里士满历史中心
🏠 1015 E.Clay St.
☎ （804）649-0711
🖥 www.richmondhistorycenter.com
🕙 10:00~17:00、周日 12:00~
🚫 周一、节日
💰 $8，55 岁以上 $7，7~18 岁 $7

弗吉尼亚州议会大厦
🏠 Capitol Sq.
☎ （804）698-1788
🖥 www.virginiacapitol.gov
🕙 8:00~17:00、周日 13:00~（参观时间为 9:00~16:00、周日 13:00~）

能够自由地参观内部

坡博物馆
🏠 1914 E.Main St.
☎ （804）648-5523
🖥 www.poemuseum.org
🕙 10:00~17:00、周日 11:00~
🚫 周一
💰 $6，初中生和儿童 $5

圣约翰教堂 St John's Church
Map p.331 A2 地图外

独立战争诞生于此

教堂位于从市中心 Broad St. 向东大约 2 公里的地方，是 1741 年建造完成的弗吉尼亚州最古老的木结构教堂。1775 年 3 月 23 日帕特里克·亨利在这里发表了有名的 "Give me liberty or give me death（不自由，毋宁死）" 的演讲，高涨了独立战争的士气。

教会中还有名士们长眠的墓地

Maggie Walker 国家历史公园
Maggie L.Walker NHS
Map p.331 A1

创设银行的非洲裔美国人

Maggie Walker 作为非洲裔美国人首次于 1903 年创设了银行，也积极参加人权运动，之后曾就任全国有色人种协进会（NAACP）的副会长，她居住了 30 多年的住宅如今作为博物馆对外开放。其周围一带被称为 "Jackson Ward"，也以众多的爵士俱乐部而出名。

酒店
Hotel

大约有 30 家酒店，主要集中在 Broad St. 一带。开车的话可以在 I-64 的 Exit 183 附近找找。在机场周围大约有 10 家汽车旅馆。

The Jefferson Hotel
Map p.331 B1

◆华丽的酒店

创立于 1895 年。全美首屈一指的 AAA 的五星级酒店。据说曾就为电影《乱世佳人》中出现的楼梯的原型和豪华大厅，值得一看。ⒹⓉ$189~415、套间 $375~1200。

住 101 W.Franklin St., Richmond, VA 23220
☎ （804）649-4750
Free 1888-918-1895
FAX （804）225-0334
C/C ⒶⒹⓂⓋ
URL www.jeffersonhotel.com

即使不在此住宿也要去看看豪华的大厅

Crowne Plaza
Map p.331 B1

◆ 位于市区中心

位于 6th St. 的尽头，江边客房向外眺望的视野很好。ⓈⓉ$94~185。有桑拿、健身中心，也提供车站接送服务。

住 555 E.Canal St., Richmond, VA 23219
☎ （804）788-0900
Free 1800-227-6963
FAX （804）788-0791
C/C ⒶⒹⒿⓂⓋ
URL www.ichotelsgroup.com/crowneplaza/

无论去往哪里都很方便

Wyndham Airport
Map p.331 地图外

◆位于机场附近的酒店

24 小时免费接送，屋内有泳池，ⓈⓉ$70~144，市内电话和 Wi-Fi 免费，有西餐厅、健身中心。全馆禁烟。

住 4700 S.Laburnum Ave., Richmond, VA 23231 ☎ （804）226-4300
Free 1877-999-3223
FAX （804）226-6516
URL www.wyndham.com
C/C ⒶⒹⒿⓂⓋ

向大家介绍位于里士满郊外的 4 处景点。如果要游览其中的 2 处的话可以当天去当天回,不过没有车的话游览起来会比较困难。　　　　　　　　　　　　　　　　Map → p.306

谢南多厄国家公园 Shenandoah National Park

　　自古以来就受到人们喜爱的谢南多厄是占据阿巴拉契亚山脉一角的国家公园。贯穿园内的 105 英里(约 167 公里)的周游道路——天际线(Skyline Drive)通过山脊,向外眺望,景色出众。刚看过东侧蜿蜒连绵的绿色山脉,在下一个眺望台就能看到西侧的地平线。特别是开春和红叶时节,风景更好。

　　天际线的入口有 4 处,都是和横断阿巴拉契亚山的国道相交的位置。能够从 I-66、US-340、VA-55 进入的公园北端的大门距离华盛顿 D.C. 有不到 2 小时的车程,这里是英里标(距离标)的基点。公园南端的大门(英里标 105)和 I-64 相邻,距离里士满有 1 小时 30 分钟的车程。

　　住宿设施有建于园内最高处(标高 1122 米,英里标 41.7)的西侧视野较好的 Skyland Resort、广阔的湿地对面的 Big Meadows Lodge(英里标 51)等(费用为 $89~197)。天际线一年四季都通行,但是 12 月～次年 3 月山中简易旅馆等设施几乎都会关闭。

上/天际线设有大量的眺望台。如果有时间一定要来这里看看　下/位于距离英里标 50.7 停车场 1.1 公里处的 Dark Hollow Falls,是谢南多厄最受欢迎的徒步场所,从 Big Meadows Lodge 也能走到这里

☎ (540) 999-3500 　 ■ www.nps.gov/shen/
简易旅馆预约 　■ www.visitshenandoah.com
费 一辆车 $15(12 月～次年 2 月 $10)。摩托车 $10。
通过其他方法入园的每人 $8(12 月～次年 2 月 $5),
7 日内有效。

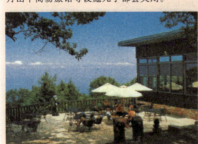

天际线上的西餐厅。因为同时设有山中简易旅馆,所以来自华盛顿 D.C. 周边的过夜旅行的游客很多

卢雷溶洞 Luray Caverns

在谢南多厄国家公园附近有许多钟乳石溶洞，最想向您推荐的就是这里——卢雷溶洞。溶洞的规模并不是很大，但是其中绚烂的钟乳石群形态各异，值得一看，也能看到很多巨大的石笋。

让人吃惊的是，这样绝美的钟乳石溶洞竟是私有地。因此，会有削磨钟乳石来形成音阶，敲打类似管风琴管的乐器奏出音乐等商业表演。这种声音的确很神秘，但是震动、声音、光等必定会给钟乳石以及地下生物造成不好的影响。国家公园局不能收购这里进行保护，实在是遗憾。

年平均气温为 11℃，所以一定不要忘记穿暖和一点。

☎（540）743-6551
🕘 9:00~16:00（夏季会延长）
💰 $24、6~12 岁 $12
🚗 在天际线的英里标 31.5 沿 US-211 下行，向西走大约 15 分钟。

虽然有点商业但是非常震撼

蓝岭公园路 Blue Ridge Parkway → p.253

舒服悠闲地游玩吧

从谢南多厄国家公园的天际线南下出了公园门后，如果还有时间的话，再往南走走看看也不错。这条道路蜿蜒至阿巴拉契亚山的山脚，远至大雾山国家公园（→ p.247）。和谢南多厄国家公园一样，在红叶时节风景非常迷人。

谢南多厄一侧的入口是英里标 0，在英里标 63 处的 James River 有游客中心，英里标 86 处的 Peaks of Otter 有赌场，稍微远一点的英里标 176 处的水车小屋 Mabry Mill 的气氛也很好。

☎（828）271-4779　🌐 www.nps.gov/blri/　💰 免费

夏洛茨维尔 Charlottesville

距离里士满 70 英里（约 113 公里，沿 I-64 向西，大约 1 小时 15 分钟），位于去往谢南多厄国家公园和蓝岭公园路途中的小城，这里是《美国独立宣言》的起草者、合众国第三任总统托马斯·杰弗逊的故乡。以发明家、建筑家而闻名的托马斯·杰弗逊在夏洛茨维尔建造的大学和住宅已经被联合国教科文组织认定为世界遗产。

首先，去参观一下位于市区的弗吉尼亚大学吧。这所大学是杰弗逊于 1817 年设计建造的，位于校园内的古典建筑彰显了各种建筑风格。

另外，杰弗逊生活过的住宅蒙蒂塞洛位于郊外的丘陵上。除了可以欣赏建筑物，住宅内展示的杰弗逊的发明、亲手整理过的庭院以及杰弗逊长眠的墓地都不能错过。因为

杰弗逊亲自设计的弗吉尼亚大学，不愧为世界遗产

参观的人很多，所以建议早点出发。

如果去参观夏洛茨维尔，一定要在返回高速公路中途的米奇小酒馆吃午饭，这家小酒馆被改造为居酒屋兼旅馆，酒馆里有简单的南部菜。

弗吉尼亚大学
University of Virginia

☎（434）924-0311　🌐 www.virginla.edu
🚗 从 I-64 的 Exit121B 沿 US-20 North 下行，行驶 2 英里（约 3.2 公里）向 US-250 WEST/Main St. 行驶。之后就会看到 UVA 的标志。

蒙蒂塞洛 Monticello

☎（434）984-9800　🌐 www.monticello.org
🕘 9:00~18:00（冬季缩短时间，夏季延长时间）
🚫 12/25　💰 $24（11 月 ~ 次年 2 月 $17）、6~11 岁 $8　🚗 沿 I-64 的 Exit121 向下行驶。

米奇小酒馆 Michie Tavern

☎（434）977-1234　🌐 www.michietavern.com
🕘 11:30~15:00、4~10 月 11:15~15:30　🚫 12/25、1/1

ATLANTIC STATES

Memphis
Atlanta
Savannah
New Orleans

大西洋沿岸地区

弗吉尼亚州

威廉斯堡

Williamsburg

人口	约 1.4 万人
消费税	5%
酒店税	10%+$2 / 晚
时区	东部时区

　　建国较晚的美国更加注重历史，将这种思想具体化的城市就是弗吉尼亚州的威廉斯堡。

　　这座城市在英国殖民时代是州府，从美国独立以后到 20 世纪初期，只是弗吉尼亚州的一个小城。

　　但是，也有人在想为什么不能保存这历史性的街道。布鲁顿教区的牧师 W.A.R.Goodwin 试图修复和保存有历史价值的教堂，并在 1907 年完成了他的计划。之后，为了进行更大规模的修复，Goodwin 开始寻找外界支持和资金援助。最终，他得到石油大王洛克菲勒的儿子小洛克菲勒夫妇的支持，筹建了"殖民地威廉斯堡基金会"，开始修复和重建 18 世纪威廉斯堡的原貌。

　　威廉斯堡复苏，作为"殖民地威廉斯堡"成为受全美国众多游客喜爱的旅游景点。

　　这里可以看作恢复了 18 世纪街道的大型历史博物馆，其中也有展示当时人们生活状况的博物馆。追溯到 200 年前的时候，让人们看一看美国诞生的历史场景。

很好地再现了美国建国时的生活风情

前往方法 Access

威廉斯堡位于弗吉尼亚州的东部，距离州府里士满不到 100 公里。城市内没有机场，乘飞机来威廉斯堡时需要从里士满机场（→ p.331）乘坐 Groome Transportation 公司的往返巴士。这里也通火车，但若想方便，还是乘坐灰狗巴士吧。

长途巴士

从里士满乘坐灰狗直达巴士需要 1 小时，一天有两班。到达车站是位于威廉斯堡城外的交通中心。沿 Lafayette St. 向东步行大约 10 分钟可以到达旅游咨询处。打电话叫出租车也行。

铁路

连接波士顿和弗吉尼亚海滩的火车在里士满和威廉斯堡停车，一天 3 列。从纽约出发需要 8~9 小时，美铁车站是和灰狗巴士的发抵站一样的交通中心。

兼做巴士堤坡的火车站

租车

从里士满的市区沿 I-64 向东，在 Exit238 沿高速公路下行，之后沿着 "Visitor Center" 标志行驶即可。从里士满行驶 1 小时后，再沿高速公路下行大约 10 分钟可到达旅游咨询处。车可以停放在这里的大型停车场中，就步行观光城市吧。

威廉斯堡 漫 步

威廉斯堡的整个城市（殖民地园区）都是一座博物馆。大体上方圆 1.5 公里的地区中保存或者恢复有 138 座历史性建筑的原样，这些都是没有国家援助的非营利性机构，依靠入场费和捐款来运营。以主要街道——Duke of Gloucester Street 为中心，排列着总督公馆、法院、教堂、监狱、奴隶小屋、冶炼店、印刷店、裁缝店、鞋店以及酒馆等，还有各种表演和节目。悠闲地花点时间一家一家地参观这些建筑或者小店吧。

这里有各种各样的手工作坊，进一逛吧!

■旅游咨询处■

● **Visitor Center**

在观光之前一定要到位于城市北端的旅游咨询处看看，这里除了卖入场券以外，还时常放映特定电影，并且受理就餐预订，也有充满历史资料的礼品店。另外，这里是行驶于园区的往返巴士的始发站。

Groome Transportation
☎ (804) 222-7222
🖷 1800-552-7911
🖳 www.groometransportation.com
💰 单程每人 $46，2 人以上每人 $29。需要预约

交通中心
Transportation Center
🏠 468 N.Boundary St.

灰狗巴士
Greyhound
☎ (757) 229-1460
🕐 8:00~12:00、13:00~17:00（周六 ~14:00）
休 周日、节假日

美铁车站
Amtrak
☎ (757) 229-8750
🕐 周一 ~ 周四 7:30~20:30、周五 ~ 周日 ~22:00

出租车
Yellow Cab
☎ (757) 722-1111

AAA
🏠 6517 Williliamsburg
☎ (757) 965-2229
🕐 8:30~17:30、周六 ~16:00
休 周日、节假日

24 小时路上救援
🖷 1800-222-4357

这里是 18 世纪的美国
在每座建筑中都使用 18 世纪的方法来进行设置，使用当时的工具来制作的食器，当然也可以购买。人们的书面英语也和现在的稍有不同，注意听音调就能明白人们说话的意思，酒馆内提供的食物也是 18 世纪风格的。由于用餐场所会有限制，所以建议尽早预订。

上／旅游咨询处距离殖
民地园区很近，所以能
够乘坐往返巴士
下／举行公开表演

旅游咨询处
Visitor Center
☎（757）229-1000
□ 1800-447-8679
□ www.colonialwilliamsburg.org
□ 8:45~17:00、夏季等旺季~21:00、冬天 9:30~16:30

 购物也很享受
旅游咨询处在夏季一直开到深夜，很方便。也有商品齐全的商店，可以买到土特产。

冬季来访游客请注意
在游客较少的冬季，入场费用有折扣，但是历史性建筑会在冬季闭馆以便修复，也会有休业的西餐厅。

※入场券中包含殖民地园区内免费乘坐往返巴士。

买了入场券之后，就能拿到登载有"This Week"这样的事件表的小册子，可以决定看哪一个节目。报纸上还登载着每个建筑的开馆时间。

■关于入场券■

殖民地威廉斯堡的建筑和博物馆等大都没有入场券就不能进入。如果想要悠闲地进行参观的话，就提前去旅游咨询处购买入场券吧。

如果只是从外面眺望街道的话不需要入场券。

①一日券

能够进入殖民地威廉斯堡里 35 处设施和博物馆的一日券，不能参加若干场的步行观光。

②年票

一年之内都能够进入所有的设施，另外，夜间举行的活动有 25% 折扣，月票中含有大头照。

③酒店贵宾票

这种票是以官方酒店住宿者为对象，在停留期间能够进入所有设施，白天的活动是免费的，夜间活动有 25% 的折扣。优先享受晚餐、SPA、高尔夫预约，指定店铺有酒店接送服务。

■市区交通工具■

往返巴士

不愧为整个城市都是景点，殖民地园区非常的宽广。为了覆盖整个城市，运行着在包括旅游咨询处、殖民地园区、官方酒店在内的整个威廉斯堡循环的往返巴士，在主要的地区禁止普通车辆进入，在旅游咨询处的一层 9:00~22:00 出发，购买上述三种入场券的人可以免费乘坐往返巴士。

①一日券 Single Day
□ $39.95、6~12 岁 $20.95

②年票 Annual Pass
□ $61.95、6~12 岁 $32.50

③酒店贵宾票 Hotel Guest Pass
□ $29、6~12 岁 $14.50
CC ADMV

巴士也有一点古典

总督公馆

住 Palace Green 的北端。从旅游咨询中心经过 Lafayette St. 进入殖民地园区

开 9:00~17:00

※ 1 月左右会休馆。

不要错过住宅以外的风景

参观之后，就去庭园散散步，参观一下旁边的厨房吧。

鼓笛队的列队表演

穿着当时服装的鼓笛队举行的列队表演。从 Raleigh Tavern 到法院表演的 *On Yorktown and Victory* 从周日的傍晚开始，从议会大楼到总督公馆表演的 *Fifes and Drums March* 从周六 13:00 开始。

总督公馆 Governor's Palace

殖民地时代总督的住所

殖民地威廉斯堡最大的景点就位于这里。是从 1709 年开始历经 10 年建成的威廉斯堡最美的建筑。总督是指殖民宗主国英国的代表。此建筑曾在殖民地时代居住过 2 位总督和 5 位副总督，到独立后州府迁到里士满的 1780 年前，一直被用作帕特里克·亨利和托马斯·杰弗逊这两位州长的官邸，但是之后因火灾而被烧毁。150 年后的 1931 年，参考了当时的资料和英国保留下来的同一年代的建筑而恢复成现在的模样。

内部有穿着当时服装的导游详细地为游客讲解。

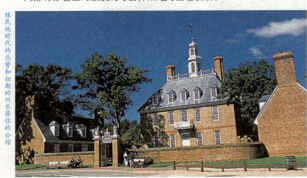

殖民地时代的总督和初期的州长居住的公馆

布鲁顿教区教堂 Bruton Parish Church
连钟声都很美妙的 1715 年建成的教堂

从总督公馆出来经过细长的绿化带，就可以看见位于 Duke of Gloucester St. 对面右侧拐角的英国教会的教堂。砖瓦造的古老教堂建成于 1715 年，如今被用作做礼拜的普通教堂，如果不想错过美妙的钟声的话就来这里吧。

法院 The Courthouse
参观 18 世纪的法院

从布鲁顿教区教堂出来沿 Duke of Gloucester St. 向左前行，在 Market Square 中央看到的小型建筑即是。其标志为带有 1771 年完成的风标鸡的屋顶。1776 年 7 月 4 日在费城发表的《独立宣言》就是在此法院前的

建于市中心的法院，去参加模拟法庭吧

小台阶上宣告的，22 天后的 7 月 26 日当时的法院也举行了游行示威。

武器弹药库 Magazine
位于市中心

位于法院对面的八角形建筑。这里是英国军队为对抗法国人和原居住者而准备的武器和弹药的储藏库。在独立前夜，总督 Danmoa 因运出储存于此的武器和弹药而被视为反英活动家。在这里还有能了解到弗吉尼亚独立运动兴盛的逸事。

如今被用作普通的教堂

布鲁顿教区教堂
住 Duke of Gloucester St. & Palace Green

法院
住 Duke of Gloucester St.& Queen St.
升 9:00～17:00

武器弹药库
住 Duke of Gloucester St.& Queen St.
升 9:00～17:00

武器弹药库前的处决场上淘气的游客们

议会大楼

大街上上演的革命剧

Revolutionary City 是 每
天 15:00~17:00 举行的活动。
在 Duke of Gloucester St. 东
侧 4 个街区，以大街为舞台
进行表演。乔治·华盛顿、
市民以及奴隶一次登场，再
现建国前夜的情形。此期
间，Botetourt 以东只许买
票的人进入。

*用当时的方法经营着的鞋店、
冶炼店、畜牧业等*

巴塞特大厅

开 夏季周四～周二 9:00~
17:00，冬天周三、周四、周
9:00~17:00

公立医院

住 Francis St.& Henry St.

开 10:00~19:00

议会大楼 The Capitol

独立运动的中心

位于主
街道东端的议
会大楼在美国
独立战争中发
挥了重要的作
用。从正面
看，右侧是市
民议会，左侧
是法庭。1775
年 帕 特 里
克·亨利在议
会进行了反对
英国殖民地的
代表性法律、
规章条例的演
说。第二年的
5 月 15 日弗
吉尼亚独立的
决议也产生于
此。另外，弗
吉尼亚代表在
13 个殖民地
代表聚集一堂
的费城大陆会
议中也发挥
了重要作用。

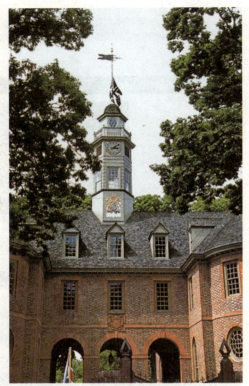

在美国建国中发挥重要作用的建筑

巴塞特大厅 Bassett Hall

建于殖民地园区南端的安静住宅

这是 1753 年前后建成的 18 世纪美国典型的住宅，2002 年完成修复
工程。因 1936 年洛克菲勒夫妇入住而广为人知，可以参观内部。

公立医院 Public Hospital

美国最古老的公立精神病院

在位于 Francis St. 的南端、South Henry St. 拐角的广场上可以看见一
座小型建筑，这就是建于 1773 年的北美最古老的公立医院，一直开展着
治疗和护理的工作直到 1885 年被烧毁。进入建筑物，左侧是展示当时病
房和治疗器械的场地，下了右侧楼梯就能看见德威特·华莱士装饰美术画
廊入口。收集有 17~19 世纪的各种装饰品的画廊也有陶器、银器、布匹、
枪和剑等武器，还有当时的地图和家具等。

酒店
Hotel

在威廉斯堡里有 6 家酒店。入住这 6 家酒店的话，入场费用会打折，往返巴士就停在酒店前面，另外也可以用内线电话预约西餐厅。以下所示受理全部 6 家酒店的预约。

☎ (757) 253-2277　📠 1800-447-8679　🔗 www.history.org　🆑 Ⓐ Ⓓ Ⓜ Ⓥ

想方便的话，就入住官方酒店。有车的话，周围有 40 家以上的汽车旅馆可以选择，停车费 $40 起价。

Williamsburg Inn
◆ 威廉斯堡最好的酒店

威廉斯堡内最高级的酒店，以伊丽莎白女王为首，包括历任美国总统等世界级的大人物都曾经入住于此，1983 年发达国家代表聚集于此召开了经济研讨会。Ⓢ Ⓓ Ⓣ $386~640。

🏠 136 E.Francis St., Williamsburg, VA 23185

Williamsburg Lodge
◆ 有良好的艺术氛围

艺术风格的室内装饰使房间充满了静谧的氛围。各类设施齐全，有三个泳池、健身俱乐部、桑拿、网球厅等，共有 315 个房间，Ⓢ Ⓓ Ⓣ $147~265。

🏠 310 S.England St., Williamsburg, VA 23185

Woodland Hotel
◆ 林中酒店也很享受

这是位于旅游咨询处附近的酒店。所有房间都有两张双人床，可以住 4 个人，周围有森林环绕，从任何一个房间的窗户都能看到绿色，让人身心愉悦。Ⓢ Ⓓ Ⓣ $120~215。

🏠 102 Visitor Center Dr., Williamsburg, VA 23185

VIP 所住的威廉斯堡内

Colonial Houses Historic Lodging
◆ 最接近 18 世纪风格的酒店

28 栋别墅共有 75 个房间，室内装饰也再现了 18 世纪的样子，附带空调。$185~199。

🏠 136 E.Francis St., Williamsburg, VA 23185

Providence Hall Guest Houses
◆ 山间小木屋

是被森林和池塘环绕的山间小木屋。虽然外观上简约，但是室内装修时尚舒适。$262.50~339。

🏠 305 S.England St., Williamsburg, VA 23185

Governor's Inn
◆ 官方酒店中最便宜的酒店

此酒店共有 200 个房间，位于美铁、灰狗巴士车站附近，从旅游咨询处到酒店有专门的往返巴士。Ⓢ Ⓓ Ⓣ $65~93.50

🏠 506 N.Henry St., Williamsburg, VA 23185

COLUMN

威廉斯堡的诞生

17 世纪，位于新大陆的英国殖民地弗吉尼亚迎来了大量的开拓者，并顺利发展起来。17 世纪前弗吉尼亚的州府位于詹姆斯镇，这里也是美国最大的英国殖民地，但是，由于地势较低且处于河口附近，湿度较高，频发传染病，居住环境实在是恶劣，再加上位于易攻难守的地理位置，从而开始了州府迁移计划的长期讨论。

1699 年，弗吉尼亚的州府由詹姆斯镇迁到

了 5 英里（8 公里）外的内陆。取奥林奇公威廉的名字命名的威廉斯堡作为美国独立战争中重要的据点之一被载入历史。独立后，弗吉尼亚的州府迁到了里士满，威廉斯堡开始淡出历史舞台。

最初的殖民地詹姆斯镇被指定为国家历史州府公园，和激战地约克镇一样都聚满了游客，这两个地方都距离威廉斯堡 20~30 分钟车程，在旅游咨询处也有免费的往返巴士，9:00~15:30 每 30 分钟左右一班。

诺福克 Norfolk, VA

位于切萨皮克湾入江口的世界上最大的海军基地城市。灰狗巴士每天从威廉斯堡往返两次，需要1小时10分钟。从巴士车站到麦克阿瑟中心步行需要10分钟，中心前面有麦克阿瑟纪念馆，再向西走4

就连中国人都熟悉的麦克阿瑟纪念馆

个街区的话，有油轮发抵码头，是一个能够步行观光的城市。

相对城市的规模来说，酒店较少，市中心只有6家，推荐 Norfolk Waterside Marriott（住 235 E.Main St. ☎（757）627-4200 ⑤⑩①$119~229）。步行去往大部分的景点和购物商场都用不上10分钟。

另外，叫"诺福克"这个名字的城市在美国各地都有，所以请注意。

描绘着叼着标志性烟嘴的麦克阿瑟的身姿

麦克阿瑟纪念馆
MacArthur Memorial

在由旧市政厅改造的资料室和墓地，能够看到麦克阿瑟元帅相关展示。

道格拉斯·麦克阿瑟于1880年出生于小石城，在陆军军官学校历史上，他是第三位以优秀成绩毕业的人。在太平洋战争中，作为远

东军司令在菲律宾指挥作战，在因日本的进攻而退离菲律宾时留下的"I Shall Ruturn"，成为一段佳话。

战争结束之后，道格拉斯·麦克阿瑟带着太阳镜，叼着烟嘴站在厚木基地的姿势非常有名。之后，经历了5年零8个月，作为 GHO（联合国军队）的总司令官参战后局势带来了很大的影响。这之后，在美国议会演讲中，留下了"老兵不死，只是离去"的台词。

在馆内中央配置有环绕麦克阿瑟夫妻陵墓的展览室。日本投降文件复印件、麦克阿瑟的烟嘴以及太阳镜都不能错过。

- ☎（757）441-2965
- URL www.macarthurmemorial.org
- 开 10:00~17:00、周日 11:00~
- 休 周一、11月的第四个周四、12/25、1/1
- 费 免费

海军基地油轮　Naval Base Cruise

不仅油轮速们酷爱它，还因其充满了爱国心而深受美国人民的喜爱

这里有关于世界最大海军基地（战舰75艘、战斗机134架）的参观。也有陆地参观，但是如果没有车就不能到达门口。从市区的 Nauticus 水族馆出发的大约2小时的 Victory Rover 号油轮很方便。活跃于海湾战争和伊拉克战争的航空母舰、驱逐舰以及原子能潜水艇等依次排开，十分壮观。

- ☎（757）627-7406
- URL www.navalbasecruises.com
- 时 夏季 11:00、14:00、17:30 春秋 11:00、14:00，冬季仅限于 14:00
- 休 冬季的周一
- 费 $20、儿童 $12

被庞大的战舰所震慑的海军基地

旅行的准备和技巧

Getting Ready & Tips

旅游信息收集

随着网络的普及，在中国足不出户就能很容易地获取到美国南部都市的信息。特别是旅游局主页上丰富的观光和活动信息、酒店和餐厅的信息等，都给游客提供了很多参考。在从中国出发前，还可以通过观看以美国南部为舞台的电影来了解南部。

方便的网址

美国南部信息
● 密西西比河乡村
🔗 www.mrcusa.net

飓风相关信息 → p.27、p.41 边栏
● 天气频道
🔗 www.weather.com
● 国家飓风中心
🔗 www.nhc.noaa.gov

航空公司
● 中国国航　🔗 www.airchina.com.cn
● 东方航空　🔗 www.ceair.com
● 美国航空
🔗 www.americanairlines.cn
● 达美航空　🔗 zh.delta.com
● 西南航空
🔗 www.southwest.com（英语）

机场、交通、租赁
● 路易斯·阿姆斯特朗新奥尔良国际机场
🔗 www.flymsy.com
● 哈兹菲尔德 – 杰克逊国际机场（亚特兰大）
🔗 www.atlanta-airport.com
● 灰狗巴士　🔗 www.greyhound.com
● 美铁　🔗 www.amtrak.com
● 赫兹租车　🔗 www.hertz.com.cn
● AVIS 租车　🔗 www.avis-china.com
● 美元租车　🔗 www.dollar.com

特许酒店
● Best Western International
🔗 www.bestwestern.com
● Choice Hotels
🔗 www.choice-hotels.com
● Hilton Hotels & Resort
🔗 www.hilton.com.cn
● Hyatt Hotels&Resorts
🔗 www.hyatt.com
● InterContinental Hotels Group
🔗 www.ichotelsgroup.com
● Marriott International
🔗 www.marriott.com.cn
● Ritz Carlton
🔗 www.ritzcarlton.com
● Starwood Hotels & Resorts
🔗 www.starwoodhotels.com
● Wyndham Hotels & Resorts
🔗 www.wyndham.com

剧场、比赛
● 票务
🔗 www.ticketmaster.com

职业运动
● 棒球 MLB
🔗 www.mlb.com
● 篮球 NBA
🔗 www.nba.com
● 橄榄球 NFL
🔗 www.nfl.com
● 冰球 NHL
🔗 www.nhl.com
● 足球 MLS
🔗 www.mlssoccer.com

旅行的季节

美国南部的气候

　　北美大陆南部属于温暖湿润性气候，受季风影响，四季变化很大。新奥尔良冬季温和，夏季湿度较高、闷热，6~11月是飓风季节。亚特兰大一年期间降雨平均，夏季不会高温潮湿，冬季温度不会下降到0℃以下，但是偶尔会降雪，春秋只有短暂的1个月。

　　北部的路易斯维尔的周边是在美国国内容易患花粉症的城市，过敏的人请注意。大西洋沿岸的查尔斯顿，降雨量很多，特别是夏季，也多见雷雨。

● 一年间的平均气温和降雨量 → p.4
● 和中国的时差表 → p.5
● 新奥尔良的活动（狂欢节）→ p.25~26、p.83

美国各地的主要气候（科本气候分类法）
A：地中海性气候
　　主要城市：洛杉矶、旧金山
B：西岸海洋性气候
　　主要城市：西雅图、波特兰
C：干旱沙漠气候
　　主要城市：拉斯韦加斯、菲尼克斯
D：干旱草原气候
　　主要城市：丹佛
E：亚寒带湿润气候
　　主要城市：纽约、芝加哥
F：温带湿润气候
　　主要城市：亚特兰大、新奥尔良
G：热带季风气候
　　主要城市：迈阿密

● 飓风小知识 → p.29
● 龙卷风小知识 → p.30

关于服装

　　从夏天到秋天基本上穿半袖就行，但是，如果早晚温差大或者室内有冷气，建议准备一件羊毛衫等长袖衣服。冬天，不需要像在中国那样穿羽绒服，长袖T恤外加一件夹克、运动衣、羽绒背心或者大衣就能够很好地应对气温变化。

美国的温度单位

　　在美国，气温和体温等的温度一般都用华氏来表示，摄氏的近似转换方法是以摄氏0度＝华氏32度为起点，每增减摄氏1度，华氏大约增减1.8度。

华氏到摄氏的转换算法
● 华氏＝摄氏 ×9÷5+32
● 摄氏＝（华氏 -32）×5÷9

摄氏℃	-20	-10	0	10	20	30	40	100
华氏℉	-4	14	32（冰点）	50	68	86	104	212（沸点）

旅行预算和费用

这里将分别介绍基本费用。准备的费用中尽量少拿现金（约 $60），要学会很好地使用旅行支票和信用卡。

旅行预算

交通所需费用

●飞机

从中国到美国南部的新奥尔良、亚特兰大都需要中转一次，根据航空公司和旅行季节，机票价格变化较大，可以根据自己的情况，尽早预订机票。周游美国国内乘坐飞机也很方便，除了主要几个大型航空公司，还有西南航空、捷蓝航空等 LCC（低成本航空公司）也飞往南部城市。

●长途巴士（灰狗巴士）

线路覆盖全美的长途巴士沿途经过很多城市。

●铁路（美铁）

美铁的旅客列车座席舒适，有就餐车厢和卧铺车厢，根据线路还会挂展展望车厢。但是，运行次数少时，会出现时间有误的情况，让人很头疼。

●租车

在美国，如果没有到达目的地的飞机，一般都会租车"Fly&Driver"，很多高速公路基本上是免费通行的，主要的费用是租车费用和汽油费。

住宿费

客房费用的高低几乎和酒店周围的治安的好坏成正比，请游客自己做判断。一般酒店很少根据季节变更客房费用，和平日相比周末的费用会高一些。根据地区的不同，在有大型会议或者活动的时候，住宿费用会上涨，房间也不好订，请游客们注意。

餐费

在价格便宜的熟食店或者快餐店用早餐和午餐，晚餐在西餐厅享用，早餐 $5~10，午餐 $7~15，晚餐 $20~50。

观光所需费用

市内观光、美术馆和博物馆的入场费用、在时尚的酒吧享受夜生活等，也是一笔不小的支出。

市内交通费

市内巴士等公共交通工具的费用是一次 $1.50 左右。从机场到市内一次往返巴士的交通费用是 $20 左右，出租车实行打表制，在基本费用的基础上加算行驶英里费用。

以前巨头航空公司和便宜的航空公司在服务和运费上有差别，而最近巨头航空公司也着手于国内线行李寄存的有偿化、飞机内食物的有偿化和飞机内电影的有偿化，整体上已经没有了差别。

飞机
※ 2012 年费用，仅供参考。
●亚特兰大～新奥尔良 经济舱单程 $88~745（直达航班大约需要 1 小时 45 分钟）

巴士
※ 2012 费用，仅供参考。
●亚特兰大～新奥尔良 单程 $85~109（所需时间为 9 小时 40 分钟~12 小时 25 分钟）

铁路
※ 2012 年费用，仅供参考。
●亚特兰大～新奥尔良 Coach class 单程 $79（需要大约 12 小时）

租车费用
●一次性包含各种税金、保险、满箱汽油，普通车型每天 $75 左右。

汽油价格
※各地有所不同。
● 1 加仑（3.8 升）$3.8，一升大约 $1

住宿费
高级酒店的单人间最低 $200 以上，双人间 $220 以上，中级酒店单人间 $120~200，双人间 $130~220。如果是经济酒店，一晚大约 $70，如果住在青年旅舍，一晚 $30~35。

其他费用
大宗购物以及土特产要另做预算。服务小费，饮料、点心等零食费用，买日用品的零花钱也不要忘记算上。
●关于小费→ p.363

外币兑换

美国流通的是美元。

主要银行、国际机场内的银行都受理外币兑换和旅行支票，$1、$5、$10、$20 等小额纸币的方便性很高。

旅行支票

旅行支票（以下简称 T/C）是一种安全性很高的支票，在丢失、被盗之后可以重新发行。但是，能够重新发行必须满足一定条件（见边栏）。可以作为现金使用，也能够兑换成现金。所有者在购买了 T/C 之后应该马上在"Holder's Signature"署名一栏中签名（没有签名的话，支票丢失后不能重新发行）。

使用时应该在 Counter Signature 一栏签名，两个署名栏的签名一致之后，支票才能发挥和现金一样的作用。

信用卡・借记卡

作为所有者经济信用保证的信用卡在美国社会是不可或缺的。

在中国也能够办理的国际信用卡有美国运通、JCB、万事达、VISA 等，大多数与国内大型银行有合作，如果考虑到紧急情况，最好带上多张信用卡。

有些店会限定使用信用卡支付的最低消费金额。结账时递过信用卡，会有记录消费内容的小票，确认金额等之后，再在签名栏签名。

在美国有 80% 以上的商户可以使用银联卡，中国人较为喜爱的品牌连锁店，主流的百货商场和大多数机场免税店都可以受理银联卡。

由于在美国使用信用卡无法凭密码，只能签名，除以下 15 家开通密码免验业务的银行外，其他银行持卡人需在赴美前取消密码，以便在美国进行使用。截止到 2013 年 2 月 25 日，已开通信用卡免验密码业务的 15 家银行为：中国工商银行（需持卡人致电工行客服）、中国农业银行、中国银行、中国建设银行、交通银行、招商银行、中信银行、中国光大银行、广发银行、浦发银行、平安银行、上海银行、中国民生银行、兴业银行、北京银行。

按美国惯例，很多商户不张贴卡组织标识，即使未张贴银联标志，凡带有密码键盘的商户基本都可使用银联密码借记卡，可以主动询问收银员能否使用银联卡。

用银行卡取现

在机场和街道的 ATM（操作方法见边栏）、合作金融机构的窗口（需要银行卡和密码）都可以用当地货币进行取现。取现有 ATM 使用手续费和发卡银行手续费，这些都会在银行卡的支付账户中扣除。

使用银联卡可在遍布美国各地超过九成的 ATM 上提取美元现金，很多 ATM 还提供方便操作的中文界面。详细情况可登录银联主页查询。

ATM 的操作方法大体相同，不同银行的 ATM 使用费用不同，需要事先确认，使用的时候要避免让其他人看到密码，尽量不要在夜间使用。

●货币和汇率→ p.2

T/C 重新发行的条件
① 购买合约回单联
② 丢失的 T/C 号
③ 只在 Holder's Signature 栏中有购买者的签名
※因此请记录 T/C 使用情况，分开保管购买合约回单联和 T/C。

●如果弄丢了信用卡→ p.367

中国银联
🅑 cn.unionpay.com

ATM 的操作步骤
※由于机种的不同步骤也有所不同
① 银行卡带磁部分对准机器，进行读取。机器和中国的 ATM 一样，卡的表面冲上插入。
↓
② ENTER YOUR PIN="输入密码"，按 ENTER 键。
↓
③ 选择希望交易的种类，WITHDRAWAL、或者 GET CASH="取现"。
↓
④ 选择交易银行。在使用国际借记卡的情况下，选择 SAVING="普通存款"。
↓
⑤ 输入要取出的金额，或者从画面上显示的金额中选择，按 ENTER 键。
↓
⑥ 获取现金和 RECEIPT（使用明细）。
※确认是否返回初始界面，最好不要把使用明细随手丢在 ATM 旁。如果中途忘记了操作步骤，就选择 CANCEL（取消），重新开始操作。

出发前的准备

电子护照

2012 年 5 月 15 日起，我国开始签发启用电子普通护照。电子普通护照是在传统本式普通护照中嵌入电子芯片，在芯片中存储了持照人基本资料、面部肖像、指纹等信息以防丢失。

护照领取

领取护照时可以选择本人领取、他人代领和快递上门。

■ **本人领取**

申请人本人须按照《因私出国（境）证件申请回执》上注明的取证日期或出入境管理部门通知的取证日期按时领取证件。取证当日，申请人本人凭《因私出国（境）证件申请回执》及缴费收据，并携带居民身份证或户口簿，到受理申请的出入境接待大厅领取证件。领取证件后，请仔细核对证件内容，发现差错，及时改正。

■ **他人代领**

代领人携带《因私出国（境）证件申请回执》、本人身份证、护照申请人身份证复印件到出入境管理处领取护照。

■ **快递上门**

若想选择快递上门，须在办理护照当天凭《因私出国（境）证件申请回执》到出入境管理处内的邮政速递柜台办理手续并缴纳快递费。快递范围以当地出入境管理处的规定为准。

● 护照丢失 → p.367

关于护照

护照是公民在国际间通行所使用的身份证和国籍证明，也是一国政府为其提供外交保护的重要依据。为此，我国居民出国旅游，需要申请办理护照。申请普通护照，原则上应当由本人向其户籍所在地县级以上地方人民政府公安机关出入境管理机构提出。2013 年 7 月 1 日起，在北京、上海等 43 个城市暂住的外地户籍人员可以就近申请护照。申请人未满 16 周岁的签发 5 年期护照，16 周岁以上（含）的签发 10 年期护照。办理签证时，需保证护照的有效期在 6 个月以上。

● 申请办理护照所需要的主要材料

1. 近期 2 寸免冠彩色照片一张（背景色以各地出入境管理处规定为准）以及填写完整的《中国公民因私出国（境）申请表》（以下简称申请表，可在公安局出入境管理处网站下载）；

2. 居民身份证和户口簿及复印件；在居民身份证领取、换领、补领期间，可以提交临时居民身份证和户口簿及复印件；

3. 未满十六周岁的公民，应当由其监护人陪同，并提交其监护人出具的同意出境的意见、监护人的居民身份证或者户口簿、护照及复印件；

4. 国家工作人员应当按照有关规定，提交本人所属工作单位或者上级主管单位按照人事管理权限审批后出具的同意出境的证明；

5. 省级地方人民政府公安机关出入境管理机构报经公安部出入境管理机构批准，要求提交的其他材料。

特殊情形：现役军人申请普通护照，按照管理权限履行报批手续后，由本人向所属部队驻地县级以上地方人民政府公安机关出入境管理机构提出。

● 申请办理

携带上述材料去户籍所在地的公安局出入境管理处办理。将填写好并贴好照片的申请表格和所需材料递交到受理窗口，待工作人员审核完毕后，领取《因私出国（境）证件申请回执》单，核对回执单内容确认无误后签名。

在递交完申请后，须立即持《因私出国（境）证件申请回执》到收费处交费。（申请人须在受理当日交费。未按时限交费，领取证件日期将另行通知。若申请后一个月内未交费，视为自动放弃申请，申请材料不再退还本人）

收费标准：200 元 / 本。

● 办理时限

护照申请至领取的时间，各地出入境管理机构可能会有所不同，一般为 10~15 个工作日。偏远地区或交通不便的地区或因特殊情况不能按期签发护照的，经省级地方人民政府公安机关出入境管理机构负责人批准，签发时间可延长至 30 日。

另外，办理签证前请在护照最后一页的持证人签名栏用黑色签字笔签署本人姓名。

※以上内容仅供参考，以当地出入境管理处规定为准。

关于签证

从 2013 年 3 月 16 日起，美国驻华大使馆简化了赴美签证的办理流程，想办理个人赴美旅游签证，可以登录签证中心网站在线登记，或通过签证申请服务预约中心电话登记。在签证中心网站填写非移民签证电子申请表（DS-160），支付 160 美元签证费用后预约面试时间。需要准备的相关材料在签证中心网站上有详细介绍，材料不全申请将不予受理，请仔细核对。最后，请在约定时间到美国大使馆或总领事馆进行面谈。你也可以委托旅行社代为办理填写表格、预约面试等一系列事宜。

获取之后就会很方便的证书

●国际驾照

这对于预备在国外租赁汽车的人来说是必不可少的，中国内地公民可以在出国前前往公证机构，用目的地国家的语言公证驾照，并随身携带公证件。

●国际学生证

这是由联合国教科文组织认可、国际学生旅游联盟（ISTC）所发行、国际间公认的学生通用证件。持有国际学生证，在购买门票和乘坐交通工具等的时候都会有折扣，另外，也能够用于简单的身份证明。

●青年旅舍会员证

青年旅舍会员证是国际青年旅舍联盟会员身份证明，全球通用，也是旅游者入住青年旅舍的凭证。拥有会员卡，可以享受国内外国际青年旅舍住宿价格的优惠，还可以预订国外青年旅舍（只有会员才能入住国外青年旅舍）。以前中国人只是久仰大名而不见其形，现在即可在网上、邮递或到各代理点申请办理，办理当日即可生效。

详情可登录国际青年旅舍·中国网站查询申请。

购买境外旅行保险

境外旅行保险是针对国民境外旅游、探亲访友、公干在境外面临的意外、医疗等风险联合推出的 24 小时全天候、综合性的紧急救援服务及意外、医疗、救援服务费用保险保障。考虑到美国的医疗费用相当高，再加上较高的犯罪发生率，以防万一还是加入保险的好。

目前的境外旅游保险涵盖范围不仅包括单纯的意外伤害，还包括了医药补偿、旅行者随身财产、个人钱财、旅程延误、旅游证件遗失、行李延误等。游客在购买保险时要充分考虑保障期限。应当按自己的旅游行程，根据所需保额和天数投保，为自己选择一份量身定制的保单。同时认真了解紧急救援服务的内容及提供此项服务的境外救援公司的服务水平。包括境外救援公司在全世界的机构网点情况，在旅游目的地的服务状况等。国内各大保险公司都有相应的险种，可以在出发前去保险公司咨询。

美国驻华大使馆
新馆地址：北京市朝阳区安家楼路 55 号
旧馆地址：北京建国门外秀水东街 2 号
📅 周一至周五：8:00~17:00
✉ chinese.usembassy-china.org.cn

签证中心网站
🌐 www.ustraveldocs.com

签证申请服务预约中心
☎ 400-616-1121
📅 周一至周五：8:00~20:00

国际学生证
🌐 www.chuguo.cn/study_abroad/campaign/isic/

国际青年旅舍·中国
🌐 www.yhachina.com

机票的预订

航空公司的中国国内
联系方式
● 美国航空
☎ 400-8150800
● 达美航空
☎ 400-120-2364
● 联合航空
☎ 800-810-8282
● 中国国航
☎ 95538
● 东方航空
☎ 95530

咨询旅行社

虽然网络已经普及，但是自己要比较多家航空公司是一项相当花费时间的事情。向没有时间并且对旅行完全不了解的人推荐咨询旅行社。只要事先决定好何时、想去哪个城市就可以了。

燃油附加费

由于石油价格的飞涨和变动，在航空运费的基础上又加算了"燃油附加费"。不同时期和不同的航空公司这项费用会不一样，所以在购买机票的时候要进行确认。

从中国到美国南部乘坐的航班

目前，由中国飞往美国南部，基本上都需要经由 Hub（航空线路的轴心城市）都市中转。因此，在线路方面，会有不可避免的绕远情况。例如：如果乘坐美国航空（AA）从亚特兰大飞往新奥尔良，因为没有直达航班，所以要先去得克萨斯州的达拉斯 / 沃斯堡（AA 的 Hub）进行换乘。

南部较强的达美航空的 Hub 都市为亚特兰大和孟菲斯，另外，得克萨斯州的休斯敦是联合航空（UA）的 Hub 都市。

机票种类

● 正价机票

这是按正价出售的机票，利用方面的限制最少，但是运费最高，种类分为头等舱、商务舱、经济舱 3 种。一般为一年有效允许签转和 open 的。签转是指可以改乘其他航空公司的航班。比如，如果你买的是北京到纽约往返的中国国际航空公司的正价机票，则有效期为一年，票的回程日期可以是 open。如果自己愿意，还可以签转到美国其他航空公司（如达美航空、美国航空等）回北京，非常自由灵活方便。还可以退票，没有其他费用发生。

● 特价机票

这种机票是航空公司独自持有的打折机票，预约变更时需要支付一定的手续费。另外还有一些其他的限制条件，如有效期较短，从 45 天到 6 个月不等，不允许签转到其他航空公司等。航空公司会随时出台或收回特价机票销售政策，人为干预因素较多，没有规律可言。如果您的旅行时间已定，需要购买特价机票，只能多打电话查询，如果发现有就立即购买，因为特价机票政策随时会被暂停，预订也随时会被取消。

购买机票的时机

实际上，除了不得不乘坐的应急航班外，乘坐正价航班的人很少。尽早制订旅行计划，可以提前预订打折机票。一般来说，预订的时间越早，折扣越好。这些机票可以在网上预订，根据航空公司各自的情况还可能会有网上打折的优惠。

COLUMN

小窍门

● 出发日期和回国日期最好同时避开旅行高峰期（仅出发日期或仅回国日期避开高峰期比较困难）。

● 购买打折机票。有的时候，在机票发售日（价格公布日）前也可以预订。可以向旅行社咨询有关事项。

旅行携带物品

关于行李

　　在海外旅行时，行李应尽量轻简。大多数的东西在当地采购就可以，但是常备药一定要自己带，在医药分工专业的美国，没有医生的处方是不能买药的。

　　在行李当中占据空间较多的衣物，要选择穿着舒适的款式，内衣和袜子、T恤等有2~3套就够穿了。小件衣物可以在浴室清洗，大件衣服可以用汽车旅馆、酒店以及街道上的投币式洗衣机清洗。套装、连衣裙、衬衫可以利用酒店的洗衣服务（有偿）。

● 整理诀窍

　　考虑到旅行中增加的土特产，出发时行李的容量要控制在70%~80%的程度，基本上不要将贵重物品和易碎品放入托运行李中。掌握要领节约空间，将行李分为衣服、内衣、洗漱用品等，如果使用了一眼就能分清行李的网格状的收纳袋（也可以用作清洗网兜）就很方便了，可以卷收容易起皱的T恤等。毛衣等体积较大的冬装最好使用压缩袋。闹钟和电动剃须刀等抗震性较弱的物品要卷进毛巾放到行李的中央位置。

● 关于托运行李

　　美国发生多起恐怖事件之后，加强了出入境者行李的检查。为了进行行李的检查，要求托运行李不要上锁，在检查时对于上锁的行李会撬开锁进行检查。因此，不要将高价物品和贵重的物品放到托运行李中，另外，托运行李根据乘坐机舱等级的不同，免费行李容量（见边栏）也不同，对于行李的大小和重量，各航空公司也有不同的规定，所以在使用前请确认。对于带进机舱内的行李在大小、个数、重量等方面也有规定，美国国内线／国际线也有关于携带液体物品的规则，一定要提前确认。

● 关于带进机舱的行李

　　可随身携带一件长、宽、高合计在115cm以内的行李（大小根据各航空公司会有不同）。贵重物品、胶卷、个人电脑、手机、易坏品是可以带进机舱的。剃刀和小的剪刀等刀具不能带进机舱。

　　国际线飞机乘客随身携带的液体物品，除了办理出国手续后在免税店购买的物品以外，其他都是受限制的。化妆品和刷牙用的液体物品和胶状物品、喷发剂等的烟雾剂类要分别装入100ml以下的容器，然后放入1L以下容量的无色透明可再封口的塑料袋中。详细内容请参考各航空公司或中国民用航空局等的主页。

关于服装

　　要穿符合当地季节的休闲装出门，由于旅行中在外的时间较多，所以基本上准备上轻便运动鞋、正装各一套就行。和白天随便穿的衣服不同，晚上要穿多种时装配合不同场合。男性如果带着领带和夹克，女性如果带着连衣裙，就能轻松应对高雅的演出和宴会以及俱乐部活动。

TSA 海关锁

　　对于那些不锁上行李箱就感到不安的人建议使用TSA海关锁锁定行李箱。这样即使行李被上了锁，美国海关的工作人员也能够用特殊工具进行解锁，所以不用担心皮包被损坏。

关于托运行李

　　本书调查时，国际线（北美线）经济舱中可以免费托运2个以下规格的行李，每件行李的重量在23kg以内。另外，美国国内线，经济舱允许托运2个以上规格的行李，但是其中一个是需要付费的（$25左右）。详细情况可以向所使用的航空公司进行确认。

● 中国民用航空局
www.caca.gov.cn

较重的行李可以使用送货到家服务

　　事前打个电话就会将行李送到家门口。回国时在机场内的柜台办理手续。

abc 机场宅送
📞 0120-9191-20
ANA Sky Porter
📞 0120-007-952
Transport 公司
📞 0120-728-029

出入境手续

北京首都国际机场
☎ 010-96158
🌐 www.bcia.com.cn

上海机场集团
☎ 021-96990
🌐 www.shanghaiairport.com

广州白云国际机场
☎ 400-8114163
🌐 www.gbiac.net
📠 0120-881-347

托运行李

如前面所述一样，现在，美国线规定不要锁定托运行李，担心的人可以在行李箱上加装 TSA 海关锁。

走出中国

●去往国际机场

在北京首都机场、上海浦东机场、上海虹桥机场、广州白云机场这 4 个国际机场都可以乘坐飞往美国本土的航班。

●从到达机场到搭乘飞机

①搭乘手续（check in）

最好在飞机出发前 3 个小时到达机场，办理登机手续需要一定的时间，为了能够应对飞机时刻表的变动，要准备早点到。

机场内的搭乘手续叫作 check in，一般手续的办理都是在航空公司的柜台或者自动 check in 机进行。持有电子机票时，可先在自动 check in 机上自行办理登机手续，按照指导进行触屏操作，完成全部的手续后会发放机票，之后，将托运行李在航空公司的柜台进行托运。

②手提行李检查（安全检查）

在安检场所，有带入机舱行李的 X 光检查和金属探测器身体检查，笔记本等大型电子机器、钱包、手机、皮带等贴身用的金属类物品要放在托盘内，和手提行李一起接受 X 光线的检查。

③海关手续

带高价外国产品出国时，需要在海关进行申报。如果不办理这一项，在回国时这些外国产品将被视为征税对象。

④出境审查

需要进行审查的东西有护照和机票。没有特别问题的话，在护照上盖上出境章，就后返还护照和机票。

⑤搭乘

去往自己航班的登机口，一般在出发前 30 分钟办理登机手续，在登机口要出示护照和机票。

进入美国境内

在美国，即使是要继续乘坐美国国内线，也必须在第一到达地点进行入境审查。例如，入境线路是从中国经由底特律然后去往目的地新奥尔良，那么在底特律国际机场就要接受入境审查。

在到达最初目的地之前，要在机舱内填写《海关申报表》和《I-94 入境卡》。

●从入境审查到海关检查

①入境审查

飞机降落后，根据"Immigration"的指示进行入境审查，审查窗口分为美国国籍者（U.S.Citizen）和其他国家国籍者（Visitor），轮到自己的时候就走向有审查官的窗口，出示护照、回国机票（e ticket 的

入国审查时要用照相机拍摄面部照片

存根）以及《海关申报表》和《I-94 入境卡》（→ p.355）。根据 VISIT-USA 的要求，以进入美国的所有人为对象，使用扫描装置进行双手十指的指纹采集（部分机场）以及照相机拍摄入境者的照片。问完一些问题后，如果允许入境，会将护照和入境卡存根返还给入境者。

也有的机场只是采集人左右手食指的指纹

②提取行李

审查之后，进行 Baggage Claim。通过显示器来确认自己的航班，走向行李传送带，在这里领取自己的行李。因为也有核对行李凭单（tag）的机场，所以不要把 tag 弄丢。另外，在托运行李没出来，或者行李箱被损坏等情况下，请告知航空公司的工作人员。

③海关检查

美国有入境携带物品的限制，对货币没有限制，但是包含现金、T/C 等携带 1 万美元以上的需要进行申报。21 岁以上并用于个人消费的情况下，允许携带酒类 1L，$100 左右的土特产，200 根（雪茄 50 根，如果是烟草的话要不能超过 2kg）以下的烟，禁止携带包含蔬菜、水果、肉类在内的所有食品。

如果没有《海关申报表》中特别记录的申报物品，可以以口头陈述和申报表的交付来结束检查。

美国入境所需文件

美国入境卡示例

需用大写字母填写，请使用钢笔或圆珠笔。此表包括入境记录（第 1 项至第 13 项）和离境记录（第 14 项至第 17 项）两部分。

I-94 入境记录

1. 姓
2. 名
3. 出生日期（月 / 日 / 年）
4. 国籍
5. 性别（男 Male 或女 Female）
6. 护照号码
7. 航空公司和航班号
8. 你在哪个国家居住
9. 你在哪个城市降落
10. 在哪个城市获得签证
11. 获得签证的日期（月 / 日 / 年）
12. 在中国的住址（门牌号及街道名）
13. 在美国的住址（市名及州名）

入境审查问题的回答方式

- 入境目的如果是观光的话为 "Sightseeing"，如果是工作的话就为 "Business"。
- 滞留日期如果是 5 天的话为 "Five days"，如果是一周的话就为 "One week"。
- 住宿地点要回答到达当天入住的酒店名。
- 访问地点可以出示旅行表并进行说明。
- 所持金额在长期旅行或周游城市较多时有可能会被问到，直接回答有无现金、旅行支票以及信用卡。

如果审查用的是简单的英语，实在不懂的情况下可以请教翻译。

● 托运行李丢失 → p.368

这种物品也不能携带

肉类、加工品中的杯装方便面、撒在饭上的粉状食品以及咖喱等，这些也不能携带，请注意。

U.S. Department of Justice
Immigration and Naturalization Service

OMB 1115-0077

Admission Number

Welcome to the United States

449230239 09

I-94 Arrival/Departure Record - Instructions

This form must be completed by all persons except U.S. Citizens, returning resident aliens, aliens with immigrant visas, and Canadian Citizens visiting or in transit.

Type or print legibly with pen in ALL CAPITAL LETTERS. Use English. Do not write on the back of this form.

This form is in two parts. Please complete both the Arrival Record (Items 1 through 13) and the Departure Record (Items 14 through 17).

When all items are completed, present this form to the U.S. Immigration and Naturalization Service Inspector.

Item 7 If you are entering the United States by land, enter LAND in this space. If you are entering the United States by ship, enter SEA in this space.

Form I-94 (06/17/86)

Admission Number

449230239 09

Immigration and Naturalization Service

I-94
Arrival Record

1 Family Name

2 First (Given) Name | Birth Date (day/Mo/Yr)
3 Country of Citizenship | 4 Sex (Male or Female)
5 Passport Number | 6 Airline and Flight Number
7 Country Where You Live | 8 City Where You Boarded
9 City Where Visa Was Issued | 10 Date Issued (day/Mo/Yr)
11 Address While in the United States (Number and Street)
12 City and State

Departure Number

449230239 09

Immigration and Naturalization Service

I-94
Departure Record

14 Family Name

15 First (Given) Name | Birth Date (day/Mo/Yr)
Country of Citizenship

See Other Side   STAPLE HERE

① 姓名
② 出生日期（日／月／年）
③ 同行的家庭人数
④ a. 在美国居住地址（旅馆名／目的地）
　 b. 城市
　 c. 州
⑤ 护照发行国家（CHINA）
⑥ 护照编号
⑦ 居住国
⑧ 抵达美国前访问的国家，如果没有就不填写
⑨ 航空公司以及航班号（航空公司缩略成 2 个文字）
⑩ 是否以商务为目的的旅程，是选"YES"，不是选"NO"
⑪ 如果有就选"YES"，没有选"NO"
　 a. 水果、植物、食物、昆虫
　 b. 肉类、动物或动物／野生动物制品
　 c. 病原体、细胞培养或蜗牛
　 d. 土壤或去过农场或牧场
⑫ 是否靠近、接触过牲畜
⑬ 是否携带了超过一万美元或相当于一万美元的现金或财物
⑭ 是否携带了商品（非个人用品）
⑮ 带入美国的东西的金额（不包含邮寄品）
⑯ 签名（和护照上的一样）
⑰ 日期（日／月／年）
⑱ 如果有需要交税的，要记入物品名称和金额
⑱⑲ 的合计金额

中国入境时的主要免税范围

　第一类物品：衣料、衣着、鞋、帽、工艺美术品和价值人民币 1000 元以下（含 1000 元）的其他生活用品自用合理数量范围内免税，其中价值人民币 800 元以上，1000 元以下的物品每种限一件。

　第二类物品：烟草制品、酒精饮料

　非往来港澳地区的旅客，免税香烟 400 支，或雪茄 100 支，或烟丝 500 克；免税 12 度以上酒精饮料要 2 瓶（1.5 升以下）。

　第三类物品：价值人民币 1000 元以上，5000 元以下（含 5000 元）的生活用品

　普通游客每公历年度内进境可选其中 1 件征税，具体以进境地海关审查验核后的确认意见为准。

※ 此信息仅作为参考，具体情况以进境地海关审查为准。

I-94 离境记录

14. 姓
15. 名
16. 出生日期（月／日／年）
17. 国籍

海关申报表示例（每个家庭填一张即可）

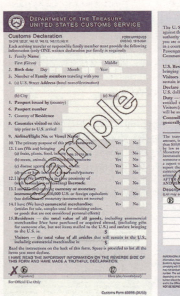

从美国入境机场到南部都市

　例如，经由底特律，再去往新奥尔兰。在中国机场进行登机时，会发放 2 张机票：从中国到底特律、从底特律到新奥尔良。行李上贴有去往新奥尔良的标签，到达底特律国际机场之后，暂时下飞机，接受入境审查之后在 Baggage Ciaim 处领取行李。在海关检查之后在托运行李委托窗口（Baggage Drop Off）确认完新奥尔良方向的标签后重新托运。

离开美国

　从酒店去往机场可以乘坐公共交通工具、机场往返巴士等。乘坐国内线要提前 2 小时到达机场，国际线要提前 3 小时到达机场。根据航空公司的不同航站楼也会有不同，所以必须先确认之后再去航站楼。

　目前在美国已经没有了在有出境审查窗口盖出境章的流程。在航空公司的柜台进行登机时，要出示托运行李和护照，从工作人员手中接过托运行李标签和机票以及护照后，通过安全携带行李检查后走向搭乘航班的登机口。

当地的国内交通

飞机、租车、长途巴士、铁路等是在当地经常利用的交通工具。根据使用的交通工具不同，在费用、时间方面当然也会有所差异，旅行感受也会不同。

在美国国内旅行的话，要留神"时差"问题，如果没有意识到由于停留州的变化而出现的"时差"，就有可能会赶不上飞机、火车、巴士以及预约的当地观光等的出发时间。

飞机

由于美国国土辽阔，发达的交通工具还数飞机，其最大的优势在于能够以最快的速度将您带到目的地。

● 美国国内线的搭乘流程

① 去往机场

从酒店去往机场的交通手段中最普遍的就是乘坐机场班车了。这里的机场班车属于 Door-to-Door 的服务，所有都能到酒店或者个人住宅来接。如果住宿酒店的话最好拜托服务总台。如果要利用定期、固定线路运行的机场巴士，就要事先确认乘车地点以及运行时刻表。不过去往机场最保证的交通工具就是地铁和线路巴士。无论使用何种交通工具，都要预留出充裕的时间。

利用国内线的话，要在出发时刻前 2 小时到达机场，现在，美国国内机场的安全管理非常严格，所以在搭乘前需要花费不少时间。

② 去往航空公司的柜台

由于美国机场较大，不同的航空公司所在的航站楼不同。如果乘坐机场班车的话，司机会询问乘客利用的航空公司，将乘客都带到对应航空公司的航站楼。在乘坐机场巴士的情况下，司机会说航站楼名称和航空公司，不要漏听了。在利用地铁的情况下，会有将地铁站和航站楼连接的免费班车的运行。

③ 使用自助值机 self check in 机办理登机手续

在 check in（登机手续）柜台处排列有电子机票的 self check in 机。

只需要按照画面显示的指示输入必要事项就行。

不同的航空公司步骤也不同，但大体流程如下所示：首先，输入预约确认号码，确认显示出来的航班时刻表。为了确保本人确认，会读取护照信息，进行托运行李的个数和座位的确定后，发放机票。

航空公司的值机柜台

● 关于时差 → p.5

利用美国国内线时

即使有乘客未登机也会出发，也有的飞机会早于出发预订时间起飞。在出发的前 30 分钟开始登机，所以务必在 30 分钟前等待在登机口。

Which Airline？

有很多美国机场面积巨大，所以在搭乘班车或者出租车时一定会被问道是哪一航班，回答自己搭乘的航空公司即可。

357

大型机场内有旅游咨询处。在这里可以拿到市内地图、观光景点、巴士巡演的小册子非常的方便，也能够预约酒店

④托运行李

拿到机票后，托运行李。工作人员会在就近的行李托运柜台和check in机处进行行李的托运；在行李上贴上写有去向的标签，将标签的存根装订在旅客的机票上。

托运完行李之后，在机场中根据指示标进行安全检查，不同机场的顺序和方法不同机场在程序上可能会有所差别。另外，美国的国内线全线禁烟，机场也对吸烟场所有限制，请注意。

⑤接受安检去往登机口

接受安检之后去往登机口。在安检之前，工作人员会确认护照和机票的持有者是不是本人，轮到自己的时候，取出随身行李中的笔记本电脑和手机以及可再封的塑料袋中的液体和胶化物质，和随身行李分开经过X线的检查。在候机大厅的显示屏上确认最新时刻表，即使是在登机口，也要再次确认。一般在出发前30分钟开始登机。

⑥中转

例如：在达美航空从洛杉矶经由明尼阿波利斯到达新奥尔良，在洛杉矶的机场进行值机时，会发放从洛杉矶到明尼阿波利斯和明尼阿波利斯到新奥尔良的2张机票，在行李上会贴上新奥尔良方向的标签。即使是中转，行李也能送到最终目的地，所以不需要在中转地领取行李。

要在显示器上确认登机机门

首先，乘坐去往明尼阿波利斯的航班，到达机场之后，一开始要在始发航班Departures的显示屏上确认下一个目的地新奥尔良的航班号、登机口以及出发时间，之后去往登机口。在规模较大的机场中进行中转真是很累人，同一航空公司的中转一般都是同一航站楼，但是也必须走大约10分钟。如果要去往邻近的，可以利用地铁和单轨铁路。

⑦到达

在Baggage Ciaim处领取托运行李，Baggage Ciaim处周围通常都有租车和去往市内的交通工具咨询柜台"Ground Transportation"。

租车

被称为汽车社会的美国，城市里基本上都是使用汽车作为交通工具，所以不管去哪里都能够感受到汽车的实用性。来自交通法规和规则都不一样的中国的旅客可能会感到不安，但是适应之后使用汽车出行带来的好处还真是数不清。另外，将在美国驾驶汽车作为旅行中的一种体验也是不错的。

●行驶之前

驾照的解决办法

中国内地游客可以在出国前前往公证机构，用目的地国家的语言公证驾照，并随身携带公证件。所需资料包括本人户口本原件、驾照原件、护照复印件等。一般公证书出证周期是普通件5个工作日，加急件3个工作日。

赫兹 Hertz
中国
☎ 800-988-1336
🌐 www.hertz.com
美国
📠 1800-654-3131

阿维斯 Avis
中国
☎ 400-8821119
🌐 www.avis-china.com
美国
📠 1800-230-4898

驾驶准备

驾驶最基本的要求就是"安全",这一点在哪里都是一样的。美国和中国的交通法规和行驶习惯有相同的地方,也有不同的地方,一定要记清楚。

首先是通行车线,美国和中国一样,是靠右通行。但是,速度显示的是英里,所以会因为不习惯而错看成公里,也会有速度过快的情况,这一点请注意。其次,美国一般也是红灯允许右拐,但是,在有"NO TURN ON RED"的标志时,信号灯变成绿色之前不能右拐。在没有信号灯的十字路口或者在"STOP"标志下有"4-Way"的辅助标志的十字路口,要减速慢行。

●汽车租赁公司和在中国预约

比较大的汽车租赁公司有 Hertz、Alamo、Avis、Douar、Budget、Enterprise 等。其中 Hertz、Avis and Dollar 在中国也有分店和代理店,能够在中国进行预约。美国国内各地的营业场所,车辆多,车种丰富,各个方面都值得信赖。

年龄限制

大型汽车租赁公司在汽车租赁方面设有年龄限制,多限制为 25 岁以上,预约的时候需要确认。

在中国预约

在中国进行预约的好处在于:在中国进行预约、在柜台办理相关手续时,必填栏采用英语和中文两种语言标注;发生事故、故障等麻烦时,可以提供 24 小时中文紧急援助;在美国可以直接使用中国驾照取车,旅客仅需要参照翻译模板自行翻译即可;归国后的善后工作更为完善等。各公司在以上优势上有所不同,所以最好在进行比较之后,再做选择。

预约时决定的项目

在预约时必须决定的项目有:借出、返还时间,场所以及车种。

借出、返还时间样式为"7月23日上午10点左右",位置为"路易·阿姆斯特朗·新奥尔良国际机场营业所"等指定营业所。

车种主要是以大小为标准,分为几个等级,等级名称因各公司的不同而不同,但是一般是小型车、中型车、大型车,另外还有 4WD、两用车、面包车等。

●租借手续和返还手续

提车(结账)

到了当地之后就去借车,租赁借用称为"pick up(结账)",返还车辆称为"return(登记)"。

告知工作人员在机场内或者在营业所进行的预约,用预约确认书、驾照公证件、信用卡等办理手续,即使是用现金或 T/C 进行支付,由于需要支付保险和保证金因而仍会用到信用卡,要仔细确认再购买必要的保险。

最后在充分理解了合同内容之后签字。在合同上签字之后手续就算完成了,工作人员会将车钥匙连同停车位置编号一同交付租车人。

返还车辆(登记)

安全享受驾驶之后等待旅客的是返还(登记)手续。各租赁公司的营业所都写有"Car Return",按照营业所内写有"Car Return"的标记行进。

美元 Dollar
中国
☎ 400-686-9845
🖥 www.dollar-ntours.cn
美国
☎ 1800-800-3665

预算 Budget
中国
☎ 400-686-9845
🖥 www.dollar-ntours.cn
美国
☎ 1800-527-0700

要习惯在美国开车

在高速公路上行驶时要注意限速,根据周围的路况,限速标准会有变化,要根据标志进行确认。要控制胡乱按喇叭、频繁更改车道,催促行驶慢的车辆等行为,要注意保持车距,合流时必须一辆一辆交替驶出等。

详细驾驶信息请参考《走遍全球·美国自驾游》。

关于保险

在租赁费用中包含汽车损害赔偿保险(属于强制险,最低限的对人、对物补偿),但是,补偿上限金额比较低,所以购买任意险(在提车时会被问到)比较安心。此强制险不适用于加利福尼亚州和内华达州,所以在借车时,要仔细确认强制险是否包含在基本费用中,不包含的情况下,建议购买追加汽车损害赔偿保险。

停车后，走向柜台，或者走向专门负责返还的工作人员，通常情况下，工作人员通过条形码办理还车手续，但如果是在小型汽车租赁公司，没有条形码时，就需要在合同上记录必要事项，包括归还时间和日期，还车时里程表上的英里数、还车时的剩余油量等。根据合同支付后，领取合同存根收据，结束手续。

让人安心的是在中国也有大型租赁公司的分部

● 关于加油

主要是自助服务的加油站。在泵上写有 "Please Pay First" 的地方预先付款，没有特别标记的就是后付款。最简单的方法是在加油泵的末端用信用卡支付，划卡之后输入 ZIP CODE（邮编号）或者 PIN（密码），ZIP 输入现有的任意都市编号都行，但是，也有不能使用美国国外发行的卡的情况，就需要告诉并设零售店店员加油泵的号码及要加的油量，递过信用卡。用现金支付时，和前述的一样告知使用泵和希望加油的金额，并递过现金，加油后接过找零。后付款的情况下，加油后在店内支付。

长途巴士灰狗巴士 Greyhound

灰狗巴士是美国最大的长途巴士公司，覆盖除了夏威夷和阿拉斯加以外的其他美国的 48 个州，如果加上合作的巴士公司，可以说已没有去不到的地方。特别是南部有很多飞机难以到达的城市，尝试乘坐巴士来一次感受美国大地的旅行吧。

● 关于时间表

时间表一般只在网上发布，就算当地人也很难拿到印刷的时间表。在中国时就事前在网上确认好吧。

● Discovery Pass

Discovery Pass 是在一定期间内任意乘坐 Greyhound 公司及其合作公司线路的周游票，旅行中有宽裕时间，又想悠闲地周游南部的话，建议使用此票。能够从美国国内巴士始发站购买，或者在线购买。

将大型行李放入汽车行李舱中

Ddiscovery Pass 的费用

（可能变化，仅供参考）

种类	成人
7 日票	$253
15 日票	$360
30 日票	$461
60 日票	$564

● 乘车流程

①要在出发前 1 小时前赶往巴士车站，初次使用 Discovery Pass 时，要去往巴士始发站的售票柜台，出示护照，填写使用开始日期和使用结束日期。根据始发站的不同，也可能有提示不用填写这些，这时直接走向车门即可。

驾驶中的麻烦

在部分道路会有被称为 Toll Road 的付费高速公路，不同道路的通行费也不同，但是一般为 50 ¢ ~$8。使用自家车时，因为具有中国 ETC 一样的自动计费系统，所以会直接通过，但是使用租赁汽车时，要在有人的窗口或者硬币投入窗口支付通行费用。

时间表在网上

■ www.greyhound.com

打开主页后，如果选择显示语言 "English"，在 "Tickets" 一项中输入出发地、目的地以及乘车日期。不仅能够知道时间表，还能知道运费。进一步查看的话也能知道巴士始发站和停靠站（规模小于巴士始发站）。

到达当地后，再在车站的时间表上进行确认。

行李标签

自己在行李上贴上标签，在乘车期间都由自己看管，下车之前不要把标签的存根弄丢。

检票前在车门前排队

一般车门号上都显示有去向，购买车票时，要在柜台确认车门号。

关于南部驾驶的建议

● 即使是在地方道路上也有很多加油站，像西部那样"看不见加油站而出冷汗"的情况实不多见。几乎所有的加油机器都对应信用卡，但是也有不能使用中国的信用卡（例如VISA、Master 等的合作卡）的机器，此时如果去往出纳记录器预先通知的话，加油之后，可以在出纳记录器上用卡支付。

加油也能用信用卡

● 在国道和州道上到处有正在进行的修复工程，和中国有所不同，单行道工程区非常长，即使当时让其停止的话也得等 30 分钟，在时间安排上要有宽裕才行。

● 由于南部整体人口密度较高，所以即便是在乡村和地方道路上也有很多行人。在夜间特别要注意避让行人。

租、还车都很方便

● 密西西比的道路上还有被损坏的地方，注意"BUMP"标记，雨后行驶请注意不要驶进泥洼区。亚拉巴马州内有的观光地指示标志和街道名称标志不齐全，请事前确认地图。

● 在夏威夷，警察的巡逻惊人的频繁。为治安

的维持做出了贡献，但是对超速和酒后驾驶的惩罚也很严厉。城市中存在着各种各样的违法停车的现象。

● 在美国经过铁路路口时，只要警报器不响，除了巴士，其他车辆都不会暂停。如果不擅长减速，就可能会追尾，请注意。但是，有的地方铁路既没有警报器也没有横道栏杆，并且路口的可见度很低，在农耕地带频繁行驶的货运列车极其危险，据说也多发事故。此时，要一边注意来往车辆一边循序渐进，确认没有列车靠近，关闭收音机，打开车窗，好好听清楚。

● 如果是没有急事，应该避免夜间行驶。美国的高速公路上几乎没有路灯，在黑暗中一边寻找标志一边开车会很累，动物的突然蹿出也会让人受到惊吓，另外就治安这一点来说也不建议夜间行车。超市、便利店、加油站等也一样，只要不是特别热闹的店，为了安全，夜间还是不要靠近的好。

● 一般，要时刻意识到是在有枪社会的美国，不要在人前打开钱包，不要靠近没人的街道和停车场，在购物中心将车停在中心人口附近的停车场并锁上车窗，天黑之后不要出门，要自己保护好自己。

● 最后要说的是，南部人相当热情，重视周日去教堂的虔诚教徒很多，大部分的人是善良的，避开危险场所，了解完需要引起注意的事之后，舒适地享受一次驾车旅行吧。遇见让人头痛的事时，当地人一定会耐心帮助你的。

如果有汽车导航系统，即使在陌生的地方也会安心的

reststop 和 mealstop

每 2~3 小时有 10~15 分钟的休息时间，吃饭时，mealstop（40~45 分钟），所以一天会有 3~4 次的休息（夜间也有）。

现在灰狗巴士车内和巴士始发站内是禁烟的，想要吸烟的游客在休息时到室外吸烟。

---

②在当地购买普通车票时，在售票柜台要告知目的地、单程还是往返以及票数等。这种普通票也能在网站上在线预订。有大型行李的游客要在此申报行李个数，领取写有目的地的行李标签。

③出发前 10 分钟左右开始检票，检票的是司机，司机从游客上车到下车期间承担巴士的所有事务。使用 Discovery Pass 的话，此时需要出示护照。要在汽车行李舱中放置大型行李的游客在检票时要将行李装入汽车的行李舱，并且再次确认车次方向后再上车。座席是先到先占，过路巴士，由于乘客已经选择座位坐下，再上车的游客就坐到空座位上。

④到达目的地后，司机首先下车，目送下车的每一位游客。满含感谢长时间驾驶的心情说声"Thank you"，并出示 Baggage Ciaim 标签的存根，工作人员会从汽车行李舱中拿出游客的行李。

铁路 Amtrak

快速行驶在美国大地上的铁路旅行不仅是一种交通手段，可以说也是一种极大的享受。车内铺有地毯，还有舒适的活动靠背椅，长途火车上连接有展望台、卧铺车厢和餐厅车厢。如果利用 USA 的火车通票，那么经济舱的运费就接近于巴士费用，一定要尝试享受一次铁路旅行。

在南部行驶的火车 Amtrak

行走于南部的长途火车每周有 3 班新奥尔良与洛杉矶之间的 sunset limited 号。每天 1 班纽约与迈阿密之间的"银星"号火车和"银流星"号，每天 1 班。纽约与新奥尔良之间、经由亚特兰大的"新月"号，每天 1 班。芝加哥与新奥尔良之间的城市组合新奥尔良。

● USA 火车通票 USA RailPass

Amtrak 面向游客推出了 USA 火车通票这样的铁路环游票，游客可以在使用期间内计算次数乘坐 Amtrak 的全部线路（从主要车站出发的联络巴士 Amtrak Thruway Bus 的乘坐也计算次数）。可以在美国国内的主要车站办理火车通票，也能够在 Amtrak 网页上在线预约购买。

铁路旅行者请注意这里

Amtrak 也行驶于全美，但其网络并不像 Greyhound 那样密集，而是行走于大都市之间，但是也有不通行 Amtrak 的都市。如果考虑利用铁路出行，首先确认 Amtrak 是否去往游客的目的地。

● 乘车流程

①到达车站后首先要走向柜台，在 Amtrak，除了受人欢迎的长途火车的卧铺车厢外，其他几乎无须预约。一般购买了车票的人都能够上车，初次使用 USA 火车通票时，要出示护照等能够证明自己是外国人的证明，填写使用开始日期和使用结束日期。其次，告知工作人员想要乘坐的火车车次和目的地以发放车票。

当然，即使没有通行证只要买了车票就能乘车，此时也一样，告知工作人员想要乘坐的火车车次、目的地以及票数。

留有宽裕的时间

Amtrak 很少会按照时间表行驶，由于和货运火车共用一条线路，或者是由于单线行驶这些原因，一般都会比计划的要晚到，越是长途火车就越晚，请注意。

● 时间表公布在网上
🔲 www.amtrak.com

另外，也能够在 Amtrak 的网页上在线预订车票，可以在车站窗口和主要车站安装的自助取票机"Quick-Trak Kiosk"取票。

②上车后，为了安全，除了火车到达以及出发时间前后以外，不能进入车站站台。登上长途火车时，会有列车员指示座位。一部分车站在进站时会有工作人员查票，所以要将车票拿在手中。

参考费用（20B.5）

通过网页购买，成人票 15 天有效（使用次数在 8 次以内）的费用是 $439，30 天（使用次数 12 次以内）的 $669，45 天（使用次数 18 次以内）的 $859。

③火车开动不久，列车员会过来检票，要递过带照片的身份证件和车票。

不清楚的事情一定要问人

小费和礼仪

关于小费

美国人习惯在接受服务后给小费，这对于没有小费习惯的中国人来说可能会感觉到烦琐，但这在美国却是理所应当的习惯。

一般，在餐厅人们会将账单上总计金额的 15%~20% 作为小费放在餐桌上。如果是团体用餐，总计金额也会高，但是跟人数和时间没有关系，人们对小费的基本意识就是合计金额的 15%~20%。另外，小费被看成"对提供服务的人的回礼"，即使账单金额很少，如果小费低于 $1 的话就会很失礼。

● 小费的支付方式

示意埋单之后，服务员会将账目发票（账单）放入托盘中端来。要注意一下发票面额，营业额下面有"税款（税金）"一栏，一般放营业额 20% 的小费，可以不将税金作为对象。用信用卡支付时，在"Gratuity"或者"Tip"一栏中写入小费金额，将总计金额写到最下面的空栏中。

关于礼仪

在多个民族居住的美国，对待他人的礼仪格外受重视，在美国居住或是旅行中要遵守最基本的规矩。

● 寒暄语

如果碰到了路上的行人要说"Excuse me"。如果猛的撞到了人，或者踩了别人的脚要说"I'm sorry"。在人群中想要先行时要说"Excuse me"，什么都不说的话就很失礼了。进入商店，店员跟你打招呼说"Hi"时，你也要回应"Hi"或者"Hello"等，在说话时，要一直看着对方的眼睛。

● 酒和烟

在不同的州会有不同的规定，在美国法律禁止未满 21 岁的人喝酒以及室外饮酒。在酒精饮料店、现场演奏厅以及俱乐部等场所购买酒精要求出示身份证明。特别需要注意的是：严禁在公园、沙滩以及公路上饮酒，在野外可以饮酒的场所为餐厅和棒球场等固定场所，而且只能饮用波旁威士忌。

吸烟的环境就更严格了，几乎所有的餐厅都是禁烟的，酒店内禁烟房间也很多，必须慎重不要像在中国一样不分场所地抽烟、边走边抽以及乱丢烟灰。

小费标准
● 给酒店服务员的小费

将小费放在床边桌子上显眼的地方。由于进入在住客人房间的服务员对于客人丢东西很敏感，所以乱放小费的话，服务员多半是不会拿的。

● 乘坐出租车时

并不是单给小费，而是自己在仪器表显示金额的基础上加上小费后一起结算。一般小费是仪器表上显示金额的 15%，但是如果自己心情好并且司机开得好的情况下，小费会增加，或者小零头会进到前一位。

● 房间服务

在拜托房间服务时，先看发票，如果上面填了服务费用就不需要给小费，如果没有加算服务费用，就把小费写在发票上，并且写上合计金额。现金支付也行。提供信息和礼物等 $1~2。

观光旅游

给大型观光巴士司机兼导游的小费是 $3~5，小型面包车的司机兼导游的小费是 $10。

其他注意事项
● 排队方式

在美国的 ATM、洗手间等场所排队时要排成一列。

● 带小孩的情况下

即使是很短的时间，也禁止将小孩单独放在酒店或者车内离去。

电 话

亚特兰大的市内通话
- 市内有（404）（470）（770）（678）四个区号。
- 即使是拨打相同区号的号码时也不能省略地区代码。例如，从404区拨打到404区时，必须从404开始拨起。
- 4个区号之间的所有通话费用为50美分，没有时间限制。

Tolt Freel

    Tolt Freel 是美国国内免费，以（1-800）、（1-888）、（1-877）、（1-866）、（1-855）开头。另外，从中国打到美国是要付费的，请注意。

    在美国用手机拨打时是需要话费的。

    对于美国长途电话，Toll Free Number 可以省掉拨打接入号码的费用，只需要付电话的费用，因此 Toll Free Number 的资费要比 Local Access Number 高。

拨打美国国内公共电话的方法

市内电话 Local Call

    同一地区代码内的市内通话，一般最低通话费用为50美分，拿起话筒，投入硬币就可以拨号了。当投入硬币金额不足时，会有"50 cents, please"等语音提示，需要再投入硬币。

长途电话 Long Distance Call

    拨1后，再连续拨市外区号和对方号码。有"please deposit one dollar and 80 cents for the first minute"的语言提示，根据其提示投入硬币后会连线。

    由于使用公共电话打长途费用会相当高，所以一般会使用电话卡（如下所述）。

● 电话卡

    并不是直接将卡插入电话机使用的系统，而是输入卡的专用连接编号和卡号，类似中国的201电话。

    使用方法：首先输入专用连接编号，会有操作提示，根据提示输入卡号和对方的电话号码。

    这种电话卡美国机场以及药店均有售，只要金额足够，即使在美国也能打电话到中国。不过，电话费用中一般会包括接通费和实际通话费用两部分。

酒店房间的电话

    一开始要拨外线连接号码（多数情况下为8或者9），然后与一般打电话的方式一样，但是，使用酒店房间电话加算服务费的情况很多，即使是拨打免费号码，也有收费的酒店。另外，在拨打长途电话和国际电话时，即使没有打通，如果持续呼叫了一定时间（或者次数），也有需要为之付手续费的情况。

在海外使用手机

在海外使用手机的方法有两种：在海外直接使用中国的手机、办理美国的 SIM 卡。关于中国手机的使用方法以及服务内容等的详细信息请咨询各运营商。

如果短暂停留的话可以办理美国的 prepaid 或者 payasyougo SIM 卡，相当于中国的预付费卡，资费大概是一分钟 0.2 美元。

使用国际漫游时需要注意的事项

使用国际漫游时，会形成高额费用，建议在当地买 SIM 卡或用电话卡拨打公共电话。

邮 政

为了旅行方便，较重的行李可以邮递

从美国到中国的航空邮件大约需要 1 周。一般大小的明信片、加上信封基本上是 $1.05。

如果能用邮件将体积较大的书籍或者土特产邮寄到中国，整个旅途就轻松舒适多了。在大的邮局，需要购买带有缓冲垫层的大型信封和邮递用的箱子等。

收件人住所用中文写也无所谓（国名"CHINA"是英语即可），但是寄件人的地址、姓名要用英语写。在寄印刷品时要标记上"Printed Matters"，寄书籍时标记上"Book"（此时，其中不附加书信）。

●国际包裹的海关申报单的填写示例

首先是"From"一栏，意思是"寄件人"，填写自己的姓名，如果是美国居住者就在地址一栏中填写美国的住址，如果是从中国来美国旅行的人，就在一栏中用英语填写中国的住址。"To"中填写收件人，如果收件人是自己就和"From"一栏中填写相同的内容即可。

右侧一栏填写的是在物品无法送到收件人手中时该如何处理，如果要返回寄件人，就填写"Return to sender"；如果要寄送给其他的收件人，就选择"Redirect to Address Below"，填写收件人；如果要丢弃的话，就选择"Treat as Abandon"。

下面是关于邮寄品的填写，"QTY"是数量，"VALUE"栏要填写美元价格，无须填写完全准确的数字。

申报单分为不同类型，填写事项因类型的不同或有不同。

邮票的购买

在邮局窗口或者在带有 US Mail 标志的售票机上的邮票费用和其面额一样，但是土特产商店和酒店的售票机上的邮票费用比较高，如果实在是找不到卖邮票的地方时也可以去酒店问问看。

酒店内的网络环境

在美国，高级酒店中的"High Speed Internet"是一句吸引人的话，就是"高速网络"。"Wireless High Speed Internet"就是无线网络，即"Wi-Fi"，一般酒店都接有有线 LAN 或者无线 LAN。

接有线 LAN 的酒店，房间里会装有网线。如果是无线 LAN 的话，其连接方法跟中国的一样。市内的多数酒店的网络需要付费，而郊区汽车旅馆的网络是免费的。网络的使用费用是每天 \$8~15。有的酒店只有大堂有无线 Wi-Fi。

●连接方法和支付方法

连接方法可以是直接连接酒店专用的线路，使用费用从登录开始算起；也可以使用与酒店协约的专营者的线路，使用方法是找到连接网络的浏览器，此时会弹出经营者的申请画面，点击"Buy Connection"，输入信用卡信息，此时，连接费用通过信用卡公司划转。

有网络的地方

在美国，网络咖啡店的性质类似于国内的网吧，一般都配有使用结束后根据使用时间来结算的系统。除了网络咖啡店，在 FedEx Kinko's 也有付费的电脑可以使用。另外，在机场携带自己的笔记本电脑，也有提供网络连接的商店。

机场内需要付费的 PC 一角

●免费 Wi-Fi 地点

在美国城市中公共图书馆是可以免费使用 Wi-Fi 的地方。麦当劳和汉堡王等快餐店、星巴克等咖啡店中也可以免费使用 Wi-Fi。在店铺的出入口贴着的"Free Wi-Fi"的标签是免费 Wi-Fi 场所的标志。

电脑的保管
电脑必须放在客房的保险箱中，没有保险箱的情况下要放在前台保管，或者放在上锁的行李箱中并收到壁柜里等。

推荐的浏览器
●在英语显示的 PC 上
■ www.aol.com
■ www.yahoo.com

检索免费 Wi-Fi 地点
能够在■ www.openwifispots. com 网址中检索到免费 Wi-Fi 地点。

旅行中的麻烦和安全对策

旅行的安全对策

●城市的观光方法

在白天可以放心地走去主要的观光地区，当然不管哪个城市都有最好不要靠近的地区，保证安全的方法是避开胡乱丢垃圾、乱写乱画情况多、有可疑的人徘徊的场所。如果路上穿着整洁的女性很少的话，最好不要再向前走了。当然，夜间外出要乘坐出租车，即使是坐上车之后也不要走人烟稀少的道路。

服装
需要注意的是：街头帮派风格（短裤、帕克头巾以及无檐帽下压的穿戴风格）的衣服、与知识女性不相符的艳丽衣服以及过度化妆这些都是不可取的。

●交通

天黑以后乘坐线路巴士、地铁等公共交通工具的人会骤减，所以不建议在巴士车站或者没人的站台处站着等车，夜间出行最好乘坐出租车。

●驾车

下车时，将行李放进后备厢，不要放在能从车窗看到的地方。另外，特别是在年末购物季节等，多发购物车辆被损坏的现象，所以要多加注意。以车和钱财为目标的汽车劫持现象不仅发生在停车场，也发生在行驶中。还有红灯等待时故意砸车，趁车内人上下车之际进行抢劫的。在驾车行驶中无论被卷入何种事件中，都要尽可能地停到自认为安全的场所（加油站或者有警察的地方）等待救援。

●盗窃、调包事件多发的场所

在车站、机场、酒店大厅、名胜古迹、电车巴士、购物街、商店以及快餐店等场所中，游客很容易被其他东西吸引注意力，容易放松警惕。在乘坐上观光巴士时不要将贵重物品随手放在巴士中离开，贵重物品一定不能离身。

●钱财就这样被偷了

犯罪分子都不是单独行动的，一般都是团伙作案。例如，一个犯罪分子在拜托您给他照相时，您将包放在地上的一瞬间，另一个犯罪分子就会将包抢走。另外，从对面走来一个人和您亲切搭讪，可能就是在寻找目标。总之，身处外国要多加小心。

一旦遇到了麻烦

以安全旅行为目标（事后应对篇）

●一旦遭遇盗窃

应立刻报警，填写规定的事故报告书并签名。如果是没有发生暴力行为的调包或者偷盗案件，除非损失金额巨大，否则不会立案搜捕罪犯，此时的报告书实际上可以看作保险索赔所需要的手续，制作好报告书后，警察会将存根和报告书的处理编号给当事人，以便用于保险索赔。

●护照丢失

万一护照被弄丢了，要马上去我驻外使领馆办理护照失效手续，领取新护照，或申请用于回国的旅行证。申请所需的材料包括：①如实、完整填写《中华人民共和国护照/旅行证/回国证明申请表》1份；②近期（半年内）正面免冠彩色半身证件照片（光面相纸）4张；③原护照复印件（如有）或其他证明申请人中国国籍和身份的材料（如户口簿、身份证等）原件及复印件（如有）；④护照遗失、被盗书面情况报告。⑤领事官员根据个案要求申请人提供的其他材料。

●旅行支票（T/C）丢失

应尽快前往所持 T/C 的发行银行和金融机构的当地分部办理重新发行，所需材料有①丢失证明（由附近警察开具）、② T/C 发行证明（买T/C 时银行给的"T/C 购买者用存根"）、③未使用的 T/C 号码。重新发行的是没有在 Counter 签名（第 2 个签名）的未使用的 T/C，因此，在旅行中应注意记录下 T/C 的使用情况。

●信用卡丢失

要尽快打电话给信用卡公司的紧急联络中心申请挂失。

贵重物品不离身

要随身携带护照、现金（T/C 或者信用卡）以及返回机票等，要将记录护照号等的备忘录和贵重物品分开放。如果入住中档以上的酒店，也可以将贵重物品寄存到酒店的保险箱。

少打几个行李包

两手拎着行李走路时很容易分散注意力，容易被小偷盯上，也容易丢东西。而且较大的行李也容易限制人的行动范围。

较好的贵重物品携带方法

●斜肩包

在街上行走时，包要紧贴身体，要使用带拉链的包，斜挎时，要时刻拉上拉链或者将手放在包上。

●背包

不要背在背上而是只背在一个肩膀上，或者背在前面。

●腰包

将包放在腹部前。背在腰上、包的拉链冲外比较危险，可以穿上上衣，用上衣盖住包。

●上衣的内兜

不带包，将东西分散装在衣服的内兜中。

中国驻休斯敦总领事馆

领区范围：亚拉巴马州、阿肯色州、佛罗里达州、佐治亚州、路易斯安那州、密西西比州、俄克拉荷马州、得克萨斯州和联邦领地波多黎各

📍 3417 Montrose Blvd., Houston, TX 77006

办公时间：周一至周五（上午9:00~12:00，下午 1:30~5:00）；

签证大厅：周一至周五（上午9:00~11:30，下午 1:30~3:00）

☎ 1-713-520-1462（总机）
1-713-521-9996（值班电话）
1-713-521-9589（签证咨询，下午 9:00~10:00）

📠 1-713-5213064

✉ chinaconsul_hou_us_consular@mfa.gov.cn（领事保护）

🌐 houston.china-consulate.org

如果不知道当地分部的联系方式，可以联系自己携带的卡的国际卡合作公司（一般应该是 VISA 或者 Master），这个联系方式可以通过酒店、警察、电话簿或者号码查询调查出来。

托运行李丢失时会被问到的情况
- ●航班确认
- ●预约机场确认
- ●航班何时登机
- ●行李的形状和颜色
- ●外兜和最上面的内容物
- ●行李检查时的递送地

支付交通罚单

罚单的支付方法有：邮政汇款，或者通过电话从信用卡中扣除。

另外，如果懈怠罚金处理，即使是回国后也会通过汽车租赁公司进行追踪调查。美国付费道路上未付费用（过路费）的情况也一样，所以要注意。

●现金

为了以防万一，建议分散保管现金。例如：即使丢了钱包，别的地方（衣服兜里或者酒店的保险箱里）也有现金可以应急。

尽管如此，也一定要带上可以在国外提现的银行卡，以用于现金丢失时。目前，遍布美国全境近九成的 ATM 受理银联卡。持卡人可在带有银联标志和绝大部分带 PULSE 及 STAR 标志的 ATM 上提取现金。用银联卡可避免携带大量现金，提供密码认证，保障人身和资金安全。

●生病受伤时

在旅行中出现身体不适时要及时休息，除了酒店等的紧急医治和急救医院外，还可以预约医生，买药时必须有医生开的处方，但是止痛药和感冒药没有处方也可以买。

●托运行李丢失

托运行李没有出来时，要在 baggage cliam 内的航空公司的柜台办理各种手续。出示行李签及证件，并说清情况，被问问题如边栏所示。

行李找到后会被送到酒店，但是这对没有事先预约酒店的人来说是个难题，也可以干脆让航空公司将行李送回中国，然后在当地购买最必需的物品继续旅行。关于行李丢失产生的费用负担要事先向航空公司进行确认。

●驾驶中的麻烦

旅行者最容易出现的问题就是违规停车和超速。在美国，对违规停车的处罚会相当严格。超速时，巡逻车会追在违规车辆后面，红蓝闪光器的一明一灭表示要违规车辆停车，违规车要靠右停车，警官从车里下来走近违规车时，违规车的司机要和同乘人员一起静等。警官问话时，要出示驾照公证件以及汽车租赁合同，回答警官所问的问题。

发生事故时，要联系警察和汽车租赁公司。同时，记录下对方的驾照号、车牌号、保险协议号以及联系地址，之后遵循警察和汽车租赁公司的指示。在还车时要提交事报告书。

发生故障时，要首先联系汽车租赁公司。如果能够行驶时，就让汽车租赁公司进行维修，如果不能行驶，呼叫牵引服务进行处理。

交通警察

旅行会话

酒店篇

我想预订 8 月 11 日和 12 日的双人房间。（电话预订）
I'd like to make a reservation for a twin（double beds）room, August the eleventh and twelfth.

拜托登记入住（退房）。
I'd like to check in（out）, please.

房间门打不开。
The room key isn't working.

今晚还有空房间吗？
Do you have a room, tonight?

可以寄存行李吗？
Could you keep my luggage?

请再给我一条浴巾？
Could you bring me one more bath towel?

T/C 可以兑换现金吗？
Can you change Travelers Check into Cash?

餐厅篇

你好，我是张明，今晚 7:30 我想预订 2 人晚餐。
Hello, I'd like to make a reservation tonight. Two people at seven thirty P.M. My name is zhang Ming.

有什么推荐菜吗？
What do you recommend?
Do you have any special today?

请给我一个可以带走的容器。
May I have a box to carry out?

在这里吃。/ 带走。
For here, please. /To go, please.

请拿一下菜单。
Will you take our order?

结账。
Check, please.

用信用卡结账。
I'd like to pay by credit card.

城市交通篇

请给我到机场的票。
May I have a ticket to the airport?

这是去往运河街的吗？
Does this go to Canal Street?

我要单程 / 往返票。
One-way（Round trip）ticket, please.

到了 Cyclorama 请告诉我。
Please tell me when we get to Cyclorama.

怎么去杰克逊广场呢？
How can I get to Jackson Square?

能在 CNN 中心下吗？
Would you let me drop off at the CNN Center?

我迷路了，这是哪里？
I'm lost. Where am I now?

购物篇

我只是看看，谢谢
I'm just looking.Thank You.

○○卖场在哪？
Where is ○○ corner（floor）?

我要这个。
I'll take this one.

我可以试试这个吗？
Can I try this on?

我在找 T 恤。
I'm looking for some T-shirts.

有大一点（小一点）的吗？
Do you have Larger（smaller）one?

紧急情况下的医疗会话

● 买药

我感觉不太舒服

I fee ill.

有治痢疾的药吗?

Do you have a antidiarrheal medicine?

● 去医院

附近有医院吗?

Is there a hospital near here?

这有中国医生吗?

Are there any Chinese doctors?

你能带我去医院吗?

Could you take me to the hospital?

● 在医院的会话

我想预约看病。

I'd like to make an appointment.

我是 Green 酒店介绍来的。

Green Hotel introduced you to me.

叫到我时请告诉我。

Please let me know when my name is called.

● 在诊断室

需要住院吗?

Do I have to be admitted?

下次我什么时候来?

When shoule I come here next?

需要定期去医院吗?

Do I have to go to hospital regularly?

我会在这儿再待 2 周。

I'll stay here for another two weeks.

● 诊断结束

诊疗费多少钱?

How much is it for the doctor's fee?

能用保险吗?

Does my insurance cover it?

能用信用卡支付吗?

Can I pay it with my credit card?

请在保险书上签字。

Please sign on the insurance papar.

※如果有以下症状,记录后去看医生

☐ 呕吐 nausea	☐ 冷战 chill	☐ 食欲不振 poor appetite
☐ 头晕 dizziness	☐ 心慌 palpitation	
☐ 发烧 fever	☐ 腋下体温计 armpit ☐ 口中体温计 oral	_____ ℃ / ℉ _____ ℃ / ℉
☐ 痢疾 diarrhea ☐ 水样便 watery stool ☐ 有时 sometimes	☐ 便秘 constipation ☐ 软便 loose stool ☐ 频繁 frequently	☐ 一日 ___ 次 ___ times a day ☐ 不间断 continually
☐ 感冒 common cold ☐ 鼻子不通气 stuffy nose ☐ 咳嗽 cough	☐ 流鼻水 running nose ☐ 痰 sputum	☐ 打喷嚏 sneeze ☐ 血痰 bloody sputum
☐ 耳鸣 tinnitus	☐ 耳背 loss of hearing	☐ 耳分泌物 ear discharge
☐ 眼屎 eye discharge	☐ 眼睛充血 eye injection	☐ 视力模糊 visual disturbance

※指示下列单词,向医生介绍情况

● 什么状态下的食物

生的　raw

野生的　wild

油炸食品　oily

未煮过的　uncooked

烹饪后隔了很长时间的食物

a long time after it was cooked

● 受伤

被刺、被叮　bitten

切伤　cut

摔倒　fell down

被　hit

扭伤　twist

掉下　fell

烧伤　burnt

● 疼痛

刺痛　bumming

急剧的　sharp

尖锐的　keen

剧痛　severe

● 原因

蚊子　mosquito

蜜蜂　wasp

牛虻　gadfly

毒虫　poisonous insect

蝎子　scorpion

海蜇　jellyfish

毒蛇　viper

松鼠　squirrel

野狗　（stray）dog

● 干什么的时候发生的

去沼泽地

went to the marsh

潜水　diving

露营　went camping

登山

went hiking（climbling）

在河中游泳

swimming in the river

370

常用电话

紧急情况
- 警察　☎911
- 消防、急救　☎911
- 中国驻美国大使馆
☎ 1-202-495-2266
- 中国驻休斯敦总领馆
☎ 1-713-520-1462（总机）
　　1-713-521-9996（值班电话）

航空公司（美国国内）
- 中国国航　Free 1800-882-8122
- 美国航空　Free 1800-551-3062（中文）
- 达美航空　Free 1800-221-1212
- 联合航空　Free 1800-551-3062（中文）
- 西南航空　Free 1800-435-9792

机场、交通
- 路易斯·阿姆斯特朗新奥尔良国际机场
☎（540）464-0831
- 哈兹菲尔德 – 杰克逊国际机场（亚特兰大）
Free 1800-897-1910

- 灰狗 Greyhound
Free 1800-231-2222
- 美铁 Amtrak
Free 1800-872-7245

汽车租赁
- Hertz　Free 1800-654-3131
- Dollar　Free 1800-800-3665
- Alamo　Free 1800-906-5555
- Avis　Free 1800-230-4898
- Budget　Free 1800-527-0700

信用卡公司（卡丢失、被盗时）
- 美国运通
Free 1800-766-0106
- 大莱卡
Free 81-45-523-1196
- JCB　Free 1800-606-8871
- 万事达卡　Free 1800-307-7309
- VISA 卡　Free 1866-670-0955

旅行支票（丢失、被盗）
- 美国运通旅行支票
Free 1800-221-7282

其他
- 巴士华语服务专线
☎ 1888-629-5992
- 大都会火车咨询服务
Free 1800-371-5465
- 安全驾车热线
Free 1800-424-9393
- 医疗咨询
Free 1800-339-6993

灰狗巴士始发站

南部的历史
History of The South

原始居民受到迫害

最先踏入美国大陆的欧洲人是西班牙人。加勒比海域的中美、南美直至北美不断受到入侵，殖民者的目的是寻找金矿，在北美构建了佛罗里达（1565年）和圣菲（1608年）等南部殖民地，势力覆盖了大片区域。

从此，开始了漫长的原始居民（美国印第安人）的苦难史。除了被暴力压制外，疾病的蔓延也让卫生条件较差的原始居民大受其害。迁居的西班牙人很快定居下来，并从非洲输入黑人作为劳动力在加勒比海沿岸栽培甘蔗。

英国在北美最初的殖民地也是南部，就是现在的弗吉尼亚州的詹姆斯镇（1607年）。此后，到1733年为止英国一共建立了13个殖民地。在此居住的原始居民除了部分与殖民者建立了友好的关系，其他的大部分不是被消灭了，就是被驱赶到了西部。奴隶也随着殖民者的流入而被大量输入，特别是在南部，盛行种植园经营的烟草和稻米的栽培，黑人奴隶处于底层的社会从此形成。

在此战争中美国一方的指挥者是弗吉尼亚州的乔治·华盛顿，之后就任了合众国第一任总统。另外，《独立宣言》的起草者、第三任总统托马斯·杰弗逊和之后继任的第四任总统的詹姆斯·麦迪逊、第五任总统詹姆斯·门罗也都出生于弗吉尼亚州。在当时的美国南部，特别是弗吉尼亚州发挥着强大的领导能力。

奴隶制度根深蒂固地发展

南部农业从以奴隶制度为基础的种植园开始兴盛，但是随着烟草和稻米价格的降低有所衰落。但是，不久随着棉花栽培的开始，奴隶制度比以往更加强化了，奴隶们在苛刻的条件下被"用完后扔掉"，在严格的监视下，任何些许的抵抗都是不允许的。进入19世纪，英国的产业革命带动了对美国棉花的需求，棉花出口额占美国总出口额的比重从1800年的7%迅速上升到1830年的41%、1840年的51%、1850年的57%，作为棉花生产地的南部也发展成了棉花王国。

窗西西比州的原始部落已经被殖民者消灭

在查尔斯顿依然保留着拍卖奴隶的奴隶市场的景象

独立的核心人物

英国从18世纪后半期抑制了重商主义政策的强化和殖民地势力的扩大，压制了殖民地经济发展，加剧了殖民地人的不满情绪，在各地兴起了抵制英货运动，从此渐渐在人们头脑中萌发了"美国人"的意识，1775年在波士顿郊外打响了独立战争的第一枪。

南北对立

对于以农产品输出为经济支撑的南部来说，以资本主义经济为基础实行高关税政策的联邦政府成为一大障碍。北部和南部的对立始于经济上的冲突。

另一方面，在18世纪末的欧洲国家，启蒙思想发展、尊重人权的呼声日益高涨，世界正

在向废除奴隶制度的方向发展。在土地不只用于农业、不需要奴隶劳动力的北部在独立时已经解放了奴隶，人道主义思想从19世纪30年代开始向全美渗透，兴起了废除奴隶制度的运动，此举对主张"奴隶是个人财产"的南部种植园主们来说是个威胁，在南北间经济利益对立的同时，增加了围绕奴隶制度思想的对立。

联邦政府的应对

1819年，当时的合众国由22个州组成，奴隶州和自由州是势均力敌的11：11。但是南部人多的密苏里州作为奴隶州希望加入联邦，为了保持两方势力的均衡，缅因州从马萨诸塞州独立出来成为自由州，并以北纬36度30分为分界线，以南的领土允许奴隶制度存在，以北的领土禁止奴隶制。这就是《密苏里协议》。此后《密苏里协议》被遵守了一段时间，但是墨西哥战争（1846~1848年）后，围绕着新获得的领土南北双方又发生了争议。

1854年民主党上院议员道格拉斯提出的南北双方《堪萨斯－内布拉斯加法案》一下子激化了纠缠许久的南北争议。《密苏里协议》被废除奴隶制的扩展开始不受地域限制。主张废除奴隶制度和支持奴隶制度的两股势力，分别建立了自己的准州政府，美国开始处于内乱的状态。

林肯登上历史舞台

不久反对《堪萨斯－内布拉斯加法案》、以北部和西部为中心诞生的共和党中的亚伯拉罕·林肯登上了历史舞台。他反对奴隶制度，在1860年的总统选举中险胜提倡南北分裂的民主党人，初任美国总统。

在这次选举中，南部种植园主势力失去了在参议院的权力平衡，因此支持奴隶制度的南部州依次连续脱离了联邦，到1861年2月为止南卡罗来纳州、密西西比州、佛罗里达州、亚拉巴马州、佐治亚州、路易斯安那州以及得克萨斯州结成了美利坚联众国（南部同盟）。

想要死守联邦统一的林肯总统劝说南部州回归，但是南部同盟并不理睬，同年4月内战爆发，此后南北战争持续了4年之久。

这场战争广为人知的名字是"南北战争"，但是实际上有2个名字，Civil War（内战）和War of Secession（脱离战争）。这是因为战争双方的视角不同。北部从联邦政府的角度，认为是内乱；南部从联邦退出，认为是以脱离和独立为目的的战争。

南北战争开战

1861年4月12日，想要给位于南卡罗来纳州查尔斯顿海滨的萨姆特堡提供粮食的联邦军遭到了南部军队的攻击，引爆了南北战争的火花。战争开始后，弗吉尼亚州、阿肯色州、北卡罗来纳州、田纳西州脱离联邦加入了南部同盟，南部同盟一共有了11个州。

林肯说战争的目的是维持彻底的联邦统一。有人认为南北战争也是"解放奴隶的战争"，但是林肯认为从战争开始就将奴隶制度的存废交给了各州。也就是"奴隶解放"并不是战争的目的，而是战争的结果。

林肯预想的落空

当初林肯认为战争不会持续很长时间，这其中有几个理由，最大的理由就是北部和南部的实力、经济能力的差距。当时北部23个州有2200万人，对比而言，南部11个州有900万人，其中还包括无法充当兵力的350万奴隶，并且北部占合众国工业生产的80%，在矿业资源、铁路运输能力以及粮食生产等方面的优势全部压倒南部，而且南部州想要退出联邦的是一部分大地主（种植园主），林肯认为其他人没有想要脱离联邦。

但是，与林肯所预想的背道而驰，战争整整持续了4年之久，其中一个原因是南部采取的传统的军事，物质方面落后的南部能够和北部平等作战的第一理由就是南部有优秀的军队和指挥官。罗伯特·李和Stonewall Jackson这样的将军们运用高超的战术和领导能力在鼓舞部队士气方面超越了北部。

战场大多数位于南部这又是一个理由。南部多守而北部多攻，所以北部自然比南部需要更多的兵力、物资以及补给。另外，拥有绝对优势的军事力量只在发动全面战争时有利，而小规模的突击正是拉长战争时间的一个原因。例如：仅弗吉尼亚州就发生了2154次突击战争。

开战地——萨姆特堡如今成了受欢迎的观光景点

另外，北军缺乏优秀的司令官这是一个很大的原因。林肯频繁更换司令官，而他指名的司令官频繁失败，林肯自身也被责问其指挥能力。而谢尔曼、格兰特这样有能力的指挥官则活跃在战争后期。

3 个战场

从萨姆特堡遭到南部同盟军的炮攻开始，南北战争一共分为 3 个战场。

一个是围绕合众国和南部同盟首都的攻防线。合众国的首都华盛顿 D.C. 和南部同盟的首都里士满之间的直线距离大约只有 150 公里，但是南军驻守在此的是李将军，连胜在数量和实力上相对占优势的北军，使其无法轻易攻下首都。

第二个是围绕密西西比州的战争。对于南北双方来说都是重要的转运线路以及补给线路的密西西比州在战略上是很重要的交通要道。南部要确保这里才能保持供给，北部通过控制该区域才能将南部分为东西两部分。

第三个是在北部和南部边境的州内的战争。密苏里州、肯塔基州作为主要的战场，发生了多起小规模的战争。北部通过确保这些州而防止了战争的扩大。

在南部，关于南北战争的博物馆遍布各地

南军的攻势

如前面所述，林肯相信战争会很快结束，但是 1861 年 7 月的马纳斯卢峰一战改变了战况，麦克道尔将军率领的 2.85 万北军和博勒加德、约翰斯顿两位将军率领的 3.22 万南军展开了南北战争最初的全面对决，北军惨败。以林肯为首的北部人民意识到这次战争不会很快结束了。

在之后围绕首都的攻防中，李将军率领的南军多次和北军进行了势均力敌的战斗，特别是在 1862 年~1863 年，除了由兵力差距而取得胜利的全面战争，其他几乎所有的战斗均以南军胜利而告终，这样说一点也不为过。

北军的逆袭

在另一个主战场——密西西比河流域北军着实取得了战争成果。从战争第二年的 1862 年，几乎确保位于南北边境的诸州，以及对南部诸州的反攻。在南部同盟的田纳西州最初举行的大规模战斗是 1862 年 2 月 6~16 日，围绕位于田纳西州和肯塔基州边境附近的 2 个要塞以及亨利堡和纳尔逊堡的战争（Fort Henry&Donelson Campaign）。之后成为第 18 任合众国总统的尤利塞斯·S. 格兰特活跃起来，要塞陷落。北军乘胜追击又攻克了纳什维尔。

北军此后继续保持攻势，1862 年秋天在密西西比河流域残存的南部分支力量只有路易斯安那州的哈德逊港口和密西西比州的维克斯堡。维克斯堡包围战是在密西西比河流域开展的最激烈的一战，最终在独立纪念日 7 月 4 日时被攻克。指挥此战的格兰特成为之后北军的核心人物。

奴隶解放宣言

进入 1863 年之后，在东部以外的地区北军的优势明显。此时从战争伊始一直持续下来的海上封锁开始显现效果。物资的不足给了南部很大的损伤。决定战争胜败的是林肯发表的《奴隶解放宣言》。

南北战争的目的是：防止南部同盟的独立，维持联邦的统一。奴隶制度的确是南部独立的背景，但是如前文所述，林肯的想法是将奴隶制度的存废交给各州，但是林肯在无法忽视即刻废除奴隶制的呼声的同时，又需要牵制支援南部的其他国家。

随着战争的开始，以大量进口南部棉花的英国纺织业者为中心，欧洲有很多同情南部的国家。在独立战争和美英战争中，和英国交战的主要是北部的自由主义者。本来英国就对北部没有好印象，海上封锁又导致英国和南部的贸易中断，英国对北部的反感更加强烈，所以在战争一开始，英国就表达了中立态度。在东部战线从并不乐观的北部战况来看，英国和法国实际上开始了承认南部独立的运动。

欧洲诸国很久以前就废除了奴隶制，从思想上态度上并不看好南部，但是不能干涉美国的内政问题。林肯将"奴隶解放"作为战争的目的之一，让其他国家难以承认南部独立。

1863 年 1 月 1 日公布的《奴隶解放宣言》标志着合众国内所有的奴隶以后获得了永久的自由。

宣言发表之后，被解放的奴隶积极参加到

北军中，到战争结束已经有 19 万黑人成为北部的战斗力。对外国也产生了极大的影响，以此为契机，欧洲诸国开始支持北部。

内战结束

1863 年 6 月的葛底斯堡战役、7 月维克斯堡的被攻克，胜利的天平开始倾向于北部，但是实际上此后战争仍持续了将近 2 年。一方面苦于物资的不足，另一方面李将军指挥的南部的抵抗使东部战线处于僵持状态。

格兰特将军被称为北军最优秀的指挥官

1863 年 11 月 19 日，在葛底斯堡战役牺牲者的追悼仪式上，林肯进行了著名的葛底斯堡演讲，指明了美国今后应该前进的道路，预示着战争结束的临近。第二年，成功歼灭在密西西比河流域的南部分支的格兰特成为北军最高司令官，战争终于接近尾声。

格兰特亲自在里士满和李将军进行了对峙，与此同时，北军另一位有才能的将军谢尔曼被派去进攻南部一个中心地区以及佐治亚州的亚特兰大。

李将军率领的南军依然激烈反抗，这让格兰特不得不苦苦作战，而谢尔曼将军顺利进军亚特兰大，9 月 2 日攻克亚特兰大。就如在《乱世佳人》中看到的一样，亚特兰大被放火，城市被焚烧殆尽，谢尔曼向东行进，12 月 21 日到达佐治亚州的海岸城市萨凡纳，从这里沿海岸北上去往里士满。

这时候，林肯依次进行着战后南部重建计划。虽然以奴隶制度的废除为前提，但是反抗联邦政府的南部诸州也没有提出其他条件而如约回归了联邦。林肯在这一年的 11 月 8 日再次当选总统，合众国也步入了重新统一的大道。

1865 年，连续攻破南卡罗来纳、北卡罗来纳的北军，逼近里士满。另外由格兰特率领的军队也在彼得斯堡战役中击退南军，4 月 3 日占

关于南部同盟的旗帜

美利坚合众国的国旗是 "Stars and Stripes"，也就是星条旗。星星的数量有所增加，但是基本设计从独立之后就没再变过。南北战争时北军就一直使用这种国旗。

而南部同盟也有 4 种旗帜，最开始的旗就称为 "Stars and Bars"，1861 年 3 月 4 日在林肯就任总统的同一天，蒙哥马利的南部同盟议会采用了 "Stars and Bars"。左上蓝色部分配有代表当初同盟参加州的数量的 7 颗白星，其余部分被分别涂染

成红白相间的颜色，也可以说是星条旗的变体。①

然而，这在战场上容易发生混淆，所以此时出现了著名的南军旗。南军旗是由博勒加德将军设计的，蓝色交叉图案中排列的 13 颗星表示南部同盟的参加州。

南军旗一直用到战争结束，此后在南部，特别是对于保守的人们来说南军旗应该一直存于他们心中。就连现在在南部的各地也能频繁地看到南军旗。②

"Stars and Bars" 由于和星条旗相似，受到人们的非议，因此，1863 年 5 月里士满议会上决定使用第二种同盟旗。南军旗左上被设计成正方形，其余部分就为白色。③

但是，如果隐藏设计的左侧部分，那么就好像求和的白旗一样，将士们表示不满。1864 年将右侧染成红色做成了最终的同盟旗。1865 年 4 月，李将军在格兰特将军的军门下降下了这面旗。④

领里士满，4 月 9 日李将军投降，东部战线的战斗结束。

西部一直到 6 月都持续着零星的战斗，但是在里士满陷落之时，两军合计大约 62 万牺牲者的南北战争在实质上终于结束。

南部战后

就在李将军投降仅 4 天后的 1865 年 4 月 14 日，林肯在华盛顿 D.C. 福特剧场被南部人约翰·韦克斯枪杀。对战后持有南部缜密的复兴计划的林肯倒下了，南部历史继续进入了艰苦时代。

林肯的南部重建计划给副总统约翰逊很大压力，最后不了了之。代替林肯南部重建计划的是由联邦政府提出的名为"重建"的军政，大种植园被解体，但南方的重建一直很艰难。

1863 年通过《解放奴隶宣言》在法律上获得自由的奴隶们，根据 1868 年宪法修正第 14 条首先获得公民权，在 1870 年根据宪法修正案第 15 条而获得选举权，开始了黑人的参政。但遗憾的是黑人们的选票却并没有被有效利用。

在南部依然保留有根深蒂固的人种差别，也有强烈排斥白人和黑人平等的现象，这种仇恨也面向和黑人联手的部分白人。以沃德三 K 党（KKK）为首，诞生了多个标榜人种差异的白人非法秘密团体，黑人遭到攻击。

1877 年军政结束，南部制定的《黑人法典》再次确保了白人的优越地位，黑人的权利再次被取消。被剥夺土地的大多数黑人再次回归到残酷的半农奴生活。1896 年最高法院颁布的《分离但平等》判决将人种差异合法化，黑人的苦难史一直持续到 1964 年《公民法》的颁布。

想要通过非暴力来改变社会的罗莎·帕克斯

民权运动

1952 年共和党的艾森豪威尔总统就任以来，为了废除人种差异，全美各地兴起了民权运动。1954 年 5 月，最高法院判定人种分离教育是违反

宪法的，运动迅速展开。南部诸州激烈反抗民权运动，"三 K 党"也复活，血腥抗争相继上演。

黑人们也并没有沉默，最具象征意义的是 1955 年亚拉巴马州蒙哥马利兴起的"巴士抵制运动"，指挥这次运动的马丁·路德·金牧师一跃成了民权运动的领导者。

在 1960 年总统选举中，民主党的肯尼迪获得了金牧师的支持（实际上并不是明确的"支持"），当选了总统。1963 年 8 月在金牧师的主导下，举行了有 25 万人参加的"华盛顿大行进"。

同年肯尼迪在得克萨斯州达拉斯中弹身亡，之后的约翰逊政权在 1964 年 7 月 2 日颁布了强有力的《民权法》，形式上约定了公民的平等。

但是，金牧师的活动并没有停止，1965 年在残留有传统意识的亚拉巴马州，组织了塞尔马的"自由的行进"，但是受到当地政权的倾轧。此年，联邦政府通过了《投票权法》。但是，致力于废除种族差异活动的金牧师于 1968 年 4 月在孟菲斯的洛林汽车旅馆被暗杀。

新南部和现在的南部

活用廉价劳动力和丰富资源的优势的"新南部"的神话是：进入 20 世纪 70 年代，种族问题好转的同时，经济生活迅速发展。伴随高速公路和铁路的建设及工业化、农业现代化、科技和军事产业的南下以及以在 1973 年石油危机中受人瞩目的石油、天然气等资源为基础的第三次产业扩大，南部开始崭露头角，人口也迅速增加。

1976 年佐治亚州的州长吉米·卡特当选总统。南北战争以来残留的"落后的南部"逐渐成为历史。1996 年，南部代表美国在亚特兰大举办了奥林匹克运动会。

现在的南部有很多来自墨西哥和加勒比海域的移民和劳动力，世界各地的企业也纷纷进驻。产业发达、人口明显增加的被称为"阳光地带"的墨西哥湾海岸诸州的政治影响力也有

所增大。作为航空、宇宙技术、电子学以及医疗等多个产业的最先进地区，南部受到世界的瞩目，作为观光地自然也受到人们的欢迎。

这些孩子将构建怎样的未来呢？

年份	南部及美国
9 世纪前后	以密西西比河流域为中心定居着原始居民
12 世纪	原始居民的密西西比文化开花
1492	哥伦布抵达巴哈马群岛
1604	来自法国的植民者阿卡迪亚定居加拿大东部
1607	英国人入侵弗吉尼亚州的詹姆斯镇
1619	奴隶贸易开始
1620	"五月花"号抵达马萨诸塞州
1682	法国探险密西西比河流域
1699	威廉伯里成为州府
1718	新奥尔良诞生
1729	纳奇兹族灭亡
1755	阿卡迪亚移居路易斯安那州
1763	法国将路易斯安那州割让给西班牙
1775	独立战争爆发
1776	7 月《独立宣言》发表
1780	州府迁到里士满
1783	独立战争结束
1789	华盛顿就任第一任 总统
1803	从法国买回路易斯安那州
1805	路易斯 & 克拉克探险队从陆地到达太平洋
1807	"富尔顿"号蒸汽船面世
1812	美英战争（~1814 年）
1815	新奥尔良战争
1821	从西班牙买回佛罗里达州
1829	杰克逊总统就任
1830	《印第安强制迁移法》颁布
1837	亚特兰大诞生
1838	血泪之路（p.62、241）
1846	美墨（墨西哥）战争 （~1848 年）
1849	加利福尼亚的淘金热
1852	小说《汤姆叔叔的小屋》发表
1853	以新奥尔良为中心流行黄热病
1860	林肯总统就任
1861	4 月，南北战争爆发
1863	1 月，《奴隶解放宣言》发表 7 月 3 日，葛底斯堡被攻克 7 月 4 日，维克斯堡被攻克
1864	9 月 2 日，亚特兰大被攻克
1865	4 月 9 日，南北战争结束 4 月 14 日，林肯被暗杀
1870	南部同盟诸州开始回归联邦
1875	第一次肯塔基德比举行
1877	爱迪生发明留声机
1878	新奥尔良和密西西比河流域大肆流行黄热病（~1905 年），约 2 万人死亡
1896	"分离但平等"原则公布

年份	南部及美国
1904	在新奥尔良诞生了爵士音乐
1908	T 型福特出售，汽车普及化
1917	爵士的中心移向芝加哥 / 美国参加一战
1919	《禁酒令》颁布
1920	世界上第一个广播电台开设于匹兹堡
1925	白人至上主义兴起
1929	10 月份股票暴跌，引发经济危机
1933	废除《禁酒令》、"罗斯福"新政推行
1936	小说《飘》出版
1939	电影《乱世佳人》公开上映
1941	太平洋战争（~1945 年）
1950	朝鲜战争（~1953 年）
1954	判定"分离但平等原则不合法"的布朗判决公布
1955	抵制巴士运动（p.152）
1956	普雷斯利的 Heartbreak Hotel 大受欢迎
1957	小石城危机（p.192）
1960	在罗马奥运会中穆罕默德·阿里获得金牌，越南战争爆发
1961	肯尼迪总统就任
1962	古巴危机
1963	华盛顿大行进和金牧师发表 "I have a dream" 演讲、肯尼迪被暗杀
1964	《民权法》颁布
1965	自由的行进（p.155）、《投票权法》颁布
1967	路易斯·阿姆斯特朗的 What a Wonderful World 在国际上大受欢迎
1968	金牧师被暗杀
1969	"阿波罗 11"号登陆月球
1972	水门事件
1973	亚特兰大黑人市长就职
1975	越南战争结束
1976	卡特总统就任
1977	埃尔维斯·普雷斯利离世
1978	新奥尔良黑人市长就任
1979	克林顿总统就任
1983	在威廉伯里举行发达国家首脑会议
1991	湾湾战争
1995	俄克拉荷马市联邦政府大楼爆炸事件
1996	亚特兰大举行奥运会
2001	同时发生多起恐怖事件
2003	"哥伦比亚"号事故 / 伊拉克战争爆发
2005	"卡特里娜"飓风袭击南部
2009	奥巴马总统就任
2010	2 月，新奥尔良圣徒队在超级碗比赛中获胜 4 月，路易斯安那海域石油采掘基地爆炸，石油泄漏
2011	南北战争开战 150 周年

策　　划：高　瑞　虞丽华
统　　筹：北京走遍全球文化传播有限公司　http://www.zbqq.com
责任编辑：王欣艳　王佳慧
封面设计：董星辰
责任印制：冯冬青

图书在版编目（CIP）数据

美国南部 / 日本大宝石出版社著；赵征怀译. ——
北京：中国旅游出版社，2013.9
　（走遍全球）
　ISBN 978-7-5032-4787-3

　Ⅰ.①美… Ⅱ.①日… ②赵… Ⅲ.①旅游指南—美
国 Ⅳ.①K971.29

中国版本图书馆CIP数据核字（2013）第199237号

北京市版权局著作权合同登记号　图字：01-2012-7661
审图号：GS（2013）1588号　本书插图系原文原图

本书中文简体字版由北京走遍全球文化传播有限公司独家授权，全
书文、图局部或全部，未经同意不得转载或翻印。
GLOBE-TROTTER TRAVEL GUIDEBOOK
U.S.A. South 2012 ~ 2013 EDITION by Diamond-Big Co., Ltd.
Copyright © 2012 ~ 2013 by Diamond-Big Co., Ltd.
Original Japanese edition published by with Diamond-Big Co., Ltd.
Chinese translation rights arranged with Diamond-Big Co., Ltd.
Through BEIJING TROTTER CULTURE AND MEDIA CO., Ltd.

书　　名：美国南部

原　　著：大宝石出版社（日本）
译　　者：赵征怀
出版发行：中国旅游出版社
　　　　　（北京市建国门内大街甲 9 号　邮编：100005）
　　　　　http://www.cttp.net.cn　E-mail: cttp@cnta.gov.cn
　　　　　营销中心电话：010-85166503
制　　版：北京中文天地文化艺术有限公司
经　　销：全国各地新华书店
印　　刷：北京金吉士印刷有限责任公司
版　　次：2013年9月第1版　2013年9月第1次印刷
开　　本：889毫米×1194毫米　1/32
印　　张：12.25
字　　数：468千
定　　价：68.00元
ＩＳＢＮ　978-7-5032-4787-3